Lanza del Vasto

Die Macht der Friedfertigen

Radikale Alternativen
zu Elend, Knechtschaft, Krieg und Revolte

Mit einem Vorwort von Martin Kämpchen

F. H. KERLE
FREIBURG · HEIDELBERG

Aus dem Französischen von Manfred de Voss

Die Originalausgabe erschien unter dem Titel
„Les Quatre Fléaux" 1959 im Verlag Denoël, Paris
© by Éditions Denoël, Paris 1959

Alle Rechte vorbehalten – Printed in Germany
© F. H. Kerle Freiburg/Heidelberg 1982
Einbandgestaltung: B. + M. Wiesinger, Freiburg
Satzherstellung: F. X. Stückle, Ettenheim
Druck und Einband: Freiburger Graphische Betriebe 1982
ISBN 3-600-30095-4

Vorwort

Von Martin Kämpchen

Lanza del Vasto ist in der Nacht vom 5. zum 6. Januar 1981 in Murcia (Spanien) gestorben, am Fest der Epiphanie Christi, das er geliebt und in seiner Ordensgemeinschaft besonders gefeiert hat. Es ist das Fest der Universalität Christi. Drei Weise aus fernen Weltgegenden waren zu dem Erlöser der Welt gepilgert, um ihn zu beschenken und anzubeten. Eines der großen Lebensthemen von Lanza del Vasto findet hier sein Urbild: die friedliche Gemeinschaft von Menschen aus verschiedenen Religionen und Völkern rund um Christus. Für Frieden und Gemeinschaft unter den Menschen hat er sein Leben lang gewirkt, und er tat es aus christlicher Leidenschaft.

Wie die drei Weisen ist Lanza del Vasto viele Pilgerwege entlanggewandert – zunächst um sich selbst zu finden, später um weiterzugeben, was er gefunden hatte. Lanza del Vasto wurde 1901 in San Vito dei Normanni (Apulien) in einer hochadeligen sizilianischen Familie geboren. Schülerjahre verbrachte er in Paris, Studentenjahre in Pisa und Florenz. Nach Abschluß seines Philosophiestudiums mit einer Doktorarbeit unter dem Titel *La Trinité spirituelle* („Die geistige Dreiheit") wanderte er durch Europa, wohnte einmal in Berlin, einmal in Paris und setzte sich den Problemen der Zeit aus. Damals stellte er seinen Lebensstil vollkommen um und trennte sich von Besitz und Besitzdenken. Seinen Lebensunterhalt verdiente er sich durch die verschiedensten Arbeiten, auch solche künstlerischer Art. Seine geistige Suche führte ihn zu den Werken Gandhis. 1936 war es soweit: Er brach nach Indien auf, durchwanderte den Subkontinent von Ceylon bis zum Himalaja, lebte bei Brahmanen und Armen, in den Ashrams heiliger Männer und in den Häusern fürstlicher Familien. Absicht seiner Pilgerreise aber war die Begegnung mit Mahatma Gandhi. In dessen Ashram bei Wardha hat er drei Monate lang gewohnt und von Gandhi gelernt, den er nun mit der ganzen Kraft seines Herzens und seines Verstandes als Vorbild und Meister anerkannte. In Gandhi sah er das Beste des Christentums mit dem Besten des Hinduismus verbunden. Der Mittelpunkt von Gandhis Leben, Wahrheit und Gewaltlosigkeit, wurde auch Lanza del Vastos Lebensinhalt. Gandhi gab seinem Schüler den Namen „Shantidas", das heißt „Diener des Friedens". Von Begeisterung und Zweifel getrieben, unterbreitete er Gandhi seinen Plan, nach Europa zurückzukehren, um dort einen Ashram zu gründen, der die Ideen Gandhis mit christlich-abendländischem Geist vereinen würde. Gandhi fragte: „Bist du berufen?"

Von dieser Frage ist Shantidas lange verfolgt worden. Zunächst kamen die Kriegsjahre, während deren an die Gründung eines Ashrams der Gewaltlosigkeit nicht zu denken war; Lanza del Vasto versuchte, zunächst in Frankreich, dann in Finnland, als Krankenträger angenommen zu werden, wurde aber wegen seiner italienischen Staatsangehörigkeit abgelehnt. Er hatte beschlossen, niemandem von seinem Plan zu erzählen, niemanden anzuwerben. Wenn ich berufen bin, so sagte er sich, wird alles wie von selbst gehen. Und so geschah es auch. Im Jahr 1948 konnte Lanza del Vasto die „Arche", einen „patriarchalischen", „arbeitenden" Orden, gründen. Die Familien leben vom biologischen Ackerbau und von traditionellen Handwerken wie Spinnen, Weben, Schnitzen und Töpfern. Jeder Handwerker stellt sein Produkt vom ersten bis zum letzten Handgriff her, denn die Eintönigkeit der Arbeitsteilung ist menschenunwürdig. Im Mittelpunkt des Lebens der Arche-Mitglieder stehen nicht die Arbeit und der Gewinn, sondern die Würde und die Erfüllung des arbeitenden Menschen. So schreibt Lanza del Vasto: „Der ausgewogene Wechsel zwischen Feldarbeit und Arbeit in den Werkstätten, zwischen sitzender und schwerer körperlicher Arbeit, zwischen einsamer und gemeinschaftlicher Arbeit und Fasten, Meditation und Gebet, geistigen Übungen und gewaltlosen Aktionen soll die Tage des Menschen füllen und ihm erlauben, sich zu erfüllen" (*L'Arche avait pour voilure une vigne*, Éditions Denoël, Paris 1978, S. 100; eigene Übersetzung).

Wer die Wirtschaftlichkeit dieser Arbeitsweise angezweifelt hatte, mußte sich eines Besseren belehren lassen. Die Arche-Gemeinschaft lebt finanziell unabhängig und macht jedes Jahr Kassensturz. Das Geld wird an Neugründungen verteilt; ein etwaiger Überschuß – der sich allerdings noch nie ergeben hat – kommt besonders bedürftigen Menschen zugute. Der Orden, dessen Mitglieder die Armut gelobt haben, möchte auch als Gemeinschaft arm bleiben.

Seit 1963 ist die Arche in La Borie-Noble, einem großen Landgut in den Cevennen, rund sechzig Kilometer nordwestlich von Montpellier, angesiedelt. Mehrere Neugründungen der Arche sind in Frankreich, Gemeinschaften von „Verbündeten" in Spanien, Italien, Belgien, Kanada und Argentinien entstanden. Freundesgruppen haben sich in der ganzen Welt gebildet. Shantidas – „der Pilger", wie er sich nannte – hat bis zu seinem Tod die ganze Welt unermüdlich bereist, um Vorträge und Seminare zu halten und die Arche-Niederlassungen sowie Freundesgruppen zu besuchen. Er hat weitergegeben, was er gefunden hat.

Einer breiten französischen Öffentlichkeit bekannt wurde die Arche durch ihre gewaltlosen Aktionen gegen die Folterungen von Algeriern und die Internierungslager während des Algerienkriegs, für die Anerkennung von Kriegsdienstverweigerern und für einen gerechten Wehrersatzdienst, gegen Atomkraftwerke, für den Frieden. Ein zehnjähriger intensiver Einsatz fand auf der Hochebene des Larzac statt, wo es darum ging, gegen die Vergrößerung eines Truppenübungsplatzes zu kämpfen; der Kampf endete 1981 mit der Übernahme der Regierung durch François Mitterand, der das Vorhaben für erledigt erklärte. Die ersten Aktionen begannen in den fünfziger Jahren. Ihre Mittel — die sich bis heute nicht geändert haben — waren ziviler Ungehorsam, die provozierte Gefangennahme und die Auseinandersetzung mit den staatlichen Ordnungskräften, öffentliche Diskussionen und die Verbreitung von Schriften, dann aber insbesondere und immer wieder: Fasten. Das Sühne- und Protestfasten ist unabdingbarer Bestandteil der Gandhischen Lebensweise.

Shantidas war eine der seltenen Persönlichkeiten, die bei einer enormen Vielseitigkeit des Talents und der Produktivität stets Ausgleich und Einheit in übergeordneten Prinzipien gefunden haben. Er war ein anerkannter französischer Lyriker, Wiederentdecker und Interpret alter italienischer und französischer Volkslieder. Er malte, zeichnete, bildhauerte, gravierte und komponierte. Er liebte und förderte den gregorianischen Gesang und den liturgischen Tanz. Schließlich war er Autor von zwei Dutzend Büchern; darunter sind gewichtige Kommentare zu Büchern des Alten und des Neuen Testaments, Mysteriendramen, philosophische Werke, Reiseberichte und Essays, die er zuerst als Vorträge auf seinen Reisen darbot. In vollständiger deutscher Übersetzung ist nur sein frühes und meistverbreitetes Buch erschienen, *Le Pèlerinage aux Sources*, und zwar 1951 unter dem Titel *Pilgerfahrt zu den Quellen* im Schwann Verlag, Düsseldorf (inzwischen längst vergriffen); es ist eine Darstellung seiner Indienreise und seiner Begegnung mit Gandhi und gehört zu den besten Indienbüchern. Ein zweiter Band, der auf deutsch vorliegt, bringt Auszüge aus seinem Buch *Principes et préceptes du retour à l'évidence*; er erschien 1975 unter dem Titel *Weisheit der Landstraße oder Vom Sinn des unsteten Lebens* im Sanssouci Verlag, Zürich.

Das übergeordnete Prinzip, das Lanza del Vastos Leben Ausgleich und Einheit gab, war die Gewaltlosigkeit. In dem vorliegenden Buch hat er sie aus verschiedenen Perspektiven beschrieben und erklärt. Gewaltlosigkeit ist spirituell-asketische Maxime und zugleich Herausforderung zum Handeln; sie verbindet und integriert wie kein anderes Prinzip die *vita contemplativa* und die *vita activa*. Gewaltlosigkeit (*ahimsā*) ist zentraler Begriff des späteren Hinduismus und gleichzeitig nah verwandt mit dem „ersten Gebot" Christi, dem der Liebe; sie schlägt also auch eine Brücke vom Orient zum Okzident. Lanza del Vasto sieht in der aktiven Gewaltlosigkeit die höchste Form der christlichen Nächstenliebe (*caritas*) verwirklicht, die bis zur Feindesliebe vordringt.

Wenn ich Shantidas mit anderen Männern dieses Jahrhunderts vergleichend in Beziehung bringen will, fällt mir nur eine Persönlichkeit ein: Albert Schweitzer. Lanza del Vasto war vielseitig und schöpferisch wie jener; beiden ist es gelungen, intellektuelle Tätigkeit, künstlerischen Ausdruck, spirituelles Leben und gesellschaftliche Aktion als Dienst am Menschen in eine Harmonie zu bringen. Wie häufig kommt das vor? Und doch blieb Lanza del Vasto die weltweite Wirkung, die Schweitzer erreichte, versagt. Ist er ein zu unbequemer, kantiger Mann gewesen? In *Pilgerfahrt zu den Quellen* tritt er uns als antibürgerlicher, strenger, gegen jede seichte Konvention opponierender religiöser Sucher entgegen. Er war männlich, mutig und charakterstark und hatte einen brennenden Willen zur Askese, dem ein Funken Stolz beigemischt war. Als ich ihm 1977 während seiner letzten Indienreise begegnete, hatte der großgewachsene Mann mit dem weißen Vollbart die Schönheit und die Transparenz eines Propheten erreicht. Bei seinen Ansprachen über Gewaltlosigkeit, Gerechtigkeit, Freiheit und Liebe – seine ewigen Themen – schuf er eine gesammelte geistige Atmosphäre, wie ich sie nie zuvor erlebt habe. Mir war bewußt, daß ich einem Weisen zuhörte.

Daß ihm die Breitenwirkung eines Albert Schweitzer oder etwa der Taizé-Bewegung, auch alle großen Auszeichnungen versagt blieben, liegt wohl daran, daß sich sein Leben quer zu allen gewohnten Einordnungen stellte. Die einen nannten ihn konservativ, weil er einen „patriarchalischen" Orden, der die Struktur von Volksstämmen nachahmte, gründete und mancherlei Einrichtungen und Vorstellungen der mittelalterlichen Kultur pries und zurückgewann. Hierarchie und Autorität waren für ihn keine negativen Begriffe. Andere nannten ihn fortschrittlich und vorausschauend, weil er sich seit den Nachkriegsjahren für Belange eingesetzt hatte, die erst in den letzten fünf oder zehn Jahren ins allgemeine Bewußtsein gedrungen sind: etwa den Umweltschutz; das Engagement für den Frieden und gegen die Atombombe, gegen die Aufrüstung; die Entdeckung der Wohngemeinschaft, der „Landkommune"; die Rückkehr zum konsequent einfachen Leben. Das alles ist in der Arche bereits dreißigjährige Tradition. Trotzdem hat keine politische Gruppierung Lanza del Vasto für sich in Anspruch nehmen dürfen; er schätzte weder die sozialistische noch die kapitalistische Gesellschaftsordnung, weil beide zu Elend, Knechtschaft, Krieg und Revolte führen.

So wehrt sich auch dieses Buch gegen Einordnung in gewohnte Kategorien. Es ist weder Philosophie noch Theologie oder Moraltheologie im strengen Sinn. Falsch wäre auch, es eine Sammlung von kultur- und religionskritischen Essays oder einen persönlichen Erfahrungsbericht zu nennen. Lanza del Vastos Stil ist die Vision, das prophetische Wort, die Warnung und die Herausforderung. Jeder Satz ist aus der Erfahrung geboren, doch ist er verdichtet zur Definition, zur Maxime, zur poetischen Sentenz oder zur archetypischen Situation. Jeder Satz ist unmittelbar praktisch, für das Leben des Zuhörers und des Lesers geschrieben.

Die seit zwei Jahren immer intensiver werdende christliche Friedensbewegung sollte von Lanza del Vastos Lebenswerk lernen. Mit diesem Buch steht diese Möglichkeit endlich offen. Unter jenen, die aus christlicher Verantwortung Frieden und Gerechtigkeit ersehnen und bereit sind, dafür ein Opfer zu bringen, verdient es Lanza del Vasto, gelesen und bedacht zu werden. Dieses Buch ist hoffentlich nur der Anfang einer solchen Auseinandersetzung.

Santiniketan (Indien), Mai 1982   M. K.

Inhalt

Drittes Kapitel: Besitz und Besessene

15

Fünftes Kapitel: Schicksal oder Befreiung

Erstes Kapitel: *Herkunft und Drohung der Geißeln*

1. *Von den vier Geißeln, die der Mensch sich selber schafft*

Elend, Knechtschaft, Krieg und Revolte sind die vier Geißeln, mit denen seit eh und je alle menschlichen Staatsgebilde geschlagen sind. Die ersten zwei sind passiv, aktiv hingegen die beiden anderen. Die zwei ersten werden erduldet, erlitten, man macht sie nicht. Es sind eher Zustände als Ereignisse, ein chronisches Übel, das es zu allen Zeiten und unter jeder Regierungsform gegeben hat, ein Preis, mit dem, wie es scheint, jede Kultur bezahlt werden muß. Die beiden anderen sind aktiver Natur, weil man sie bewußt vorbereitet, durchdenkt und ausführt. Doch unterscheiden sie sich von freien Willensakten durch ihren oft schicksalhaften Charakter und ihre offensichtliche Unvermeidbarkeit.

Um es genau zu sagen: Man macht Revolten und führt Kriege, weil man Not und Unterdrückung erleidet. Und als Folge der Revolten und der Kriege entstehen neue Unterdrückung und neue Not.

2. *Von Sozialreformern und Moralpredigern*

Die Denker, die sich mit diesem Problem befaßt haben, sind in zwei Lager geteilt. Auf der einen Seite stehen die Sozialreformer, für die sich alles Übel aus der Fehlerhaftigkeit von Wirtschaft und Gesellschaft erklärt. Sie glauben, daß durch eine Änderung des Systems allen Menschen für alle Zeiten Wohlstand, Freiheit, Friede und Gerechtigkeit verschafft werden könne. Auf der anderen Seite sind die Moralprediger, die davon ausgehen, daß alles Unglück durch die Laster und die Bosheit der Menschen entsteht und daß die Sünde ihre Strafe nach sich zieht, ganz gleich, ob das System sich ändert oder nicht.

Nun ist eines gewiß: Wenn man die Gesellschaftsordnung ändert und die Gesetze verbessert, ohne die Menschen zu ändern, so ist das, wie wenn man bei geschlossenen Fenstern und Türen ein Zimmer kehrt: Man wirbelt Staub auf, doch dieser fällt alsbald wieder dahin, woher er gekommen ist, bis auf den, den man inzwischen vielleicht eingeatmet hat. Gewiß ist auch, daß dem Menschen, wenn er vollkommen gut wäre, das schlechteste System, etwa die Sklaverei, nichts anhaben könnte. Wenn der Herr gütig und weise, wenn der Sklave liebevoll und hilfsbereit ist, wer leidet dann Schaden?

Indessen wird ein vorzügliches System, das Würde und Verantwortungsgefühl voraussetzt, bei Völkern ohne Würde und Verantwortungsbe-
wußtsein zu grenzenloser Unordnung führen und der Verderbnis noch
mehr Vorschub leisten als andere Systeme.

Die Sozialreformer täuschen sich, wenn sie annehmen, ein Heilmittel
zur Rettung der Welt gefunden zu haben. Das beweist allerdings nicht,
daß die Moralprediger im Recht seien oder daß sie die Lösung bringen
könnten.

Sicher ist, daß den Menschen, wenn sie keinerlei Tugenden besäßen,
wenn sie gänzlich ohne Verantwortungsgefühl, Mut und Ausdauer wären,
Revolten und Kriege erspart blieben. Deshalb kennen zum Beispiel die
Affen diese Plagen nicht.

Die Katastrophen der menschlichen Gesellschaft mit Unmoral zu erklären ist, wie wenn man die Gezeiten auf den Wind zurückführen wollte.
Dieser vermag wohl zu bewirken, daß aus der Flut eine Sturmflut wird.
Aber die Bewegung der Wassermassen, die den Gezeiten zugrunde liegt,
hat andere Ursachen.

3. Vom Zorn Gottes

Die Überlieferung lehrt uns, daß die Geißeln dem Zorn Gottes entspringen. Man wird tatsächlich in diesen immer wiederkehrenden Ereignissen
keinen Sinn finden und keinen Nutzen aus ihnen ziehen, wenn man sich
nicht über dieser Welt, die sich zu rechtfertigen und sich zu verherrlichen
trachtet, das drohende Zeichen ständiger Mißbilligung sieht. Dieses
kommt aber, wohlgemerkt, aus der Gerechtigkeit Gottes, die mit unseren
herkömmlichen sittlichen Wertmaßstäben nicht identisch ist.

Hier muß betont werden, daß es Frevel gibt, die von keiner Morallehre
verworfen werden und denen sich Gute wie Böse gleichermaßen hingeben.
Sie werden als selbstverständlich empfunden, und wir haben alle in irgendeiner Weise teil an ihnen. Deshalb ist es auch logisch und gerecht, daß die
vier Geißeln wie zufällig und ohne Unterscheidung alle Menschen in gleicher Weise züchtigen.

Die Moral kann sich nicht gegen diese Frevel auflehnen, weil die Zivilisation auf ihnen aufgebaut ist. Die Moral ist das Spiegelbild der Zivilisation
im Gewissen des Menschen und das Wollen, dieses Bild so zu bewahren,
wie es ist.

Allein der Religion ist es möglich, sich dem Übel zu widersetzen, von
dem alle Sitten und Gesetze durchdrungen sind, von dem auch das Gewissen zeitweise mehr oder weniger befangen ist, denn das, wovon es ständig
umhüllt ist, vermag es meist nicht zu erkennen und zu unterscheiden. Die
Religion gibt ihm den richtigen Namen: Sünde.

Sie unterscheidet indessen zwischen den einzelnen moralischen Verfehlungen, die man allgemein als Sünden bezeichnet, und dieser umfassenden, unpersönlichen, elementaren Sünde, die sie Ursünde oder Erbsünde nennt. Diese letztgenannte wird durch eine Erzählung illustriert, die von den allzu Gebildeten einhellig als eine kindliche Fabel abgetan wird.

4. Von der Erbsünde

Nach der Heiligen Schrift bestand Adams Sünde darin, daß er eine Frucht vom Baum der Erkenntnis von Gut und Böse aß. Naiv ist, wer diese seltsame Algebra-Aufgabe klar findet: das Böse = eine Frucht vom Baum der Erkenntnis von Gut und Böse gegessen zu haben. Bei dieser Gleichung kommt die Unbekannte auf beiden Seiten des Gleichheitszeichens vor. Auf der einen Seite ist sie allein, auf der anderen steht sie in Begleitung von mehreren Komponenten. Mehrere Operationen müssen vorgenommen werden, um die Gleichung zu lösen und das Böse zu enträtseln.

Essen bedeutet sich aneignen, abreißen, beschädigen, sich einverleiben.

Frucht bedeutet Nutznießung, Vergnügen, Ausbeute, Profit.

Die Sünde war also *die Inbesitznahme und die Auswertung der Erkenntnis zum Zweck des Genusses und des Nutzens.*

Die Erkenntnis hatte Adam in lebendiger Fülle, denn sie war wie ein grüner Baum in die Mitte seines Gartens gepflanzt. Und Gott hatte ihm nicht verboten, den Baum anzusehen und sich in seinem Schatten niederzulassen. Wie eine zum Himmel gerichtete Leiter stand er da, um betrachtet und verehrt zu werden. Er war für die Augen geschaffen und nicht für die Zähne. Es war nicht erlaubt, ihm eine Frucht zu entreißen und sie den Zähnen und der Verdauung zuzuführen.

5. Von der Freude und vom Schmerz

Freude und Schmerz sind die ursprünglichen Erscheinungsformen von Gut und Böse. Die Freude soll das Leben zur Erfüllung seiner Bedürfnisse lenken, damit es sich entwickeln und entfalten kann. Der Schmerz soll es von tödlichen Gefahren fernhalten. Allein der Mensch hat aus Freude und Schmerz eine Wissenschaft gemacht, eine Kunst, ein Rechenexempel. Nur er bringt es fertig, der Natur zuwiderzuhandeln und in die Frucht zu beißen, indem er über die Erfüllung der Lebensbedürfnisse hinaus, ja sogar zum Schaden des Lebens sich noch mehr Freude zu verschaffen sucht. Andererseits meidet er den Schmerz, so gut er kann, und ist gern bereit, dessen Warnsignale auszuschalten und heilsame Bedrängnisse zu umgehen.

Diese Einstellung ist seit ältesten Zeiten eine Grundlage aller Kulturen. Sie wird sichtbar in ihrem Pomp, ihren Prachtwerken, ihrem Luxus und ihren Spitzfindigkeiten, in ihren Eitelkeiten und Erregungen, in ihren Wissenschaften und ihren Gesetzen. Die Söhne Adams – und Kains – haben Städte gegründet und Paläste gebaut, um in dieser Sünde, die von der Sittenlehre nicht erwähnt wird, sich einzurichten und sich mit ihr einzumauern.

6. Von der Sünde und von der Zivilisation

Die Erkenntnis von Gut und Böse, die Berechnung des Angenehmen, die Wissenschaft vom Nützlichen und die Nutzbarmachung des Wissens, die verkehrte Anwendung der Intelligenz, ihre Abwendung von der Wahrheit, ihre Hinwendung zur Bequemlichkeit – das ist die Sünde, in die wir geboren wurden, in der wir unterrichtet und erzogen worden sind, in der wir ehrenhaft leben und Anerkennung finden, in der wir, dem Versprechen der Schlange gemäß, „wie Gott" sein werden. Die Unnatur, die wir uns auf diese Weise schaffen, mit ihren unwillkürlichen Fehlhaltungen, freiwilligen Selbsttäuschungen und unvermeidlichen Übertreibungen, das nennt sich Zivilisation.

Man sagt, der Mensch bestehe aus Körper und Seele, und das genügt, um den Zustand zu beschreiben, in dem er aus Gottes Hand hervorgegangen ist. Man fügt noch hinzu, Körper und Seele widerstrebten einander und erklärt damit das Vorhandensein von Tugenden und Untugenden.

Aber zwischen dem Körperlichen und dem Geistigen ist noch etwas Neues entstanden: der Bereich des Künstlichen.

Daß dieser Bereich nicht naturgegeben ist, darf nicht dazu verleiten, ihn als belanglos abzutun, denn in ihm spielt sich der größte Teil des menschlichen Lebens ab. Hier lebt der Mensch seit dem großen Fall in seiner Eitelkeit und in seinem Irrtum. Hier ist die Bühne, auf der sich die menschliche Komödie und das Drama der Geschichte abspielen. Das ist der Boden, auf dem Babel, Rom, New York und Moskau erbaut worden sind.

Dieser dritte Lebensbereich besteht nicht durch sich selber, sondern er ernährt sich aus den beiden anderen und entwickelt sich auf deren Kosten. Durch die Suche nach Vergnügen außerhalb der organischen Ordnung und jenseits vernünftiger Maßstäbe entwickelt er eine eigene, besonders anspruchsvolle und erregbare Triebhaftigkeit, die der körperlichen Gesundheit abträglich ist. Gleichzeitig entsteht durch intellektuelle Neugier und Erfolgsstreben, durch Erregung der Gefühle bei der Jagd nach dem Glück eine künstliche Geistigkeit zum Nachteil des wahren Seelenheils.

Die entartete und präparierte Körperlichkeit und der seiner Würde beraubte, mißhandelte Geist verschmelzen miteinander auf der dritten Ebene. Erziehung, Übung und Gewohnheit tun das Ihre, um die Gegensätze zu verwischen und die großartige Polarität des Ursprungs durch den Kompromiß der Bequemlichkeit zu verwischen. Diese Ebene ist nicht die Erde, und sie ist auch nicht der Himmel. Sie liegt einige Zentimeter über der Erde: auf den Brettern der Konvention. Sie ist eine Welt von Marionetten, unter denen auch wir unsere Rolle zu spielen haben. Hier befriedigen wir unsere mehr oder weniger künstlichen Bedürfnisse, hier erfahren wir die mehr oder weniger erfundenen Notwendigkeiten, hier erleben wir Erfolge und Mißerfolge, die mehr oder weniger auf unserer Vorstellung beruhen.

Die menschliche Person mit ihrem Namen, ihrer Stellung, den Funktionen, mit denen sie sich identifiziert, mit ihrer Kleidung, die dazu bestimmt ist, den sozialen Rang anzuzeigen und den zu Schamhaftigkeit und Dunkelhaft verurteilten Körper zu verbergen, mit ihrem verkehrten Ehrgefühl, das oft anspruchsvoller ist als ihre Gelüste, mit ihrer Kultiviertheit und ihren Gewohnheiten, diese Person ist mit der Sünde verflochten, sie befindet sich in ständiger Fehlhaltung gegenüber Gott und der Natur.

Rousseau behauptete, der Mensch sei von Natur aus gut, nur die Zivilisation habe ihn verdorben. Darauf pflegt man zu erwidern, Rousseau verkenne den Einfluß der Erbsünde. Wer so antwortet, hat sicher nicht den Zusammenhang bemerkt, der zwischen besagter Sünde und der Zivilisation besteht; Rousseau selber hat ihn wohl auch übersehen. Wenn dieser Zusammenhang berücksichtigt wird, könnte seine Formulierung ohne weiteres in die überlieferte Lehre von der Erbsünde eingegliedert werden. Das setzt allerdings voraus, daß die Behauptung „Der Mensch ist von Natur aus gut" heißt: So, wie Gott ihn nach seinem Bild erschaffen hat, ist der Mensch gut, solange er so bleibt, wie Gott ihn gemacht hat; und er verdirbt in dem Maße, wie er sich selbst zu einem Gott macht und versucht, auf seine eigene Weise ein Paradies zwischen Himmel und Erde zu errichten, in dem er Türme baut, um den Himmel herauszufordern. Der unsichtbare Architekt seiner Werke ist dann der „Fürst dieser Welt", derselbe, der Jesus die Herrschaft über alle Reiche der Erde angeboten hat und die Worte sprach: „Ich habe Macht über alle Dinge, und ich gebe sie, wem ich will." Jesus sagte von dieser Welt: „Sie haßt mich, weil ich die Schlechtigkeit ihrer Werke bezeuge."

Aber zur Natur zurückzukehren ist sehr viel schwerer, als Rousseaus naive Schüler es sich vorstellten. Es genügt eben nicht, einfach von der Stadt aufs Land zu ziehen. Die Bemühungen unzähliger Generationen haben uns von Grund auf verändert und verunstaltet. Das können wir nicht an einem Tage wieder rückgängig machen. Auch können wir es nicht ohne übernatürliche Hilfe erreichen.

7. Von der Nahrung

Ein Mensch, der irgendwo allein zwischen den Tieren der Wildnis ausgesetzt wird, findet nicht ohne weiteres seine Nahrung. Gräser, Eicheln, Körner, Wurzeln, von denen andere Lebewesen sich ernähren, sind für ihn Gestrüpp und Dornen. Solcherart ist die Strafe, die auf Adams Nachkommenschaft ruht. Sie ist dazu verurteilt, nichts anderes als Leckerbissen essen zu können. Eine lächerliche Strafe, aber sie hat endlose Mühsale, Unfreiheit, unzählige Gefahren und Katastrophen nach sich gezogen.

Dabei ist es nicht in erster Linie die Beschaffenheit seiner Eingeweide, durch die sich der Mensch von anderen tierischen Lebewesen unterscheidet. Es ist vor allem seine geistige Ausrichtung, die grenzenlose Neugier seines Geschmackssinnes, der immer auf der Suche ist nach neuen und seltenen Dingen. So wurden ihm allmählich die naheliegenden und gewöhnlichen Dinge fad oder ekelhaft und schließlich sogar ungenießbar und schädlich.

Da der Mensch die Erkenntnis von Gut und Böse immer zu seinem eigenen Nutzen anwandte, hat er seine Bedürfnisse zu einem tiefen Abgrund ausgeweitet, um mehr Freude an ihrer Befriedigung erleben zu können. Er hat seine Bedürfnisse irregeleitet, zum Narren gehalten, ihre Stillung in die Länge gezogen und dabei seinen Organismus überfordert und geschwächt.

Die überall verbreitete Gewohnheit, nur gekochte, gesalzene und gewürzte Speisen zu sich zu nehmen, stellt das natürlichste der Bedürfnisse in den Dienst der Künstlichkeit, macht daraus eine Angewohnheit, die bei der Behandlung von Kranken angemessen, ansonsten aber zu verwerfen ist. Dieses angenehme Laster wird durch die Gewöhnung zu einer niederdrückenden Notwendigkeit, zu einer Art von Invalidität, die man pflegt und nährt.

Die Erde liefert nicht freiwillig Nahrung in entsprechender Verschiedenartigkeit und Menge. Der Mensch muß sie dazu zwingen. Und das tut er im Schweiße seines Angesichts, womit er zu immerwährender Zwangsarbeit verurteilt ist, von Generation zu Generation. Diese Arbeit verlangt aber nicht nur Schweiß, sondern auch Methodik, Berechnung, Erfindungsgabe und Wissen. So wird die göttliche Gabe der Erkenntnis zu der Aufgabe erniedrigt, das egoistische Vergnügen zu erhalten und zu vermehren, wird die Erkenntnis mitsamt ihrer Frucht den Verdauungsorganen zugeführt.

8. Vom Getränk

Auch aus einem anderen, ebenso elementaren Bedürfnis, dem Durst, hat der Mensch eine Ungeheuerlichkeit gemacht. Die dabei entwickelte

Schlauheit ist noch bemerkenswerter. Er brachte es nämlich fertig, brennende Flüssigkeiten herzustellen, die den Durst anfachen, anstatt ihn zu stillen.

9. Vom Schlaf

Um das Schlafbedürfnis zu befriedigen, braucht dem Körper nichts von außen zugeführt zu werden. Das müde Tier legt sich auf die Erde und schläft ein. Zu was wäre unsere Intelligenz nütze, wenn sie nicht, da sie schon dem Schlaf selber nichts hinzufügen kann, wenigstens ihre Anstrengungen auf das Drumherum richtete. Zu diesem Zweck mußte man den erstaunlichen Apparat erfinden, den wir Bett nennen, nebst anderem Mobiliar und dazu einen von Mauern umgebenen Raum mit Glasfenstern, Fensterläden und verriegelten Türen zum Schutz gegen Wind, Regen, Tiere und Diebe. So erreichten wir auf dem Umweg über den Intellekt, daß die Ruhe uns fast genausoviel Anstrengungen kostet, wie unser Vergnügen uns Schmerzen bringt.

10. Von der Bequemlichkeit

Wenn man aber im Zusammenhang mit dem Schlaf auch noch all die anderen Annehmlichkeiten und Bequemlichkeiten betrachtet, mit denen sich unsere Trägheit gern umgibt, sieht man den furchtbaren Strudel, in den uns die kleinliche Besorgtheit, alle Mühen möglichst zu vermeiden, geführt hat. Denn um uns einige kleine Anstrengungen zu ersparen, etwa eine Lampe anzuzünden, zu Fuß von hier nach dort zu gehen oder von einer Etage zur anderen zu steigen, müssen Tausende von Menschen bei höllischem Lärm und vergifteter Luft in Fabriken und Bergwerken schuften. Unsere kleinen Erleichterungen bewirken eine Verlagerung der Lasten, welche die Waage der Gerechtigkeit aus dem Gleichgewicht bringt und dadurch Einheit und Frieden zerstört. Die Erkenntnis von Gut und Böse, die wir uns zunutze gemacht haben, bringt uns so dazu, das Gute zu suchen und das Böse zu finden. Der Zorn Gottes wird über uns kommen.

11. Vom Liebesvergnügen

Zweifellos hat sich das Verlangen, die Erkenntnis von Gut und Böse auszuschöpfen, immer am meisten mit dem Liebes- und Begattungsakt beschäftigt und dabei zu den erstaunlichsten und widersinnigsten Ergebnissen geführt.

Gott hat die lebenden Wesen in männlicher und weiblicher Gestalt erschaffen und ihnen die Weisung gegeben, zu wachsen und sich zu vermehren. Das bedeutet, daß das Werk des Fleisches seinem Willen entspringt. Und seine Güte will, daß es in Freude und Schönheit geschehe, wie die Natur es in jedem Frühling von neuem bestätigt. Der Mensch hingegen kann in diesem Punkt nicht der Natur folgen. Das ist nicht erst seit dem Sündenfall so. Der Grund dafür liegt vielmehr in der Würde des Menschen als eines bewußten Kindes Gottes. Die Natur ist ihrem Wesen nach profan, während der Mensch seinem Wesen nach religiös ist. Das freudige Erstaunen über den Liebes- und Begattungsakt ist eine der beiden Wurzeln der Religion. Die andere Wurzel ist die Bestürzung über das Ereignis des Todes.

In dem Augenblick, da der lebenzeugende Funke den Menschen durchquert, fühlt er sich mitgerissen von einer Macht, die ihm unbegreiflich ist, obgleich er sie an sich selber erfährt. Er kann sie nur als ein Geheimnis erkennen.

Um wahrhaftig und legitim zu sein, bedarf der Geschlechtsakt der Liebe als Antrieb, der Zeugung als Ziel und einer religiösen Weihe zu seiner Vergeistigung.

Wer in der fleischlichen Vereinigung sein eigenes Vergnügen sucht, statt sich in ihr zu verschenken, um das Leben durch die Freude an der Übereinstimmung auf eine höhere Ebene zu heben, der beißt in die Frucht, der stiehlt das Geschenk.

Weil die einfache, tierische Freude dem Menschen weder erlaubt noch möglich ist, sinkt er allzu leicht ab in die Unzucht. Seine Erkenntnis ermöglicht ihm, die Liebe in der Fülle ihres sakramentalen Sinnes zu verstehen. Aber sie liefert ihm nach der Logik des Sündenfalls auch die Mittel, um alle lästigen Hindernisse zu umgehen, um die Befruchtung, die der natürliche Sinn der Vereinigung ist, wie ein ärgerliches Mißgeschick zu vermeiden, ebenso die Vereinigung der Herzen, die immer auch mit großer Beunruhigung und schmerzlichen Empfindungen verbunden ist. Wenn es ihm gelingt, erspart er sich auch Ermattung und Überdruß.

Da der körperliche Orgasmus heftig, aber kurz ist wie das Aufzucken eines Blitzes und Enttäuschung hinterläßt, gibt es nur zwei Möglichkeiten, mehr aus ihm herauszuholen: Phantasie und Dekoration. Deshalb die komplizierten Ausstattungen von Salon und Garten, von Tisch und Bett, die Geschmeide und Kosmetika, die Bälle, Feste und Reisen. Deshalb mondäne Eitelkeit, schamlose Freude über einen Skandal, wollüstige Geheimniskrämerei, erregende Intrigen und abenteuerliche Wagnisse. Sie alle können dazu dienen, in der Leere unseres Inneren einen Widerhall zu erzeugen.

Hierin besteht der Reichtum der Nationen: Das Überflüssige, das Sinn- und Wertlose scheint ihr höchstes Gut und das Ziel all ihrer Anstrengungen zu sein. Hier wurzeln die bürgerlichen Tugenden, das Familienleben und die Religiosität. Einige anerkannte soziale Mißstände haben hier ihre Ursache, etwa die Prostitution und das Abschieben von Kindern an die öffentliche Fürsorge. Aber auch der ganze zivilisatorische Aufwand kommt aus derselben Wurzel.

12. Von der Kleidung

Das in diesem Zusammenhang bemerkenswerteste Resultat der „Erkenntnis" ist zweifellos die Notwendigkeit der Kleidung.

Da die Kleidung dem Menschen zu einem erstrangigen Bedürfnis geworden ist, verursacht sie ihm ungefähr genausoviel Mühsal und Sorgen wie die Nahrung. Die Moral verpflichtet uns zu ihrem Gebrauch, während die Bibel von ihr berichtet, daß sie das erste Ergebnis der Sünde war, noch vor der Austreibung aus dem Paradies. Auch die Vernunft scheint uns den Gebrauch der Kleidung nahezulegen, um den Körper zu schützen vor Kälte, Sonne, Verunreinigung, Verletzungen und erregenden Berührungen. Man muß dabei allerdings die Geduld bewundern, mit der ihre oft gegenteiligen Wirkungen ertragen werden. Die Kleidung macht die Hitze noch unangenehmer und die Kälte manchmal noch gefährlicher. Indem sie die Ausschwitzungen des Körpers aufnimmt, ist sie eine weitere Quelle der Unsauberkeit. Sie verweichlicht Haut, Haare und Nägel, den äußeren Schutz des Körpers, und erhöht so dessen Empfindlichkeit gegen Schürfungen und mancherlei Krankheiten.

Sie hat die Schwächen, die uns von ihr abhängig machen, selber verursacht. Für den menschlichen Körper ist es genauso schlecht, immer bekleidet zu sein, wie für eine Pflanze, in einem Keller zu wachsen.

Die verstandesgemäße Erklärung des Phänomens hält, wie wir sehen, einer genauen Betrachtung nicht stand. Auch die Bibel scheint darüber anderer Ansicht zu sein. Sie spricht zwar von Blättern, mit denen Adam und Eva ihre Blößen bedeckten, sagt dabei aber nichts von Kälte und Wärme, Regen oder Sonne, sondern bezieht sich auf das Schamgefühl.

Scham und Vergötzung der Geschlechtlichkeit haben beide ihren Ursprung in der Erkenntnis von Gut und Böse, denn mit dieser Erkenntnis tritt die Seele in die Welt der Gegensätze ein. Die Kennzeichen des Geschlechts sind ihr von nun an eine Ursache von Verwirrung und Beunruhigung. Hier verliert sie ihre Sicherheit und taumelt hin und her zwischen Verehrung und Abscheu, zwischen Schrecken und Lachen. Sie weiß nicht, ob sie anbeten oder verdammen soll.

Warum hat dieses Organ zwei Funktionen? Warum dient es der Vermittlung von Leben, was es so anziehend macht, und zugleich der Entleerung von Abfallstoffen, weshalb es als abstoßend empfunden wird?

Die Kleidung verhüllt das Organ und verbirgt uns seine Gegensätzlichkeit. Der unreine Gegenstand wird zu einem Kultgegenstand, zum Objekt eines stillschweigenden, universalen Kultes.

Die Moral lehrt, die Kleidung habe den Sinn, die Begierden zu dämpfen, indem sie das Ziel des Begehrens der Sicht entzieht. In der Tat verhält es sich so, daß sie den äußeren, unscheinbaren oder abstoßenden Anblick verhindert, was zur Folge hat, daß das Verborgene um so mehr mit dem Nimbus des Verehrungswürdigen und Geheimnisvollen umgeben wird. Die Kleidung nimmt den Augen die Wahrnehmung, aber sie belebt die Phantasie und läßt die Begierde im Herzen noch mehr Raum gewinnen und das Blut noch mehr in Wallung kommen.

Aber nicht nur für das Versteckspiel von Begierde und Ekel ist die Kleidung notwendig. Sie ist auch für das Bühnenspiel von Bescheidung und Anmaßung unentbehrlich. Sie gehört zum Wesen aller Konvention.

Wenn die Kleidung auch keinem natürlichen Bedürfnis des Körpers entspricht, so ist sie für die gesellschaftliche Rolle doch von solcher Wichtigkeit, daß es ohne sie gar keine Rolle gibt. Ohne Verkleidung und Dekoration kann man kein Theater spielen.

Darstellung ist der Zweck der Kleidung. Für die Person in der Gesellschaft besteht ein Bedürfnis nach Darstellung, weil sie so die Blöße ihrer Nichtigkeit verdecken kann. Die Kleidung zeigt an, als was die Person zu gelten beansprucht. Für die Null, die der Bühnenfigur als Seele dient, entsteht so eine besondere Art von Befriedigung, die man Eitelkeit nennt.

Die erste Forderung, der die Kleidung genügen soll, besteht darin, jedem das Aussehen eines Engels oder einer Statue zu geben. Sie verhindert den Anblick des Bauches und seiner unappetitlichen Funktionen, wie um das verführerische Versprechen der Schlange einzulösen: „Und ihr werdet sein wie Gott."

Die Kleidung gibt dem Menschen aber auch seinen Platz auf der Lebensbühne mit ihrer sozialen Stufenleiter und bestimmt sein Verhalten gegenüber den Mitspielern. Das menschliche Wesen ist durch das Bekleidetsein auf seine Rolle, seinen Titel, auf Grad und Art der ihm zuerkannten Ehren und Rechte festgelegt und genießt feierlich den Anteil an Autorität, der ihm zugeteilt ist.

Die Kleidung ist das Netz, mit dessen Hilfe sich die Gesellschaft des Lebens bemächtigt, um es zu unterwerfen, um es an sich zu binden und aufzusaugen. Das erklärt die finstere und unbarmherzige Strenge, mit der sie die geringste Abweichung von den Bekleidungsregeln verfolgt. Dazu braucht sie weder Gesetzbücher noch Polizisten und Gerichte, denn jeder ehrenhafte Bürger fungiert in dieser Sache als Richter und Vollstrecker der Konvention, und die Strafen reichen von Hohngelächter und Spottversen bis zur Steinigung.

Bekleidung bedeutet immer Unterwerfung und Knechtschaft. Dennoch ist es in der Geschichte der Menschheit noch nie vorgekommen, daß ein Volk sich gegen dieses Joch erhoben hätte. Das wird auch nie geschehen, denn diese Knechtschaft besteht überall entweder freiwillig oder unbewußt. Aber dadurch wiegt sie um so schwerer und ist um so erniedrigender. Denn die Kleidung bedeckt nicht nur die Haut. Sie verpflichtet zu einer bestimmten Verhaltensweise, zu einem bestimmten Sprachgebrauch, zu bestimmten Reaktionen und Vorurteilen, zu bestimmten „persönlichen Meinungen", zu Gewohnheiten, die zur „zweiten Natur" werden. So vollzieht sich die Inbesitznahme des Menschen, der am Ende seine Seele und vielleicht sogar seinen Körper vergißt, der sich seines Inhalts entleert und schließlich nur noch in seiner Maske lebt. Wenn die Selbstentfremdung des Menschen diesen Grad erreicht hat, wenn er soweit gekommen ist, daß er sich mit seiner Rolle identifiziert, dann hat der Fürst dieser Welt alle Fäden in der Hand. Dann kann er nach Belieben mit seinen Marionetten Theater spielen, dann kann er Parademärsche defilieren und wilde Schlachten aufführen lassen, wie es ihm gefällt.

(Von der geschichtlichen Regel, daß sich die Menschen nicht gegen das Joch der Kleidung auflehnen, gibt es einige wenige Ausnahmen. Da wäre im europäischen Mittelalter vor allem die Sekte der Turlupins zu nennen, die aber nach kurzer Zeit ein tragisches Ende nahm, und in Rußland die Sekte der Duchoborzen, die später nach Kanada ausgewandert ist, ebenso die Nagda-Shivaiten, die in Indien in Wäldern leben und sich manchmal in die Städte begeben.)

13. Von der Arbeit

Die Erkenntnis von Gut und Böse hat die Arbeit für den Menschen zu einem Fluch werden lassen. In der göttlichen Ordnung ist sie es nicht. Ebensowenig, wie Erkenntnis Sünde ist, ist Arbeit eine Strafe, solange man nicht in die Frucht beißt.

Die Arbeit hat ihren Ursprung in der Freude des Paradieses. Gott, so heißt es, hatte dem Menschen einen Garten gegeben, damit er darin wirke, damit er durch sein Werk an der Schöpfung teilhabe, welche die größte Freude der Liebe ist. Adam verrichtete seine Arbeit in Harmonie und Frieden aus Liebe zur Erde und als Geschenk an den Himmel. In der Mitte des Gartens pflegte er den Baum der Erkenntnis, damit er blühe und seine Zweige mit denen vom Baum des Lebens vermenge, so daß man ihn den Baum der Erkenntnis des Lebens hätte nennen können. Und Adam ließ seinen Blick mit Bewunderung und Ehrfurcht an ihm emporgleiten wie an einer Hymne.

Dadurch, daß er die Frucht ergriffen, sie an sich gerissen und verzehrt hat, um die Erkenntnis zu seinem Nutzen zu gebrauchen und durch sie größer zu werden, hat er nicht nur die Frucht vom Baum getrennt, sondern auch sich selber vom Ganzen der Schöpfung losgelöst. Er hat die göttliche Ordnung der Dinge vergewaltigt. Er ist durch diese Trennung kleiner und geringer geworden. Und für diesen verkleinerten und geschwächten Menschen war die Erkenntnis zu groß. Sie raubte ihm sein natürliches Gleichgewicht und stürzte ihn in Unruhe und Verwirrung. So vervielfältigten sich seine Bedürfnisse, seine Gelüste, seine Neugier und seine Eitelkeiten, und ihre Befriedigung brachte ihm immer neue Drangsale. Und so kam es, daß die Arbeit zu einer endlosen Kette von Mühen und Qualen werden konnte.

Allein die Künstler haben sich ein wenig von Adams Arbeit vor dem Sündenfall bewahrt. Sie können einen Garten bearbeiten und dabei ihren Sinn offenhalten für die Freude und das Geschenk, für die Gesetze der Natur und die Eingebungen des Geistes. Sie können arbeiten, ohne irgendeiner Kreatur Leid zuzufügen. Im übrigen stehen alle Arbeitenden unter dem Fluch, der in dem Maße schwerer wiegt, wie sie sich vom Schönen entfernen, um sich dem Nützlichen zuzuwenden.

Im Paradies war die Erkenntnis eine lebendige Erfahrung der Einheit. Adam hat die Frucht vom Baum abgetrennt, so daß die Erkenntnis zwiespältig und doppelsinnig wurde: eine Erkenntnis von Gut und Böse, von Wahr und Falsch, Schön und Häßlich, Subjekt und Objekt, eine äußerliche Erfahrung von Gegensätzen.

So ist auch seine Arbeit eine Arbeit der Trennung und des Widerspruchs geworden. Das Wesen, das sich unter allen anderen am meisten abgesondert und vom Ganzen losgelöst hat, das alles an sich reißen, in Besitz nehmen und sich einverleiben möchte, das von allem kosten, alles untersuchen und alles zerlegen, alles zerstückeln, alles wissen und alles beherrschen will, dieses Wesen erniedrigt sich zwangsläufig zu einer Fronarbeit, zu einer Arbeit des Undanks und der Brutalität. Seine Arbeit besteht darin, aus einem frischen, grünen Baum einen Holzpflock zu machen, aus einem tiefen, geheimnisvollen Wald einen rechteckigen Acker, aus einem hüpfenden Reh ein Stück Fleisch. Er muß zerreißen, spalten, schlagen, bohren, nageln, vergewaltigen und entstellen. Er muß schälen, dörren, rösten, bakken, quetschen, mahlen, kochen, schmoren und braten. Das Eisen des Pflugs, das Messer des Schlächters, die Axt des Holzfällers, der Hammer des Schmieds und der Säbel des Soldaten sind alle aus demselben Material. Der Krieg ist eine Arbeit unter vielen anderen, und die nützlichen Arbeiten sind ein Krieg gegen die ganze Natur.

14. Von der Erkenntnis

In all diesen sonderbaren Abenteuern und den damit verbundenen harten Prüfungen ist die Erkenntnis die treueste Gefährtin des Menschen geblieben. Von all seinen Gütern ist sie das größte, von dem alle anderen abhängen. Sie ist die stärkste seiner Stärken. Sie ermöglicht ihm, seine Anstrengungen zu koordinieren und auf ein Ziel zu richten, Gefahren zu umgehen, Hindernisse zu überwinden, Verluste auszugleichen und Erträge zu vermehren. Sie hat ihm Werkzeuge und Waffen in die Hand gegeben, sie hat ihm Techniken und Taktiken erschlossen. Sie hat ihm auch in der Verbannung die Rolle des Primaten gesichert.

Die geringste Strafe, mit der Adam nach seiner Freveltat hätte rechnen müssen, war wohl die, daß Gott ihm die Erkenntnis, mit der er solchen Mißbrauch getrieben hatte, wieder entziehen würde. Doch Gott zeigt unergründliche Großmut in seiner Rechtsprechung. Er bestätigt ihm sogar den Besitz seiner Beute, indem er sagt: „Siehe, er ist geworden wie unsereiner, er kennt Gut und Böse." Statt ihm das Licht wieder zu nehmen, das er sich widerrechtlich angeeignet hat, läßt er ihm die Freiheit, den Mißbrauch fortzusetzen, so weit und so lange er will. Und er läßt ihn die Auswirkungen seines Mißbrauchs erfahren, bis das Experiment ihn verständig macht, bis er umkehrt oder sich selber zerstört.

Mag die Seele des Usurpators auch noch so finster sein, mögen seine Geschäfte und Manipulationen auch noch so anrüchig sein, seine Erkenntnis bleibt davon unberührt. Sie behält die Klarheit und die Grenzenlosigkeit ihres göttlichen Ursprungs. Nur ihre Richtung ist verkehrt. Selbst wenn sie zu den unwürdigsten Aufgaben herangezogen wird, gibt sie doch dem Suchenden Einblick in die Geheimnisse der Schöpfung und liefert ihm den Schlüssel zu den innersten Antriebskräften der Natur, leuchtet sie ihm in die verborgene Ordnung des Universums. Die Richtigkeit ihrer Entdeckungen bestätigt sich durch den Erfolg der darauf begründeten Unternehmungen.

15. Von der Weisheit

Man muß hinzufügen, daß die Menschheit nicht auf allen Gebieten und ausnahmslos das ihr entgegengebrachte Vertrauen enttäuscht hat. Überall und zu allen Zeiten haben sich Menschen gefunden, die in der von Gott losgelösten Erkenntnis das sicherste Mittel gefunden haben, sich wieder mit ihm zu verbinden.

Solche Menschen waren die alten Meister, die wandernden Philosophen, die Einsiedler und Asketen, die Priesterkönige wie Melchisedech, die eingeweiht waren in die großen Geheimnisse göttlichen Seins, der Herkunft und Bestimmung der Seele und auch in die kleinen Geheimnisse der Materie und des Lebens, der immer wiederkehrenden Wandlungen von Natur und Geschichte.

Durch sie ist in allen Kulturen und Völkern etwas von den grundlegenden Werten erhalten geblieben, welche die ursprüngliche Offenbarung ausmachen. Durch sie ist das Band nie ganz abgerissen zwischen dieser in Irrtum und Unglück verwickelten Welt und Gott, dem Absoluten, von dem sich ihre Existenz herleitet. Sie hielten die Verbindung bis zu dem Tag, da sich die Erkenntnis selber verkörperte und das Wort Fleisch annahm zur Erlösung der Sünder.

Da Eigennutz das Wesen der Erbsünde ist, wendet sich die reine Erkenntnis in die entgegengesetzte Richtung. Ihr Ziel ist das Opfer, denn in ihm sieht sie den Schlüssel zur Freiheit. Sie ist die Grundlage und der innerste Kern aller Religionen. Diese Erkenntnis ist heilig, selbstlos, demütig. Für die Welt ist sie ein Rettungsanker, sie weist ihren Nöten einen Ausweg. Sie hat nichts gemein mit den die Welt beherrschenden Wünschen und Bestrebungen.

Deshalb war nichts wichtiger, als das Wissen in seiner Reinheit zu erhalten. Deshalb mußte es vor dem Zugriff der Unreinen bewahrt werden. Nun ist aber jeder Mensch von Natur aus unrein, solange er nicht geläutert ist, solange er nicht vorbereitet, von der großen Strömung abgesondert und geweiht ist.

In allen Kulturen und allen Religionen hat sich daher eine Priesterschaft herausgebildet, die über die höchsten Werte des Menschen zu wachen hatte. Um dieser Aufgabe gerecht werden zu können, hat sie sich in eine Rangordnung gegliedert. Es war nicht der Sinn dieser Rangordnung, den Mitgliedern irgendwelche Vorrechte zu sichern.

Niemand konnte eintreten, ohne bestimmte Prüfungen abgelegt zu haben. Und die erste Prüfung verlangte, daß man aus dem Wissen nicht Gewinn schlage, sondern sich ihm ganz hingebe. Niemand wurde aufgenommen, ohne sich eine strenge Lebensregel gegeben zu haben, niemand wurde aufgenommen ohne Gelübde oder Eid, an die er bis zu seinem Tod gebunden war.

Dieses Wissen, dem sich der Eingeweihte ganz hingab, *mußte er auch als ein Ganzes annehmen.* Er durfte nicht sein Einverständnis beschränken und einen seine Neigungen und Begabungen besonders ansprechenden Teil auswählen und getrennt kultivieren. Dieses Wissen war eine lebendige Ganzheit. Es hatte einen einzigen Gegenstand: die verborgene Einheit hinter dem Ich dessen, der weiß. Da aber jedes Ding eine verborgene Einheit besitzt und der höchste Grad dieser Einheit Gott ist, führt die Selbsterkenntnis auch zur inneren Erkenntnis aller Dinge.

Diese Erkenntnis, bei der der Erkennende mit dem Erkannten identisch ist, hat besondere Wirkungen auf denjenigen, in dem sie wohnt. Sie verwandelt ihn von Grund auf. Sie ist nicht eine Summe von Feststellungen und Begriffen, sondern eine Quelle von Tugend und Kraft. Sie ist nicht nur Wissen, sondern auch Gewissen und Weisheit. Der Mensch, dem diese Erkenntnis fremd ist, lebt in der Finsternis der äußeren Erfahrung, selbst wenn sein Intellekt tadellos funktioniert. Selbst wenn er keinerlei Missetat begangen hat, ist er doch ganz und gar im Dunkel der Sünde befangen.

Wenn man die Priesterkasten beschuldigt, sie hätten die Völker absichtlich in Unwissenheit gehalten, so zeugt das von einer törichten Denkweise. Sie wußten, daß es unmöglich ist, das Wissen, so, wie sie es empfangen hatten, weiterzugeben an Leute, die weder die Voraussetzungen dazu besaßen noch bereit und fähig waren, die Folgen zu tragen. Aber in dem Maße, wie es dennoch weitergegeben werden konnte, strahlte es seine heilsamen Wirkungen aus, denn es liegt in der Natur des Lichtes, zu leuchten. Alles, was in den alten Kulturen bedeutsam und wertvoll war, zeugt von solchen Einflüssen. Besonders die religiösen Feste bildeten eine Schaustellung für das ganze Volk, eine verschlüsselte, aber dennoch einprägsame Unterweisung. Die häuslichen Riten ließen sie in die Intimität des Familienlebens, auch des einfachen Volkes, eindringen und schon in den Herzen der Kinder Wurzeln schlagen. Gedichte und Mythen ermöglichten eine Weitergabe von Symbolen und Bildern. Aber die stärkste Beeinflussung des Menschen von Fleisch und Blut mit all seinen Begehrlichkeiten geschah wohl erst durch die Vermittlung von Kunst und Handwerk.

16. Von der Weisheit in Kunst und Handwerk

Die Arbeit ist eine Strafe für die Sünde, aber der Sinn der Strafe ist Läuterung. Die Arbeit hat zwei Aspekte. Arbeiten heißt einerseits: nach eigenem Nutzen streben und die Folgen der Verfehlung auf sich nehmen. Andererseits heißt arbeiten auch: dem Schöpfer gehorchen und in gewisser Weise mit ihm zusammenarbeiten, sich beherrschen, sich bewähren, sich üben, sich vervollkommnen, sich ausdrücken und nicht zuletzt der menschlichen Gemeinschaft dienen bei der Erfüllung ihrer gemeinsamen Bedürfnisse.

So erklärt es sich auch, daß das Handwerk eine Schule geistiger Einweihung werden konnte, sowohl durch die Unterweisung, welche die Lehrzeit begleitete, als auch durch die Lebensregel, die in der Werkstatt oder auf der Baustelle befolgt wurde, und schließlich durch die Riten, die religiösen Übungen und den Eid, welche die Mitglieder einer Zunft miteinander verbanden. Obwohl das Handwerk einer niederen Stufe angehörte, da es überwiegend der Welt verpflichtet war, erforderte es doch ein beachtliches Wissen und eine tiefere Erkenntnis. Das galt in besonderem Maße von der Architektur, deren Name „königliches Handwerk" bedeutet.

Königlich war dieses Handwerk nicht nur wegen der großen Anzahl der Arbeiter, die es beschäftigte, und der Verschiedenartigkeit der Arbeiten, die dabei ausgeübt und koordiniert wurden, sondern auch deshalb, weil es das Nützliche mit der Schönheit verband, weil es dem Denken und der Anbetung dauerhafte Ausdrucksformen gab. Seine wichtigste Aufgabe bestand darin, Tempel zu bauen, die in Form und Bemessung ein Abbild des Himmels waren und die Tränen und Schreie, die ganze Substanz volkstümlicher Legenden wie auch die Zahlen und Symbole der okkulten Philosophie in die Sprache des Steins übersetzten. Königlich war die Architektur auch, weil ihr Gesetz, das man Stil nennt, den Menschen prägt, der es ausübt. Der Mensch bearbeitet Gegenstände, deren Proportionen sprechen, deren Ornamente singen, lehren oder Zeugnis ablegen, sei es auch nur ein Schlüssel, ein Sattel, eine Ritterrüstung oder ein Holzschuh. Ist es nicht erstaunlich, daß die Hälfte der menschlichen Arbeit, die schwierigere und feinere Hälfte, dem Schmücken gewidmet ist? Schmücken bedeutet Ehre erweisen. Es ist ein Tun, das meistens schlecht oder gar nicht entlohnt wird. Was für einen Nutzen bringt es denn? Nun, der Nutzen besteht darin, daß der Mensch, der seine Hand an diesen jeweiligen Gegenstand legt und ihm seine Aufmerksamkeit zuwendet, an seinen Ursprung und an seine Bestimmung erinnert wird, daß ihm sein Heilsweg vergegenwärtigt wird: durch die Sonne, den Mond oder das Kreuz.

17. Von der Magie

Es gibt aber auch eine Kunst, bei der die Erkenntnis den menschlichen Wünschen entgegenkommt, ohne den Weg über die Arbeit zu nehmen. Bei ihr tritt der göttliche Ursprung von Wissen und Sprache besonders klar zutage, denn der Magier sagt wie Gott: „Es sei", und seine Vorstellung wird Wirklichkeit. Auch ruft er durch sein Tun immer Staunen, Unruhe und Neid hervor. Daraus entstehen ihm Nachahmer, die Scharlatane sind, sofern sie nur andere betören, und die Narren sind, sofern sie selber an ihr Tun glauben. So erklärt sich die heute allgemein verbreitete Ansicht, die Magie habe ihre Macht immer nur von der Unwissenheit und der Leichtgläubigkeit des Volkes bezogen und gehöre eigentlich zu den illusorischen und unmöglichen Dingen. Dieser Meinung stehen aber viele historische Beweise und glaubwürdige Zeugenaussagen entgegen.

Ein Mensch, der in die Gewalt eines Magiers kommt, verliert das Steuer seines Lebens, weil der Wille des anderen auf den Grund seiner Seele projiziert wird, weil der andere von der Quelle seines Bewußtseins her heimlich von ihm Besitz ergreift. Der Magier bedient sich seiner wie eines Werkzeugs. Er kann diese Kunst der Verführung auch auf Tiere anwenden, wie das alltägliche Beispiel des Schlangenbeschwörers beweist (falls man nicht der uralten Legende des Orpheus zu glauben geneigt ist). Von gewissen Yogis sagt man auch, daß Pflanzen wie ein Wasserstrahl emporschössen, wenn sie ihren Blick darauf richteten. Sie können durch Formeln, Figuren, Zahlen, Rhythmen und Töne, die dem inneren Wesen der Dinge entsprechen, auf die Materie und auf Ereignisse Einfluß nehmen. So gingen sicher auch die „unbekannten Philosophen" vor, die wir Alchimisten nennen. Sie versenkten ihren Lebensodem in die Mineralien und bewegten sie zu Umwandlungen, die sich im Inneren der Erde vielleicht im Lauf von Jahrtausenden vollzogen hätten.

In allen heidnischen Religionen sind Priester und Magier mehr oder weniger dasselbe. Daß sie sich in der jüdischen und der christlichen Tradition klar voneinander unterscheiden, beruht auf einer klaren Vorstellung von der Erbsünde.

Der Priester und der Magier bedienen sich derselben Kräfte. Und meistens ist der letztgenannte in bezug auf Wissen, Kunstfertigkeit und Durchschlagskraft dem erstgenannten überlegen. Der wesentliche Unterschied zwischen ihnen besteht aber darin, daß der Magier seine Kunst als Eigentum ansieht wie der Dichter seine Dichtung, daß er sie nach eigenem Gutdünken anwendet und sich mit ihr Ruhm und Reichtum verschafft, während der Priester sich als Diener und Verwalter betrachtet, aber niemals als Herr der göttlichen Kraft, die ihn durchströmt. Er erbittet sie im Gebet, er wird ihr Kanal und Mittler, indem er sich seiner selbst entäußert.

Es gibt schlechte Priester. Es gibt vor allem viele mittelmäßige, laue und unwissende Priester. Der Schaden, den sie ihrer Religion zufügen, ist unermeßlich. Es gibt auf der anderen Seite edelmütige Magier, die in ihrer Umgebung Heilungen bewirken und Wohltaten verbreiten. Aber weder die guten moralischen Absichten noch die erfreulichen sichtbaren Ergebnisse ändern etwas an der Tatsache, daß der Magier in die Frucht der Erkenntnis gebissen hat und daß seine gottähnliche Macht davon herrührt, daß er der Aufforderung der Schlange gefolgt ist. Selbst ein Apollonios von Tyana mit all seinen Wundern hat nie jemandem die Erleuchtung oder das Heil gebracht, ein Dienst, den indessen der kleinste Priester dem größten Sünder erweisen kann, wenn er bei Nacht und Nebel zu ihm eilt, um ihn loszusprechen und ihm die Wegzehrung zu reichen.

Wir wissen sehr wenig über das Wissen unserer Altvorderen, woraus viele unserer Zeitgenossen den überheblichen Schluß ziehen, sie seien ziemlich unwissend gewesen. Die großartigen Werke, die sie zurückgelassen haben und die wir nur zu einem kleinen Teil verstehen können, die wir in keiner Weise nachmachen oder durch Gleichwertiges ersetzen können, deuten darauf hin, daß es bei ihnen tiefe Einsichten gegeben hat. Nicht nur manche weltbekannten Kunstwerke, sondern auch viele unscheinbare Dinge, etwa eine Vase, ein Werkzeug, ein Volkslied, haben ihr Geheimnis, das wir nicht zu ergründen vermögen.

Wir wissen im übrigen auch, daß sie ebensoviel Sorgfalt darauf verwandt haben, ihre Erkenntnisse zu verbergen, wie wir darauf verwenden, die unseren bekannt zu machen.

Kein Priester oder Wahrsager, kein Weiser oder Zauberer, kein Magier, Handwerksmeister oder Tempelritter, keiner, der in den Grabkammern einer Pyramide oder im Keller eines Hexenmeisters eingeweiht worden ist, hat jemals im Lauf der Jahrhunderte sein Geheimnis verraten. Die letzte Pythagoreerin zog es vor, sich ihre eigene Zunge abzubeißen, als unter der Folter etwas auszusagen, das sie zu verschweigen verpflichtet war.

18. Von der Entweihung des Wissens

Heute heißt es: „Alle Menschen haben das gleiche Recht auf Bildung." Kann man das Wissen für sich behalten als persönlichen Besitz oder als Vorrecht einer bestimmten Kaste? Unsere Zeit mit ihrer wissenschaftlichen Allgemeinbildung scheint da, trotz aller damit verbundenen Risiken, freigebiger zu sein.

Jedenfalls dann, wenn man den freigebig nennt, der, ohne an die möglichen Folgen zu denken, seinen spielenden Kindern einen geladenen Revolver überläßt.

Jedenfalls dann, wenn man den freigebig nennt, der, um die Gleichheit aller zu demonstrieren, seine Frau allen Passanten zum gleichen Preis feilbietet.

Für mich ist der erste ein unverzeihlicher Trottel und der zweite ein ehrloser Schurke. Nicht anders kann ich jene bezeichnen, die das Wissen entheiligt und an die Meistbietenden verkauft haben, die es zur Religion in Gegensatz gebracht, die es von der Weisheit getrennt und zu einem Werkzeug des Profits herabgewürdigt haben, diejenigen, welche die Geheimnisse der Natur an Regierungen und industrielle Unternehmungen verschachern und damit den Frieden stören und den Krieg brutalisieren. Auf ihre Rechnung geht auch der Niedergang des Handwerks und die Auflösung der Zünfte, der Verlust von Freiheit und Ehre gekonnter Handarbeit. Sie haben den Kreislauf des Lebens, der einstmals Gottesdienst, Kunst, Handwerk und Sitten miteinander verband, unterbrochen. Sie haben den gleichmäßigen Rhythmus des Herzens und der Glieder ersetzt durch den immer schnelleren Wirbel der Motoren. Sie haben überall Hast und Lärm, Sorge und Unruhe, Häßlichkeit und Monotonie verbreitet. Sie haben die Werkzeuge des Zwangs, der Zerstörung und des Todes ins Unendliche vermehrt.

Aber es besteht keine Gefahr für diese Menschen, daß sie vielleicht von primitiven Völkern verfolgt und gelyncht würden. Diese werden sie in ihrer Verblendung sogar als Befreier und Wohltäter preisen, denn ihre Moral kennt keinen Maßstab für die Ungeheuerlichkeit solchen Tuns. Um es genau zu sagen: Dieses Verbrechen liegt „jenseits von Gut und Böse". Es handelt sich um die umfassendste und gründlichste Neuauflage der Ursünde seit Beginn der Menschheitsgeschichte.

Ja, hier ist sie wieder, die Frucht der Erkenntnis, zerbissen, gekaut, ausgekostet und einverleibt, samt dem Rausch und der Vergiftung, die daraus folgen. Das ist der zweite Sturz, die vielleicht endgültige Verdammung der Menschheit und die verschärfte Wirkung der Geißeln.

19. Vom Frevel des Abendlandes

Das christliche Abendland ist es vor allem, das sich in den Dienst des Frevels gestellt hat. Dieselben, für die Christus sein Blut vergossen hat, um sie von der ersten Befleckung zu reinigen, sind es, die den Retter verleugnen, die darauf verzichten, die Heilsbotschaft zu verkünden, um statt dessen die Welt in Knechtschaft zu führen und die Natur zu vergewaltigen. Sie sind es, die sich umwenden, um auf Satans Stimme zu horchen, die mit Begeisterung den Köder ergreifen, den dieser ihnen anbietet.

In der Tat hat die Schlange noch nie mit so verführerischer Stimme gesprochen. Sie sagt: „Seht mich an, die ihr mich Tier und Materie nennt. Die Erkenntnis von Gut und Böse habt ihr allein mir zu verdanken. Der eifersüchtige Gott aber trachtet danach, euch zu verwirren und sie euch wieder zu entreißen, denn er will euch wieder in seine Gewalt bekommen und in die Finsternis führen. Seht, es ist doch alles ganz klar und einfach: Das Gute ist das Vergnügen, und das Böse ist alles, was unangenehm ist. Opfern ist unangenehm und deshalb schlecht. Tugenden sind beschwerlich und deshalb schlecht. Weisheit ist langweilig und deshalb schlecht. Schüttelt alle religiösen Träumereien von euch ab, und ihr werdet erwachen und sehen, daß ihr wie Götter seid. Die Wahrheit, die euch frei machen wird, besteht darin, die Kräfte der Natur zu erforschen und euch zunutze zu machen. Dann werdet ihr durch die Luft fliegen können, dann werdet ihr das Feuer an euren Wagen spannen, und der Blitz wird eure Speisen zubereiten, und alle Dinge, nach denen es euch gelüstet, werden euch zur Verfügung stehen. Überwindet eure Bescheidenheit. Laßt euch ganz von Wissen und Macht leiten, und ihr werdet sehen, daß euch alle Dinge untertan sind." Die Menschen sehen, daß das Versprechen sich erfüllt, und kommen nie mehr auf den Gedanken, daß sie dennoch irregeleitet sein könnten.

Auch Gott hat gewußt, daß dies alles wahr ist, und hat ihnen das, was sie sich genommen haben, überlassen mit den Worten: „Ich werde sie von meinem Angesicht vertreiben, sonst könnten sie ihre Hand auch an den Baum des Lebens legen" (Gen. 3, 22).

Deshalb werden sie trotz all ihrer Wissenschaft nie etwas vom Wesen des Lebens verstehen. Sie werden in die Hüllen der toten Materie eindringen und in ihr versinken. Lebendiges werden sie nicht hervorbringen, dafür aber viele tote und tötende Dinge. Sie werden selber die Werkzeuge ihrer Züchtigung schmieden, sich ihren eigenen Tod bereiten.

Wenn wir wissen wollen, wie das geschehen wird, hören wir einmal auf den Apostel Johannes, der im 13. Kapitel der Geheimen Offenbarung dies alles vorausgesagt hat.

20. Vom Tier, das aus dem Meer steigt

„Ich sah ein Tier aus dem Meere steigen, das sieben Köpfe und zehn Hörner hatte und auf seinen Hörnern zehn Kronen trug. Die Köpfe trugen Worte der Lästerung.

Das Tier glich einem Leoparden, und seine Füße waren wie die eines Bären; sein Maul glich dem eines Löwen. Der Drache gab ihm seine Kraft, seinen Thron und große Macht.

Ich sah, daß einer seiner Köpfe tödlich verwundet war, und die Verwundung wurde wieder heil. Die ganze Erde bewunderte das Tier.

Sie beteten den Drachen an, der dem Tier die Macht gegeben hatte, und sie beteten das Tier an und sprachen: ‚Wer kann sich mit diesem Tiere messen, wer kann mit ihm kämpfen?'

Seinem Mund ward es gegeben, hochtrabende Dinge und große Lästerungen zu reden, und das währte zweiundvierzig Monate lang.

Es öffnete sein Maul, um Gott zu lästern und seinen Namen und sein Haus und alle, die im Himmel wohnen.

Ihm wurde Macht gegeben, wider die Heiligen zu streiten und sie zu besiegen. Ihm wurde Macht gegeben über alle Geschlechter, Völker und Nationen.

Alle Völker und alle Erdenbewohner, deren Namen nicht im Lebensbuch des geopferten Lammes eingeschrieben sind, beteten es an.

Wer Ohren hat, der höre!

Hier sind Geduld und Glaube der Heiligen. Wer Gefangenschaft bereitet, wird selber in Gefangenschaft geraten. Wer mit dem Schwert tötet, wird selber durch das Schwert getötet werden."

Das Meer ist eine formlose, fremde, kalte, schillernde Masse. Gewaltige Stürme bewegen seine Oberfläche, und seine Tiefen sind voller Reichtümer. Ähnlich ist auch die Materie mit ihren gähnenden Abgründen und den wechselvollen Erscheinungen ihrer Oberfläche.

Das Tier, das aus dem Meer steigt, ist die Wissenschaft von der Materie, ein Ungeheuer mit glänzenden Schuppen. Die Zahl seiner Köpfe ist sieben, so, wie auch die Zahl der Gaben des Heiligen Geistes sieben ist und ebenso die Zahl der Todsünden. Siebenmal soviel Köpfe, als notwendig sind, um die Dinge zu verstehen, um sie besser zu verstehen als ein Tier.

Das Tier hat zehn Hörner, von denen man nicht recht weiß, wie sie sich auf die sieben Köpfe verteilen. Doch die ungleichmäßige Verteilung ist belanglos, wenn das Bild in Gedanken übersetzt wird.

In der Sprache der Bibel bedeutet das Horn eine besiegende Kraft.

Die Kräfte des dem Meer entsteigenden, siebenköpfigen Ungeheuers sind im Zunehmen begriffen.

Jede einzelne dieser Kräfte trägt eine Krone, das heißt, sie findet Anerkennung und Herrschaft. Das geht bis zur totalen Herrschaft, die durch die zehn Kronen dargestellt wird.

Auf den sieben Köpfen des Tieres stehen Namen von Gotteslästerungen, denn dieses der kalten Finsternis entstiegene, aufgeblasene, häßliche Ungeheuer ist eine Beleidigung des himmlischen Vaters.

Eine gefräßige Bestie ist sie, diese Wissenschaft, denn ihre Neugier will alles zerlegen, töten, sich einverleiben. Im übrigen hat sie sich in den Dienst der triebhaften Wünsche und der widernatürlichen Laster des Menschen gestellt. Deshalb wird sie mit ihrer Triebhaftigkeit über alles andere triumphieren und zu einer Geißel für die ganze Erde werden. Sie ist gefräßig, die Bestie Wissenschaft. Sie gleicht einem Leoparden, doch ihre Füße sind wie die eines Bären, und das Maul gleicht dem eines Löwen. Sie hat die Geschmeidigkeit der Raubkatze und ein Fell, das so fleckig ist wie die Haut der Schlange. Sie hat das Gewicht des Bären und den Stolz des Löwen.

Der Drache gab dem Tier seine Kraft, seinen Thron und seine Macht.

Das vorhergehende Kapitel der Geheimen Offenbarung (12, 9) nennt uns den Drachen mit Namen: „Er heißt Teufel oder Satan, der die ganze Erde verführt."

Hier werden die Gelehrten in einstimmiges Gelächter ausbrechen. Sie gehören nicht zu denen, die an den Teufel glauben. Aber die Behauptung, daß es ihn nicht gebe, ist der beste Dienst, den man ihm leisten kann. Dadurch gibt man sich ganz in seine Gewalt, denn nirgends kann er besser wirken als unter dem Deckmantel der Nichtexistenz.

Lassen wir den Scherz beiseite, werden sie sagen, und ebenso die Bildersprache. Sprechen wir lieber in der Sprache unserer Zeit. Wir glauben nicht an den Teufel und auch nicht an sein himmlisches Gegenstück. Aber wir glauben an die Wahrheit. Sie suchen wir, lieben wir, ihr folgen wir selbstlos, unbeirrbar und ausdauernd. Der gute oder schlechte Gebrauch, den die Menschen von ihr machen, ist nicht unsere Sache. Dafür sind wir nicht verantwortlich. Die Suche nach der Wahrheit ist eine strenge, beinahe asketische Disziplin. Sie verlangt manchmal sogar einen gewissen

Heroismus. Nichts ist reiner, höher, erleuchtender als die Wahrheit. Sie ist die höchste Eigenschaft dessen, was man im allgemeinen Gott nennt.

Darauf ist zu antworten, daß die Wahrheit das Wissen von der Einheit ist, vom Ich, von der Substanz, vom Leben, vom Anfang und vom Ende, genau das, was die Wissenschaft systematisch übersieht.

21. Von der Wahrheit der modernen Wissenschaft

Die Wissenschaft berührt nur die meßbare, äußere Erscheinung der Dinge und Vorgänge. Über die Oberfläche der Dinge kann sie unendlich viele Aussagen machen, doch über deren inneres Wesen weiß sie fast nichts. Sie dringt nicht ein. Sie beobachtet und beschreibt und geht von da aus zur Nutzanwendung über. Ihr Wissen bezieht sich nur auf ein Stück des Mantels, der die Wahrheit umhüllt.

Ja, Wahrheit ist das reinste, höchste und lichtvollste Wesensmerkmal Gottes. Wer Gott in der Wahrheit sucht, findet ihn. Wer Gott unmittelbar sucht, findet durch ihn auch Wahrheit und Macht. Wer aber sein Wesensmerkmal sucht, ohne ihn selber zu suchen, wandelt in den Fußstapfen Satans.

Satans erster Name ist Luzifer, was soviel heißt wie Lichtbringer. Er war der Erste nach Gott bis zu dem Tag, da er der Erste ohne Gott sein wollte. Als er dann sein eigenes Licht erblickte, wurde er geblendet. Und wie er seiner einsamen Höhe gewahr wurde, überkam ihn ein Schwindel, und er stürzte in die Tiefe.

Jeder Magier, der Wahrheit und Macht für sich beansprucht, ist ein kleiner Luzifer am Rand des Abgrundes. Jeder Gelehrte, der sich den Geheimnissen Gottes verschließt und nur an seine eigenen Lichter glaubt, ist ein verkommener Hexenmeister. Er ist ein Spielzeug in den Händen des Fürsten dieser Welt, der die ganze Erde verführt. Die Wahrheit seiner Wissenschaft ist ein Strahl aus der Sonne Satans. Sie hat den kalten Glanz der toten Materie.

22. Von der Philosophie

„Ich sah, daß einer seiner Köpfe tödlich verwundet war, und die Verwundung wurde wieder heil." Der verwundete Kopf unserer Wissenschaft ist die Philosophie. Sie war früher das alleinige Haupt der Wissenschaft und hatte eine menschliche Gestalt. Die Schönheit ihres Antlitzes wurde Weisheit genannt. Durch sie war alle Erkenntnis von Anbetung und Meditation umfangen.

Heute haben sich die anderen Wissenschaften von ihr unabhängig gemacht, und die Philosophie hat sich ihnen angeglichen. So bekam auch sie dieselbe häßliche Fratze, wurde auch sie verwundet.

Durch wen wurde sie verwundet? Durch sich selber. Mit ihren eigenen Zähnen hat sie sich in den Hals gebissen. Mit ihren beiden Kiefern, Kritizismus und Empirismus, hat sie sich die Verwundung zugefügt.

Schon vor Jahrhunderten hat sie ihr inneres Leben eingebüßt und sich aller mystischen Eigenschaften entledigt. Dann kamen Bacon und Kant, die sie belehrten, daß sie die lebendige Wirklichkeit der Dinge und Tatsachen aufgreifen müsse, um dem Bannkreis einander widersprechender, blutleerer Begriffe zu entkommen. Sie hatte vor den materiellen Wissenschaften kapituliert, die durch die sechs anderen Köpfe dargestellt sind. Sie hatte versucht, ihnen zu gefallen und sie nachzuahmen. Jedoch sie unterschied sich von ihnen durch ihren verstörten Blick und die Verwundung. Sie konnte unter den anderen nicht den ihr gemäßen Platz finden.

23. Von der Anbetung des Tieres

„Die ganze Erde bewunderte das Tier." So sagt der Apostel, womit er eine gewisse Komik dieses Geschehens zum Ausdruck bringt.

„Sie beteten den Drachen an, der dem Tier die Macht gegeben hatte." Den Drachen nannten sie Materie, und sie glaubten an die Materie, statt an Gott zu glauben. Sie glaubten, daß sie Substanz, Macht, Sein, Leben, Wahrheit und Weg sei, und sie opferten ihr alle Gedanken.

„Sie beteten das Tier an und sprachen: ‚Wer kann sich mit diesem Tiere messen, wer kann mit ihm kämpfen?'" Ja, was kann man einer mathematischen Operation entgegenstellen? Selbst wenn man die Beredsamkeit eines Propheten und die Zunge eines Engels hätte, wie könnte man der Aussage von Reagenzgläsern und Statistiken widersprechen? Der Mann Gottes sagt: Ich glaube. Der Mann der Wissenschaft sagt: Ich weiß. So wird die ganze Erde dem letztgenannten bewundernd nachlaufen.

„Seinem Mund ward es gegeben, hochtrabende Dinge und große Lästerungen zu reden." Dieser Mund wurde zweifellos dem verwundeten Haupt der Philosophie gegeben, das allein menschlicher Sprache fähig ist. Da der Kopf nicht wie die anderen Köpfe Bejahendes kauen konnte, verlegte er sich darauf, Verneinungen von sich zu geben, zu leugnen und all dem abzuschwören, was er einmal angebetet hatte. Aber seine Überheblichkeit war anderer Art als die der falschen Propheten früherer Zeiten, die vorgaben, einer höheren Eingebung zu folgen. Die neue Philosophie leugnete jede Art von Eingebung, sie bezweifelte und verspottete alles, was vom Geist stammte.

„Und das währte zweiundvierzig Monate lang." Wir müssen gestehen, daß es schwierig ist zu erraten, was dieses Maß bedeutet, denn diese Monate dauern nun schon mehr als hundert Jahre. Aber halten wir wenigstens das eine fest, daß sie ein Ende haben werden.

„Es öffnete sein Maul, um Gott zu lästern und seinen Namen und sein Haus und alle, die im Himmel wohnen." Es wagte, Gott selbst anzugreifen, indem es ihn als Illusion darstellte, die Kirche, indem es sie des Betrugs beschuldigte, und die Heiligen, indem es sie als Narren bezeichnete.

Wenn die Wissenschaft nur das wäre, wofür sie vom einfältigen Volk gehalten wird, die Suche nach Wahrheit im Bereich der Natur, welchen Grund hätte sie dann, sich der Religion entgegenzustellen, deren Wahrheiten auf einer ganz anderen Ebene liegen, außerhalb der Reichweite ihrer Werkzeuge, jenseits der Maßstäbe, die sie verwendet?

Ihre Angriffe gegen die Religion haben keine Beweiskraft, aber sie verraten die dämonische Macht, die hinter ihr steht.

„Ihm wurde Macht gegeben, wider die Heiligen zu streiten und sie zu besiegen." Besiegen bedeutet hier, daß die Menschen dazu gebracht werden, sich von den Heiligen abzuwenden und ihre Herzen vor der Heiligkeit zu verschließen.

24. Vom zweiten Sturz

„Ihm wurde Macht gegeben über alle Geschlechter, Völker und Nationen. Alle Völker und alle Erdenbewohner, deren Namen nicht im Lebensbuch des geopferten Lammes eingeschrieben sind, beteten es an."

Wahrhaftig, eine schreckliche Prophezeiung, die beweist, daß wir nicht umsonst von einer Erneuerung der Ursünde gesprochen haben. Der zweite Sturz wird dieselbe weltbewegende Bedeutung haben wie der erste. Er wird von Generation zu Generation weiterwirken. Er wird sich durch Erziehung und gesellschaftliche Formen verfestigen. Er wird der Normalzustand des zivilisierten Menschen sein. Allein diejenigen, die in ihrer Seele auf Liebe und Opfer ausgerichtet sind, werden dem schicksalhaften Zugriff entgehen. Liebe ist das Fundament der Schöpfung und ihr Sinn, das Liebesopfer ist ihre Erlösung.

„Wer Ohren hat, der höre! [...] Wer Gefangenschaft bereitet, wird selber in Gefangenschaft geraten." Jetzt oder nie! Die Zeit verlangt, die freiheitsdurstigen Rebellen daran zu erinnern, daß sie ihre Befreiung verhindern und mit wuchtigen Schlägen ihre eigenen Ketten schmieden.

Jene, die so stolz sind, daß sie die gewaltigen Kräfte der niederen Natur bezwingen, werden von diesen überwältigt und gefesselt werden. Wer seinen ganzen Geist der Materie zuwendet, wird dem Geist der Materie zum Opfer fallen. Das bedeutet Zwang, Spaltung, Finsternis und Tod.

„Wer mit dem Schwert tötet, wird selber durch das Schwert getötet werden." Wessen Intelligenz aufhört, Ausdruck des Geistes zu sein, um eine

Waffe des Krieges und ein Werkzeug des Machtstrebens zu werden, der verfällt dem Gesetz der Materie. Das bedeutet Zwang, Spaltung, Finsternis und Tod.

25. Vom Tier, das aus der Erde steigt

„Dann sah ich ein anderes Tier der Erde entsteigen, das zwei Hörner hatte wie ein Lamm und redete wie ein Drache.

In Gegenwart des ersten Tieres übte es alle Macht desselben aus. Es bewirkte, daß die Erdenbewohner das erste Tier anbeteten, dessen tödliche Wunde geheilt war.

Es tat große Zeichen und ließ vor den Menschen Feuer vom Himmel fallen.

Es verführte die Bewohner der Erde durch die Zeichen, die es in Gegenwart des ersten Tieres zu tun vermochte. Es trug den Erdenbewohnern auf, ein Bild zu machen von dem Tier, welches durch das Schwert verwundet war und dennoch lebte.

Es bekam die Macht, dem Bild des Tieres eine Seele zu geben und es zum Sprechen zu bringen. Es erreichte, daß alle, die nicht das Bild des Tieres anbeteten, getötet würden.

Es bewirkte, daß sich alle, Große und Kleine, Reiche und Arme, Freie und Knechte, ein Zeichen gaben an der rechten Hand und an der Stirn und daß keiner ohne dieses Zeichen kaufen oder verkaufen konnte.

Dieses Zeichen ist der Name des Tieres beziehungsweise die Zahl seines Namens. Hier ist Weisheit. Wer Verstand hat, bedenke die Zahl des Tieres, denn sie ist des Menschen Zahl: sechshundertsechsundsechzig."

Wir waren durch Drohungen von Knechtschaft und Tod auf die Erscheinung des zweiten Tieres vorbereitet worden.

Das zweite Tier entsteigt der Erde, dem festen Element, auf dem die Menschen umhergehen, um das Werk des wissenschaftlichen Ungeheuers zu verwirklichen und greifbar zu machen.

Wir kennen dieses zweite Tier besser als der Apostel Johannes, dem es sich nur als eine höllische Vision darstellte. Dieses Tier, das uns gegenwärtig in seinen Krallen hält, ist die Maschine.

Es hat nur einen Kopf, aber sein Gesicht ist zweideutig, und seine satanische Stimme steht in Widerspruch zu den Hörnern, die ihm das Aussehen eines Lammes geben.

Die Hörner des Lammes sagen: „Ich bin der neue Messias, und ich bringe den Völkern Befreiung und Verheißungen für die Zukunft.

Kommt her zu mir, meine Kinder, und seht, wie gefällig ich bin.

Der frühere Messias hat euch irregeführt mit dem Traum vom Paradies in einer anderen Welt. Ich kann euch das Paradies in diese Welt bringen.

Er predigte euch Armut, ich aber bringe euch Überfluß. Er wies euch auf einen schmalen Weg, ich aber zeige euch die breite Straße. Er predigte euch Opfer, ich aber will euch durch Bequemlichkeit erlösen. Er sprach zu wenigen Auserwählten, ich aber bin das Heil der Massen!"

Und mit seiner Drachenstimme brüllte das Lamm: „Krieg, Kampf, Revolution, empor mit euch, ihr Mächte der Tiefe! Dialektik und Schicksalhaftigkeit der Geschichte! Ihr Menschen könnt nicht mehr umkehren, ihr seid gefangen. Haha! Es gibt kein Zurück. Drum vorwärts, vorwärts! Lärm und Gestank, Schwindel und Entsetzen. Vorwärts, vorwärts, immer schneller, geradeaus auf den Abgrund zu! Der Mensch ist in der Falle. Er wird zerstückelt, niedergewalzt, vernichtet. Vorwärts, ihr Millionen, es lebe der Fortschritt!"

26. Von der Maschine

Die Maschine ist nichts ohne die Wissenschaft. Deshalb wurde gesagt, daß das zweite Tier die Autorität des ersten in dessen Gegenwart ausübt. Und alle Erdenbewohner beteten das erste Tier an.

Aus sich selber vermag die Wissenschaft nicht die Anbetung des unwissenden Volkes hervorzulocken, sondern nur durch ihre erstaunlichen Nutzanwendungen, das heißt durch die Maschine.

Hier müssen wir nochmals auf die Verwundung des philosophischen Hauptes und auf seine Heilung zurückkommen (auch der Johannes-Text kommt mehrmals darauf zurück).

Die tödliche Verwundung der Philosophie besteht darin, daß sie ihre Prinzipien, ihre ureigensten Wahrheiten verleugnet hat, statt sie vor den anderen Wissenschaften zu rechtfertigen. Wie diese hat auch die Philosophie keinen Zugang mehr zum Wesen der Dinge und kann über deren Sinn und Bestimmung nichts mehr aussagen. Das ist ihre Wunde.

Und die Heilung?

Die Heilung konnte geschehen, weil es für das Wohlbefinden des Menschen belanglos ist, ob seine Erkenntnis zur Wahrheit der Dinge durchdringt oder nicht, weil es dem Menschen vielmehr auf eindrucksvolle Wirkungen ankommt, wie sie durch die Maschine möglich werden.

„Es tat große Zeichen und ließ vor den Menschen Feuer vom Himmel fallen." Alles, was die alten Märchen an Wunderbarem enthalten, alles, was die Magier früherer Zeiten an Erstaunlichem vollbracht haben, all das wurde Wirklichkeit durch die Arbeit unbedeutender Menschen, die weder Sinn für Poesie noch übernatürliche Kräfte besaßen. So ist der Sinn für das Wunderbare erloschen, und die letzten Magier sind gestorben und haben ihre Geheimnisse mit ins Grab genommen. Jetzt ist die Energie des Blitzes an allen menschlichen Unternehmungen beteiligt bis hin zu den einfachsten häuslichen Verrichtungen. Es ist soweit, daß der gesunde Menschenverstand die erstaunlichsten Dinge als völlig normal ansieht.

„Es verführte die Bewohner der Erde durch die Zeichen, die es in Gegenwart des ersten Tieres zu tun vermochte." Verführen heißt durch Lügen in die Irre führen. Für viele Menschen ist es ziemlich klar, daß die von der Maschine erwarteten und gelieferten Annehmlichkeiten zwei Seiten haben.

Man sagt, daß man einen Affen ganz einfach fangen kann, indem man eine Kokosnuß mit einem Loch von ganz bestimmter Größe versieht, aushöhlt, eine Handvoll lockender Nahrung hineinfüllt und sie dann an einem Baum befestigt. Wenn der Affe hineinlangt und das Futter greift, kann er die geschlossene Faust nicht mehr herausziehen. Ohne seine Beute loszulassen, tobt und schreit er dann, bis man ihn fesselt und fortbringt.

Man sagt auch, daß andere Affen, die bei diesem Vorgang zugesehen haben, keine Scheu zeigen, in dieselbe Falle zu gehen.

Diese Affengeschichte veranschaulicht uns das genaue Maß an Absurdität, an Freiheit und Zwangsläufigkeit, an Unschuld und Frevel, an praktischer Vernunft und lächerlicher Gedankenlosigkeit beim Eintritt des Menschen in die Falle der Maschinerie.

„Ich will dir helfen, Zeit zu gewinnen", spricht die Maschine, wenn sie in der Sprache des Lammes redet. Und sobald der Mensch der verlockenden Einladung gefolgt ist, raubt ihm die Eile immer mehr von der Zeit seines Lebens.

„Ich will dir helfen, Arbeit zu sparen", verspricht sie. Und schon ist er bereit, sich in die unentwirrbaren Labyrinthe gewaltiger Industrieanlagen zu stürzen.

„Ich will für dein Wohlergehen sorgen." Wer könnte solchen Artigkeiten widerstehen? Und alsbald ist die Luft verpestet, die Sicht getrübt. Es folgen Getöse und Gerüttel, Sorge und Angst, Tonnen von unnützen Dingen, Lebensmittel in Dosen, Speisefabriken, Wolkenkratzer und Bohrtürme und, um unter den Reigen der Maßlosigkeiten einen Schlußstrich zu setzen, die nukleare Entflammung des Planeten.

„Es trug den Erdenbewohnern auf, ein Bild zu machen von dem Tier, welches durch das Schwert verwundet war und dennoch lebte." Die Verletzung wird deshalb mit dem Schwert in Zusammenhang gebracht, weil sie zu Recht geschah. Das Tier hatte wirklich den Tod verdient, aber es lebte. Es lebt nun sogar mehr als vorher, denn es ist erfaßt von einem Fieber, das man als Nützlichkeitswahn bezeichnen kann.

27. Vom Staat

„Es bekam die Macht, dem Bild des Tieres eine Seele zu geben und es zum Sprechen zu bringen."

Das Bild dieses Wissens ohne Weisheit, ergänzt durch Macht ohne Richtung, Ziel und Grenzen, nimmt Gestalt an in einer Maschine, die nicht aus Eisen und Stahl, sondern aus einem lebenden und sprechenden Metall gemacht ist und deren Räder und Schrauben lebende Menschen sind. Dieses Idol ist der Staat, der den Bewohnern der Erde (um nicht zu sagen: ihren Gefangenen) das auferlegt, was sie Gott verweigern: Kult, Zeremonie, Dienst und Opfergaben.

„Es erreichte, daß alle, die nicht das Bild des Tieres anbeteten, getötet würden." Die diktatorische Herrschaft des Tieres läßt in Dingen des Kultes nicht mit sich spaßen.

„Es bewirkte, daß sich alle, Große und Kleine, Reiche und Arme, Freie und Knechte, ein Zeichen gaben an der rechten Hand und an der Stirn und daß keiner ohne dieses Zeichen kaufen oder verkaufen konnte."

Das Zeichen, mit dem die Maschine des Menschen rechte Hand prägt, bezieht sich auf alles, was er tut, das Zeichen auf seiner Stirn auf alles, was er denkt. Das bedeutet nichts anderes, als daß er durch die Anbetung seines Götzen diesem schließlich ähnlich wird. Er wird selber Maschine und Teil einer Maschine, Zahnrad in einem großen Getriebe. Er hat die Maschine beseelt, und sie dankt es ihm dadurch, daß sie ihm seine Seele abnimmt und durch einen zweckmäßigeren Mechanismus ersetzt.

Es wurde gesagt, „daß keiner ohne dieses Zeichen kaufen oder verkaufen konnte". Das deutet darauf hin, daß die Mechanisierung sich zuerst des Handels und der Wirtschaft bemächtigt hat und sich dann über alle anderen Lebensbereiche ausgebreitet hat.

28. Von der Zahl sechshundertsechsundsechzig

„Dieses Zeichen ist der Name des Tieres beziehungsweise die Zahl seines Namens. [. . .] Wer Verstand hat, bedenke die Zahl des Tieres, denn sie ist des Menschen Zahl: sechshundertsechsundsechzig."

Man hat verschiedentlich versucht, für die Zahl den Namen einer Person zu finden. So glaubte man unter anderem auch den Namen Neros in ihr zu entdecken. Aber die Erklärung ist einfacher. Es kommt dabei auf die Zahl sechs an, die in der Fülle ihres Sinnes gedeutet werden muß.

Eins ist die Einheit allen Seins.

Zwei ist die Schöpfung, das Geschöpf, die Teilung und Spaltung.

Drei ist die Vollkommenheit, die Vielfalt in der Einheit.

Die Sechs besteht aus zwei Dreiheiten, die einander gegenüberstehen: die

Vollkommenheit der Drei in den Bestandteilen, die Schwäche der Zwei in ihrer Zusammenfügung.

Diese Zahl stellt den Punkt dar, in dem sich die hohen Tugenden, die edlen Bestrebungen, die genialen Entdeckungen einander entgegenstellen, um ein ihrer Größe entsprechendes Unheil anzurichten.

Diese Zahl ist das Symbol unseres Zeitalters, dessen Unheil weniger in unseren persönlichen Fehlern und Schwächen besteht als in den großartigen Wahrheiten, an die es glaubt, und in dem Mut, mit dem es sie verteidigt und anderen aufzwingt.

Ebendiese großartigen Wahrheiten sind die Ursache des technischen und sozialen Fortschritts, dessen Anblick so verführerisch ist, daß es einem schwerfällt, ihn mit den größten Geißeln der Menschheit in Zusammenhang zu bringen.

Deshalb die Bemerkung des Apostels: „Hier ist Weisheit."

Dennoch ist nicht zu übersehen, daß die Menschheit von einem Krieg in eine Revolution stolpert, um dann in einen noch totaleren Krieg zu treiben.

Augenfällig ist auch, daß der Krieg um so totaler und die Knechtschaft um so erniedrigender werden, je weiter sich Technik und Wissenschaft entwickelt haben.

Warum ist es so schwierig, beide Dinge miteinander zu sehen? Warum ist es so schwer, das eine zu erkennen, worauf es wirklich ankommt? Das eine, das unbedingt vermieden werden muß?

Weil es dazu der Weisheit bedarf. Und Weisheit ist in diesem Jahrhundert seltener denn je.

Die Zahlenordnung des Tieres, die aus drei nebeneinanderstehenden Sechsen besteht, deutet wohl darauf hin, daß hier eine Epoche in ihrer Gesamtheit gemeint ist, die sich durch Katastrophen auf allen drei Ebenen ihrer Existenz auszeichnet. Es führt zu nichts, sie mit dem Namen eines einzelnen Menschen erklären zu wollen.

Warum heißt es aber nach zwei Hinweisen auf die Schwierigkeit der Frage: „Sie ist des Menschen Zahl: sechshundertsechsundsechzig."

Wir wissen, daß die Zahl des Menschen fünf ist.

Sechs ist aber mehr als fünf, zumindest dem äußeren Anschein nach. Die geraden Zahlen sind niederer Herkunft, da sie sich von der Zwei ableiten und somit der natürlichen Ebene angehören, während die ungeraden Zahlen heilig sind, denn sie gehen auf die Eins zurück.

Wenn man von der Zahl sechshundertsechsundsechzig des höllischen Tieres sagt, sie sei „des Menschen Zahl", so heißt dies, daß der Mensch im Bereich der äußeren Natur sich selbst übertreffen wollte. Und das ist die Ursache des Unglücks.

47

Zweites Kapitel: *Das Spiel und der Teufel*

1. Vom Spielgeist

Als wir noch klein waren, kannten wir genau den Unterschied zwischen einem braven Kind und einem bösen Buben. Brav ist das Kind, das arbeitet und, wenn es seine Aufgabe erledigt hat, zum Spielen geht. Böse ist jenes Kind, das in einem fort spielt, das auch spielt, wenn es arbeiten sollte. Es tut dann so, als arbeitete es, spielt aber heimlich weiter.

Das sind klare und richtige Vorstellungen. Es ist schade, daß man uns später die Sicht verbaut hat, daß man uns dahin gebracht hat, diese kindliche und ehrliche Philosophie zu vergessen.

Was für die Kinder gilt, gilt genauso — und mehr noch — für die Erwachsenen. Es gibt gute Menschen; das sind diejenigen, die arbeiten. Es gibt schlechte Menschen; das sind diejenigen, die spielen und sich dabei den Anschein geben, zu arbeiten.

Hier liegt in der Tat eine der wichtigsten Ursachen für die vier großen Geißeln, von denen die Menschheit schon zu allen Zeiten heimgesucht worden ist. Sie scheint aber den großen Denkern entgangen zu sein, den Sozialreformern ebenso wie den Moralpredigern.

Liegt es an der Einfachheit des Sachverhalts, daß er so leicht übersehen wird?

Der Name dieser Ursache ist insofern erstaunlich, als er weder Furcht noch Abscheu erregt, denn er klingt ausgesprochen harmlos. Es ist der Spielgeist.

Wir hatten die großen Geißeln in Zusammenhang gebracht mit der Erkenntnis von Gut und Böse und sind zu der Einsicht gekommen, daß die eigennützige Auswertung dieser Erkenntnis das Übel ist, von dem sich alle anderen Übel ableiten. Diese Nutzanwendung hat uns allmählich zu einer systematischen Suche nach angenehmen Empfindungen geführt. In diesem Bereich darf es uns nicht verwundern, wenn wir auch dem Spiel begegnen, da es doch in seinen primitiven Formen die unmittelbarste Art ist, nach freudigen Erlebnissen zu suchen.

2. Von der Unschuld des Spiels

In unserer Vorstellungswelt sind Spiel und Unschuld eng miteinander verbunden, jedenfalls von der Moral her, wenn auch mit Vorbehalten.

Spiel ist freie Entfaltung der Lebenskräfte, die sich an der Freude orientiert. Das ist die Definition seiner Unschuld.

Das Tier wie auch das Kind, die beide nach Freude streben wie die Pflanze zum Licht, sind wirklich unschuldig. Der erwachsene, mit Verstand begabte Mensch bleibt beim Spiel nur unschuldig, wenn er mit der Freude auch ihren Sinn erstrebt. Der Sinn der Freude, die man beim Spiel empfindet, ist die Entfaltung des Lebens. Die Freude ist hier Ausdruck und Zeichen.

Für das Spiel sind deshalb nur solche Lebensfunktionen geeignet, die willkürlich betätigt werden können und sich durch diese Betätigung besser entwickeln. Dazu gehören die Kraft und die Beweglichkeit der Glieder, das gedankliche Kombinationsvermögen, das Rechnen und die Phantasie. Aber die inneren Organe und Nervenzentren unterliegen anderen Gesetzen. Wenn man sie zu seinem Vergnügen erregt, fördert man nicht ihre Entwicklung, sondern bringt ihr Zusammenwirken in Unordnung, schwächt und erschöpft sie. Hier ist das Spiel nicht mehr Spiel, sondern Laster.

Die Rechtfertigung des Spiels liegt darin, daß es an der Oberfläche bleibt. Was für den Körper gilt, gilt nicht weniger für den Geist. Wenn scherzhafte Reden auf die Geheimnisse unseres inneren Seins übergreifen, hören sie auf, Spiel zu sein; sie werden zur Lästerung. Der Philosoph, der mit der Wahrheit spielt, ist ein Gotteslästerer. Ach, wie viele Völker mußten schon die Spielschulden ihrer „Philosophen" mit Blut bezahlen!

Ein Mensch, der spielt, um sich zu freuen, findet zu seiner Kindheit zurück und zum Bewußtsein seiner leiblichen Natur. So, wie der Schlaf ein Abstieg auf eine tiefere Bewußtseinsebene ist und dadurch eine heilsame Erneuerung bewirkt, so ist auch das Spiel auf seine Weise erholsam und erneuernd durch seine kindliche Einfachheit. Dann allerdings, wenn es kein Ende mehr nimmt und das ganze Wesen für sich beansprucht, ist es nicht mehr erholsames Untertauchen, sondern Ertrinken. So, wie die Selbstgefälligkeit des Schlafes zur Faulheit werden kann, die man zu den Hauptsünden zählt, so führt das Sich-dem-Spiel-Überlassen zu Liederlichkeit und Verkommenheit.

Das Spiel ist da berechtigt, wo es nur die Oberfläche bewegt und keine tieferen Folgen nach sich zieht. Es muß aufgenommen und wieder abgelegt werden. Wer sich in ein Spiel verbeißt, wer es mit Erbitterung und Leidenschaft betreibt, wird von dieser Leidenschaft verzehrt. Er ist offen für den Wahnsinn.

Ja, die Berechtigung des Spiels hängt ab von seiner Oberflächlichkeit. Soll ein Spiel rein und unschuldig bleiben, muß der Spieler sich ihm ohne Hintergedanken hingeben. Sobald sich die Oberflächlichkeit mit der Nützlichkeit verbindet, sobald sich zur Freude an der Verschönerung des

Lebens das Streben nach Gewinn gesellt, wird der Teufel zum Mitspieler. Das Spiel wird dann zu einer Gefahr für die Allgemeinheit.

3. Vom Sich-Austoben

Betrachten wir einmal die unschuldigen Spiele und achten wir darauf, wieweit sie unschuldig sind.

Das einfachste von allen ist das Sich-Austoben. Man kann es bei Tieren beobachten, bei Kindern und auch bei erwachsenen Menschen. Es ist einfach ein ungezieltes Ablassen überschüssiger Energie. Es können Kräfte sein, die sich angesammelt haben, weil sie während einiger Zeit zurückgehalten werden mußten. Wandern, Klettern, Purzelbaum schlagen, Rutschpartien, Schwimmen und Tauchen, Springen, Laufen und Schreien, das sind die gesunden und unschuldigen Spiele.

Man muß dennoch unterscheiden zwischen guten und schlechten Spielen. Sobald sich ein Bereich des Körpers nur um des Vergnügens willen erregt und alle Freiheit für sich beansprucht, entartet das Spiel und wird zum Laster.

Die Notwendigkeit des Spiels leitet sich zum großen Teil ab aus einer reglementierten und eingeschränkten Lebensweise. Das Spiel hat dabei die Funktion eines Gegengiftes gegen das Gift des Zwanges. So kann man viele Spiele als verzeihliche Laster bezeichnen.

Die Betrachtung des Sich-Austobens läßt also ein wichtiges Wesensmerkmal des Spiels erkennen: die Möglichkeit der Entartung, die Nähe des Lasters.

4. Von den darstellenden Spielen

Auf einer höheren Bewußtseinsstufe stehen die darstellenden Spiele. Sie setzen Spieler voraus, die mit Phantasie begabt sind. Wir können sie beim Hund, bei der Katze, beim Affen beobachten, bei Kindern jeglichen Alters bis hin zum weißhaarigen Greis.

Auf dieser Stufe entweichen die überschüssigen Kräfte nicht ungenutzt wie der Dampf einer überhitzten Lokomotive. Sie dienen jetzt beim Entweichen der Gestaltung von Trugbildern, sie bekleiden nach Wunsch irgendeinen Gegenstand vorübergehend mit einer neuen, ganz anderen Form. So sieht die kleine Katze in einem vom Wind umhergewirbelten Papierfetzen ein Beutetier, das sie immer und immer wieder überfällt und tötet.

Genauso machen es die Kinder, wenn sie Menschen, Tiere und Dinge mit märchenhaften Namen belegen und sie die seltsamsten Rollen spielen lassen oder wenn sie sich selbst in die Nachahmung irgendwelcher Gestalten vertiefen, wobei sie bis zur Selbstvergessenheit gelangen können.

50

Aber der menschliche Erfindungsgeist hat auch reale Gegenstände geschaffen, die den Vorstellungen der Spielenden angepaßt sind: die Spielsachen. Stoffpuppe, Holzpferd, Zinnsoldat, Papierschiff. Eines der primitivsten Spielzeuge ist die Rassel. Sie leuchtet in grellen Farben und gibt, wenn man sie bewegt, Geräusche von sich. Sie reizt die Sinnesorgane und lenkt so die Aufmerksamkeit auf die Außenwelt. Schon in der Rassel ist ein elementarer Wesenszug des Spiels enthalten: Belustigung, Ablenkung, Zerstreuung. Das sind Begriffe, die naturgemäß im Gegensatz stehen zu Sammlung, Betrachtung, Konzentration und Meditation.

Die darstellenden Spiele sind Zerstreuungen insoweit, als sich das Bewußtsein vom Ich des Spielenden entfernt, ohne in ein anderes Ich einzudringen. Spielzeug, Kleidungsstücke, Dekoration, Posen, Gesten und Gebärden sind die Hilfsmittel, mit denen sich der Spielende in einen anderen Zustand, in eine andere Zeit oder an einen anderen Ort zu versetzen sucht. Das vierjährige Mädchen wird so zur Mutter und Großmutter, der schüchterne Knabe wird Forscher, Räuber oder General, der kleine Gassenjunge wird Prinz oder König, und die wirkliche Prinzessin wird in ihrer Vorstellung vielleicht eine Schafhirtin. Das sind unschuldige Spiele.

Man darf indessen nicht übersehen, daß diese Spiele auf Fiktionen beruhen, auf erdachten, erwünschten und vorgestellten, nicht aber realen Sachverhalten. Und von der Fiktion zur Heuchelei, zu Betrug und Selbsttäuschung ist nur ein kleiner Schritt. Er ist schnell getan, und oft geschieht er unbewußt.

Von der Betrachtung der darstellenden Spiele wollen wir als weitere Eigentümlichkeit des Spiels zurückbehalten: Abneigung gegenüber der Wirklichkeit, Geringschätzung der Wahrheit.

5. Von den Regelspielen

Noch eine Stufe darüber stehen die Regelspiele, das heißt alle Spiele, für die eine Spielregel erforderlich ist. Sie sind sowohl Tieren als auch kleinen Kindern versagt, weil sie vernünftiges Denken voraussetzen. Sie sind nicht unschuldig und sind nicht für Unschuldige geeignet. Sie sind die Mittel, mit denen der zivilisierte Mensch sich die Last der Zivilisation erträglicher zu machen sucht. Sie sollen als Ausgleich dienen für den Zwang der Schule, für den Zwang des Büros und der Fabrik, für den Zwang, zwischen vier Wänden zu leben, für den Zwang zu körperlicher Untätigkeit oder zu ständiger Wiederholung gleichartiger Bewegungen, für den Zwang des Salons, den Zwang zur Höflichkeit, zur freundlichen Grimasse gegen jedermann. Die Wildheit, die der Zivilisierte zu jeder Stunde seines Tages unterdrücken muß, findet ihren Ausgleich im Spiel. Ballspiele, Boxkämpfe,

Wettrennen und alle Spiele mit Spielregeln sind gespielter Kampf, Kampfspiele.

Das vernünftige Tier, das der Mensch ist, kann aber nicht vollkommen gegen seine Vernunft und gegen seine zivilisierten Angewohnheiten handeln. Es kann sich auch beim Spiel nicht ganz von ihnen lösen. So erklärt es sich, daß den Regelspielen etwas von ihrem Gegenteil anhaftet. Sie haben aus dem Berufsleben die Technikbezogenheit übernommen, mit dem Schulbetrieb haben sie die Theoriebezogenheit gemeinsam, mit den Lebensgewohnheiten der „Gesellschaft" verbinden sie gewisse Verpflichtungen, Verbote, Anstandsregeln und Umgangsformen. Hemmnisse und Verzögerungen erschweren das Vergnügen und lassen es dadurch begehrenswerter erscheinen. Das alles ergibt eine trübe Mischung aus Spiel, Arbeit und Konvention.

Aus der Betrachtung der Regelspiele lassen sich neue Aspekte des Spiels erkennen: Aggressivität, Tendenz zu überflüssigen Komplikationen und der Schein einer sehr ernsten Sache, auch „tierischer Ernst" genannt.

Selbst die primitivsten Formen des Sich-Austobens können aggressiven Charakter haben. Das Zicklein will seine Hörner erproben, die Katze ihre Krallen, der junge Hund seine Zähne und das Kind seine Fäuste. Der Kinder liebstes Spiel besteht oft darin, ihr Spielzeug zu zerstören. Eine der gründlichsten Arten des Sich-Austobens ist für den Menschen das grausame Spiel der Jagd. Die darstellenden Spiele hingegen bringen eine andere Art von Aggression zum Ausdruck, eine Auflehnung gegen die Wirklichkeit, eine Flucht in die Phantasie. Flucht ist die negative Form des Kampfes. Leider gibt es kein Spiel, mit dem man die Barmherzigkeit einüben könnte oder das Wohlwollen. Selbst das Spiel mit der Puppe, deren lockiges Haar und hübsches Gesicht zu Zärtlichkeiten einlädt, hat hier keine Wirkung.

6. Von den Glücksspielen

Es gibt noch eine vierte Art von Spielen: die Glücksspiele. Sie sind von der Unschuld am weitesten entfernt. In ihnen findet der Spieler sein Vergnügen darin, daß die naturgegebene Ungleichheit der Spielenden durch die Willkür des Zufalls ersetzt wird. Er ergötzt sich am reinen Risiko, bei dem jede Anstrengung und Geschicklichkeit überflüssig sind.

So entdecken wir noch ein weiteres Wesensmerkmal des Spiels: die Freude an der Ungerechtigkeit des Zufalls.

Es ist daher nicht ungerecht, wenn man einen, der nicht aufhört zu spielen, als einen bösen Menschen bezeichnet. Spiele erregen die Sinne, zerstreuen und binden die Aufmerksamkeit an die Außenwelt. Durch Gewöhnung kann der Spielende Gefallen finden an falschem Schein, an Ungerechtigkeit und aggressivem Verhalten. Alle diese unerfreulichen Dinge verbergen sich unter Umständen unter dem Deckmantel der Unschuld.

7. Vom Spiel und von der Arbeit

Spiel soll Erholung sein, so, wie auch das Ausruhen Erholung ist. Aber es ist eine dem Ausruhen entgegengesetzte Art der Erholung. Das Bedürfnis nach Ruhe ist eine Folge von Erregung und Aktivität. Da das Spiel aber auch eine Aktivität ist, kann es, genau wie die Arbeit, ermüden und ein Ruhebedürfnis erzeugen.

Spiel und Arbeit sind Aktivitäten. Das Spiel hat, wie die Arbeit, seine Regeln und sein Ziel. Aber es wirkt in eine andere Richtung. Arbeit hat den Zweck, einen nützlichen Gegenstand zu erzeugen oder eine nützliche Wirkung hervorzubringen. Das Spiel hingegen erzeugt nichts, es wird um seiner selbst willen gespielt.

[Anm. d. Ü.: Tätigkeiten, deren Sinn und Wesen es ist, Rhythmus und Harmonie zum Ausdruck zu bringen, wie Musik, Tanz und Gesang, werden vom Verfasser nicht dem Spiel zugerechnet. Sie liegen eher im Bereich der künstlerischen Aktivitäten, wie sie im ersten Kapitel, Abschnitt 13 beschrieben sind.]

Das Ziel des Spiels liegt in ihm selbst: einen Ball in das Loch zu werfen, eine Figur wegzunehmen oder festzuhalten, bestimmte Karten zu sammeln oder abzustoßen, und so weiter.

Das Gesetz der Arbeit besteht darin, in möglichst kurzer Zeit mit möglichst geringem Kraftaufwand ein gewünschtes, nützliches Ergebnis hervorzubringen. Das Gesetz des Spiels besteht darin, möglichst viele Hindernisse zu überwinden und möglichst große Anstrengungen zu vollbringen, um ein an sich nutzloses Ergebnis zu erzielen.

Wenn für eine Arbeit mehrere Personen benötigt werden, gehört es sich nach dem Gesetz der Arbeit, daß die Beteiligten sich gegenseitig unterstützen. Der eine trägt den Balken, der andere bringt ihn in die richtige Lage. Der eine hält das Werkstück, der andere bearbeitet es. So ergibt es sich, daß die Arbeitsteilung die Arbeitenden vereint. Beim Spiel geschieht das Gegenteil. Wenn mehrere Personen an einem Spiel beteiligt sind, verlangt das Gesetz des Spiels, daß sie sich gegenseitig daran hindern, ihr Ziel zu erreichen. Wenn es sich um ein Spiel für Einzelpersonen handelt, wird die Spielregel selber zum Gegner, der dem Spielenden möglichst viele Hindernisse bereitet.

Wenn man sagt, daß Spiele ein Gegengift sind gegen die Mühsal und die Geschäftigkeit des Alltags, so muß man auch bemerken, daß sie das Gift verdoppeln, sobald sich die Erregung des Spiels mit dem Streben nach Gewinn verbindet.

Den Wert eines Spiels sollte man an seiner Zweckfreiheit messen. Beim Schach zum Beispiel ist es nicht üblich, um einen Gewinn zu spielen, beim Kartenspiel kann man den Gewinn aufteilen, beim Würfelspiel pflegen sich Gewinn und Verlust immer wieder auszugleichen. Es gibt aber eine Grenze, wo das Spiel aufhört, Spiel zu sein. Beim Roulett beispielsweise ist die Grenze mit Sicherheit überschritten. So, wie die Regelspiele unechter Kampf und unechte Arbeit sind, so sind die Glücksspiele unechtes Spiel. Sie sind eine doppelte Verfälschung. (Das gilt vom sogenannten ehrlichen Spiel. Durch Mogelei kann die Verfälschung noch verdreifacht werden.)

8. Vom Spiel und vom Krieg

So, wie man von manchen Arten des Spiels sagen muß, daß sie unechte Arbeit sind, so kann man bei den meisten Arten von Arbeit feststellen, daß sie verfälschte Spiele sind, Spiele ohne Heiterkeit und ohne Unschuld. Auf die angesehenen und einträglichen Berufe trifft dies oft ganz besonders zu.

An erster Stelle muß hier das unbestreitbar waghalsigste, ruhmreichste und für seine Initiatoren oft auch einträglichste aller Spiele genannt werden: der Krieg und die Rüstung.

So, wie es Spiele gibt, die unechter Kampf sind, so ist der Krieg ein unechtes Spiel. Ich sage unechtes Spiel, weil er bar jeder Heiterkeit und Unschuld ist, obwohl man ihn manchmal als ein gutes Werk betrachtet und sich von ihm erfreuliche Ergebnisse erhofft.

Der Krieg ist ein Spiel, das noch erhebender sein kann als die Jagd und noch listenreicher als das Schach. Unsere Vorfahren wußten das. Die Heutigen scheinen es vergessen zu haben.

Diejenigen, die absolut kein Gefallen daran finden können, haben versucht, ihn durch vernünftige Begründungen sich schmackhafter zu machen. Solche Begründungen waren ziemlich leicht zu finden unter dem Stichwort „wirtschaftliche Bedürfnisse der Völker".

In früheren Zeiten, als es nach einem Sieg üblich war, die Besiegten als Sklaven mit nach Hause zu nehmen und das erbeutete Gut einschließlich Frauen und Ländereien unter die Soldaten und Bürger des siegreichen Volkes aufzuteilen, konnte ein gewonnener Krieg mit gewissem Recht als gelungenes wirtschaftliches Unternehmen betrachtet werden, besonders dann, wenn man die Möglichkeit einer Vergeltung außer acht ließ oder wenn eine solche Möglichkeit gar nicht bestand.

Bei oberflächlicher Betrachtung jedenfalls könnte man zu dieser Auffassung kommen. Rom hatte auf diese Weise die Welt erobert. Es verausgabte sich jedoch völlig in seinen eroberten Gebieten. Während seine besten Söhne in fernen Ländern ihre Knochen ließen, wurde ihr Platz auf dem Forum und dem Palatin allmählich von befreiten Sklaven und ausländischen Söldnern eingenommen.

Seitdem sich aber die Brutalität des Krieges mit bürgerlicher Berechnung und juristischer Gewissenhaftigkeit verbunden hat, wird der Krieg immer mehr zu einem Verlustgeschäft. Der englische Schriftsteller und Pazifist Norman Angell ist in seiner berühmten Schrift *Die große Illusion* zu dem Ergebnis gekommen, daß die heutigen Kriege auch den Siegern großen Schaden zufügen und daß jede Art von Annexion, auch die Kolonialherrschaft, ein Nachteil für die annektierende Nation ist.

Sonderbarerweise wird nur selten die Tatsache zur Kenntnis genommen, daß die räumliche und bevölkerungsmäßige Ausdehnung eines Staatswesens seinen Bürgern keinen konkreten Nutzen bringt. Wenn es anders wäre, müßten die Bewohner kleiner Staaten wie der Schweiz oder Schwedens am schlechtesten gestellt sein. Die Republik San Marino müßte schon längst an der Enge ihrer Grenzen erstickt sein, während die Bewohner großer Reiche wie Rußland, China oder Indien in Glanz und Überfluß leben würden.

Wenn die Völker bis heute darauf erpicht sind, ihr Territorium zu erweitern, so nicht deshalb, weil es in ihrem Interesse liegt, sondern weil sie Interesse am Spiel haben. Ein Spiel hat ein konventionelles Ziel, zum Beispiel: einen Ball in ein bestimmtes Loch zu werfen. Die Helden, denen es gelungen ist, die Grenzen ihres Landes zu erweitern, empfinden eine ähnliche Befriedigung wie die Sportlermannschaft, der es gelungen ist, den Ball in das Tor der gegnerischen Mannschaft zu bringen. Diese Befriedigung und der Beifall lassen sie ganz vergessen, daß sie nichts Wesentliches, nichts Schöpferisches, nichts Gutes getan hat. Ihr ganzes Verdienst besteht allein darin, einen runden Gegenstand in eine bestimmte Öffnung befördert zu haben.

Im allgemeinen zieht man nicht leichtfertig und zu seinem Vergnügen in den Krieg. Es ist vielmehr so, daß man sich nach verkrampften und deshalb absurden Überlegungen in wildem, zornigem Ehrgeiz, der nebenbei kindisch ist und immer enttäuscht wird, in ihn hineinstürzt. Ähnlich ist es mit den Kunden eines Spielkasinos, die sich nicht durch Freigebigkeit, sondern durch aberwitzige Gewinnsucht selbst ruinieren.

Solches Spiel ist ein Laster. Der Krieg ist das große öffentliche Laster, das darin besteht, mit dem Blut der Menschen zu spielen.

Mit ernsthaften Beweggründen wie etwa Hunger kann der Krieg nicht erklärt werden. Sonst könnte es nicht sein, daß die am mangelhaftesten ernährten Völker wie zum Beispiel die Inder die friedlichsten sind. Die Völker, die Weltkriege auslösen, sind die reichsten und wohlhabendsten von allen. Sollten sie durch den Krieg noch mehr und noch größere Hilfsquellen suchen? Sie sind mit Land, Geld und Industrie meist so üppig ausgestattet, daß man eher den Eindruck hat, ihr Reichtum verlange nach einer Erleichterung.

Etwas so Vernünftiges wie Mangel an lebensnotwendigen Gütern findet man fast nie als wirkliche Kriegsursache. Arbeit genügt im allgemeinen vollkommen, um in derartigen Fällen Abhilfe zu schaffen. Sie ist jedenfalls ein schnelleres, sichreres und nachhaltigeres Mittel als das Waffenglück.

Nein, nicht Not, sondern Frevel ist die Ursache der Kriege: der Ehrgeiz, andere zu überholen, das Vergnügen, andere zu erniedrigen, das rechthaberische Prestigedenken und die Raubgier, die das Gefühl für das rechte Maß verlorengehen läßt und einen der Leidenschaft ausliefert, immer noch mehr besitzen zu wollen. All dies hat nichts mit Notwendigkeiten zu tun. Es ist Erregung, Rausch, Raserei, kurz: Spielleidenschaft.

Auch ein so natürliches Gefühl wie der Haß ist keine Kriegsursache. Es ist sehr gut möglich, daß Erbfeinde sich gegenseitig achten und bewundern, wie es einst die Regel war. Es kann auch sein, daß sie sich vor Beginn des Kampfes gar nicht gekannt haben, das heißt, daß sie sich erst kennenlernen, wenn sie anfangen, einander zu erwürgen und ihr Blut auf dem Schlachtfeld zu vermischen. Haß ist nur eine Folge der Grausamkeiten des Krieges. Und er überkommt vor allem jene, die selber nicht kämpfen.

Man darf auch nicht denken, daß Vaterlandsliebe, Pflichtgefühl oder Opferbereitschaft notwendig seien, um Menschen dazu zu bringen, sich zu bekriegen. Die verbissensten und tapfersten Kämpfer waren nicht selten angeworbene Söldner, die der Sache, der sie dienten, ganz gleichgültig gegenüberstanden. Nein, das, worauf es ankommt, ist die Spielleidenschaft.

Man kann sich nur immer wieder wundern, wie anständige und ehrliche junge Leute, treue Familienväter, fromme und mildtätige Christen, sobald man sie in eine Uniform gesteckt hat, sich mit ruhiger Selbstgefälligkeit bereitfinden, alle nur denkbaren Grausamkeiten und Zerstörungen zu vollbringen. Was ist da geschehen? Wie erklärt sich diese Umwandlung? Es ist eine befristete Ausschaltung des Gewissens, so, wie sie der Spieler für die Dauer des Spiels vornimmt.

Wenn Kinder mit vier aneinandergereihten Stühlen Eisenbahn spielen wollen, können Sie ihnen ruhig sagen, daß die Stühle Stühle sind, daß ihre Füße keine Räder sind und daß der Fußboden keine Gleise hat. Sie werden das bereitwillig eingestehen. Dann aber werden sie ihren Zug besteigen, zur Abfahrt pfeifen und mit Volldampf losfahren. Genauso ist es mit dem Soldaten. Wenn er nachdenkt, weiß er gut, daß der Feind ein Mensch ist wie er selber, ein Mensch, der an seine Kinder und an sein Haus denkt. Das ist so einfach wie die Erkenntnis, daß der Stuhl ein Stuhl ist. Sobald indessen dieser andere brave Mann in sein Blickfeld kommt, nimmt er ihn ins Visier wie die Zielscheibe auf dem Jahrmarkt. Er legt seine menschlichen Gefühle beiseite und drückt ab, wie die Spielregel es verlangt.

So werden frisch und munter zahllose Verbrechen begangen, ohne daß sich irgendwo die dazugehörigen Verbrecher finden ließen. Die Führer handeln im Namen des Volkes, und das Volk handelt nach den Befehlen seiner Führer. Wer ist verantwortlich? Verantwortlich ist die große, systembedingte Verantwortungslosigkeit und die bewußte zeitweilige Amtsenthebung des Gewissens bei den Spielenden.

9. Vom Politikspiel

Ich will hier nicht von den Diplomaten sprechen, diesen höflich-listigen Kriegern der Friedensperioden; sie sind die offiziellen Karten- und Schachspieler der Regierungen. Auch mit ihren im verborgenen wirkenden Mitstreitern, den Spionen, diesen staatlich geprüften Betrügern, will ich mich nicht befassen, sondern gleich zu der zweiten Art unechten Spiels übergehen, die man Politik nennt.

Als es noch Fürsten und Könige gab, war dieses Spiel einer geschlossenen Gesellschaft vorbehalten, die sich stets durch besondere Skrupellosigkeit und Verderbtheit auszeichnete: dem Hof. Hier wurde der ständige Kampf um Ämter, Titel und Würden, um Pfründen und Pensionen ausgetragen. Man arbeitete mit galanten Intrigen, mit Verleumdung, List und Schmeichelei.

Heute hat die Straße die Geschäfte des Hofes übernommen. Privilegien sind gefallen, die Massen sind selbständig geworden. Was für den Hof recht war, ist für den Bürger billig. Die Masken der Höflichkeit hat man weggeworfen, die galanten Formen sind verschwunden; aber die Scheinheiligkeit ist geblieben. Man lügt nunmehr ohne Eleganz, und auch die Schmeichelei ist plumper geworden. Das liegt an der niederen Herkunft der neuen Tyrannen. Ehrgeiz, Neid und Eifersucht haben sich mit der Vergrößerung des Personenkreises vervielfacht.

Politik ist jetzt ein Regelspiel, an dem verschiedene Mannschaften teilnehmen. Man nennt sie Parteien und kennzeichnet sie mit Farben oder nach dem Platz, von dem aus sie in der Arena ihre Redeschlachten zu schlagen pflegen.

Hierbei haben sie Millionen von Zuschauern. Ganze Nationen stampfen, grölen, pfeifen, wetten. Spiegelfechtereien erregen die Gemüter, und manche Gehirne erhitzen sich bis zum Zerspringen. Ganze Städte und selbst die Landbevölkerung geraten in Unruhe. Es herrscht Spannung in den Fabriken, Zwiespalt in den Familien. Alte Feindschaften werden aufgefrischt, und einfältige Köpfe werden mit Vorurteilen und künstlichem Haß gefüllt. Schließlich gibt es nur noch ein Mittel, um wieder heilige Eintracht herzustellen: den Krieg. Seine Wirkungsweise besteht darin, die Aufmerksamkeit des Volkes auf ein neues, noch greulicheres Abenteuer zu lenken, eine andere, noch faszinierendere Art von Zerstreuung herbeizuführen.

10. Vom Spiel und vom Handel

Die dritte Art unechten Spiels ist unter dem Namen Handel bekannt. Ihre reinste und konzentrierteste Form ist wohl der Handel mit Wertpapieren, die Börsenspekulation. Sie steht auf derselben Stufe wie das Glücksspiel, bei dem man die Ehre seiner Frau und das Erbe seiner Kinder aufs Spiel setzt. Bei dieser Tätigkeit kommt es darauf an, Krisen hervorzurufen und Pleiten zu begünstigen, um sich dann am Unglück der anderen zu bereichern.

Doch in gewissem Umfang ist jeder Geschäftsmann ein Spekulant, denn zwischen dem Erzeugungspreis einer Ware, der sich aus dem zu ihrer Herstellung notwendigen Aufwand an Geld und Arbeit ergibt, und dem Verkaufspreis, der sich an dem Verlangen, die Ware zu besitzen, orientiert, besteht ein mancherlei Schwankungen und Unregelmäßigkeiten unterworfener Abstand, der die Triebfeder allen Geschäftslebens ist. Ohne der Welt irgendwelche neuen Werte zu geben, zieht der Händler seinen Gewinn aus dem Tausch. Er spielt mit dem Arbeitsertrag der anderen.

Das falsche Spiel des Handels ist zwar auch mit einer realen Arbeitsleistung gekoppelt, nämlich dem Transport und der Verteilung von Waren. Aber im allgemeinen hat der Händler an dieser nützlichen Arbeit und ihrer bescheidenen und gerechten Entlohnung so wenig Interesse, daß er sie gern anderen überläßt, wenn die Möglichkeit dazu besteht, um sich dafür ganz auf die geheimen Manipulationen konzentrieren zu können, die am besten dazu geeignet sind, sein Einkommen zu vermehren.

Wenn man ihn danach fragt, wird der Geschäftsmann immer sagen, daß er arbeite, daß er von morgens bis abends beschäftigt sei, daß er sich abrackere und für ein Privatleben kaum noch Zeit habe. Aber auch der Langstreckenläufer macht es sich nicht leicht. Er strengt sich jedenfalls mehr an als ein Textilarbeiter. Auch ein Fußballspieler verausgabt mehr Kräfte als ein Bauer hinter dem Pflug.

Der Geschäftsmann arbeitet gegen alle anderen Geschäftsleute seiner Branche. Das ist das Gesetz des Spiels. Dieses Spiel besteht darin, möglichst schnell zu möglichst niedrigem Preis eine möglichst verlockende Ware feilzubieten. Es handelt sich auch hier um eine Art Wettlauf, den man allgemein als Konkurrenz bezeichnet.

Durch die Vermehrung menschlicher Kontakte, durch Herbeischaffung fremder Waren, durch die Förderung von Vergnügen, Bequemlichkeit und Neugier ist der Handel ein wirksamer Faktor der Zivilisation, jedenfalls für eine gewisse Art von Zivilisation, die wir leicht geneigt sind, für die einzig wahre oder einzig mögliche zu halten, weil sie die unsrige ist. Die Zivilisationen der alten Griechen, der Römer und der Renaissance waren von derselben Art. Sie waren in ihrem Wesen profan und äußerlich. Schnelle Entfaltung und schneller Verfall sind ihre gemeinsamen Kennzeichen. Von anderer Art waren die geheimnisvollen, tausendjährigen Kulturen Chinas, Indiens und Ägyptens, die nicht aus dem Spiel ihre Kraft zogen, sondern aus dem Ritus.

Handel setzt Freiheit voraus und trägt seinerseits zur Förderung und Entwicklung von Freiheit bei. Machen wir uns jedoch keine Illusionen über die Art der Freiheit, um die es hier geht. Es handelt sich um freies, unbehindertes Spiel, nicht aber um freie Entscheidungen, noch weniger um Befreiung, wie sie von Weisen und Heiligen verstanden worden ist. Hier ist vor allem die Freiheit des Unternehmertums gefragt, ebenso die Freiheit der Sitten, denn Mäßigkeit und Sittenstrenge haben keine umsatzsteigernde Wirkung. Angezeigt ist ferner Gedankenfreiheit, die man manchmal auch Toleranz nennt. Zwar mißt der Geschäftsmann dem Denken an sich keinen Wert bei; er interessiert sich nicht für das Absolute, für die Wahrheit ist er nicht zuständig. Aber er bedient sich gern der Wahrheiten, er liebt es, gegensätzliche Wahrheiten in sein Spiel mit einzubeziehen, sie gegeneinander auzuspielen und von ihnen zu profitieren. Aus diesem Grund neigen alle kommerziellen Zivilisationen dazu, die Offenbarungen des Glaubens zu verhöhnen und zu untergraben und dafür jedermanns Meinung auf den Altar zu heben.

Der Handel begünstigt oft auch eine üppige Entwicklung der Künste. Das setzt allerdings voraus, daß die Kunsterzeugnisse sich zu hohen Preisen verkaufen lassen und so zusätzliche Zerstreuung möglich ist. Das setzt ferner voraus, daß die Kunst ihre ursprüngliche Würde aufgibt, daß sie ihre magische, prophetische und rituelle Berufung vergißt. Der Handel ist ein wirksamer Zersetzungsfaktor. Er kann nicht blühen, ohne gleichzeitig seine Umgebung mit dem Gift der Rivalität zu durchtränken, ohne Erzeugnisse zu verfälschen und Werte zu verkehren, ohne das Fieber eitler Erregungen anzufachen, ohne Schaustellung und Falschmünzerei zu begünstigen, ohne das Gewissen zu entwürdigen.

Der Handel stört und zerstört die naturgegebenen, irdischen Beziehungen des Menschen. Er zerstört die organischen Gruppierungen, in denen er verwurzelt war: den elterlichen Bauernhof, die Pfarrgemeinde, die Handwerkszunft. Der Wirbel der Geschäftemacherei zermalmt die Völker, verwandelt sie in eine Masse, in der sich jedes Individuum über die anderen zu erheben versucht, in der keiner den anderen kennt.

Der Handel kennt den alten Leitsatz „Teile und herrsche". Er errichtet ein System von Trennungen. Er reißt Abgründe auf zwischen denen, die eine Ware erzeugen, und denen, die sie verbrauchen. Die Macht, solche künstlichen Gräben zu überschreiten, liegt allein bei ihm. So kommt es, daß ihn manchmal sogar die Gloriole des Wohltäters und des Erlösers umgibt. Der versierte Geschäftsmann verfügt über ein Arsenal erstaunlicher Taschenspielertricks. Er bringt es fertig, uns die gewöhnlichsten und alltäglichsten Dinge vor der Nase wegzuziehen und durch andere, exotische und sonderbar verpackte Erzeugnisse zu ersetzen. Seiner Zuvorkommenheit ist es zu verdanken, daß man an der bretonischen Küste frischen Seefisch kaufen kann, der gerade aus Paris eingetroffen ist, und daß man in einem Dorf in der Brie, zehn Schritte vom Kuhstall entfernt, sich kanadische Kondensmilch in den Kaffee schüttet.

Der tüchtige Händler ist bemüht, seine Waren zu verschönern, zu verpacken, in immer neuer Aufmachung anzubieten, schließlich zu verändern und zu verfälschen. Hier erkennt man wieder ein Wesensmerkmal des Spiels: Geringschätzung der Wirklichkeit, Flucht in die Illusion, Freude am Mummenschanz.

In der Absicht, der Ware ein gefälligeres Aussehen zu geben, ihre Haltbarkeit zu verlängern und den Transport zu erleichtern, wird sie so bearbeitet, wird ihre Qualität und Beschaffenheit so verändert, daß sie mit dem Ausgangsprodukt oft gar keine Ähnlichkeit mehr hat. Oder man nimmt gleich ein anderes, geeigneteres Material, mit dem man die gefragte Ware ersetzen und vortäuschen kann. So sind schon mancherlei Kunst-Stoffe entstanden: Preßspan, Plexiglas, Kunstleder, Kunsthorn, Beton, Nylon, Zelluloid. Es sind diese Erfindungen des Krämergeistes, die den Dingen unseres Jahrhunderts ihren oberflächlichen, nichtssagenden Charakter verleihen. Das ist der Glanz der neuen Wahrheiten. So sind schon manch groteske Dinge erfunden worden: Aus Holz hat man Wurst hergestellt, vom Pferd stammendes Eiweiß hat man zu Milch verarbeitet und verfaulte Feigen zu Kaffee. Ebenso hat man Glas in Seide verwandelt und Milch in Wolle. Die Deutschen haben es sogar einmal fertiggebracht, mit dem Wasserstoff der Luft Butter herzustellen; diese mußte allerdings in rohem Zustand verbraucht werden, denn in der Pfanne hätte sie sich durch die Hitze wieder in Gas zurückverwandelt. Sicher wird man die Hühner einmal dazu bringen, daß sie viereckige Eier ohne Schale direkt in die Dose legen.

Nicht weniger leichtfertig spielt man mit der öffentlichen Meinung. Man beeinflußt und manipuliert sie, um sie den jeweiligen Absatzbedürfnissen anzupassen. Die Folge ist, daß die wohlhabendsten Völker dazu verurteilt sind, sich aus Konservendosen zu ernähren. Kommende Generationen werden dafür büßen müssen. Dem Zucker und dem Reis nimmt man ihre natürliche Farbe, um ihnen die Farbe des Schnees zu geben. Man färbt und parfümiert Getränke und Speisen mit zweifelhaften Stoffen. All das bedeutet Gewinn für Chemiker und Pharmazeuten. Das Brot ist eines der eindrucksvollsten Opfer dieser Entwicklung. Das einzige Brot, das in allen französischen Läden feilgeboten wird, das weiße Brot mit der blonden Kruste, gehört zu den schwerwiegendsten Fälschungen auf dem Gebiet der Nahrungsmittelerzeugung. Das richtige Brot, dem unsere Vorfahren ihre Kraft und vielleicht auch ein wenig ihre Tugend verdankt haben, das Brot, das Christus mit den Seinen gebrochen hat, als er sagte: „Das ist mein Fleisch", dieses Brot hatte die Farbe der Erde. Aber auch an der Erde hat man sich vergriffen. Man behandelt sie mit chemischen Düngemitteln, man vergewaltigt sie und beutet sie aus bis zu ihrer Erschöpfung. So kann sie mancherorts nur noch in ihrem Nährwert beeinträchtigte und mit unbekannten Giften durchsetzte Früchte hervorbringen. Und während man immer neue und unnatürlichere Anbaumethoden ausprobiert, breitet sich die Wüste von Jahr zu Jahr mehr über ehemaliges Ackerland aus. Das Wasser der Flüsse ist verschmutzt und zu Gift geworden. Bald wird man vielleicht die sperrigen landwirtschaftlichen Erzeugnisse durch Kalorienpillen ersetzen, die nach wissenschaftlichen Gesichtspunkten mit Vitaminen und Aromastoffen angereichert sind. Das ist praktisch, wirtschaftlich, hygienisch, einfach ideal.

Der lockendste und daher gewinnbringendste Köder aber ist die Zerstreuung. Der Mensch lebt nicht vom Brot allein, das wißt ihr gut, die ihr mit dem Vergnügen euer Geschäft macht. Wenn ihr realistisch seid und reich werden wollt, dann gebt ihm eine gute Portion Nichts zu essen; das wird ihm am besten schmecken. Warum sollen sie auch auf den Plätzen herumstehen und Maulaffen feilhalten, all die Millionen, die durch Launen des Glücks oder durch die Mechanisierung untätig geworden sind? Die Öffentlichkeit ist ein großes Baby; man braucht ihr nur eine Rassel in die Hand zu drücken. Sie verlangt nur danach, erregt und abgelenkt zu werden, sie hat nichts Eiligeres zu tun, als sich selbst zu entfliehen. Beelzebub, der Herr der Fliegen, der über die Massen und über den vulgären Menschen regiert, weiß das gut. Ihr, die ihr noch tiefer als die anderen in die „Frucht der Erkenntnis" gebissen habt, laßt es euer Spiel sein, die anderen zum Spielen zu bringen und aus dem Spiel der anderen euren Nutzen zu ziehen! Umgebt den Passanten mit buntem Flitter, zuckenden Lichtern, mit Lärm, Spiegeln und Schaukästen. Sobald ihr seine Blicke eingefangen und auf einen glänzenden Gegenstand gelenkt habt, wird er nicht mehr auf den Preis schauen, denn die Zerstreuung fördert die Bereitschaft zum Geldausgeben. Für ihn geht es um ein seine Phantasie anregendes Gebilde, um ein Spielzeug. Für euch geht es um klingende Münze. Lockt ihn in eine Bar, verführt ihn mit saccharinsüßer Musik dazu, Alkohol zu sich zu nehmen, lockt ihn mit dem Alkohol, eure Musik zu konsumieren. Das füllt die Kassen. Theater, Romane, Nachtlokale, Kaffeehäuser, Tanzveranstaltungen, Kinos, Illustrierte und Rundfunk produzieren Zerstreuung, so viel man nur haben will. Und wenn sie für das Publikum auch noch so billig ist, für euch ist sie immer noch gewinnbringend. Auch das Zeitungswesen, für das ganze Wälder zu Papierbrei verarbeitet werden, hat einen guten Anteil an diesem Geschäft.

Vergeßt bei alledem nicht, euch auch für den Sport einzusetzen und an allem zu profitieren, was heute unter diesem Namen läuft. Sorgt für reichlichen Beifall, wenn in öffentlichen Kundgebungen vom Nutzen des Sports für die Gesundheit der Nation und die Erziehung der Jugend die Rede ist. Und versucht vor allem, euren Nutzen daraus zu ziehen. Der Sport ist die Auswirkung eines der Mißstände unseres Jahrhunderts.

Dieser Mißstand ist die Entwürdigung der Arbeit. Weil die Arbeit keine Freude mehr bereitet, werden die Spiele so in die Höhe gehoben. Der Sport wurde von einer privilegierten Klasse erfunden und sollte der körperlichen Degeneration entgegenwirken, von der alle Untätigen bedroht sind. Wenn einige Sportarten wie Fußball, Radfahren oder Boxen zu einem Volksvergnügen geworden sind, so deshalb, weil auch die Handarbeit durch die heutigen Fabrikationsmethoden verstümmelt worden ist und der Intellekt sich bei der Routinearbeit in den Büros nicht mehr entfalten kann.

Was nun die Berufssportler betrifft, die von den Massen als Helden und Vorbilder gefeiert werden, so muß man sagen, daß sie der Volksgesundheit einen Bärendienst erweisen, denn sie verleiten die Menschen zu untätigem Zuschauen. Gleichzeitig erwecken sie aggressive Gefühle und sinnlose Erregungen. Der Berufssport ist ein geeignetes Mittel, die Menschen auf den Krieg vorzubereiten, denn er fördert die Rivalität.

11. Vom Finanzspiel

Das Geld ist der Maßstab für den Marktwert jeder Ware. Es trägt das Wappen des Staates, der es hergestellt hat und es vor Nachahmung zu schützen verpflichtet ist. Was soll man aber von einem Staat halten, der selber zum Falschmünzer geworden ist?

Alle liberalen, das heißt alle dem Gesetz des Spiels unterworfenen Staatswesen sind so weit gekommen, daß sie die Mogelei zu einer amtlichen Einrichtung erhoben haben. Heute bedient sich jede Regierung der Banknotenpresse, um ihre Rechnungsführung zu verschleiern und ihre leeren Kassen an die Nachfolger weitergeben zu können. Der Betrug ist eigentlich zu offensichtlich, als daß er von irgend jemandem übersehen werden könnte. Er ist zu einer Routineangelegenheit geworden, an die man sich gewöhnt hat, so daß die Komik dieses Spiels von niemandem mehr bemerkt wird. Das Spiel besteht darin, die Maßeinheiten, mit denen der Wert einer Ware festgelegt wird, zu verkleinern. Es verhält sich dabei etwa wie mit dem Hund, der seinem eigenen Schwanz nachläuft. Diese Taschenspielerei hat allerdings nur auf die Wertzeichen eine Wirkung. Aus 1 wird 10, aus 10 wird 100, und am Ende der Geschichte ist jeder Millionär und doch nicht reicher als zuvor. So viele Finanzfachleute sich auch schon den Kopf darüber zerbrochen haben, wie man das Vertrauen in den Wert des Geldes wiederherstellen könnte, so möchte ich doch wetten, daß nicht einer von ihnen jenes Mittel gefunden hat, mit dem man das ganze Problem schlagartig lösen könnte: Ein Franken müßte ein Franken bleiben. Um zu beweisen, daß dies kein Scherz ist, müßte man die entsprechende Menge Gold aus den Kellern der Banken heraufholen, wo es ja doch nur unnütz herumliegt.

Aber neben der Degradierung sittlicher Werte und der Entwürdigung des Menschen sind dies recht harmlose Spiele.

In einer Welt, in der jeder in allen seinen Bedürfnissen von der Allgemeinheit abhängig ist wie der Säugling von der Brust seiner Mutter, in einer Welt, aus der jedoch Hingabe, Dankbarkeit und Zärtlichkeit verbannt sind, in der jeder im anderen ein Mittel sieht, seine eigenen Ziele zu erreichen, besteht die größte und vornehmste Freude, die der Mensch von seinem Nächsten erwarten kann, darin, ihn im Sinne der Spielregeln zu schlagen. So wird das Geld zur Grundlage des Lebens, zum einzigen Band, das alle verbindet, zum Maßstab aller Dinge einschließlich des Menschen. Gut und Böse kennt man hier nur noch in der Gestalt von Gewinn und Verlust. Die Intelligenz wird zur Schlauheit, als Tugend gilt nur noch das Streben nach Gewinn, als Freude bleibt allein die Freude am Besitz, Ehre bringt nur noch das, was einer ausgibt. Die Zeit ist unser Leben. Wirklich? „Zeit ist Geld", hört man heute all jene sagen, die ihr Leben und das Leben anderer für Geld verkaufen.

12. Von den Fortschrittsspielen

Die fieberhafte Geschäftemacherei hat eine Geschwulst hervorgebracht: den „Fortschritt". Ein einzigartiger Fall! Er ist wirklich die schönste, berühmteste, interessanteste, die am meisten studierte, bewunderte und begehrte Krebsgeschwulst der Welt. Durch unbeschränkte Entwicklung von Maschinen und immer kühnere chemische Manipulationen eröffnet er der zukünftigen Menschheit grenzenlose Möglichkeiten in Richtung auf die irdische Hölle und den kollektiven Selbstmord.

13. Von der Geschwindigkeit

Eine Hauptaufgabe des „Fortschritts" ist die immer schnellere Fortbewegung von Menschen und Waren. Sie ist eines dieser nichtigen Ziele, die man sich setzt, wenn man ein Spiel spielen will, etwa das Ziel, daß die Kugel in ein bestimmtes Loch rollen müsse. Man braucht solche Ziele, um spielen zu können. Geschwindigkeit fördert den Handel; sonst dient sie zu nichts und niemandem.

Der Beweis dafür ist leicht zu erbringen: Die Völker, welche die größten Mühen auf sich nehmen und am wenigsten Kosten und Risiko scheuen, um durch aufwendige Maschinerien Zeit zu gewinnen, sind ebendie, in denen es alle eilig haben und man dauernd in der Furcht lebt, zu spät zu kommen, in denen die verstörten und gehetzten Menschen immer sagen: „Ich habe keine Zeit." Man hat dabei den Eindruck, daß sie nicht recht wissen, was mit ihnen geschieht. Der Zusammenhang ist indessen leicht zu begreifen: Die Zeit ist kein Material, das man sammeln und festhalten könnte. Wenn ich ein Auto besitze, habe ich zwar dem Fußgänger gegenüber einen Vorteil. Wenn aber nun die anderen auch in Autos steigen, ist mein Vorteil dahin. Im Gegenteil, die allgemeine Beschleunigung verkürzt das Erleben der Zeit. Dazu kommt noch all die Zeit, die auf die Erfindung, den Bau und die Unterhaltung von Zeitgewinnungsmaschinen verschwendet wird.

Es gibt ein Märchen von Andersen, das uns, als wir noch klein waren, belustigt hat, das uns aber heute belehren könnte: die Geschichte von dem Kind, das von der bösen Fee mit einer Spule beschenkt wurde, auf welcher der Faden seines Lebens aufgewickelt war. Ein wunderbares Spielzeug, dessen Besitz dem Kind wie eine göttliche Macht erschien. Jedesmal wenn es Hunger hatte oder müde war, brauchte es nur an dem Faden zu ziehen, um gleich darauf am Eßtisch zu sitzen oder im Bett zu liegen. Jedesmal wenn es sich nicht wohl fühlte oder wenn es ihm langweilig war, zog es daran, und das Unangenehme ging vorüber. Jedesmal wenn es die Erfüllung eines Wunsches erwartete, zog es, und das Gewünschte kam. Es zog, um sich Strafen zu erleichtern, um Grammatik und Rechnen schneller vorübergehen zu lassen. Später zog es, um sich der Bedrängnisse des Herzens schneller zu entledigen. Im reiferen Alter war es die Mühsal der Arbeit, die zu immer neuem Ziehen veranlaßte. Und als die Freuden des Lebens seltener wurden, zog es immer öfter und immer mehr. Nach einigen Wochen war es alt und schwach geworden. Es trauerte all den so schnell vergangenen Dingen nach, aber ein Rückwärts gab es bei der Zauberspule nicht. Es empfand eine schreckliche Angst. Um sich von ihr zu befreien, zog es ein letztes Mal an dem Faden und starb.

So etwas Ähnliches sind für uns die Maschinen. Sie sind wie Fäden, mit denen man sich Unannehmlichkeiten ersparen und den Ablauf der Zeit beschleunigen kann.

Es genügt nicht festzustellen, daß in der Geschwindigkeit an sich kein Vorteil liegt. Man kommt nicht darum herum, zu erkennen, daß sie mit tiefgreifenden Störungen, unschätzbaren Verlusten und großen Gefahren bezahlt wird. Wenn eine ganze Zivilisation sich darin erschöpft, immer schneller sich im Kreis zu drehen, wenn sie ihren Inhalt in Geschwindigkeit verwandelt und ihr Fieber als Zeichen der Gesundheit ansieht, dann kann dies nur in den Abgrund des Wahnsinns führen. Der ungeheure Vorteil der schnellen Fortbewegung liegt in der Zerstreuung. Die einmütige, zornige Ablehnung der Menschen gegenüber jeder Aufforderung, dieser Zerstreuung zu entsagen, erklärt sich aus einem kindischen Spielzeugfetischismus, einer krankhaften Spielleidenschaft.

14. Von der Entwürdigung

Ein christlicher Denker, Gabriel Marcel, hat sich besonders mit diesem Thema befaßt. Er hat die Techniken untersucht, mit denen Militärdiktaturen und „Volksdemokratien" ihre Gegner bearbeiten, um die innersten Quellen ihres Widerstandes zu zerstören, um sie so lächerlich zu machen, daß ihre Qualen beim Volk kein Mitleid mehr erregen, um sie so zu erniedrigen, daß selbst von ihrem Tod keine Zeugniskraft mehr ausgeht. Man erreicht dies durch wissenschaftlich ausgearbeitete Foltermethoden, die oft gerade wegen ihrer Unauffälligkeit nur um so verabscheuenswürdiger sind. Oft werden diese Foltern unter nach außen lächerlich erscheinenden Umständen ausgeführt. Dazu dienen Prügel und Drohungen, grobe Scherze, Täuschungsmanöver, ständige Wiederholung kleiner Nadelstiche und anderer kleinster psychosomatischer Reize sowie Injektionen von bewußtseinsverändernden Drogen. So hat man in Konzentrationslagern erlebt, daß Menschen sich in ihrem Kot wälzten, daß sie ihre Leidensgenossen belauschten und denunzierten, daß manche nach Auftrag ihre eigenen Kameraden, die man ihnen bezeichnet hatte, mit einem Taschenmesser erstachen. So konnte es geschehen, daß sich bei sowjetischen Schauprozessen alte Würdenträger zu „spontanen" Schuldbekenntnissen und begeisterten Selbstbezichtigungen bereitfanden, welche die Welt in Staunen versetzten, während ihre Frauen und Kinder nichts Dringenderes zu tun wußten, als das Todesurteil zu fordern.

Man kann sich gar nicht genug empören über diese Vergewaltigung der Seelen und die Entwürdigung der menschlichen Natur. All jene, die angesichts des Unrechts und der Unordnung in der Welt für eine gewaltsame Lösung plädieren, für eine Revolution von rechts oder von links, haben nicht genug nachgedacht über das Zusammenspiel der Erkenntnis mit den Mächten der Finsternis.

Dies alles besagt allerdings nicht, daß die linken und die rechten Diktaturen diese Methoden selber erfunden hätten. Ihr Verdienst besteht lediglich darin, sie in größerem Umfang, systematischer und konsequenter angewandt zu haben.

Sagt, ihr guten Leute: Ist dieses Jonglieren mit den menschlichen Erbanlagen nicht eine Schande für unsere Art? Und das geschieht nicht in Buchenwald oder in sowjetischen Arbeitslagern jenseits des Polarkreises! Und wer hat den Pithecanthropus erfunden? War es vielleicht ein Nazi oder ein Bolschewist, der aus einem menschlichen Schienbein und dem Kiefer eines Schimpansen dieses Monstrum konstruiert hat? Der dann diese Neuheit auf der Weltausstellung zeigte, die als Initiationsritus für unser Jahrhundert diente? Und wozu geschah solche Schaustellung wenn nicht dazu, den Menschen in seinem transzendentalen Wesensbereich zu verhöhnen?

Ja, ich meine diesen neuen Stammbaum des Menschen, der nichts zu tun hat mit dem Baum des Lebens der Bibel und nichts mit dem Baum Yggdrasil aus dem germanischen Mythos und nichts mit dem Baum Brahma der Hindus. Sein Wurzelwerk sind die Mollusken, sein Stamm die Fische, seine Dornen sind Krabben und Insekten, sein Leitast besteht aus Lurchen und Reptilien, seine Zweige sind die vierbeinigen Säugetiere, und seine Blüte ist schließlich der Homo sapiens. Es ist unwichtig, daß die Wissenschaft seine einzelnen Teile nur mit Fäden zusammenhält. Ein Mythos ist ein Zeichen; seine Bedeutung liegt in seiner Symbolhaftigkeit. Was soll er anderes zum Ausdruck bringen als den Willen, Gott aus seiner Schöpfung herauszumanövrieren? Was anderes, als seine Absicht durch Zufall und Konkurrenz zu ersetzen? Die Mutationen nehmen dabei den Platz des Zufalls ein und der Lebenskampf den der Konkurrenz. Zufall und Konkurrenz, die beiden großen Götter des Handels. In der Tat wird hier eine merkantile Lebenseinstellung auf die Natur übertragen.

Es geht hier nicht darum, den Anteil an objektiver Erkenntnis in Frage zu stellen, der in der Entwicklungslehre enthalten ist, sondern darum, das Motiv zu entschleiern, das so viele Menschen dazu bewegt, mit derartigen Argumenten um sich zu werfen, ohne sich um ihre Objektivität zu sorgen. Eine immer größere Anzahl von Menschen macht diese Lehre zu einem Glaubensbekenntnis, und dies zu einer Zeit, da die fortschrittlicheren unter den Wissenschaftlern immer mehr deren Brüchigkeit erkennen.

Und woher kommt die seltsame Kartenmischerei, die so manche heute als Bibelkritik bezeichnen? Und das Märchen von der Unechtheit der Heiligen Schrift? Und der Mythos von der Nichtexistenz Christi? Hat ein Nazi oder ein Bolschewist jemals solch grillenhafte Geduld und solch heimtückische Bosheit aufgebracht? Was sind das für Spiele?

Und wo entstand die Inflation der Worte, die dem menschlichen Herzen am teuersten sind? Worte wie Freiheit und Liebe?

Und die hinterhältige Kunstfertigkeit, die sich in der Mode ausdrückt? Und der lächerliche Ernst, mit dem ihre Opfer sich ihr hingeben? O Rose, o Lilie! O Tochter Evas, sanfte Jungfrau oder verehrungswürdige Mutter, was ist mit dir geschehen, daß du solche Verrenkungen machst, daß du dich bemalst und bepuderst wie die Clowns, daß du dich so verstellst und verkleidest, vielleicht gar als Mann mit Zigarette oder als kleines Mädchen oder als Lausbub mit kurzen Hosen? Welch erschütternde Bekenntnisse der Entwürdigung!

15. Von der kolonialen Entwürdigung

Wenn ihr aber wissen möchtet, welches die blutige Seite dieser Angelegenheit ist, so betrachtet die kolonialen Eroberungen.

Seit drei oder vier Jahrhunderten haben sich die Techniken der Entwürdigung über die ganze Welt ausgebreitet, bis sie schließlich in der Entwürdigung durch die Technik ihre Vollendung fanden. Hier seht ihr all die Schrecken und Abscheulichkeiten, die sich mit Zustimmung und Unterstützung liberaler Regierungen ereignet haben.

„Damit alle Bewohner der Erde, alle Stämme, alle Völker, alle Sprachen und Nationen mit dem Zeichen des Tieres gezeichnet werden." Damit in allen Dschungeln, allen Buschwäldern, allen Savannen, auf allen Gebirgen der Mensch wie ein wildes Tier gejagt wird, damit er wie Vieh in Wagen oder Ställe gepfercht wird, damit er mit Tritten und Peitschenhieben herdenweise zur Arbeit in die Pflanzungen getrieben wird, damit er in der Finsternis der Bergwerke den ungesundesten Verrichtungen nachgehen muß, damit er in den Kielraum von Schiffen verladen wird, um auf anderen Erdteilen verkauft und verbraucht zu werden. Damit alle Reiche der Welt zugrunde gerichtet werden samt ihren Schätzen, ihren Kulturen, Gebräuchen und Legenden, mit all ihrer ursprünglichen Reinheit und Schönheit.

Diese große und schreckliche Sache ist fast geräuschlos vor sich gegangen, ohne großen Aufwand und ohne besonderes Aufsehen zu erregen. Indem sie den Menschen ein paar glitzernde Glaskugeln vor die Augen hielten, sich ihre Einfalt zunutze machten, sie durch Versprechen besänftigten, sie auf den Geschmack des Alkohols brachten, sie dazu aufwiegelten, sich untereinander zu bekämpfen, haben die Handelsmächte den Zerfall der Völker, ihrer Sitten und Kulturen bewirkt.

Eine der fünf großen menschlichen Rassen, die rote, war zu klug, um sich verführen zu lassen, und zu stolz, um sich zu unterwerfen; sie ist fast vollständig ausgerottet worden. Die schwarze Rasse ist fast überall unterjocht und geknechtet worden. Der gelben Rasse ist es kaum besser ergangen; sie hat mit erbittertem Haß geantwortet. Die braune Rasse ist auf demselben Weg. Sicher werden sie sich alle einmal von ihren Unterdrükkern befreien. Aber werden sie sich auch von der Ansteckung befreien? Auch der Haß ist eine Entwürdigung. Und wenn der Haß sie dazu bringt, gegen ihre Feinde die Methoden anzuwenden, die sie von ihnen gelernt haben, werden sie sich dann noch von der Entwürdigung durch die Technik befreien können?

Der zuvor zitierte christliche Denker geht soweit, sich zu fragen, ob nicht unsere ganze Technik in gewissem Sinn eine Technik der Entwürdigung sei. Und er kommt zu dem Ergebnis, daß sie es sicher in all den Fällen ist, in denen der Mensch von ihren Annehmlichkeiten profitiert, ohne ihr Wesen zu verstehen und durch seine Einsicht ihr ebenbürtig zu sein. Diese Bemerkung macht begreiflich, warum die Technokratie und die ihr zugrunde liegenden negativen Philosophien auf die Völker und Volksschichten, die sie nur passiv übernehmen oder aufgezwungen bekommen, eine so verheerende Wirkung haben. In diesem Fall nämlich verstößt der Mensch durch Nachäffung gegen seine Würde und gibt sich der Lächerlichkeit preis.

Aber diese Bemerkung geht nicht weit genug, denn die Macht der Technik entwürdigt in unauffälligerer, doch nichtsdestoweniger realer Weise auch all jene, die noch am ehesten in der Lage sind, ihr Wesen zu verstehen, und sie souverän zu handhaben wissen. Dies liegt daran, daß die Technik aus einer Umkehrung des Geistes, aus der Entwürdigung der ursprünglichen Erkenntnis hervorgegangen ist, wie wir es im Vorangegangenen nachgewiesen haben.

Daß sich die christliche Religion im Rahmen kolonialer Eroberungen ausgebreitet hat, bedeutet nur, daß Gott nicht schläft, daß sich immer wieder Heilige gegen den Strom ihrer Zeit erheben und daß der Teufel auch manchmal Steine trägt. So hat auch das ganze unchristliche Römische Reich den Aposteln den Weg geebnet. Man sagt dies oft, um Rom durch das Gegenteil von Rom zu rechtfertigen. Wenn es aber Rom nicht gegeben hätte, hätte Gott sicher andere Wege gefunden. Jetzt, da die Kolonialreiche auseinanderfallen, entdeckt man, wieviel besser es gewesen wäre, wenn das Wort Gottes den farbigen Völkern auf andere Weise mitgeteilt worden wäre.

16. Vom lästerlichsten aller Spiele

Hier muß man auch einmal die Art von Spiel betrachten, die unter allen falschen Spielen die größte Gotteslästerung darstellt und sich unter dem Deckmantel uneigennütziger wissenschaftlicher Forschung verbirgt.

Uneigennützigkeit ist ein Kennzeichen des wahren Gottesmannes, des inspirierten Künstlers, des Helden, des barmherzigen Wohltäters. Uneigennützigkeit ist aber auch das Kennzeichen eines guten Spielers, der sich für nichts anderes interessiert als für sein Spiel. Auch derjenige, der im Spielkasino mit Leidenschaft Roulett spielt, ist alles andere als ein Geizhals. Die Uneigennützigkeit des Forschers ist noch viel kostspieliger als die

Nächte von Monte Carlo. Was hier auf dem Spiel steht, sind nicht nur Dollar-Millionen, sondern Millionen von Leben, das Überleben des Menschen und allen Lebens überhaupt auf unserem Planeten.

Aber das Spiel ist so faszinierend. Die langen Berechnungen, das geduldige Experimentieren und die plötzlichen Entdeckungen liegen etwa zwischen den erregenden Träumen des Rauschgiftkonsumenten und der poetischen Eingebung. Der magische Kreis des Spiels nimmt alle Talente und Fähigkeiten gefangen.

Ein berühmter Professor aus Göttingen, der gerade über eine Quadratwurzel oder ein Zyklotron nachgrübelte, fiel auf der Straße der Länge nach auf den Boden. Passanten eilten ihm zu Hilfe und stellten ihn wieder auf die Beine. Er jedoch empfand ihr Verhalten als Zudringlichkeit und schrie sie an: „Sehen Sie denn nicht, daß ich denke?"

Was sind wir für Dummköpfe! Das hätte man doch sehen müssen! Und an dem großen Kladderadatsch hätte man auch erkennen müssen, wohin diese Gedanken führen.

Wenn eine Entdeckung weltweite Umwälzungen zur Folge hat, dann muß auch der Forscher ihrer gewahr werden. Er sieht sie, aber meist nur in abstrakter Weise. Und selbst wenn er einen Schock bekommt, dann ist dieser für ihn eher erhebend als abschreckend. Die verborgene, instinktive, kindliche Aggressivität erfährt dabei eine unerwartete Befriedigung. Das ist die unbewußte Seite der Angelegenheit.

Auf der bewußten Seite ist der Teufel eifrig am Werk. Mit tausend Stimmen murmelt er: „Die Wissenschaft als solche ist gut. Die Technik, von der manche sagen, sie sei neutral, ist auch gut. Sie ist immer gut. Für gute Zwecke ist sie gut, und für schlechte Zwecke ist sie gut. Du bist rein. Die Anwendung deiner Wissenschaft betrifft jene, die sich ihre Ergebnisse zunutze machen. Sie haben die Freiheit, sie zu guten und zu bösen Zwecken zu verwenden. Hast du das Recht, ihnen diese Freiheit zu nehmen? Bist du der Hüter deines Bruders? Du bist jenseits von Gut und Böse, jenseits des Gerichts. Du hast, wie die Götter, Leben und Tod in deiner Hand."

So ein Engel der Reinheit braucht aber viel Geduld. Apparate, Laboratorien, Bibliotheken sind teures Spielzeug. Die große Uneigennützigkeit und die auf Eigennutz bedachte Wirtschaft kommen einander entgegen und gehen schließlich eine unauflösliche Verbindung ein. Wirtschaft und Regierung teilen sich die Prostituierte.

Der Wissenschaftler steht aber seinem Problem nicht allein gegenüber. Da sind auch noch andere Spieler, die lieben Kollegen, denen man Fehler und Irrtümer nachweisen muß und die man nach Möglichkeit überholen und übertreffen sollte. Der wissenschaftliche Wettbewerb wird zu einem internationalen Sport. Schließlich wird der ganze Erdball zur Arena für Wettkämpfe mit Plutoniumbomben und Weltraumraketen.

Selbstverständlich beziehen sich diese Ausführungen nicht auf die Geisteswissenschaften, die frei sind von aller Nutzanwendung oder deren Nutzanwendung auf moralischem oder philosophischem Gebiet liegt. Solche sind die Geschichtswissenschaft, die Archäologie, die Philologie, die Theologie, die Kunstgeschichtswissenschaft, Volks- und Völkerkunde . . . Im übrigen haben alle Wissenschaften eine reine und unbefleckte Seite. Die Medizin muß hier als erste genannt werden. Unter den Forschern hat es auch immer solche gegeben, die sich vor der Verstrickung bewahrt haben. Und nicht immer gibt Doktor Faust wissentlich seine Unterschrift unter den Vertrag. Von vielen kann man eher sagen, daß sie dem Dämon aus Unachtsamkeit in die Hände gefallen sind.

Der arme Einstein kann das bezeugen. Er war demütig, aufrichtig und sanftmütig. Am Ende seines Lebens erkannte er die Frucht seiner Arbeit und stieß einen Schrei des Entsetzens aus. Eine Warnung für alle, die er auf diesen Pfad geführt hat. Achtzehn deutsche Wissenschaftler haben sich geweigert, die Welt an den Tod zu verkaufen. Andere haben gezögert, einige haben sich widersetzt und protestiert.

Der Verrat am Geist, mit dem sich viele befleckt haben, ist im übrigen nicht immer nur ihre persönliche Schuld. Er ist eben auch die Sünde unserer ganzen Welt.

17. Von der Entwürdigung der Arbeit

Von den vielen Schäden, die durch die Diktatur der Technik entstanden sind, ist die Entwürdigung der menschlichen Arbeit sicher einer der unheilvollsten.

Noch nie hat man so viel über den „Adel der Arbeit" gesprochen wie in diesem Jahrhundert. Man hat einen besonderen Feiertag zu Ehren der Arbeit eingeführt und ist sogar so weit gegangen, für sie eine Weltrevolution zu proklamieren. Im Eifer der politischen Machtkämpfe und des Redeschwalls der sie begleitenden Massenkundgebungen hat man kaum bemerkt, daß die vornehmsten Berufe verschwunden sind, vom „königlichen Handwerk" der Architektur angefangen bis zu der in vorgeschichtliche Zeiten zurückreichenden Töpferei. Das Handwerk mit seinen Geheimnissen und seinen Kunstfertigkeiten ist entartet, auseinandergerissen und seines Inhalts beraubt worden. Der entscheidende Faktor in diesem Prozeß der Zersetzung und Entwürdigung der menschlichen Arbeit ist die Maschine. Ihre Anwendung in großem Stil nennt man Industrie.

18. Von der Mechanisierung der Arbeit, einem anderen großen Spiel

Hier begegnen wir einem neuen Typ von unechter Arbeit. Der Industrielle ist kein väterlicher Schirmherr über seine Untergebenen, und er ist kein

Handwerksmeister, der es in seiner Arbeit zu vollendeter Kunstfertigkeit gebracht hat. Er ist ein Spieler wie der Geschäftsmann.

Er betreibt das Regelspiel ebenso wie das Glücksspiel. Er muß ein wagemutiger, umsichtiger und gerissener Führer sein und über eine militärisch gedrillte Mannschaft verfügen. Er muß hundert Dinge zugleich überschauen können: seine Konkurrenten, die Situation auf den Einkaufs- und Absatzmärkten, die Kreditmöglichkeiten, die Steuern, die Zölle, den Außenhandel, die neuesten Erfindungen, die internationale Politik. Unter so vielen Faktoren nimmt die Handarbeit einen ganz bescheidenen Platz ein. Sie ist nur eine Ware unter anderen, ein Produktionsfaktor unter vielen anderen.

Sie ist aber immerhin ein Kostenpunkt, den man so niedrig wie möglich zu halten versucht. Dies ist schwieriger geworden, seitdem eine andere Sorte von Spielern, die der berufsmäßigen Revolutionäre, entdeckt hat, daß man die Unzufriedenheit des Volkes dazu benutzen kann, die Wirtschaft aus dem Gleis zu bringen und Machtpositionen zu erobern.

Wenn Arbeiter damit drohen, ihre Arbeit einzustellen, um eine ausreichende Bezahlung zu erreichen, dann beantworten die Unternehmer dieses Verhalten manchmal damit, daß sie eine Maschine anschaffen, welche die Arbeit einiger Dutzend oder einiger hundert Menschen überflüssig macht. Wenn man sagt, die Maschine sei erfunden worden, um den Menschen die Arbeit zu erleichtern, so ist das eine sehr diplomatische Ausdrucksweise. Die Wahrheit ist, daß Maschinen fast immer zu dem Zweck geschaffen und angewandt werden, den Inhabern des Kapitals zu dienen, indem sie ihnen wenigstens einen Teil der Ausgaben für Arbeitslöhne ersparen.

Das, was wir heute als Arbeitslosigkeit bezeichnen, ist also kein zufälliges Nebenprodukt der Mechanisierung, sondern ihre notwendige Folge.

Diejenigen, die sich um das Wohl der Arbeiter bemühen, können sicher einiges tun, um den Arbeitslohn auf eine angemessene Höhe zu bringen, aber sie können die Unternehmer nicht dazu zwingen, überflüssige Arbeitskräfte einzustellen. Die Forderung nach angemessener Bezahlung trägt nicht selten sogar dazu bei, daß bezahlte Arbeit ein Privileg wird und daß sich neben ihr noch ein Unterproletariat beschäftigungsloser Arbeiter bildet.

Die Arbeit nun, die durch Mechanisierung nicht überflüssig gemacht werden kann, muß sich an die veränderten Gegebenheiten anpassen, das heißt, sie muß sich der Technik unterordnen. Der Mensch wird zum Diener der Maschine und verwandelt sich dabei fast selbst in eine Maschine. Seine Arbeit ist dann vielleicht weniger ermüdend, dafür aber abstumpfender und geisttötender. Sie verlangt weniger Körperkraft, weniger Geschicklichkeit und weniger Intelligenz. Und der Mensch, der sich ihr widmet, verliert seine Fähigkeiten immer mehr. Auch aus seinem Bewußtsein entschwindet allmählich die Erinnerung an die verlorenen Fähigkeiten. Wird der Facharbeiter nicht mehr für die Arbeit gebraucht, in die er eingeübt ist, ist er wie ein Teil einer zerlegten Maschine, das für sich allein keine Funktion mehr auszuüben vermag. Um eine Störung der öffentlichen Ordnung zu vermeiden, muß der Staat für seinen Unterhalt aufkommen. Dies wirkt in Richtung auf höhere Steuern, weitere Rationalisierungsmaßnahmen in der Wirtschaft, neue Entlassungen und so weiter.

19. Von der Entwürdigung durch Überwachung

Einige glauben, man könne durch strenge, lückenlose Überwachung und Reglementierung das Wirtschaftsleben in geordnete Bahnen lenken und alle Mißstände beseitigen. Ja, der Liberalismus kann von seinem Fieber nur genesen, indem er stirbt. Man kann den aktiven, schlauen, einfallsreichen Geschäftsmann unter dem Gewicht des pedantischen und schwerfälligen Funktionärs begraben. Man kann den ruhelos hüpfenden Parasiten von der Art des Flohs durch den plumpen, trägen, an seinem Amtssessel klebenden Parasiten von der Art der Zecke ersetzen. Dann werden alle Wege bis an den Horizont mit Anträgen, Bezugsscheinen, Verboten, Zeugnissen, Patenten, Diplomen und anderen Amtspapieren gepflastert sein. Dann müssen jung und alt, hoch und niedrig vor den Schaltern Schlange stehen, um die Lebens-Genehmigung zu bekommen. Dann liegen die Schiffe in den Häfen fest, und in Bahnhöfen und Lagerhäusern verderben die Waren. Dann wird die amtliche Vergeudung alle Exzesse des persönlichen Profits in den Schatten stellen, und die Mißwirtschaft der Bürokraten wird noch größer sein als die Ungerechtigkeit der Tyrannen.

20. Von der Entwürdigung durch Müßiggang

Andere meinen, es komme nur darauf an, den Dingen ihren Lauf zu lassen, damit alles von selber wieder ins Lot gerate. Entgegengesetzten Erfahrungen wird keine Bedeutung beigemessen. Krisen werden als Wachstumskrisen angesehen. Am Ende dessen, was wir heute noch als Überproduktion ansehen, steht Wohlstand für alle zu niedrigstem Preis. Was man jetzt noch Arbeitslosigkeit nennt, wird, wenn sie sich einmal gleichmäßig verteilt hat, zur Freizeit ohne Ende — ein Heidenspaß! Unsere Zivilisation hirnloser Spieler und stumpfsinniger Arbeiter fängt an, von einem künstlichen, vollmechanisierten Paradies zu träumen, in dem keiner mehr arbeiten muß, in dem die Maschinen uns alle Mühe abnehmen und wir uns nur noch um die Verteilung der Güter und die Gestaltung der Freizeit kümmern müssen.

Diese Sache ist übrigens gar nicht so neu, wie sie scheint. Das verfallende Römische Reich bot ein ähnliches Schauspiel: ein ganzes Volk, das untätig auf Straßen und Plätzen herumlungerte und „panem et circenses" verlangte. Übersetzt in unsere Zeit könnte das heißen: Arbeitslosengeld und Freizeitgestaltung. Was würde eine endgültige und vollständige Ablösung der Arbeit durch das Spiel bedeuten? Durch Freizeitbeschäftigungen, die organisiert, erzieherisch und vielleicht auch obligatorisch wären? Wir wissen genügend über das Wesen des Spiels, um diese Frage beantworten zu können.

Schon immer war es so, daß eine Gesellschaftsklasse, die über unbegrenzte Freiheit verfügte, einer schnellen Degeneration zum Opfer fiel. Verweichlichung, Eitelkeit, Schlemmerei sind die typischen Kennzeichen einer solchen Entwicklung. Wie soll man da für ein ganzes Volk anderes erwarten als Entartung und Verfall?

Aber ich glaube, wir brauchen uns nicht allzu große Sorgen zu machen über einen Zustand, der wahrscheinlich nie eintreten wird und der, wenn er doch eintreten sollte, nicht von Dauer sein kann. Denn wenn ein Volk wirklich einmal in das Paradies des vollkommenen Spiels geraten sollte, wird es dessen schnell überdrüssig werden und sein größtes Vergnügen daran finden, es in Flammen aufgehen zu lassen.

21. Vom großen Zorn

Heute droht der große Zorn des arbeitenden Volkes dem Spiel ein Ende zu bereiten. Der Zorn des Volkes, das kein Volk mehr ist, sondern eine Masse, dessen Arbeit keine Arbeit mehr ist, sondern vergeudete Mühsal, dessen Leben nach Produktionsstunden und Arbeitstagen gemessen wird. So, wie dieses Volk bei der Arbeit von denen abhängt, welche die Arbeit leiten, so hängt seine Auflehnung gegen die Arbeit von denen ab, welche die Auflehnung leiten.

Ja, dann sind für einmal die Arbeiter an der Reihe, spielen zu dürfen. Sie werden dann mit Pistolen, Maschinengewehren und Granaten spielen. Und ihre Kommissare werden sich in den herrschaftlichen Palästen niederlassen. Jedoch die tollsten Spiele sind meistens die kürzesten.

Eines Tages werden die Arbeiter wieder in ihre Fabriken zurückkehren müssen. Ihre neuen Herren haben dann alle Macht an sich gerissen. Sie verfügen dann über Land, Geld, Maschinen, über Armee, Polizei, Presse, Transportwesen, Partei, über Leben und Tod ihrer Untergebenen.

Die mittelmäßigen Spieler sind dann vom Schauplatz verschwunden. Aber die Arbeiter müssen wie zuvor die undankbarsten Aufgaben erledigen. Sie werden wie zuvor ihren Unterdrückern huldigen und für deren Unterhalt aufkommen.

Vielleicht werden sich die neuen Herren bescheiden und arbeitsam geben, um ihr Spiel zu tarnen. Aber es wird dasselbe Spiel sein, das auch ihre imperialistischen Vorgänger getrieben haben: Eroberung.

Die Arbeiter werden sich so für das Spiel ihrer Herren interessieren, daß sie ihre mißliche Lage darüber vergessen. Sie werden sich begeistern für einen Eroberungskrieg gegen alle Völker der Erde, der den Namen trägt: Befreiung der Arbeiterschaft auf der ganzen Welt.

22. Das Spiel des Teufels

Ich habe hier nur vom Spiel gesprochen und nicht vom Betrug, ich habe von Soldaten gesprochen und nicht von Räubern, ich habe von den Kaufleuten gesprochen und nicht von Dieben, von Industriellen und nicht von Hochstaplern, von Politikern und nicht von Tyrannen.

Die großen Übel, die ich beschrieben habe, entstehen nicht durch böse Menschen, sondern durch ehrenhafte Leute, die nach den Gesetzen handeln. Sie und ihre Gesetze sind es, mit denen der Fürst dieser Welt sein Spiel treibt.

23. Vom Spiel des Bösen und des Nichts

Das Spiel ist bewußte Täuschung und absichtliche Nutzlosigkeit. Wie aber kann man aufhören, sich zu täuschen, wenn man weiß, daß man sich täuscht?

„Auf tausenderlei Art gelingt es mir, das Unmögliche zu schaffen", sagt der Geist des Spiels.

„Und warum tust du das?"

„Weil es mir so gefällt und weil ich mich um kein Warum kümmere!"

So hält sich das Spiel immer auf der Grenze von Unschuld und Sünde.

Seine Unschuld besteht darin, daß es von Gut und Böse nichts versteht und auch weder zu dem einen noch zu dem anderen fähig ist, denn es hat keine Beziehung zur Wirklichkeit. Es hängt im Nichts, sein Wesen ist Zerstreuung.

Zerstreuung aber ist die Umstülpung des Geistes, der sich von der Wahrheit losreißt und sich dem Vergnügen zuwendet.

Demnach wäre es *die* Sünde schlechthin, die Sünde wider den Geist, für die es keine Vergebung gibt. Aber kann ein bloßes Hirngespinst mit einem solchen Fluch belastet sein? Das Spiel ist nichts, und seine moralische Bedeutung ist gleich Null.

Dieses Nichts aber ist die Sünde in ihrer reinsten Form. Denn im Spiel wendet sich der Geist freiwillig von der Wahrheit ab, um sich einer Illusion hinzugeben. Er verzichtet auf die Fülle, um sich der Eitelkeit zu ergeben. Er löst sich von Gott, um sich freudigen Herzens dem Nichts zu überantworten.

Das ist das Wesen der Sünde. Sie liegt jenseits von Gut und Böse, sie ist die Quelle von Gut und Böse, sie ist der Ursprung des endlosen Widerstreits, unseres Falls und unserer Kämpfe. Ja, das ist das Wesen der Sünde. Die Moral kann das Spiel nicht verurteilen, denn es verdient kein Urteil. Es ist keine Tat an sich, es ist ein Hohlraum zwischen zwei Taten, es ist der Seufzer eines verlorenen Augenblicks. Es ist gerecht, für eine gute Mahlzeit einen guten Preis zu zahlen. Aber für den Geruch, der aus dem Luftschacht der Küche nach außen dringt? Nein, so angenehm er auch sein mag. Und von keinem menschlichen oder göttlichen Gericht werde ich für den Traum der vergangenen Nacht zur Rechenschaft gezogen werden, so schlecht er auch gewesen sein mag.

Das Alibi der Nichtigkeit kann keiner zurückweisen. Aber wie nennt sich das Nichts, wenn es das Sein verschlingt? Es nennt sich: das Böse.

24. Ergänzende Bemerkung über die Arbeit

Durch die Arbeit verwandelt sich die angeborene Hilflosigkeit des Menschen in seine Stärke. Die Hilflosigkeit besteht darin, daß die Erde dem Menschen nicht wie den Tieren von allein einen Lebensunterhalt bietet. Er muß ihn sich erarbeiten. Dazu kommt, daß er allein nicht imstande ist, seine Bedürfnisse zu befriedigen. Weil seine Fähigkeiten dazu nicht ausreichen, muß er sich mit anderen zusammentun. Und diese Zusammenarbeit macht ihn stark. Sie ist die Quelle seiner Reichtümer, und der wertvollste unter ihnen ist die Einheit der Arbeitenden.

Es gibt für den Menschen noch zwei andere Beweggründe zur Vereinigung: Krieg und Liebe. Wenn sich aber beispielsweise eine Gruppe zum Zweck ihrer Verteidigung zusammenschließt, so richtet sich ihre Vereinigung gegen eine andere menschliche Gruppe. Sie wird durch das Band eines gemeinsamen Hasses zusammengehalten, der mindestens soviel Trennung verursacht, wie er Einigung hervorbringt.

Die Liebe aber entspringt der veränderlichsten Seite der menschlichen Natur, dem Gefühl. Gefühle wandeln sich und können in ihr Gegenteil umschlagen. Außerdem hat die Liebe im allgemeinen nur einen kleinen Strahlungsbereich wie etwa die Familie oder einen Freundeskreis. Und sogar hier kommt es selten vor, daß sie diese engen Grenzen in beständiger und befriedigender Weise auszufüllen vermag.

Die Arbeit ist eine vernünftige Art der Vereinigung. Sie steht anderen Formen der Vereinigung nicht im Weg, sondern ist vielmehr geeignet, sie zu ergänzen und zu festigen.

Oft hört man sagen: Arbeit adelt den Menschen. Diese These hat viel

Ähnlichkeit mit jener anderen Behauptung, daß Tugend immer belohnt werde. Sofern sich diese Sätze auf die Gegebenheiten des täglichen Lebens beziehen, sind sie albernes Geschwätz. Nichtsdestoweniger sind sie allgemeingültige Forderungen der Gerechtigkeit.

In dieser Welt wird derjenige geehrt, der befiehlt, und er befiehlt vor allem, um geehrt zu werden. Am meisten bewundert wird derjenige, dem alle dienen und der selber niemandem dient, vorausgesetzt, daß es nicht gerade heißt, er diene zu nichts.

In allen Gesellschaften ist die Arbeit die besondere Angelegenheit der untergeordneten und schlechter gestellten Klassen.

So war es zu allen Zeiten. Gott sagte zu Adam: „Im Schweiße deines Angesichts sollst du dein Brot verdienen." Die Söhne Adams aber lachten heimlich über das Gebot und dachten: Wir werden schon Mittel und Wege finden, unser Brot mit dem Schweiß anderer zu verdienen!

Man betrachte nur die Geschichte. Sagt man nicht, glückliche Menschen hätten keine Geschichte? Die Weltgeschichte ist eine lange Liste von Morden, Unterdrückungen und Revolten. Die Mißbilligung Gottes steht über ihr von Anfang an.

Sein Zorn scheint sich gleichermaßen über denen zu entladen, die ihn ehren, wie über denen, die ihn leugnen. Den Regen des Unheils läßt er sowohl über Böse wie über Gute niedergehen.

Vielleicht deshalb, weil Gut und Böse sich genauso leichtfertig über sein kleinstes Gebot hinweggesetzt haben?

Das kleinste Gebot, aber das erste im Ablauf der Zeiten lautet: Du sollst arbeiten, um zu essen.

So klein, so grundlegend und so alt ist dieses Gebot, daß man es vergessen hat. So gründlich vergessen, daß nicht einmal eine Lücke an sein Fehlen erinnert. Man weiß nicht mehr, daß man im Unrecht ist.

Dieses Gebot legt die Bedingungen fest, unter denen der Mensch seit dem Sündenfall zu leben hat. Ja, es ist eine Strafe, aber die Strafe eines gütigen Vaters. Es weist den Weg zu Läuterung und Sühne.

Wie, so fragt Tolstoi, kann man das größte Gebot, Gott und seinen Nächsten wie sich selbst zu lieben, befolgen, wenn man das kleinste Gebot nicht befolgt hat?

Seinen Nächsten lieben bedeutet, diejenigen zu speisen, die Hunger haben, und diejenigen zu kleiden, die nackt sind.

Der Reiche sagt: Das tue ich durch meine Almosen, durch meine Einkäufe und durch die Entlohnung, die ich meinen Arbeitern gebe.

Nein, du ernährst und kleidest niemanden. Im Gegenteil: Du forderst, daß man dich ernährt und kleidet und deine Untätigkeit fördert. Es ist nämlich die Arbeit der anderen, die dich ernährt und kleidet. Du bezahlst die Arbeitenden, damit sie dir ihre Kraft zur Verfügung stellen oder dir bestimmte Erzeugnisse liefern. Aber woher hast du das Geld, mit dem du sie bezahlst? Hast du es nicht allein von ihnen und ihrer Arbeit? Um zu arbeiten, muß man Kraft und Intelligenz besitzen. Aber wenn Sie die Weltgeschichte betrachten, werden Sie sehen, daß sie im wesentlichen von Menschen gemacht worden ist, die dank ihrer Kraft und Intelligenz Mittel und Wege gefunden haben, die Arbeit zu umgehen, denen es durch Zwang oder Verführung gelungen ist, andere dazu zu bringen, für sie zu arbeiten.

Bereicherung, Machtausübung, Nutznießung der Frucht der Arbeit, ohne selber zu arbeiten, Unterjochung von Menschen, damit sie durch ihre Mühsal die Untätigkeit und den Überfluß der Mächtigen garantierten, das war von jeher die Angelegenheit der intelligenten und starken Menschen! Und das ist die Weltgeschichte.

Aber, werden Sie vielleicht einwenden, das Ansammeln und Verwalten von Reichtümern, der Kampf um die Macht und ihre Ausübung sind keine geruhsamen Tätigkeiten. Zahlreich sind jene, die sich darin versuchen, wenige aber sind es, die Erfolg haben. Und diese müssen ihren Erfolg mit Unruhe, Hast, Sorge und Angst erkaufen. Das trifft zwar zu, beweist aber nicht, daß sie arbeiten. Außer der Arbeit gibt es eben auch noch andere Tätigkeiten. Zum Beispiel das Spiel und den Kampf. Das sind intensive, fieberhafte, man kann sagen potenzierte Tätigkeiten. Sie sind in gewisser Hinsicht das Gegenteil von Arbeit. Bereicherung und Machtausübung sind beides Tätigkeiten, die sowohl Elemente des Spiels als auch solche des Kampfes enthalten. Handel, Industrie, Börsenspekulation, Finanzwesen, Juristerei und Werbung, Politik, Diplomatie, Krieg und Verschwörung sind Mittel, durch die man zu Reichtum und Ehren kommen kann. Es handelt sich um Spiele oder Wettkämpfe, aber als Arbeit kann man diese Beschäftigungen nicht bezeichnen. Die normalen Ergebnisse dieser Art von unechter Arbeit sind: Erweckung von Leidenschaften, Verblendung, Überheblichkeit, Verwirrung, Pleiten und anderes Unglück.

Da aber keiner von denen, die sich diesen räuberischen und unheilvollen Frivolitäten hingeben, die Güter erzeugt, die er so großzügig konsumiert und verschwendet, fällt die Last der produktiven Arbeit zweifach, zehnfach oder hundertfach auf die Schultern des Arbeiters, der für sich selber arbeitet und für all jene, die nicht arbeiten; und dies nicht nur zur Befriedigung der echten, natürlichen Bedürfnisse, sondern auch zur Erfüllung der unnatürlichen, eingebildeten oder fingierten Erfordernisse des Spiels. Der Arbeiter ist das hilfloseste, wehrloseste, am meisten benachteiligte und ungeschickteste von allen Gliedern der Gesellschaft. Wäre er das nicht, so hätte er Mittel und Wege gefunden, um auf die Seite der Spieler überzuwechseln. Statt dessen ist er dazu verurteilt, für den geringsten Lohn die unangenehmsten und undankbarsten Arbeiten zu verrichten. So erklärt es sich, daß derjenige, dem die anderen ihr Brot und ihr Leben verdanken, selber im Schatten der Verachtung und des Mangels bleibt. Und je größer, aufwendiger und pompöser die Zivilisation ist, die sich auf ihn stützt, desto tiefer wird er zu Boden gedrückt. Denken Sie an den Landmann, der sich über seinen Pflug beugt, und an die Menschentrauben, die an seinen Beinen hängen, an die Pyramide, die man auf seinem Nacken aufgebaut hat. Er pflügt nicht nur für sich selbst und seine Familie, sondern auch für den Kaufmann und den Polizisten, für den Beamten, für den Steuereinnehmer und für den Soldaten, für den Buchhalter und für den Bankangestellten, für den Parlamentarier und für die Prostituierte, für den, der in den Salons Kuchen ißt und Albernheiten von sich gibt, für den Räuber und für den Minister, für die Tänzerin und für den Präsidenten. Er unterhält ihre Schlösser, Villen und Hotels, ihre Kasinos, ihre Spione und Lakaien, ihre Limousinen und ihre Kanonen.

Der soziale Aufstieg geht ohne Leiter vor sich. Jene, denen es gelingt, höher zu steigen, können nur auf die Schultern und Köpfe der anderen steigen, die sie mit ihrem Gewicht in den Boden drücken. So entsteht die Hölle der Arbeit. Sie ist kein Werk der göttlichen Gerechtigkeit, sondern ein Ergebnis der Härte menschlicher Herzen.

Es ist dabei nicht nur die Last der schweren, schmutzigen, abstoßenden und entwürdigenden Arbeiten, welche die unteren Schichten niederdrückt, sondern auch die Kränkung und Scham, zu den Besiegten zu gehören, und der Durst nach Vergeltung.

Solange diese Art von Unterdrückung besteht, werden immer wieder Revolten und andere Gewalttaten aus dem Untergrund hervorbrechen und die Welt mit Feuersbrünsten und Verwüstungen überziehen.

Gewalttätigkeit, die aus Haß, Zorn oder den anderen bösen Trieben entsteht, kommt bald zum Erliegen und richtet nur begrenzte Schäden an. Die Ungerechtigkeit jedoch ist eine nie versiegende Quelle von Gewalttaten. Sie bringt immer neue Revolten und Revolutionen hervor. Leider aber bringt die Gewalt keine Gerechtigkeit hervor. Wenn das arbeitende Volk hofft, sich von der Unterdrückung befreien zu können, indem es die Adligen, Reichen oder Mächtigen tötet, unterliegt es einer Täuschung, denn ihr Platz wird von Politikern, Polizisten und Technikern eingenommen werden, die mit dem Volk ein noch raffinierteres Spiel treiben als ihre Vorgänger.

Da das ausweichende Verhalten gegenüber der Arbeit die Ursache aller sozialen Mißstände ist, muß sich die gewaltlose Revolution auf den umgekehrten Weg verlegen, nämlich auf freiwillige Annahme der Arbeit als Anstandsregel und Gewissenspflicht. Den ersten Schritt sollten dabei die Nutznießer des bestehenden Systems tun. Ist es so schwierig, sich zu sagen: Ich will nicht von dem profitieren, was andere so viel Schweiß und Blut gekostet hat? Man wird der Nutznießung bald überdrüssig werden, wenn man klar und deutlich erkannt hat, daß sie ein Unrecht ist.

So handelte der Graf Tolstoi auf der Höhe seines Ruhms, so handelte Gandhi, Sohn eines Ministers und erfolgreicher Rechtsanwalt, so handelten Hunderte ihrer Schüler und Anhänger. Ihnen kommt dabei nicht einmal ein besonderes Verdienst zu, denn sie mußten kaum auf etwas verzichten. Man kann auf ein Recht oder einen Besitz verzichten. Aber was unrecht und unwürdig ist, stößt man zurück. Zum Unterschied von den Franziskanern, welche die Armut des Bettlers zu verwirklichen suchen, trachten wir Anhänger Gandhis aus den soeben dargelegten Gründen nach der tätigen Armut. Sie entspricht unserer Berufung. Wie die Anhänger des Franziskus finden auch wir auf diesem Weg zu unserer eigenen Verwunderung die vollkommene Heiterkeit.

Das, was wir zuerst als eine schwere, aber notwendige Last auf uns genommen haben, erscheint uns jetzt wie ein kostbarer Schatz, wie ein Geschenk des Himmels.

Arbeit ist für uns eine geistige Nahrung. Das gilt besonders für die Arbeiten, die man allgemein als grob und stumpfsinnig betrachtet. Gerade sie können mit Leichtigkeit betend, meditierend oder singend verrichtet werden. Man kann ihnen einen Rhythmus geben, und man kann ihren Sinn erfassen. Sie lehren uns die Beherrschung des Körpers, fördern unser seelisches Gleichgewicht und unsere Gesundheit. Sie zwingen den Tumult unserer Gedanken und Wünsche in eine Ordnung. Wir finden durch sie die Übereinstimmung mit unseren Gesellen, die Stärkung des Willens und den Frieden des Herzens.

Indessen kann man das Reich Gottes oder den Garten Eden weder auf der Erde noch im Himmel finden, wenn sie nicht zuvor in unseren Herzen sind. Deshalb ist die erste und wichtigste aller Arbeiten die Arbeit an sich selber. Dazu gehört auch das fortwährende Ausreißen so zählebiger Unkräuter wie des Gewinnstrebens und des Hangs zur Zerstreuung.

Schon bei den Steinzeitmenschen war die Umgehung der Arbeit die bedeutendste Ursache für die Entstehung von Kriegen. Die Erkenntnis von Gut und Böse lehrt den Menschen, daß es für ihn weniger vorteilhaft ist, mit Hilfe eines Geräts seinen Lebensunterhalt aus der Erde zu ziehen, als ihn mit Hilfe einer Waffe einem anderen Menschen abzupressen.

Ja, man kann mit einem Schlag die Frucht der Arbeit eines ganzen Volkes an sich reißen; aber der größere Teil der Beute wird dabei meistens ein Opfer des Feuers. Viel gewinnbringender ist es, Menschen zu rauben und sie für sich arbeiten zu lassen, sie und ihre Nachkommenschaft. Den Siegern gehört dann der ganze Ertrag, ihnen gehören die Schwelgerei und das Spiel. Eines ihrer Spiele besteht wiederum darin, andere zu unterjochen.

Und da sind wir schon bei der Sklaverei. Für den Sklaven besteht der

Sinn der Arbeit lediglich darin, Prügel zu vermeiden und im übrigen so wenig wie möglich zu tun. Für den Eroberer hingegen ist der militärische Gehorsam eine andere Sklaverei, eine Zwangsarbeit bis zum Tod. So kommt es, daß die Arbeit, die man vermeiden wollte, auf beide Seiten mit doppeltem Gewicht zurückfällt. Der Sklave beugt seinen Rücken und kriecht so lange, bis die Stunde der Auflehnung und der Vergeltung gekommen ist, bis die Unterdrückung, die selber das Ergebnis eines Krieges war, wieder einen neuen Krieg hervorbringt.

Auch die Furcht vor dem Krieg hat Sklaven hervorgebracht. Am Ende der Antike haben sich viele freie Menschen dem Schutz bewaffneter Herren anempfohlen, um ein geruhsameres Leben führen zu können. Diese haben den begehrten Schutz bereitwillig gewährt und die Leute dafür zur Arbeit auf ihre Felder geschickt. So entstand die Leibeigenschaft.

Eine andere Ursache der Sklaverei ist die Not. Sie führt dazu, daß man Arbeit gegen Bezahlung leistet. Das ist die demokratische Form der Knechtschaft.

Und noch eine andere Ursache ist die Furcht vor schwerer Arbeit und ländlicher Isolierung sowie vor den Unsicherheiten und Unregelmäßigkeiten unabhängiger Existenz. Gerade heute sieht man, wie sich viele Menschen, sowohl arme wie reiche, um staatliche Anstellungen bewerben, um auf diese Weise Schutz, Sicherheit und Knechtschaft zu erlangen.

Die vier grundlegenden Bedürfnisse des Menschen sind: Nahrung, Kleidung, Obdach und Werkzeug.

Er kann sich in gewissem Maße von ihnen befreien, indem er sie im Rahmen seiner Möglichkeiten einschränkt. Dann kann er sie mit den einfachsten Mitteln der Arbeit seiner Hände befriedigen.

Gott und die Natur haben zwischen dem, was der Mund verlangt, und dem, was die Hand zu schaffen vermag, eine Verbindung geschaffen, die so fein abgestimmt ist, daß sie, einmal unterbrochen, auch durch die raffiniertesten Manipulationen nicht wiederhergestellt werden kann.

Da, wo die Arme des einzelnen nicht ausreichen, ergibt sich die glückliche und wohltuende Notwendigkeit, sich zusammenzutun und die Aufgabe untereinander aufzuteilen nach Maßgabe der Kräfte und Fähigkeiten aller Beteiligten. Bei der Verteilung des Ertrags sollten die Bedürfnisse des einzelnen den Maßstab bilden.

Es ist ein vergebliches Bemühen, noch weitere tausend Jahre damit zu verbringen, sich am Kopf zu kratzen und sich das Gehirn zu verrenken, sich gegenseitig den Schädel einzuschlagen, um andere Lösungen zu finden, die es doch nicht gibt.

Die bösen Buben geben sich indessen weiterhin den Anschein, zu suchen, zu arbeiten und nachzudenken, während sie insgeheim ihr Spiel fortsetzen.

Drittes Kapitel: *Besitz und Besessene*

1. Wie aus der Erkenntnis von Gut und Böse der Besitz entsteht

Hier beginnt ein neues Kapitel. Der Gegenstand unserer Betrachtungen steigt auf eine höhere Ebene. Bisher sind wir auf dem Boden des Körperlichen und Sinnlichen geblieben und haben Gut und Böse in ihrer unkompliziertesten, primären Erscheinungsform, als Freude und Schmerz, betrachtet. Auf der Ebene des Künstlichen finden wir Gut und Böse wieder unter neuen, fiktiven Formen und in neuen Kombinationen. Das ist eine fortgeschrittene Phase des Sündenfalls.

So, wie die in der Sünde erworbene Erkenntnis des Guten den Menschen zur systematischen Suche nach Vergnügen verleitet und ihn dadurch immer tiefer in Verlegenheiten, Bedrängnisse, Enttäuschungen und Gefahren hineinführt, so umgibt uns die Erkenntnis des Bösen, welche die Furcht vor jeglichen Verlusten und Entbehrungen ist, mit einem Geflecht von Schutzeinrichtungen, das uns in immer engere Gefängnisse führt.

Furcht vor Mangel und Not ist ein Erzeugnis des Intellekts. Die Sinne können diese Furcht nicht hervorrufen, denn es handelt sich um einen Mangel, der sinnlich nicht wahrnehmbar ist. Er ist aber von der Vernunft als möglich erkannt. Die „Qual des Wissens" ist also die Ursache dafür, daß sich das ganze menschliche Leben mit einer Abwehreinrichtung umgibt, die man Besitz nennt.

Besitz ist keine Gegebenheit der Natur. Er ergibt sich aus der Vernunft und dem gesellschaftlichen Zusammenleben.

Der Besitz einer Sache betrifft nicht nur den Besitzenden selbst, sondern auch die Gesamtheit der Nichtbesitzenden, denn sie müssen sich damit abfinden, vom Besitz dieser Sache ausgeschlossen zu sein.

Als soziale Erscheinung hat der Besitz einen ausgesprochen negativen und trennenden Charakter, ist er es doch, der die Erde mit sichtbaren und unsichtbaren Zäunen überzogen, alle denkbaren und undenkbaren Hindernisse zwischen den Menschen errichtet hat.

Da der Besitz ein Werk der Vernunft ist, muß man sich über seine unregelmäßige Verteilung wundern. Wo er im Überfluß vorhanden ist, betrachtet man ihn als Glück, als eine wünschenswerte, aber zufällige Gegebenheit. Zufall und Vernunft stehen jedoch zueinander im Gegensatz.

2. Wie aus dem Besitz der Mangel entsteht

Besitz ist ein Ergebnis der Vernunft. Da die Vernunft eine Folgeerscheinung des Sündenfalls ist, bringt Besitz auch sein Gegenteil hervor: den Mangel. Überfluß und Not sind die zwei Seiten ein und derselben Münze. Besitzen bedeutet: andere von der Nutznießung ausschließen. Das ist seine einzige Bedeutung.

Keine wirtschaftswissenschaftliche oder philosophische Abhandlung kann das Phänomen des Besitzes besser veranschaulichen als ein einfaches Brett mit der Aufschrift: „Privateigentum, Betreten verboten."

Selbst wenn die Natur sämtliche Bedürfnisse aller Menschen ohne weiteres befriedigte, könnte das wohl die Furcht vor dem Mangel nicht verhindern. Diese Furcht würde jedermann zur Ansammlung von Gütern bewegen. Das würde wirklichen Mangel verursachen und die Furcht bestätigen und vertiefen. Der Teufelskreis wäre geschlossen.

Das haben wir unserer Erkenntnis von Gut und Böse zu verdanken: Ein Übermaß an Vorsicht erzeugt Gefahr, ein Übermaß an Lüsternheit erzeugt Not.

Selbst wenn nur einige besitzen wollen, sind alle anderen gezwungen, ebenfalls zu besitzen, wenn sie nicht verschmachten wollen. So ruft ein Mißstand wieder andere Mißstände hervor, und das Übel wird zur Notwendigkeit und zu einem Recht.

Der Mangel ist nun seinerseits wieder notwendig, um den Reichtum zu erhalten. Der Wert eines Geldstücks in meiner Tasche hängt davon ab, daß es in der Tasche eines anderen fehlt. Wenn es niemandem fehlte, wenn niemand Verlangen danach hätte, wäre es wertlos. Selbst auf einem Misthaufen wäre es dann unerwünscht.

Der reiche Mann, der allein inmitten eines Volkes von Armen lebt, ist noch reicher als jener Reiche, der von reichen Nachbarn umgeben ist, ganz abgesehen davon, daß er auch mehr Möglichkeiten hat, seinen Reichtum noch zu vermehren.

Dieser Reiche hat eine klarere Vorstellung von seinem Reichtum und kann ihn dadurch besser genießen. Der Genuß einer angenehmen Sache ist etwas ganz Natürliches. Aber der Genuß des Reichtums kommt aus der Erkenntnis von Gut und Böse. Er wird durch Berechnung verdoppelt und intensiviert. Der besondere Genuß des Reichtums besteht darin, daß man etwas genießt, was einem anderen vorenthalten ist.

Auch wenn man das, was man hat, nicht genießt, so kann man sich doch wenigstens daran erfreuen, daß ein anderer es nicht genießen kann. Diese spekulative Befriedigung nennt man Hochmut. Hochmut ist die Farbe des Reichtums, wie Gelb die Farbe des Goldes ist.

3. Warum man von „Gütern" spricht

Ein Gut ist ein besessener Gegenstand, der Genuß ermöglicht. Ein vergangener Genuß zählt dabei nicht mehr. Der Gegenstand aber, in dem die Vernunft die Möglichkeit gegenwärtigen oder zukünftigen Genusses sieht, behält seinen Namen. Das Gut bekommt dann einen objektiven Wert, der von jedermann anerkannt wird. Nur der menschlichen Vernunft ist es möglich, Werturteile zu fällen.

Tatsächlich ist kein Tier imstande, mehr Interesse für den Gegenstand eines zukünftigen Wunsches aufzubringen als für den Gegenstand eines augenblicklichen Wunsches. Kein Tier wird einen Gegenstand mit sich herumschleppen, der ihm nützlich war, es aber nicht mehr ist. Kein Tier wird einen Gegenstand nur deshalb festhalten, weil es für andere schwierig ist, in dessen Besitz zu kommen. Kein Tier wird sich nur deshalb an einem Gegenstand erfreuen, weil er anderen, die ihn nicht besitzen, gefällt. Es ist schon ein hoher Grad an Erkenntnis notwendig, um die Absurdität so zu verfeinern und zu vervollkommnen.

Die Vernunft betrachtet Eigentum als notwendig und Reichtum als erstrebenswert. Die bürgerliche Moral respektiert und bestätigt dies.

4. Von der Bosheit des Reichtums

Es scheint, daß Besitz die Liebe begünstigt. Nach einer weitverbreiteten Ansicht ist er sogar eine notwendige Voraussetzung des Familienlebens. Wenn sich der Reiche mit hohen Mauern und aufmerksamen Wächtern umgibt, dann tut er es nicht nur, um seinen Reichtum zu sichern, sondern auch, um seiner Gattin feierlich die Tür zu öffnen, um den Freund zu empfangen, um die Boten hereinzulassen, die von entfernten Verwandten Kunde bringen, und um, als Vertreter Gottes, den armen Bettler durch die Hintertür in die Küche treten zu lassen.

Um es freiheraus zu sagen: Der Reichtum ist eine direkte Beleidigung der leidenden Menschheit, die der Reiche als Ganzes ablehnt. Er versperrt dem Reichen sogar den Blick auf die Übel, die sein Reichtum zu einem großen Teil mitverursacht hat, und hindert ihn daran, Hilfe zu leisten, selbst wenn er von Natur aus zum Mitleid neigt.

Der Reichtum verhindert, daß sich die Liebe über willkürliche Bevorzugungen hinausbewegt. Er bringt dem Reichen Lob und Dank ein, obgleich seine Wohltätigkeit nichts weiter ist als ein dekoratives Element seiner Eigenliebe.

Niemand kann seinen Nächsten lieben, wenn er nicht zuvor ein Armer geworden ist; denn nur so kann er dem Nächsten von Angesicht zu Angesicht gegenübertreten und ihn und seine Bedürfnisse erkennen. Wie könnte man auch jemanden lieben, den man nicht kennt?

Reichtum ist organisierte Unkenntnis des Nächsten.

Sie mögen vielleicht fragen: „Wenn man arm sein muß, um seinen Nächsten zu lieben, was kann man ihm dann noch geben? Was nützt die Barmherzigkeit ohne Hilfsmittel?"

All jene, die sich zu Armen im Geiste gemacht haben, können Ihnen antworten, daß sie selber herausgefunden haben, was zu tun ist, um ihrem Nächsten zu helfen, um ihn zu unterstützen, zu ernähren, zu heilen, um ihm zu raten und ihn zu retten, denn die Barmherzigkeit ist eine Sache des Herzens und nicht des Geldbeutels.

Wer von der Brücke eines Schiffes einen Ertrinkenden sieht und sich damit begnügt, den Blick abzuwenden, den betrachtet man als Verbrecher.

Gerade das aber tun alle Reichen — mit Ausnahme derjenigen, welche die Schiffbrüchigen noch mit einer Stange ins Wasser stoßen.

Daß sich dieses Schauspiel so oft wiederholt und doch nicht begriffen wird, ist ein typischer Mangel jener „Erkenntnis", mit der die Schlange den Menschen ausgestattet hat.

5. Vom Unglück der Reichen

„Sie haben Augen, mit denen sie nicht sehen, und ihr Verstand ist verdunkelt durch die Härte ihrer Herzen."

Mir ist so ein armer Kerl begegnet, der die Zeit seines Lebens damit vergeudete, Geld zu verdienen.

„Warum machen Sie das", fragte ich ihn, „wenn Sie nicht einmal die Zeit haben, das Geld wieder auszugeben und sich daran zu erfreuen?"

„Ich habe einen Sohn", antwortete er. „Für ihn opfere ich mich auf."

Im nächsten Jahr traf ich ihn wieder. Ich wollte ihm mein Beileid aussprechen, denn sein Sohn war gestorben.

Er weinte nicht. Er dachte schon nicht mehr daran. Er hatte keine Zeit, an solche Dinge zu denken, denn inzwischen hatte er seinen Umsatz verdoppelt.

Haben Sie beobachtet, wie geschäftig die Bienen sich um ihre Larve bemühen? Mit welch pedantischer Genauigkeit, mit welch mütterlicher Fürsorglichkeit?

Holen Sie jetzt vor ihren Augen mit einer Pinzette die Larve heraus und ersetzen Sie sie durch ein Steinchen.

Sehen Sie nun, wie sie das Steinchen behüten und einwickeln für den Winter und wie sie ihm gute Speisen vorbereiten für sein Wiederaufwachen. Genau wie die Menschen!

Das ist so, weil sie Augen haben und doch nicht sehen.

Warum ist jener andere Reiche so sparsam? Sein Anblick ist noch erschreckender. Er erscheint mager, bleich, zerstörend wie der Tod. Seine

Beschäftigung besteht darin, Geldstücke zu sammeln, Banknoten zu stapeln und seine Konten mit neuen Nullen zu bereichern.

Wenn er von anderen Geld erpreßt, so tut er das weniger aus Liebe zum Geld, mit dem er ja doch nichts anfängt, als aus Haß gegen die Menschen und das Leben. Im Nehmen bringt er seinen Haß zum Ausdruck, wie ein anderer im Geben seine Liebe zum Ausdruck bringt.

Übrigens haßt er sich selbst genauso wie die anderen. Er unterdrückt sein eigenes Leben. Er betrügt sich und kasteit sich mit derselben unmenschlichen Gier. Er richtet sich selber für sein Verbrechen, indem er ein weiteres Verbrechen begeht.

Er lacht über seinen Reichtum, der seinen Haß befriedigt. Jede Münze, die er in seiner Hand hält, ist eine Freude, die er einem anderen vorenthält. Sein Panzerschrank bestätigt ihn im Gefühl seiner Macht, die darin besteht, zu behindern und zu ersticken.

Aber er verachtet die anderen zu sehr, um sich vor ihnen zu brüsten, er mißtraut ihnen zu sehr, um sich ihrem Neid auszusetzen. Er versteckt seinen Schatz unter der Erde und begräbt sich mit ihm.

Dem König hat man seinen schönsten Diamanten ins Grab gelegt. Wer besitzt jetzt den Edelstein?

„He, guter Mann, was besitzt du?"
„Viel Geld."
„Was machst du damit, solange es in deinem Besitz ist?"
„Ich zähle es und rechne auf seinen Nutzen. Einmal wird es mir bestimmt nützlich sein. Deshalb zähle ich es immer wieder und betrachte es."
„Du betrachtest es als sehr nützlich?"
„Ja, sehr nützlich."
„Wann wird es dir nützen?"
„Wenn ich es ausgebe."
„Und wenn du es ausgegeben hast, besitzt du es dann noch?"

Unter den Reichen gibt es leichtere und schwerere Fälle. Dieser letzte hatte wenig Gewicht.

Der Reichtum erlaubt denen, die darüber verfügen, ihre Wünsche zu befriedigen und ihren Launen nachzugeben.

Sein Wunsch war es, nicht zu arbeiten. Um in den Genuß des Reichtums zu kommen, mußte er nur geboren werden.

Dann hatte er nichts anderes zu tun, als ihn auszugeben.

Es gelang ihm dadurch, Mühe, Arbeit und andere Unannehmlichkeiten zu vermeiden.

Es gelang ihm, sich von keiner Traurigkeit anstecken zu lassen, indem er alle Unglücklichen aus seinem Blickfeld verbannte.

Es gelang ihm, sich Unruhe und Tränen zu ersparen, weil er vor der Liebe auf der Hut war.

Es gelang ihm, von einem Vergnügen ins andere zu gleiten — fast ohne Zwischenfall und Unterbrechungen.

Plötzlich geschah das Unerwartete: Er entleibte sich!

Allgemeine Verwunderung. Man stellte Nachforschungen an, welch verborgenes Ereignis ihn zu solcher Verzweiflung gebracht haben könnte.

Aber umsonst. Seine Freunde wußten gut, daß er schon lange gestorben war und daß er seither in der nicht sehr tiefen Hölle endloser Langeweile umherirrte.

Langeweile ist eine Leere, die jenen zuteil wird, die das Vergnügen suchen, um sich darin zu verlieren.

Zerstreuung zersetzt Herz und Gemüt. Jede Zerstreuung zerstört einen Teil unseres Wesens. Langeweile ist der Abgrund der Sinnlosigkeit.

Und dann — der arme Arme! Er ist besessen von den Reichtümern, die er nicht besitzt. Ihn verzehrt ein Mangel, der nur in seiner Vorstellung besteht. Er wird krank von dem, was die anderen besitzen. Der Überfluß der anderen drückt ihn nieder. Nicht daß er Hunger hätte — er leidet an Appetitlosigkeit. Er findet keinen Geschmack an dem, was er hat. Ans Stehlen denkt er nicht; er ist ehrlich bis auf die Haut. Geschenke nimmt er auch nicht an, denn er ist stolz. Wenn er durch Zufall plötzlich reich würde — keiner weiß, was er dann täte. Selber weiß er es auch nicht. Aber solche Dinge geschehen ja nur anderen.

Die hübsche Frau, die aus dem Auto steigt, verfolgt er mit glühendem Blick. Er fixiert seinen Haß auf die Perlenkette, die um ihren Hals hängt.

Von allen Magiern hat der Reiche mit dem Teufel den vorteilhaftesten Bund geschlossen.

Er hat den Teufel gekauft. Er hat ihn in seinen Sack gesteckt, um ihn immer bei sich zu haben.

Er hat alle Zeichen und Formeln in der Hand, mit denen er die erwünschten Dinge herbeiholen kann.

Er kann alles kaufen: die Erde und ihre Früchte, Reisen und fremde Himmel, Abenteuer und Ruhe, Ehren und Orden, politische Anerkennung, Musik, Bücher, Bilder, Statuen, Gärten, Feste, Tänze mitsamt der Tänzerin, Gesundheit durch Medikamente, Jugend und Schönheit durch Putz und Schminke, Vergessen durch Alkohol, Liebe durch Geschenke, einen guten Ruf durch Almosen, Unsterblichkeit durch ein Grabmal und Glück durch den Verkauf seiner Seele.

Um kaufen und verkaufen zu können, hat er die ganze Zeit seines Lebens und all seine Gedanken verkauft, ausverkauft. Das Glück des Reichen besteht im Haben, sein Unglück im Sein.

6. Wie aus dem Besitz der Krieg entsteht

Der Zweck des Besitzes ist das Sich-Absichern gegen Notlagen, die Vermeidung von Beunruhigungen und von Einmischungen Fremder, Unabhängigkeit.

Damit der Besitz uns aber diesen Schutz gewähren kann, müssen wir ihn verteidigen. Und das kann zu Kampf und Krieg führen.

Also besitzt man, um Frieden zu haben, aber man hat Krieg, weil man besitzt.

Die Friedensprediger, deren Anzahl heute immer mehr zunimmt, sind nicht zuletzt deshalb zur Ohnmacht verurteilt, weil sie meistens diesen Zusammenhang verkennen. Sie verweigern den Waffendienst und erzürnen sich über das Kriegsgerät, aber sie wissen nichts über die Ursache des Kriegs und unternehmen deshalb auch nichts gegen sie.

Ich behaupte nicht, daß der Besitz die einzige Kriegsursache sei. Er ist aber die bedeutendste, und er ist die Ursache, die am leichtesten zu rechtfertigen ist, sofern man den Besitz als gerechtfertigt ansieht.

Rechthaberei und Zorn, die beim Ausbrechen eines Kriegs die Gemüter erregen, können leicht die Grundwahrheit verdecken, daß Krieg durch die Anhänglichkeit der Menschen an ihre großen und kleinen Güter entsteht.

Ein einfaches Beispiel kann dies veranschaulichen. Stellen wir uns einen Siedler vor, der ein Stück Land der Wüste oder dem Urwald abgerungen hat. Er entfernt Wurzeln und Steine, er ebnet das Gelände, er pflügt, sät, bewässert. Und wenn die Ernte reif ist, kommen Räuber und nehmen ihm alles weg.

Was wird der Mann im folgenden Jahr tun? Wird er es von neuem versuchen, weil ihm nichts anderes übrigbleibt? Was kann aber die Räuber daran hindern, im nächsten Jahr wieder zu rauben? Außer der Ernte dann auch seine Frau und seine Kinder mitzunehmen, um sie zu Sklaven zu machen?

Ich sage, der Mann wird sich bewaffnen. Oder er wird dieses gefährdete Gebiet verlassen und sich im Inneren des besiedelten Landes niederlassen. Damit ist das Problem allerdings nicht gelöst, sondern nur an andere zur Lösung übertragen.

Denn in den bewohnten Gebieten kann der Mann nur deshalb seinen Besitz in Ruhe genießen, weil eine Armee die Grenzen des Landes gegen räuberische Übergriffe bewacht und weil im Landesinneren eine Polizeimacht Diebe und Gangster verfolgt und gegen widerrechtliche Eingriffe der Nachbarn vorgeht.

Wenn dieser Mann also sein Eigentum genießt, aber Steuern und Mitwirkung an der Verteidigung des Landes verweigert, lebt er inmitten des Friedens wie ein Wurm in der Frucht. Wie wir im weiteren sehen werden, soll hiermit weder eine unbedingte Rechtfertigung des Verteidigungskriegs noch ein Tadel gegenüber jenen ausgesprochen werden, die den Kriegsdienst aus Gewissensgründen verweigern.

Der Kriegsdienstverweigerer schlägt den Weg der Märtyrer ein. Er muß damit rechnen, daß seine Angehörigen ihn als Verräter und Feigling betrachten. Von allen Formen des Muts bringt er die edelste zum Ausdruck. Sie besteht darin, anders als die anderen zu denken und zu handeln, gegen den Strom zu schwimmen, Verachtung mit Würde zu ertragen und dem Haß mit Gelassenheit zu begegnen. Die Leute können aber seinen Argumenten nichts entgegensetzen, wenn er zeigt, daß man nicht zweierlei Arten von Gerechtigkeit nebeneinander gelten lassen kann: eine Gerechtigkeit, zu der man sich mit Worten bekennt, die allgemeingültig und unveränderlich ist, und eine andere Gerechtigkeit der Taten, die man den jeweiligen Verhältnissen anpaßt, die in Friedenszeiten eine andere ist als im Krieg, die uns dem Landsmann anders begegnen läßt als dem Ausländer, die das eine Mal erklärt, daß Töten ein Verbrechen sei, und das andere Mal, daß Töten Pflicht sei und Ehre bringe.

Ein Weiser, der in dieser Sache um Rat gefragt würde, hätte nur dies zu klären:

Würde jener, der sich weigert, ein Gewehr in die Hand zu nehmen, sich mit derselben Entrüstung weigern, eine Erbschaft zu beanspruchen, ein Eigentumsrecht auszuüben oder für seinen Besitz den Schutz des Staates zu fordern? Selbst wenn er ohne diesen Schutz keinen Augenblick ungehindert und ungestört über diesen Besitz verfügen könnte? Selbst wenn es sich bei diesem Besitz um seine Frau, seine Kinder, seine Freiheit oder um seinen eigenen Körper handelte?

Würde er, der soviel Abscheu gegen den Krieg empfindet, genausoviel Abscheu haben gegen alles, was den Krieg unvermeidlich macht?

Würde er alle Ungerechtigkeiten ablehnen, vor allem jene, die ihm Nutzen bringen? Würde er nicht wie jener sein, der eine Mahlzeit einnimmt und noch andere zum Essen einlädt und sich dann weigert, die Rechnung zu bezahlen?

Würde der Kriegsdienstverweigerer sich dessen bewußt sein, was seine Weigerung alles nach sich zieht, wenn sie konsequent sein soll?

Er muß sich gegen den Frieden fast genauso auflehnen wie gegen den Krieg, weil er erkennt, daß man allgemein nur den Krieg als solchen benennt, der offen ausbricht und mit Waffen geführt wird, während der im verborgenen schwelende Krieg meistens als Friede bezeichnet wird.

7. Vom Verfügungsrecht zum Nutznießungsrecht

Herrschaft oder Verfügungsgewalt ist die totale Form des Besitzes. Der Herrscher besitzt so viel Land und andere Güter, wie er verteidigen kann. In diesem Fall sind Besitz und Macht ein und dasselbe. Hier ist der Zusammenhang von Besitz und Krieg noch ganz offensichtlich. Besitz als Nutznießungsrecht ist eine abgeschwächte Form des Besitzes. Sie ist genau um die Hälfte verringert. Der Besitzer behält das Nutznießungsrecht, aber das Recht, seinen Besitz mit der Waffe zu verteidigen, tritt er an den Staat ab. Dies geschieht, um den dauernden Krieg aller gegen alle zu vermeiden und um Zonen relativen Friedens zu schaffen.

Das Recht, uns selber und unseren Besitz zu verteidigen, ist heute vollkommen ersetzt durch das Recht, in allen Notfällen die Organe des Staates in Anspruch zu nehmen und bei allen Streitfällen den Schiedsspruch der Gerichte zu verlangen. Das Wahlrecht, die Wehrpflicht und die Steuerpflicht sind ebenfalls Konsequenzen dieser veränderten Lage.

Erstaunlich ist, daß der Militärdienst von den meisten nicht als etwas Trauriges, als ein Unglück oder als Strafe angesehen wird, daß viele sich statt dessen mit Jubel an ihm beteiligen, obwohl er doch einen Verlust an persönlicher Freiheit mit sich bringt und obwohl er eine Lehrzeit des Todes ist. Dies erklärt sich dadurch, daß das Tragen von Waffen schon früher im allgemeinen nicht als Pflicht und schwere Aufgabe angesehen wurde, sondern als ein Vorrecht, um das man beneidet wurde. Der Waffentragende hatte teil an der Herrscherwürde.

Es war kein leichtes Unterfangen, die Besitzenden dazu zu bringen, ihre Waffen abzugeben. Jahrhunderte mußten vergehen, und Ströme von Blut mußten vergossen werden, ehe es soweit war.

Zum Übergang vom Verfügungsrecht zum heutigen Nutznießungsrecht war das Feudalsystem notwendig. In diesem Zwischenstadium besaß das Land noch keine reguläre Armee. Jeder Grundbesitzer übernahm selber die Verteidigung seiner Felder, Häuser und Schlösser. Der König indessen konnte sie alle unter seinem Banner vereinigen, um einen Feldzug gegen einen gemeinsamen Feind zu führen. Dabei empfing niemand seine Waffen vom König, sondern jeder brachte seine eigenen Waffen mit und ordnete sich in den Rang ein, welcher der Bedeutung seines Besitzes entsprach. In seinem eigenen Besitztum war die Macht des Besitzenden fast unbeschränkt, so wie die des Königs; nur das Territorium war nach Größe oder Wert geringer als das des Königs, mochte der Unterschied manchmal auch nur unbedeutend sein. Nicht selten mußte sich der König von seinem Feind abwenden, um einen seiner großen Vasallen wieder zum Gehorsam zu bringen. Im ganzen Land gab es Kämpfe zwischen Nachbarn, die wie Bäche alle in einem großen Fluß endeten: dem Krieg des Königs.

Am unteren Ende der sozialen Stufenleiter standen die Sklaven. Sie durften keine Waffen tragen. Sie hatten auch nichts zu verteidigen, sondern waren selber ein Teil der Güter, die man verteidigte.

In manchen Ländern war dem ganzen Volk der Waffenbesitz verboten. Man empfand dies aber nicht als Vorteil oder Glück, sondern als ein Zeichen der Knechtschaft und als Schmach.

Der moderne Staat hat alle wehrfähigen Männer in die Armee eingegliedert und ist damit einem jahrhundertealten Wunsch des Volkes entgegengekommen. Er ruft Besitzende und Nichtbesitzende zu den Waffen, damit sie ihren Anteil am verlorenen Herrschaftsrecht verteidigen können. Und dieser unheilvolle Alkohol berauscht noch heute die Gemüter.

Wer kämpft, hat das Recht zu besitzen. Wer besitzt, hat die Pflicht zu kämpfen. Nur der Sklave kämpft nicht, denn er wird besessen.

Aber du, fremder Söldner, für was kämpfst du? Was willst du verteidigen? Warum bist du hergekommen?
Ah so, du verkaufst dein Blut für ein paar Münzen.

Das Wort von Proudhon: „Eigentum ist Diebstahl" hat im vorigen Jahrhundert sowohl Empörung als auch Begeisterung hervorgerufen. Es ist ein hartes Wort, und man kann es nicht ohne Vorbehalte vertreten. Wenn man jedoch die ganze Wahrheit sagen will, muß man sogar noch einen Schritt weitergehen. Man muß sich mit dem Gedanken vertraut machen, daß Eigentum auch Mord ist. Es handelt sich dabei um den pflichtmäßigen Mord, den man Krieg nennt.

8. Von der Gleichsetzung des Ich mit der besessenen Sache

Ach, wie sind wir doch unvernünftig! Warum machen wir uns solche Mühe? Ist der Körper nicht wichtiger als die Kleidung? Ist das Leben nicht wertvoller als die Nahrung?

Wenn ich mich aber in Lebensgefahr bringe, um meine Güter zu verteidigen, heißt das nicht, daß mir Kleidung und Nahrung mehr wert sind als mein Leben und mein Körper? Obwohl ohne den Körper weder Kleider noch Nahrung einen Nutzen für mich haben?

Ja, ich weiß, daß das Leben des Körpers zum Teil auch von der Nahrung und auch etwas von der Bekleidung abhängt. Auch manches freilebende Tier verteidigt seine Höhle und riskiert unter Umständen sein Leben dabei. Und der Hund zeigt seine Zähne, wenn man die Hand nach dem Stück Fleisch ausstreckt, das er festhält.

Ach, wenn die Menschen nur so viel Bescheidenheit hätten wie die Raubtiere! Wenn sie doch nur so gut wie ein Esel oder ein Büffel das Notwendige vom Überflüssigen unterscheiden könnten!

Aber die Erkenntnis von Gut und Böse hat ihnen Augen gegeben, mit denen sie nicht einmal sehen, was die Tiere sehen.

9. Von der Begeisterung und der Enttäuschung, die daraus erwachsen

Die Weisheit lehrt: Wenn die Menschen sich einigen und ihrem Eigenwillen entwachsen, dann werden sie stark, glücklich und frei sein.

Aber die Wissenschaft von Gut und Böse, die kriechende, giftige Weisheit der Schlange bietet einen anderen Weg an: Wenn du dich als Besitzer mit den Dingen gleichsetzt, dann erweiterst du deine Person, dann vermehrst du dein Vergnügen und deine Macht, dann bereicherst du dich an den Menschen und an Gott.

Daraus ergibt sich, daß der Mensch das, was er hat, mit dem verwechselt, was er ist, und daß er sich mit dem identifiziert, was er hat. Das ist eine Art seelischer Einverleibung. Es kommt ihm dabei so vor, als würde er immer größer. Er sieht sich mehr und mehr zu einem Gott werden. Er lernt, seine Güter zu lieben wie sich selbst. Er empfindet sie als Teil seines Ich.

So kommt es, daß der Besitz, der zunächst nur eine Sache der vernünftigen Vorsorge und der Konvention war, zu fleischlicher Begierde, zu Leidenschaft und Verbissenheit führt.

Oh, wie unglücklich und verletzbar ihr Reichen seid, ihr, deren Glieder über die Meere hinaus reichen, deren Organe Wind und Wetter preisgegeben sind! Die weite Welt ist voller unvorhersehbarer Ereignisse, und bei der kleinsten Unstimmigkeit heult ihr vor Schmerz wie bei einer Verletzung. Ein Fehlbetrag in der Kasse bringt eure Eingeweide durcheinander, und ihr bekommt die Gelbsucht. Eine Unordnung in der Buchführung läßt euch das Blut in den Kopf steigen. Eitle Schmerzen, erfundene Qualen, sinnlose Sorgen, abstrakte Leiden, eingebildete Verluste belasten euer Gemüt. Aber das, was wirklich verlorengeht, das seht ihr nicht.

10. Von den blutigen Folgen der Gleichsetzung mit den Dingen

Sobald wir uns dazu bereit gefunden haben, für die Verteidigung unserer Güter unser Leben einzusetzen, fühlen wir uns berechtigt, denjenigen, der sie angreift, zu töten. Das entspricht der Moral der Schlange.

Wer könnte uns einen Vorwurf daraus machen, daß wir unseren Besitz höher einschätzen als das Leben eines anderen Menschen, da wir ihn ja auch höher einschätzen als unser eigenes Leben?

Je mehr Logik und Moral man anwendet, desto länger und schrecklicher ist die Kette der Konsequenzen, die man von falschen Grundsätzen ableiten kann.

Aber die Kette der Konsequenzen, die sich aus der Wissenschaft von Gut und Böse ergibt, endet mit dem Tod. Denn „wer das Schwert ergreift, wird durch das Schwert umkommen". Und wer kämpft, um seinen Besitz zu erhalten, wird seinen Besitz und sein Leben verlieren.

Das einfache Gebot Gottes: „Du sollst nicht töten" wird allmählich überlagert durch die Gebote der Ehre, des Gesetzes und der Moral. So wird uns auf tausend verschiedene Arten gelehrt, wie wir mit ruhigem Gewissen töten können.

An allen Verbrechen ist der Geist des Eigennutzes mehr als zur Hälfte beteiligt. Wenn man aber das Unrecht, die Schäden und die Morde zusammenzählt, die von der weltlichen Moral in Kriegs- und auch in Friedenszeiten entschuldigt, empfohlen oder sogar befohlen werden, so ergibt das weit mehr als das Doppelte der Verbrechen, die sie verdammt.

In der Tat ist die weltliche Moral ein Zweig der Wissenschaft von Gut und Böse, der besonders geeignet ist, die Erbschaft der Sünde, den Eigennutz, zu pflegen, zu erhalten und an kommende Generationen weiterzureichen.

11. Was vom Volk und von seiner Friedfertigkeit zu erwarten ist

Man behauptet oft, nur die Reichen und Mächtigen seien kriegslüstern und verursachten Kriege, während das einfache Volk den Frieden liebe und den Krieg hasse. Diese Behauptung trifft insofern zu, als ein Zusammenhang besteht zwischen Reichtum und Krieg.

Die Behauptung trifft zu, wenn man mit dem *Volk* die *Armen* meint. Jedenfalls war für die Leibeigenen des europäischen Mittelalters und ist für die indischen Parias jeder Krieg ein sinnloses Verbrechen und ein Spiel der Reichen und Mächtigen. Für sie ist es belanglos, wer den Krieg gewinnt und wer ihn verliert. Für sie ist jeder Bewaffnete, der das Land verwüstet, sei es, um es anzugreifen, sei es, um es zu verteidigen, ein Feind.

Man zieht daraus den Schluß, daß das Volk, sobald es sich einmal Gehör verschafft hat, die Regierenden zum Frieden zwingen wird. Man glaubt dann, jeder Schritt in Richtung Demokratie sei auch ein Schritt auf den Frieden hin.

Für alle, die für den Frieden arbeiten wollen, ist es sehr wichtig, sich von diesem Irrtum frei zu machen. Sonst kann es sein, daß sie sich verirren und auf den trügerischen Boden der Politik geraten und sich mit jenen zusammentun, die vom Frieden nicht aus Liebe zum Frieden reden, sondern um Leichtgläubige für ihre Partei zu gewinnen.

Es ist sicherer, sich mit Tatsachen auseinanderzusetzen, als auf Meinungen zu vertrauen. In diesem Zusammenhang sind zum Beispiel folgende Tatsachen besonders interessant: Die Französische Revolution hat die allgemeine Wehrpflicht gebracht. Eine solche Maßnahme wäre unter den Bourbonenkönigen unvorstellbar und unrealisierbar gewesen. Demokratie ist unter anderem eben auch ein erster Schritt zum totalen Krieg. Die Russische Revolution hat dann als weiteren Fortschritt auch den Waffendienst für Frauen gebracht. So sieht die Wirklichkeit aus.

Heute behauptet jeder der zwei großen Machtblöcke, daß er die bessere Demokratie habe. Deshalb versuchen auch beide, die bessere Bombe herzustellen.

Mit der Entwicklung der Demokratie wurden auch die Kriege umfassender, schrecklicher und niederträchtiger. Das ist eine Lehre der Geschichte, die nicht übersehen werden kann. Die Stadtstaaten der alten Griechen, die alte römische Republik, die italienischen Gemeinwesen des Mittelalters waren Ausgangspunkte erbitterter Kriege. Man kultivierte dort einen Haß und eine Verachtung des Feindes, die dem Rittertum und dem Adel fremd waren.

Das sind die Tatsachen. Aber was ist der Grund? Den Grund kennen wir bereits: die gegenseitige Abhängigkeit von Krieg und Reichtum.

Die Herrschaft des Volkes hat folgende Auswirkungen: Sie vermehrt die Zahl der kleinen Besitztümer. Sie gibt einer großen Mehrheit das Gefühl, von den Gütern der Erde einen gerechten Anteil zu haben. Sie läßt die Aggressivität der Besitzenden auf unzählige Untertanen übergreifen.

Die edle Sorglosigkeit, die das Privileg der Armen war, entschwindet aus den Herzen des Volkes. Die Großzügigkeit, die sich darin ausdrückte, daß man seine geringe Habe mit den Nachbarn teilte, bildete sich in dem Maße zurück, wie der Lebensunterhalt von einer Sache des Zufalls zu einem Rechtsanspruch wurde. Der philosophische Gleichmut wurde immer seltener. Mit der Armut verschwanden Ironie und Zynismus gegenüber den öffentlichen Angelegenheiten. Jetzt verlangt das Volk, daß das Ganze, von dem sein kleiner Teil abhängt, verteidigt wird. Bei der kleinsten Gefahr ist es bereit, ein Kriegsgeheul anzustimmen und Blut zu vergießen.

Wenn der Anteil des einfachen Volkes am Gesamtbesitz nur verhältnismäßig unbedeutend ist, muß das seine kriegerischen Leidenschaften nicht unbedingt beeinträchtigen. Diese bemessen sich nämlich stärker danach, wie sehr es an seinem Besitz hängt, als nach dessen Wert und Umfang. Nicht selten sind die Kleinen mehr mit ihrem Eigentum verwachsen als die Großen.

Man glaube nicht, daß kollektiver Besitz oder Gütergemeinschaft weniger Aggressivität erzeuge als Privatbesitz. Krieg ist nämlich immer organisierte Verteidigung gemeinsamen Besitzes. Wenn jemand auf eigene Faust seinen Besitz gegen Räuber verteidigt, spricht man nicht von Krieg. Wer kein persönliches Eigentum hat, ist unmittelbar vom Gemeinwohl abhängig und ist dadurch noch unmittelbarer an dessen Verteidigung interessiert.

93

Die kommunistischen Volksrepubliken sind deshalb mindestens genauso militaristisch wie die anderen Demokratien.

12. Vom Besitz als Laster

Besitz ist eine künstliche Übersteigerung des Selbsterhaltungstriebes. Dem Arterhaltungstrieb geht es nicht besser, wenn sich die Wissenschaft von Gut und Böse seiner bemächtigt. Sie bringt ihn zu einem widernatürlichen Leerlauf, welcher der Erhaltung der Art nur abträglich ist.

Wenn der Selbsterhaltungstrieb auf die Ebene des Intellekts, des Profits, der Rechte und Pflichten gehoben wird, erzeugt er kriegerische Neigungen. Er führt zu Kriegen und zur Selbstvernichtung.

13. Vom Krieg der reichen Völker und der armen Völker

Man neigt oft zu der Ansicht, den Krieg als Rückkehr zur Barbarei zu betrachten, als eine Vergeltung der enterbten und primitiven Völker gegenüber den herrschenden und dekadenten Völkern. Damit wäre er ein wünschenswerter Einschnitt in die Weltgeschichte.

Solche Fälle hat es gegeben. Einer von ihnen war die Völkerwanderung. Der Trend der heutigen Geschichte geht aber in die entgegengesetzte Richtung. Die Angreifer sind fast immer wohlhabende und zivilisierte Völker. Das liegt vor allem daran, daß diese über Waffen und Kampfmethoden verfügen, die den Kampfgeist und die Tapferkeit der armen Völker mehr als aufwiegen.

Außerdem ist für ein reiches Volk der Sieg über ein armes ebenso vorteilhaft wie für ein armes Volk der Sieg über ein reiches. Denn der Zivilisierte findet in den Ländern der armen Wilden oft Reichtümer, von denen diese nichts wußten und mit denen sie nichts hätten anfangen können. Meistens versteht er es auch, die Eingeborenen einerseits zu Dienern und Knechten zu machen, die ihm helfen, diese Reichtümer zu nutzen, andererseits zu Söldnern und Spionen, die seine Herrschaft stützen.

Insoweit trägt die Barbarei des Krieges dazu bei, die Zivilisation zu verbreiten. Und es gehört zu den raffiniertesten Bosheiten der zivilisierten Völker, den Besiegten einzureden, man habe aus Liebe zu ihnen ihr Land erobert, und sie glauben zu machen, die Unterdrückung diene zu ihrem Besten.

Diese Volksverdummung geht so lange gut, bis die einfältigen Leute schlau genug sind, ihre Lage zu erkennen. Dann lassen sie sich auf Kosten ihrer Unterdrücker ausbilden und bewaffnen, und schließlich vertreiben sie die unerwünschten Wohltäter, um ihr angestammtes Land für sich zurückzugewinnen.

Wenn sich zwei Völker bekriegen, die auf der gleichen Zivilisationsstufe stehen, können die Beweggründe verschiedener Art sein. Aber wenn ein reiches und zivilisiertes Volk ein armes und primitives Volk angreift, geschieht es immer um des Profits willen. Das Streben nach Profit erzeugt Krieg. Der Krieg erzeugt Unterdrückung. Diese Unterdrückung erzeugt wieder Krieg, und dieser Krieg bringt Elend und Verwüstungen. Die Wissenschaft von Gut und Böse ist eine Schlange, die sich selbst in den Schwanz beißt.

14. Wie aus dem Besitz Knechtschaft entsteht

Aber die Reichen brauchen nicht so weit zu gehen, um ihre Sklaven zu finden. Ihre Vorliebe für Wilde, Neger und Fremdlinge schließt nicht aus, daß sie, um sich die Risiken überseeischer Abenteuer zu ersparen, ohne Federlesen ihre Mitbürger unterjochen, ja sogar ihre Vettern und Brüder.

Wenn in einem Land, in dem Privatbesitz besteht, ein Mensch hundertmal oder tausendmal mehr besitzt, als er benötigt, kann man ziemlich sicher annehmen, daß irgendwo hundert oder tausend Menschen fast nichts besitzen.

Aber die Wissenschaft von Gut und Böse bringt auch hier eine Lösung. Wir wollen einmal sehen, wie sie aussieht.

Von was lebt der Besitzlose? Von seiner Arbeit! Das ist ehrlich und normal. Wie soll er aber pflügen, wenn er kein Land hat? Wie soll er etwas herstellen, wenn er keine Werkzeuge hat? Von was soll er leben bis zur ersten Ernte, bis zum erstmaligen Verkauf seiner Erzeugnisse?

Andere können sich behelfen, indem sie ihre Erzeugnisse austauschen. Wer aber nichts besitzt, kann nur sich selber anbieten.

Wo sollte er Land, Geräte, Werkstätten und Nahrung finden wenn nicht bei einem, der Land, Fabriken, Geräte und Kaufläden besitzt? Und was würde aus dem armen Schlucker, wenn sich nicht ein Besitzender seiner annähme? So nimmt er also demütig seine Mütze in die Hand und bietet gesenkten Hauptes dem Reichen den Dienst seiner Hände an. Wenn dieser ablehnt oder auch nur abwartet, kann es sein, daß der Arme zu Obdachlosigkeit, Hunger, Bettelei oder auch zum Tod verurteilt ist.

Der Reiche hat im allgemeinen Zeit und kann die sich Anbietenden auswählen. Er bestimmt die Arbeitsbedingungen und verfügt über den Arbeitsertrag.

So erscheint der Reiche immer als der Gebende, als Führer und Retter der Armen. Er erscheint sich selber so, und er erscheint den anderen so. Auch in den Augen der Armen erscheint er in dieser Rolle. Der Arme begegnet dem Reichen meistens mit Ehrerbietung und Diensteifer. Diese Ehrerbietung entspringt normalerweise sogar einer inneren Überzeugung.

Wenn es anders ist, kann man annehmen, daß eine außergewöhnliche Person beteiligt ist oder daß man sich in einer Zeit außergewöhnlicher Wirrnisse befindet. Man ist sich indessen bewußt, daß diese Ehrerbietung sich nicht auf charakterliche Eigenschaften oder auf vorbildliches Verhalten bezieht. Worauf bezieht sie sich eigentlich? Es gibt keine natürliche, keine vernünftige und keine geistige Erklärung dafür. Ein Tier kann hier weder mit seinen Augen noch mit seinen Ohren, noch mit seinem Geruchssinn etwas wahrnehmen. Der Weise versteht nichts davon. Die Leute sprechen von Klassenunterschied. Das ist eine gesellschaftliche Fiktion ohne sozialen Nutzen. (Bei den Rangunterschieden in der Armee hingegen ist die Notwendigkeit ohne weiteres ersichtlich.)

Bei jeder gerechten Beurteilung liegt die Schuld auf der Seite des Reichen. Der Arme ist es, der dem Reichen zu seinem Reichtum verhilft. Der Reiche beutet den Armen aus und versucht ihn in der Armut festzuhalten.

Wenn der reichste Mensch der Welt nur auf seine eigenen Möglichkeiten angewiesen wäre, wenn er keine anderen Diener hätte als seine beiden Hände, könnte er aus seinen Gütern kaum so viel herauswirtschaften, wie er braucht, um am Leben zu bleiben. Er müßte dann zugeben, daß es ihm nicht besser geht als dem Ärmsten der Armen, daß er von Natur aus so arm ist wie dieser.

Wenn er tausendmal reicher ist als ein anderer, so deshalb, weil tausend andere für ihn arbeiten. Wenn er an jeden von diesen ein Tausendstel seines Verdienstes abgäbe, was bliebe ihm dann noch übrig? Wenn er nur einem etwas mehr gäbe, als der Tarif verlangt, könnte es geschehen, daß der Undankbare ihn nach einiger Zeit verließe, um die Früchte seines eigenen Feldes zu ernten. Dadurch, daß er ihm so wenig gibt wie möglich, kann er sich am ehesten seine Treue sichern. Mehr zu geben, als vorgeschrieben oder üblich ist, wäre nicht Großmut, sondern Dummheit. Außerdem wäre es eine Beleidigung aller anderen Besitzenden, eine Gefahr für die bestehende Ordnung und eine Verunsicherung der wirtschaftlichen Entwicklung.

Nicht so gefährlich ist es, nach der Abrechnung einige Groschen in den Hut eines Bettlers zu werfen, dem man nichts schuldet und mit dem man sonst nichts zu tun hat. So viel leichter ist es, großzügig zu sein, als gerecht. Zweifellos ist es auch weniger kostspielig.

15. Von der Pleite der reichen Wohltäter und der Menschenfreunde

Man erzählt sich, das Schachspiel sei erfunden worden, um einen orientalischen Fürsten zu zerstreuen, der wegen einer Kriegsverletzung an sein Lager gefesselt war.

Der Fürst war von der Erfindung so befriedigt, daß er den Erfinder zu sich kommen ließ und ihn bat, einen Wunsch zu äußern. Er versprach unter Eid, ihm alles zu gewähren, was er sich auch wünschen möge.

Darauf sprach der Erfinder zu dem König: „Lege vier Weizenkörner auf das erste Quadrat, viermal vier auf das zweite Quadrat, sechzehnmal sechzehn auf das dritte, und so weiter bis zum letzten Quadrat. Die Körner sind die einzige Belohnung, um die ich Eure Majestät bitte."

Der König war gerührt von der Bescheidenheit des Gelehrten, aber er war auch etwas enttäuscht, weil er seiner Gunst gern durch aufsehenerregendere Geschenke Ausdruck gegeben hätte, etwa Pferde, Edelsteine oder Paläste.

Lächelnd ließ er drei oder vier Säcke Weizen bringen und auf das Schachbrett schütten. Aber derjenige, dem die Gabe zugedacht war, gab sich damit nicht zufrieden, sondern verlangte eine exaktere Berechnung. Der König ging darauf ein, mußte aber schließlich erkennen, daß er selbst mit allen Ernten seines Reiches die Forderung nicht erfüllen könnte. „Schach und matt dem König!" sagte der Gelehrte und lachte.

Schach und matt aller Größe, Freigebigkeit, Gnade und Barmherzigkeit derer, die sich von ihrer Schuld durch gedankenlose Verschwendung von Geschenken freikaufen wollen.

16. Vom Reichtum oder vom Müßiggang

Einer der Leitsätze der Wissenschaft von Gut und Böse heißt: Besitz ist notwendig, um den Arbeiter zu schützen und den geordneten Ablauf seiner Arbeit zu sichern.

Ein anderer Leitsatz heißt: Wenn du nicht Eigentümer deines Feldes bist, kann ein anderer kommen und ernten, was du gesät hast.

Ein Ergebnis dieser Wissenschaft besteht aber auch darin, daß normalerweise derjenige, der sät, nicht der Besitzende ist, und daß der Ertrag gerade dem zukommt, der keine Arbeit geleistet hat, der nichts anderes getan hat, als das Feld zu besitzen. Dies ist ein normaler und legaler Dauerzustand.

Einer, der hundert Arbeiter in seinem Weinberg oder in seiner Werkstatt beschäftigt, verdient vielleicht genauso viel, ohne etwas zu tun, wie seine hundert schuftenden Arbeiter zusammengenommen. Ja, er ist ein gescheiter Kopf, und das ist mehr wert als Hunderte von Händen.

Aber ein Besitzender braucht indessen nicht einmal ein besonderer Kopf zu sein. So, wie er Hände gekauft hat, kann er auch Intelligenz kaufen. Er kann Verwalter, Ingenieure, Inspektoren und Vorarbeiter anstellen. Frei von allen Sorgen kann er dann schlafen und feiern.

Das ist der Fall der Millionäre, die immer verreist sind, der Leute von Welt, die lebenslänglich Ferien haben, der kleinen und großen „Aktionäre", die so heißen, weil ihnen jede Art von Aktion abgenommen ist. Viele von ihnen haben nicht einmal eine Vorstellung von den Unternehmungen, deren Dividenden ihnen zufließen. Es ist möglich, daß der Besitzer eines kleinen Ackers diesen selber pflügt. Der Besitzer eines großen Gutes wird das aber bestimmt nicht tun. Man kann daraus ableiten, daß die Arbeit des Besitzers in einem umgekehrten Verhältnis steht zur Größe seines Besitzes.

Das hindert jedoch die Wissenschaft von Gut und Böse nicht daran, den Reichtum dadurch zu rechtfertigen, daß er ein Ergebnis der Arbeit sei.

Das Eigentümliche dieser Wissenschaft liegt in ihrer Fähigkeit, das Böse vom Guten abzuleiten, ohne sich einen logischen oder rechnerischen Fehler zuschulden kommen zu lassen. Ohne zu wissen, wie, bringt sie es fertig, durch das Gute Böses zu erzeugen.

Die Formel lautet folgendermaßen: Arbeit bringt Reichtum, Reichtum bringt Müßiggang.

Müßiggang ist aller Laster Anfang. Reichtum ist Recht ohne Pflicht.

17. Vom Reichtum und von der Arbeit

„Das stimmt nicht", werden Sie sagen. „Zumindest ist es oberflächlich. Zwischen Reichtum und Müßiggang besteht keine notwendige Verbindung. Ich vertrete sogar die Ansicht, daß Reichtum eine Voraussetzung für die Arbeit ist. Selbst wenn der Reiche wirklich untätig ist, kann man nicht behaupten, daß er zu nichts nutze sei. Er ist dazu da, bedient zu werden und das Geld unter die Leute zu bringen, denn nur dadurch hat es seinen Wert. Daß Prunk und Luxus Verschwendung seien, kann man nur behaupten, wenn man von Wirtschaftspolitik nichts versteht. Sie ernähren den Juwelier, den Schneider, den Musiker, die Tänzerin, den Gärtner, den Dichter, alle Lieferanten, alle Arbeiter bis zum letzten Kumpel im fernen Bergwerk. Sie alle erhalten ihren kleinen Anteil an der Wohltat des Reichtums. Aber längst nicht jeder Reiche ist untätig. Oft ist er ein fürsorglicher Beschützer, ein rastlos tätiger Geschäftsmann, ein aktiver Unternehmer, der sich bemüht, neue Arbeitsplätze zu schaffen und die Arbeitsbedingungen zu verbessern."

„Reichtum ist eine Voraussetzung für die Arbeit", pflichte ich Ihnen bei. „Aber diese Definition verlangt nach einer Ergänzung: Reichtum ist die Voraussetzung für die Arbeit anderer. Einverstanden?"

„Keineswegs!" erwidern Sie mit ehrlicher Entrüstung, mit frommer Entrüstung, mit einer Entrüstung, die aus kindlicher Ehrerbietung herrührt. Denn Ihr Großvater hat sein Vermögen durch eigene Arbeit erworben. Er hat sich Pfennig für Pfennig von seinem mageren Lohn abgespart.

Ja, solange Großvater ein Geldstück nach dem anderen in seinen Strumpf gesteckt hat, war er ein armer Arbeiter. Er war noch ärmer als die anderen Arbeiter, die ihren Lohn immer ganz verausgabt haben. Er mußte mit seiner Arbeit nicht nur seinen Lebensunterhalt bestreiten, sondern auch noch seinen Sparstrumpf ernähren. Er mußte mehr arbeiten als die anderen.

Und zu jener Zeit kam es nicht vor, daß in dem Strumpf auch nur ein Pfennig mehr gewesen wäre, als er hineingetan hatte. Solange er seine Ersparnisse nicht ausgab, lebte er, wie wenn er sie nicht besessen hätte. Und wenn er sie ausgegeben hätte, wäre bald nichts mehr davon übriggeblieben. Eines Tages jedoch konnte er sich zu den Reichen zählen. Woran war das zu erkennen? Vielleicht daran, daß er Haus, Diener und Autos besaß? Auch das. Vor allem aber daran, daß er von nun an Geld ausgeben konnte, ohne daß sein Vermögen dadurch kleiner geworden wäre.

Welcher Hexerei, welchem Zauber war es zu verdanken, daß sein Geldbeutel sich auf einmal in eine Quelle verwandelt hatte?

Großvaters Lebenslauf hat nichts mit Zauberei und Hexenkunst zu tun. Er verausgabte nicht sein Vermögen, er hielt es auch nicht fest. Er legte es an. Er hat sein Glück mit einem Hutgeschäft gemacht, nicht wahr? Er hat sein Glück gemacht, ohne auch nur einen einzigen Hut herzustellen. „Die Tendenz geht dahin, jede Art von Eigentum von jeder Art von Arbeit zu trennen" (Sigismondi, *Nouveaux Principes d'Économie Politique*, Bd. 2).

18. Drei Ursachen für die Trennung von Reichtum und Arbeit

Es ist möglich, daß Arbeit und Sparsamkeit die Grundlage für ein Vermögen gelegt haben. Das ist eine Möglichkeit neben anderen. Andere Möglichkeiten sind: Zufall, List, Gewalt.

Aber selbst wenn ein Vermögen durch Arbeit und Sparsamkeit zustande gekommen ist, so gibt es in unserer Gesellschaft doch zwei Einrichtungen, die dafür sorgen, daß die Nutznießung oft an einen anderen übergeht, der nicht dafür gearbeitet und gespart hat: Erbschaft und Mitgift.

Auf der anderen Seite steht die Lohnarbeit, der Verkauf menschlicher Arbeit nach Stunden und Tagen, der die endgültige Trennung von Reichtum und Arbeit bewirkt und den Arbeitenden auf legale Weise in die Rolle eines Sklaven drängt.

19. Von den drei, den sieben und den neun vom Glück Begünstigten, den drei Armen und den drei Unglücklichen

Drei Personengruppen haben die Möglichkeit, ein Vermögen zu erwerben oder ihr Vermögen zu vergrößern:
Industrielle,
Händler,

Spekulanten.
Sieben Personengruppen haben die Möglichkeit, Karriere zu machen:
Ärzte,
Juristen,
Erzieher,
Beamte,
Verwalter,
Berufssoldaten,
Geistliche.
Neun Personengruppen können auf Ruhm hoffen:
Künstler und Schriftsteller,
Wissenschaftler und Erfinder,
Ingenieure und Architekten,
Berufssportler,
Forscher und Entdecker,
Kriegshelden und Heerführer,
Philosophen und Weise,
Propheten (echte und falsche),
Politiker und Menschenführer.
Drei Gruppen werden immer unscheinbar und arm sein, aber in Freiheit leben:
Bauern,
Handwerker,
Landstreicher.
(Allein die letzte Gruppe ist wirklich frei von Reichtümern und konventionellen Behinderungen.)
Drei Gruppen werden immer unscheinbar und arm sein und in Knechtschaft leben:
Hausangestellte,
Stunden- und Tagelöhner,
Akkordarbeiter.
Eine große Karriere bringt immer einen gewissen Wohlstand mit sich und oft sogar die Pflicht zu einem gewissen Aufwand.
Der Ruhm bringt meistens Reichtum und Überfluß mit sich.
Für die sieben und für die neun ist der materielle Erfolg aber eher eine Begleiterscheinung ihres Dienstes; er ist nicht das Ziel. Die drei erstgenannten jedoch haben keine andere Aufgabe, kein anderes Ziel, als ihr Vermögen zu erweitern.
Der Liste nach könnte man meinen, die Nutznießer des Systems seien in der Überzahl. Das ist aber eine Täuschung, denn die „gehobenen" Klassen umfassen mit zunehmender Höhe immer weniger Personen. Die große Masse des Volkes befindet sich in den sechs letztgenannten Gruppen.

Die Arbeiten, die niemand gern tut, auf die aber jedermann angewiesen ist, werden allein in diesen unteren Schichten vollbracht. Der neuralgische Punkt unserer Zivilisation liegt in der gegenseitigen Abhängigkeit der ersten und der letzten Gruppe auf der Liste. Hier knirscht es im Getriebe.

20. Von Marx und seiner Lehre, vom Wert der den Gegenständen innewohnenden Arbeit

Es ist das große Verdienst von Karl Marx, der Allgemeinheit diesen fortwährenden Skandal zu Bewußtsein gebracht und den Versuch unternommen zu haben, dem Knirschen im Getriebe der Gesellschaft eine menschliche Stimme zu geben. Es ist das Verdienst der Kommunisten, versucht zu haben, das Getriebe der Ungerechtigkeit zu korrigieren, indem sie es in die entgegengesetzte Richtung laufen ließen.

Wenn man das *Kapital* von Marx, diese endlose Aneinanderreihung von Vorschlägen, Argumenten, Dokumenten, Polemiken, Statistiken und Untersuchungen, in einer halben Seite zusammenfassen und in volkstümlicher Sprache ausdrücken will, kann man etwa folgendes sagen:

Die menschliche Arbeit ist eine Ware. Sie wird auf dem Markt feilgeboten. Ihr Preis regelt sich nach Angebot und Nachfrage.

Jedoch ist die menschliche Arbeit keine Ware wie die anderen. Während die anderen Waren bleiben, was sie sind, ist sie eine Ware, die wieder neue Waren produziert.

Ein Gegenstand kann von einem Ort zu einem anderen gebracht werden. Er kann teuer oder billig verkauft werden, ohne daß sich sein eigentlicher Wert dadurch ändert. Die menschliche Arbeit hingegen erzeugt Gegenstände, sie gibt den Gegenständen ihren Wert, indem sie diese zum Gebrauch geeignet macht. Sie ist die Quelle aller Werte.

Jene, die den Wert nach dem Kaufpreis beurteilen, fallen einer durch das Geld verursachten Täuschung zum Opfer. Gold und Gegenstände haben Eigenwert. Der Wert eines Gegenstandes muß daran gemessen werden, wieviel Arbeit auf seine Herstellung verwandt worden ist.

Das genaueste Maß ist die Zahl der Stunden, die ein durchschnittlicher Arbeiter zu seiner Herstellung benötigt.

Wie aber kann man den Wert der Arbeit eines durchschnittlichen Arbeiters messen? Wie bei den Gegenständen ist es auch hier wieder die Zeit, die benötigt wird, um die Arbeit zu erzeugen. Es geht dabei um die Zeit, die der Arbeiter arbeiten muß, um seine Bedürfnisse zu befriedigen. Nehmen wir an, um seinen und seiner Familie Lebensunterhalt für einen Tag zu gewährleisten, brauche er den Erlös eines Gegenstandes, für dessen Herstellung er einen halben Tag gearbeitet hat.

Der Unternehmer bezahlt dem Arbeiter wohl so viel, wie dieser zur Befriedigung seiner Bedürfnisse braucht; er verlangt dafür aber einen ganzen Arbeitstag. Diese Mehrleistung ist der Profit des Unternehmers. Aus diesem Grund ist er ein Parasit und ein Räuber.

Dasselbe gilt für denjenigen, der einen Gegenstand für zwanzig Franken einkauft und ihn für vierzig Franken wieder verkauft, ohne ihn verbessert oder ihm etwas hinzugefügt zu haben.

Es stimmt zwar, daß Engels als berufener Interpret von Karl Marx von einem Wertzuwachs einer Handelsware spricht, ohne diesen als Betrug oder Diebstahl zu bezeichnen. Ich habe die betreffende Stelle bei Marx mehrmals nachgelesen, verstehe jedoch nicht, wie Engels im Rahmen der marxistischen Theorie Profite, die allein durch Einkauf und Verkauf entstehen, in eine andere Kategorie als die des Betrugs einordnen kann.

21. Bemerkung, welche die ganze Theorie über den Haufen wirft

Marx ergänzt seine Aussagen noch durch folgende Bemerkung: Wenn eine Arbeit darauf verwandt wird, einen nutzlosen Gegenstand herzustellen, verleiht sie dem Gegenstand keinen Wert und ist keine wirkliche Arbeit.

Er übersieht dabei, daß diese einfache, naive Feststellung seine ganze Theorie des „wissenschaftlichen Sozialismus" zu Fall bringt. Man darf nämlich nicht annehmen, die Herstellung eines nutzlosen Gegenstandes sei ein äußerst seltener und ungewöhnlicher Vorgang, und nur ein Verrückter könne so etwas tun. Selbst bei einer noch so umsichtig geführten Industrie kommt es täglich vor, daß Dinge hergestellt werden, die ganz oder teilweise nutzlos sind. Das ist zum Beispiel immer dann der Fall, wenn ein Erzeugnis keinen Abnehmer findet. Kein Ding ist durch sich selber nützlich. Es kann nur nützlich sein durch den, der sich seiner bedient. Der letzte Richter über den Wert und die Nützlichkeit einer Ware ist also der Käufer. Seine Verurteilung heißt: „Nicht kaufen."

Es würde zum Beispiel genügen, daß sich in einem Land die Mode verbreitete, ohne Hut herumzulaufen. Dann würden in kurzer Zeit Millionen von Hüten zu nutzlosen Gegenständen werden. Das heißt aber nicht, daß ihre Herstellung keine Arbeit gekostet hätte, sondern nur, daß alle auf ihre Herstellung verwandte Arbeit ihnen keinen Wert geben konnte.

Die Fehlerhaftigkeit der Theorie rührt von der materialistischen Philosophie her, aus der sie hervorgegangen ist. Der Materialismus ist ein Irrtum, der darin besteht, die Vorgänge des Lebens und des Geistes mit denselben Methoden zu untersuchen, die sich bei der Erforschung der stofflichen Welt bewährt haben.

Materielles Geschehen beruht auf Ursachen. Eine in der Vergangenheit liegende Ursache erzeugt ein Ereignis in der Gegenwart, so, wie eine rollende Kugel, die auf eine andere Kugel stößt, diese in Bewegung setzt. Die Vorgänge des Lebens, vor allem des menschlichen Lebens, sind dagegen auf Ziele gerichtet. Ein Ziel liegt in der Zukunft; es führt das Ereignis des „Erreichens" herbei. Eine Ursache ist eine Kraft, die ein mechanisches Geschehen verursacht. Ein Ziel dagegen bedeutet Wunsch, Richtung, Idee, Vorstellung, Vision.

Alle Inhalte des menschlichen Lebens, einschließlich der Wirtschaft, die manchmal als „materiell" bezeichnet wird, sind auf Ziele gerichtet. Der Mensch arbeitet, um etwas zu erreichen, was er wünscht, um ein bestehendes oder zu erwartendes Bedürfnis zu befriedigen. Diesen Wünschen ordnet sich die ganze Wirtschaft unter, durch sie werden die Dinge zu Werten. Eine Sache hat um so höheren Wert, je mehr sie gewünscht wird und je schwieriger sie zu bekommen ist. Ein Gegenstand ist nicht deshalb wertvoll, weil seine Herstellung Arbeit gekostet hat; vielmehr hat man gearbeitet, um ihn herzustellen, weil er einen Wert hat oder voraussichtlich haben wird.

Die Annahme, daß Arbeit Werte schaffe, ist ein Irrtum. Man könnte eher sagen, daß durch Arbeit Werte ausgebeutet werden. Je mehr Exemplare nämlich von einem Gegenstand erzeugt werden, desto geringer wird ihr Wert.

22. Von einem durchschnittlichen Arbeiter multipliziert mit N

Wenn es wirklich so ist, daß der Wert eines Gegenstandes in der „Summe der zu seiner Herstellung erforderlichen Arbeitsstunden eines durchschnittlichen Arbeiters" liegt, dann frage ich mich, wie wohl der Wert einer Zeichnung von Rembrandt zu berechnen wäre.

Ja, wie viele Arbeitsstunden eines durchschnittlichen Arbeiters sind in einer Rembrandtschen Zeichnung enthalten?

So leicht es ist, der Zeichnung einen Wert zuzuerkennen, so schwierig ist es zu sagen, ob die marxistische Lehre einen Wert habe.

Vielleicht wenden Sie ein, der ästhetische Wert und der Handelswert seien zweierlei Dinge, und dieses Beispiel sei zu ausgefallen, um den Sachverhalt zu klären.

Meine Antwort: Dieses Beispiel ist besonders gut geeignet zu beweisen, daß die Definition von Marx weder dem ästhetischen Wert noch dem Handelswert gerecht wird.

Schon die Tatsache, daß es einen ästhetischen Wert und einen Handelswert gibt, läßt erkennen, daß der Begriff „Wert" zumindest diese beiden Aspekte enthält.

Die meisten Dinge, wenn nicht alle, lassen sich mit verschiedenen Wertmaßstäben messen, die allerdings nie ganz voneinander unabhängig sind.

23. Vom Wert als Kategorie

Es ist eigentlich eine Vergewaltigung der Sprache, wenn man ein so vielseitig gebrauchtes Wort in eine Definition hineinzwängt, die es allein auf die Wirtschaft und allein auf das kapitalistische Produktionssystem beschränkt. Denn außerhalb dieses Systems läßt sich die marxistische Definition des Wortes „Wert" nicht anwenden.

„Wert" ist aber eine Denkkategorie wie Menge oder Qualität. Sie ist sogar eine Synthese dieser beiden Kategorien. Aus Menge und Qualität ergibt sich der Wert. Dieser Begriff läßt sich auf Gegenstände, Personen, Dienstleistungen oder Ideen anwenden — ja, und auch auf zum Verkauf bestimmte Waren.

Wenn man die Rechte der Sprache wiederherstellt, muß man zu der Feststellung kommen, daß allein der aus Angebot und Nachfrage sich ergebende Wert der Güter eine Bedeutung für die Wirtschaft hat und daß nur er Wissenschaftlichkeit beanspruchen kann.

Die Arbeitswertlehre hat nichts mit Wirtschaftswissenschaft zu tun. Bei keiner Staats- oder Gesellschaftsform hat jemals die Arbeit allein den Handelswert der Waren bestimmt. Auch in marxistischen Ländern konnten Arbeitswert-Anweisungen nicht das Geld ersetzen. Hier wie dort ist es so, daß der Wert der Arbeit mit Geld gemessen wird, nicht umgekehrt.

Im übrigen hat Marx die Arbeitswerttheorie nicht selber erfunden, sondern er hat sie ohne kritische Prüfung von den englischen Nationalökonomen des 18. Jahrhunderts entlehnt. Sie wird auch bei vielen nichtmarxistischen Theoretikern heute noch in Ehren gehalten, trotz der absurden Ergebnisse, zu denen sie führt.

24. Vom Wert als Macht des Guten

Der Wert ist für das Gute dasselbe, was die Macht für die Kraft ist: eine Reserve, die in der Verborgenheit wartet, bis ihre Stunde gekommen ist, deren Fülle aber so groß ist, daß sie sich in der Begrenzung von Zeit und Raum nie ganz entfalten kann. Dante nannte Gott den unendlichen Wert (*il valore infinito*). Der Wert ist der Inhalt des Guten.

25. Von einem Phantomarbeiter

Vielleicht sagen Sie: Das sind erhabene Gedanken, aber für die Wissenschaft sind sie ohne Interesse.

Es geht jedoch darum, ob sie wahr oder falsch sind. Wenn sie wahr sind und die Wirtschaftswissenschaft ihre Theorien so aufbaut, wie wenn sie nicht wahr wären, sind alle Berechnungen falsch. Wenn der Ausgangspunkt falsch ist, muß auch das Ergebnis falsch sein.

Und gerade diesem Mißgeschick ist Marx zum Opfer gefallen. Mit seinem durchschnittlichen Arbeiter als wissenschaftlichem Wertmaßstab glaubte er eine sichere Grundlage gefunden zu haben, die von metaphysischen Kontroversen nicht berührt würde. Aber dieses Mittelmaß aller Arbeiter aller Berufe, aller Zeiten, aller Länder ist ein sehr vager und verschwommener Begriff. Und die Stunden, die dieses Phantomwesen damit verbringt, irgendwelche nicht genau festgelegten Tätigkeiten auszuüben, geben uns keinen sicheren Anhaltspunkt für die Wertbestimmung eines Erzeugnisses.

26. Von den sechs Produktionsfaktoren

Die menschliche Arbeit ist nicht, wie Marx es behauptet, der einzige Wert, der andere Werte erzeugt, korrekter: der einzige Reichtum, der andere Reichtümer erzeugt. Mir sind noch fünf andere bekannt: die Erde, das Vieh, das Werkzeug, das Geld und die Intelligenz.

Zunächst die Erde. Sie verdient es, zuerst genannt zu werden, denn sie ist die unerläßliche Voraussetzung für jede Art von Arbeit. Sie ist der Grundstoff aller Grundstoffe. Aber sie kann sogar ohne Arbeit Früchte erzeugen. Manchmal ist sie um so wertvoller, je jungfräulicher sie ist.

Es ist wahr, daß man arbeiten muß, wenn man sich die Reichtümer der Erde zunutze machen will, sei es auch nur die Arbeit des Sammelns. Es stimmt, daß man im allgemeinen die Erde bearbeiten muß und daß sich in extremen Fällen durch Arbeit eine Wüste in einen Garten und ein Gebirge in eine Goldmine verwandeln kann. Dies beweist, daß die Erde allein nicht genügt; schließlich zählen wir insgesamt sechs Produktionsfaktoren, die auf verschiedenste Weise zusammenwirken und sich gegenseitig befruchten. Nur Marx hat behauptet, es genüge einer dieser Faktoren: die Arbeit. Er hat übersehen, daß die menschliche Arbeit kein göttlicher Schöpfungsakt ist, daß sie mit nichts auch nichts erschaffen kann, daß die Arbeit nur etwas bearbeiten kann, was schon erschaffen ist. Marx hat den Schöpfer vergessen, und darin haben alle Mängel seines Systems ihre Ursache.

Die Erde bietet uns nicht nur Möglichkeiten zum Ackerbau, sondern auch Wälder, Quellen, Gras, wilde Früchte, Steine und Mineralien, Höhlen und andere Zufluchtsorte, Wild und Fische.

Und damit kommen wir zum Vieh, welches eigentlich nur gezähmtes Wild ist. Es vermehrt sich von allein und nicht durch die Kraft unserer Hände. Die Viehzucht erfordert nur die Arbeit der Überwachung, die in keinem Verhältnis steht zu den Erträgen.

Stets bedarf die menschliche Arbeit irgendwelcher Gerätschaften und Hilfsmittel. Auch das Werkzeug ist keine Ware, die immer den gleichen Wert hat. Es kommt darauf an, wo es liegt, ob und wie es benutzt wird.

Das Werkzeug ist ein Reichtum, der andere erzeugt, wenn auch nur in engem Zusammenhang mit der Arbeit. Es ist zugleich Erzeugnis und Hilfsmittel. Es hat den Zweck, Anstrengungen zu ersparen und die Erzeugnisse zu vermehren und zu verbessern. Wenn das Werkzeug zur Maschine weiterentwickelt wird, kann es sogar die Arbeit und den Arbeiter ersetzen.

Das *Geld* ist weniger Reichtum als Symbol des Reichtums und ein Hilfsmittel für den Tausch. Es absorbiert gewissermaßen den Wert der Waren, so, wie bei einem Wasserkraftwerk die Turbinen, Akkumulatoren und Hochspannungsleitungen die Kraft des in die Tiefe stürzenden Wassers absorbieren, weiterleiten und verteilen. Das Geld ist ein Motor für den Handel. Es ist nicht der Ertrag der getätigten Geschäfte, sondern der Maßstab, nach dem der Ertrag berechnet wird. Es erleichtert den Ablauf der Geschäfte und erhöht die Aussicht auf Gewinn. Manchmal ist es auch für sich allein eine Quelle des Profits.

Wenn es in großen Massen in den Händen weniger Menschen konzentriert ist, nennt man es Kapital. In dieser Form scheint es eine besondere Anziehungskraft und eine ordnende Wirkung auf die mit ihm arbeitenden Unternehmen auszuüben. Auf diese Weise erzeugt es Reichtümer, welche die „menschliche Arbeit" ohne das Geld nicht erzeugen könnte. Es produziert vor allem zum Vorteil derer, die es besitzen, aber in verschiedenen Abstufungen auch zum Vorteil derer, die dafür dienen. (Den Begriff „menschliche Arbeit" gebrauche ich hier im Sinne von Marx als Arbeit eines durchschnittlichen Arbeiters, der nach Stunden oder Tagen entlohnt wird. Dies ist allerdings etwas anderes als das, was wir unter einer wirklich menschlichen Arbeit verstehen.)

Schließlich gibt es noch eine sechste Quelle des Reichtums: die *Intelligenz*. In diesem Zusammenhang betrachten wir sie selbstredend nicht als geistigen Wert, sondern als Produktionsfaktor. Sie umfaßt technische Begabung, Erfindergeist, Kombinationsvermögen und den Sinn dafür, das Richtige im richtigen Augenblick zu tun. Ihr Fehlen macht die anderen Faktoren wirkungslos.

Dies beweist, daß die Wirtschaft immer etwas mit Erkenntnis zu tun hat. Ja, sie ist die Frucht der Erkenntnis.

27. Von den zehn Personen auf der Suche nach Einheit

Ein charakteristischer Zug unserer hochmütigen Zivilisation ist es, daß jeder der sechs Produktionsfaktoren sich zu einer gewaltigen, äußerst komplizierten und unübersichtlichen Maschinerie entwickelt hat. Jede von ihnen bildet ein in sich geschlossenes System, das in den Händen einer besonderen Menschengruppe liegt. So erklären sich die Klassen und Kasten unserer Gesellschaft, die einander ziemlich fremd gegenüberstehen, miteinander rivalisieren, aber von ihrer unvermeidlichen gegenseitigen Abhängigkeit ständig aufgerieben werden.

So kommt es, daß Unternehmer und Arbeiter, Bauer und Beamter, Techniker und Tagelöhner, Bankier und Wissenschaftler, Ingenieur und Händler sich voneinander unterscheiden, in ihren Sitten und Gewohnheiten, in ihrer Erziehung und in ihren Wünschen, daß sie wenig voneinander wissen, sich voreinander fürchten und sich gegenseitig mißtrauen, obwohl jeder von ihnen nur ein einziges Glied einer Kette in seinen Händen hält.

Die gegenseitige Abhängigkeit der sechs Produktionsfaktoren läßt alle der genannten Gruppen zu der Erkenntnis kommen, daß es ohne sie nicht geht. Und jede von ihnen zieht daraus die ehrgeizige und trügerische Schlußfolgerung, sie selber mache alles, und von Rechts wegen müßten ihr alle Vorteile zufallen.

Das ist eine Ursache der allgemeinen Unzufriedenheit und des Klassenkampfes. Deshalb wünschen so viele Menschen den Zusammenbruch des Systems, von dem sie leben.

Leben? Nein, sie fühlen sehr wohl, daß sie nicht leben, sondern funktionieren.

Das Leben fängt für sie erst mit dem Feierabend an oder mit dem Urlaub, mit den Ferien oder sogar erst mit dem Ruhestand. Das Leben, das richtige Leben, das haben die anderen!

Der Strebsame denkt: Das Leben fängt erst an, wenn ich mich so eingerichtet habe, daß die Maschinerie zu meinem Vorteil arbeitet.

Nein, zum Vorteil unserer Partei oder unserer Klasse, sagt der Politiker.

Nein, wenn die Einzelteile der Maschine besser aufeinander abgestimmt sind, sagt der Sozialreformer.

Das edelmütige Ziel von Karl Marx bestand darin, die Maschine so umzubauen, daß sie zum größten Wohl der größten Anzahl arbeitete.

Nur wenige haben so viel Scharfblick und Weisheit, um zu erkennen, daß die Fehlerhaftigkeit der Maschine weniger zu fürchten ist als ihre Vollkommenheit.

Die Mechanik steht im Gegensatz zum Leben. Die vollkommenste Maschine ist jene, die den Menschen am tiefsten entwürdigt, sein Leben am gründlichsten vergewaltigt.

Der Weg zurück zum echten Leben besteht in der Vereinfachung des äußeren Apparats. Gerechtigkeit und Frieden sind nicht möglich, solange die sechs Produktionsfaktoren nicht in einer Hand vereinigt sind. Nur dann kann Arbeit zu einer lebendigen Einheit werden.

Wenn nicht alle Elemente in einer Hand vereinigt werden können, sollen sie unter Personen aufgeteilt werden, die sich kennen, die miteinander übereinstimmen und sich lieben.

107

Jedes Wirtschaftssystem, in dem die Einheit des Lebens zerstört und durch irgendeinen Mechanismus ersetzt worden ist, in dem Berechnung, Profit und Schlauheit die menschlichen Beziehungen in den Hintergrund drängen, wird ein Unglück sein für all jene, die in ihm zu leben gezwungen sind. Und jedes dieser Systeme wird an seinen inneren Spannungen schließlich zugrunde gehen.

28. Von der Entfremdung des Arbeiters

Die „Entfremdung des Arbeiters" ist eines der interessantesten Themen, mit denen sich Marx befaßt hat.

Wörtlich bedeutet Entfremdung den Übergang eines Eigentums in fremde Hände. Als philosophischen Begriff hat Marx ihn von Hegel entlehnt. Bei diesem bedeutet er den Übergang von einem Pol des Seins zu dessen Gegenpol: Eine ursprüngliche Einheit schleudert einen Teil ihrer selbst von sich und macht ihn zu einem Objekt, das außerhalb liegt und zu ihr in Gegensatz steht. Dieser Zustand bleibt so lange bestehen, bis sich die Gegensätze wieder zu einer Einheit verbinden und damit ein neuer, höherer Zustand entsteht.

Marx, den man als eine Entfremdung Hegels bezeichnen könnte, das heißt als das aus diesem hervorgegangene Gegenteil, wendet dieses metaphysische Schema auf soziale Verhältnisse und psychische Gegebenheiten des Menschen an, der sich selbst verloren hat.

Marx zeigt den Arbeiter, wie er des Produkts und des Ertrags seiner Arbeit, ja der Arbeit selbst beraubt ist. Für den Arbeiter ist die Arbeit durch Maschinen und Arbeitsteilung zu einer fremden Tätigkeit geworden, zu einer Tätigkeit, die erlitten wird, zu einer Kraft, die Impotenz, einer Schöpfung, die Kastration bedeutet. Er ist der äußeren Natur beraubt, die durch den höllischen Dekor der Fabriken ersetzt ist. Seiner eigenen Natur ist er beraubt, da er nur noch in der Ausübung seiner tierischen Funktionen Mensch sein kann. Seiner eigenen Kräfte ist er beraubt, da er gezwungen ist, mit ihnen die Macht seiner Unterdrücker zu stärken.

Marx zeigt, daß im Bürgertum eine Entfremdung in entgegengesetzter Richtung stattgefunden hat, die zwar nicht so schmerzhaft ist wie die des Arbeiters, aber nicht weniger verwerflich als diese.

Wir sind versucht, seine Analyse weiterzuführen und dabei auf unsere zehn Personengruppen zurückzukommen und zu zeigen, wie jede von ihnen allein auf wirtschaftlichem Gebiet neun verschiedene Arten der Entfremdung erfährt. Dazu kommen noch die religiöse und die philosophische Entfremdung, die Marx sehr wichtig nimmt; für ihn ist die Religion die erste aller Entfremdungen. In Wirklichkeit ist aber nur der religiöse Irrtum eine Entfremdung, zum Beispiel der Marxsche Materialismus oder der

Hegelsche Idealismus. Götzendienst ist Entfremdung, zum Beispiel der revolutionäre oder der reaktionäre Götzendienst. Und die Entgleisungen von der Wahrheit sind nicht, wie Marx es behauptet, die Auswirkungen von Nöten und Spannungen, die sich aus der sozialen Unordnung ergeben, sondern in erster Linie deren Ursachen.

Vergessen wir nicht, daß alles in einem Gedanken anfängt: „Wenn der Gedanke falsch ist, folgt ihm Trübsal, wie das Rad des Pfluges dem Schritt des Ochsen folgt" (Buddha). Wir sollten nicht versuchen, den Zusammenhang zu verdrehen, indem wir den Pflug vor die Ochsen stellen. Wir sollten statt dessen unsere Richtung ändern.

Vergessen wir nicht, daß Selbstentfremdung oder Inbesitznahme des Ich durch eine fremde Macht Wahnsinn bedeutet.

Solange der Mensch ein Besessener bleibt, eine Marionette, deren Fäden von anderen gezogen werden, solange er nicht Herr seiner Arbeit, Herr seiner Arbeitsgeräte und seines Arbeitsertrags ist und, vor allem, solange er nicht der Herr seines Lebens ist, wird der allgemeine Wahnsinn andauern, und blutige Revolutionen werden immer wieder auftreten.

Vergessen wir auch nicht, daß die Entfremdung, von der wir hier sprechen, auf einem Verkauf beruht. Die Entfremdung des Arbeiters, die Lohnarbeit, beruht auf einem Verkauf seiner Arbeitskraft.

Das Übel besteht nicht darin, daß Arbeit zu wenig gefragt oder ihr Preis zu niedrig wäre; deshalb ist auch die Erhöhung von Löhnen und Gehältern nie ein endgültiges Heilmittel. Lohnarbeit ist an sich schon eine Entwürdigung des Menschen. Eine Lösung besteht daher nicht in der Abschaffung des Kapitals, sondern in der Abschaffung der Lohnarbeit.

Die Diktatur des Proletariats bringt keine Befreiung des Proletariers, denn jede Diktatur verneint die Freiheit. Befreiung des Proletariers heißt Abschaffung des Proletariats.

29. Von der Ehrbarkeit der liberalen und bürgerlichen Wirtschaft

Wenn der Arbeiter den Unternehmer anklagt, daß dieser die Löhne nach Gutdünken festsetze, oder wenn Marx anstelle des Arbeiters diese Klage führt, dann unterstellen sie dem Unternehmer böse Absichten, die er nicht hat, und setzen bei ihm eine Machtfülle voraus, die er in Wirklichkeit gar nicht besitzt.

Der Arbeitslohn und der Preis der Ware sind Gegebenheiten, auf die der Unternehmer nur geringen Einfluß hat, auf die er jedoch seine Berechnungen aufbauen muß, wenn er sein Unternehmen in Gang halten will.

Er kann die Löhne nicht willkürlich senken, ohne Gefahr zu laufen, daß seine Arbeiter ihn verlassen und anderswo Arbeit suchen. Und er kann sie auch nicht beliebig anheben, ohne zu riskieren, daß sein Betrieb im Konkurrenzkampf durch andere Firmen erdrückt wird.

Die Höhe der Löhne ergibt sich aus Angebot und Nachfrage, so, wie sich der Wasserstand eines Sees durch Zufluß und Abfluß regelt; das ist ein Vorgang, der sich allen moralischen Wertungen entzieht.

Auch eine vom Staat dirigierte oder durch gewerkschaftlichen Druck korrigierte Wirtschaft kann sich diesen Gesetzmäßigkeiten nicht ungestraft widersetzen.

Wenn die Löhne niedrig sind, so rührt das nicht vom Geiz oder von der Bosheit der Unternehmer her, sondern ist eine Folge der unbeabsichtigten Konkurrenz der Arbeiter untereinander aufgrund ihrer Anzahl und ihrer Unfähigkeit zur Unabhängigkeit.

Es stimmt nicht, daß die Gewinne eines Unternehmens nur durch niedrige Löhne zustande kommen. Noch weniger sind sie auf betrügerische Forderungen nach zusätzlichen Arbeitsstunden zurückzuführen. Das beweisen jene Industrien, die am meisten florieren; sie bieten die höchsten Löhne und haben die kürzesten Arbeitszeiten.

Der Gewinn der vom Kapital ausgestatteten und bestimmten Industrien stammt aus der Arbeitsteilung, der Konzentration der Produktionsmittel, aus rationeller und möglichst pausenloser Ausnutzung der Produktionsmittel, aus der Mechanisierung und der Auswertung naturwissenschaftlicher Erkenntnisse, der Anwendung der Sozialwissenschaften und politischer Einflüsse für die Menschenführung und den Warenabgang. All dies hat nichts zu tun mit der Zahl der von einem durchschnittlichen Arbeiter geleisteten Arbeitsstunden.

30. Ursache des Handels

Die Ansichten von Marx über das Wesen des Handels und über die Ursachen des sich aus der Handelsspanne ergebenden Gewinns sind von derselben Unkenntnis der Dinge gekennzeichnet.

Wenn er behauptet, der Händler habe nur die eine Funktion, die Waren zu einem Preis zu verkaufen, der höher ist als ihr Wert, dann schreibt er ihm Zauberkräfte zu, die er nicht besitzt.

Wenn der Händler nur mit Taschenspielertricks auf Kosten der Allgemeinheit lebt, fragt man sich, wie vierzig Jahrhunderte vergehen konnten, ohne daß ihm jemand (außer Marx) auf die Schliche gekommen wäre.

Es ist falsch zu behaupten, der Händler habe nichts geändert an der Ware, die er zu einem höheren Preis verkauft, als er sie eingekauft hat. Er hat sie an einen anderen Platz gebracht!

Nur eine Nebensache?

Vielleicht. Raum und Zeit sind immerhin schon zwei Nebensachen.

Indem der Händler einen Gegenstand zu einem bestimmten Zeitpunkt an einen bestimmten Platz bringt, fügt er ihm einen Wert hinzu, ohne den alle seine anderen Werte wertlos wären: die Zweckmäßigkeit. Wenn der Gegenstand seinen Platz gewechselt hat, hat sich etwas Wesentliches geändert. Wäre sich der Händler dieser Tatsache genausowenig bewußt wie unser Philosoph, würde er schnell Pleite machen. Die Philosophen haben den Vorteil, daß sie Pleite machen können, ohne es zu merken.

Dadurch, daß der Händler die Ware schneller an den Ort bringt, wo sie begehrt wird, fördert er den Güteraustausch und reguliert die Preise. Entgegen dem, was man zunächst glauben möchte, besteht der Vorteil des Händlers im allgemeinen darin, billig zu verkaufen.

Waren und Geld sind tote Reichtümer, wenn sie liegenbleiben, wo sie sind. Wenn man sie möglichst schnell ihrer Bestimmung zuführt, bringt man sie zum Leben.

Es ist ebenso falsch, im Handel einen überflüssigen Auswuchs des Wirtschaftslebens zu sehen, wie zu sagen, das Herz führe eine Schmarotzerexistenz auf Kosten des übrigen Körpers, weil es nicht selber das Blut erzeugt, das es aufsaugt und wieder von sich stößt.

Wir behaupten nun gewiß nicht, der Handel sei in jedem Fall über alle Vorwürfe erhaben und dürfe niemals als Parasit bezeichnet werden; wir haben im vorigen Kapitel sogar das Gegenteil gezeigt. Unsere Kritik am Handel als Spiel lag jedoch auf der geistigen und religiösen Ebene, während sich die jetzige Verteidigung des Handels auf der wirtschaftlichen Ebene bewegt.

Im Handel ist Unehrlichkeit an der Tagesordnung; das stimmt. Aber die Entartungen erklären nicht sein Wesen. Man kann den Markt durch Reklame, durch Spekulationskäufe und durch Betrug verfälschen. Aber die Konkurrenz und die gegenseitige Überwachung der Händler untereinander korrigiert die Fehler oft besser als das härteste Gesetz. Der Allgemeinheit ist so besser gedient als mit strengen staatlichen Vorschriften und Kontrollen.

Der Preis einer Ware kann in einer Stunde auf das Zehnfache ansteigen oder ins Nichts zurückfallen, ohne daß sich an der Ware etwas geändert hat. Das ist eine Tatsache, mit der jeder Volkswirtschaftler rechnen muß. Wer indessen glaubt, der Wert einer Ware entstehe durch die Hand des Arbeiters und gehe ein für allemal in die Ware über, kann im Steigen und Fallen der Preise nur ein Wunder oder einen Skandal sehen.

Der Wert ist kein Erzeugnis.

Der Wert ist kein Gegenstand.

Der Wert ist nicht in den Gegenständen.

Der Wert ist in den Herzen der Menschen, in ihren Wünschen, in ihren

Zuneigungen und Abneigungen. Er ist auch in den Beziehungen von Mensch zu Mensch.

Der Marktwert ist der Maßstab für die Intensität eines Wunsches.

Aber nichts ist so wandelbar wie Wünsche. Sie können ihre Intensität verändern, sie können sich in Gleichgültigkeit verwandeln oder in Abscheu umschlagen.

Der häufigste Grund für das Erlöschen eines Wunsches ist die Sättigung. Wenn die Sättigung leicht und mühelos zu erlangen ist, bleibt die Sache ohne Wert. Das gilt auch dann, wenn sie zu den elementarsten Notwendigkeiten des Lebens gehört wie Luft, Wasser und Licht.

Um einen Handelswert zu haben, sollte eine Sache wenigstens nicht ganz mühelos zu erlangen sein; doch sollte ihr Besitz im Bereich des Möglichen liegen.

Alle geistigen Güter sind selten und schwer zu erlangen. Deshalb haben sie einen Wert. Noch besser gesagt: Sie sind Werte. Sie können aber nicht im eigentlichen Sinn besessen werden. Man hat am meisten von ihnen, wenn man sich ihrer gemeinsam mit anderen erfreuen kann. Jene, die sie wünschen, wünschen meistens auch, daß andere sie wünschen und erreichen mögen. Sie sind im allgemeinen mitteilbar wie die Musik oder die Wahrheit.

Sie haben keinen Marktwert und keinen Preis.

Ohne Preis sind auch solche Güter, die nicht geteilt oder ausgetauscht werden können: die Gattenliebe zum Beispiel oder die innere Freiheit oder der Ruhm, den ein Kunstwerk seinem Schöpfer verschafft, oder die Autorität, die sich von der mit Wissen gepaarten Tugend herleitet.

Einen Marktwert haben also nur jene Güter, die teilbar und tauschbar sind, zugleich aber einer niederen Ordnung angehören. Das sind die begrenzten, materiellen Güter. Und diese Güter haben auch nur so viel Wert, wie man ihnen beimißt.

Der Wert dieser Güter nimmt ab in dem Maß, wie ihre Menge zunimmt. Er nimmt zu mit der Anzahl derer, die nach ihnen verlangen.

Wenn besitzen soviel heißt wie verteidigen, dann bedeutet verdienen soviel wie erobern.

Wenn sich das Begehren verschiedener Personen auf einen Gegenstand richtet, besteht ein verborgener Konflikt.

Wenn jeder dieser Konflikte ausgetragen würde, gäbe es keine Gesellschaft.

Wenn ein solcher Konflikt zwischen den Gliedern einer Gesellschaft ausbricht, nennt man das Diebstahl, Raub, Verbrechen. Wenn er zwischen zwei unabhängigen Gesellschaften ausbricht, bedeutet das Krieg.

Aber die ständige, stillschweigende — wenn auch nicht kampflose — Eroberung ohne Blutvergießen nennt man Erwerb oder Gewinn.

112

Statt denjenigen, von dem man etwas haben will, zu schlagen, zu berauben oder herauszufordern, bittet man ihn zu einer Besprechung und bietet ihm einen Vertrag an.

Man bezahlt ihn, man beruhigt ihn.

Dies bestätigt wieder unsere Feststellung, daß der Handel zwischen Spiel und Krieg eine Sonderstellung einnimmt.

Wenn man den Handel als berufliche Tätigkeit betrachtet, hat dieser Beruf mehr Verwandtschaft mit dem Spiel und mit dem Krieg als mit der Arbeit.

Die Ähnlichkeit mit dem Glücksspiel ist auffallend. Der Gewinn wird weniger um den Preis der Mühe erkauft, wie bei der Arbeit, als um den Preis des Risikos. Das Risiko des Verlierens wird dabei durch die Aussicht auf Gewinn ausgeglichen.

Solcherart ist die Ehre des Kriegers und die Ehrbarkeit des Kaufmanns.

31. Wirtschaftswissenschaft oder getarnte Morallehre?

Manche bestreiten den ethischen Wert dieses Ausgleichs zwischen Risiko und Aussicht auf Gewinn. Auch wir bestreiten ihn.

Manche beklagen den Mangel an Barmherzigkeit, der sich in der Weigerung ausdrückt, eine Sache ohne Entgelt herzugeben, auch wenn man sie nicht braucht. Auch wir beklagen diesen Mangel.

Wir glauben, daß es verdienstvoller ist, mit seinen eigenen Händen zu arbeiten, um selber herzustellen, was man braucht, anstatt zu handeln, um das Lebensnotwendige ohne Mühe zu erlangen, das heißt, sich die Mühe anderer zunutze zu machen.

Wir sind davon überzeugt, daß allein die Arbeit ethischen Wert hat, nicht aber das Spiel und auch nicht der Kampf.

Aber man müßte wissen, wovon man spricht! Spricht Marx von Moral oder von Wirtschaft?

Man kann sowohl vom einen als auch vom anderen sprechen. Man kann sogar versuchen, die Gesetze zu erkennen, nach denen sich eine Wirtschaft richten muß, wenn sie mit den Gesetzen der Moral nicht in Konflikt kommen soll. Und gerade dies wollen wir versuchen.

Man muß aber vermeiden, mit Ausdrücken aus dem Bereich des Wirtschaftslebens von Moral zu sprechen — oder umgekehrt. Sonst entstehen nur Unsicherheit und verwirrende Zweideutigkeiten.

Marx setzt uns nun aber eine als Wirtschaftswissenschaft getarnte Morallehre vor. Das Ergebnis dieser zweifelhaften Mischung ist eine oberflächliche Moral, gesellschaftlich statt geistig, eine Moral der Auflehnung statt einer Moral der Gerechtigkeit. Dem steht eine frei erfundene Wirtschaftswissenschaft gegenüber.

32. Vom Wert und vom Preis

Wenn es um wirtschaftliche Themen geht, kann man nur den Preis als den Wert einer Ware bezeichnen. Denn die Wirtschaftswissenschaft beschäftigt sich, wie alle anderen Wissenschaften, nur mit Erfahrungen und Tatsachen. Und auf wirtschaftlichem Gebiet gibt es nur eine Erfahrung, die etwas über den Wert einer Sache aussagt: den Preis.

Der Preis ist der tatsächliche und objektive Maßstab, nach dem sich der Wert einer bestimmten Ware auf einem bestimmten Markt zu einem bestimmten Zeitpunkt bestimmen läßt.

Wert und Preis sind nicht das gleiche. Der Wert ist nicht identisch mit den Gestehungskosten, noch viel weniger mit den reinen Lohnkosten, wie Marx es behauptet.

Der Wert einer Ware ist der Preis, den sie auf einem allumfassenden Markt erhalten würde, auf dem alle gleichartigen Gegenstände gleichzeitig allen nur möglichen Käufern angeboten würden. Jede Art von Beeinflussung müßte auf diesem Markt ausgeschaltet sein. Diesen Markt kann man sich aber nur vorstellen, er läßt sich nie und nirgends verwirklichen. Auf diese Vorstellung baut sich aber das persönliche Werturteil und die Annahme eines gerechten Preises auf. Diese Vorstellung ist sowohl dem Käufer als auch dem Verkäufer immer gegenwärtig; durch sie gewinnen beide den Eindruck, ein gutes oder schlechtes Geschäft gemacht zu haben. Sie ist die Grundlage jeder Diskussion über den „gerechten Preis".

Der gerechte Preis gehört nicht zum Bereich der moralischen Grundsätze und auch nicht zu dem der Wahrheiten. Er entstammt der Ebene des Künstlichen. Er ist eine Abstraktion. Zu einer annähernden Ermittlung bedürfte es umfassender statistischer Berechnungen, die täglich erneuert werden müßten.

Im übrigen ist er nur ein Haken, an dem jeder seine eigene Waage aufhängt. Hier legt er seinen Geschmack, seinen Glauben, seine Erinnerungen und Illusionen, seine Eitelkeiten, seine Launen und viele Dinge, von denen kein anderer etwas weiß, in die Waagschale.

So kann es sein, daß ein für den Verkäufer äußerst vorteilhafter Preis auch für den Käufer voll befriedigend ist. Und wenn beide zufrieden sind, wer kann dann behaupten, daß einer den anderen übervorteilt oder mißbraucht habe?

33. Von drei Verbindungsarten

Es stimmt, daß der Händler dem Vorhandenen nichts hinzufügt. Aber auch der Arbeiter fügt ihm nichts hinzu.

Der Arbeiter löst die Teile aus ihrem ursprünglichen Zusammenhang und fügt sie zu neuen Verbindungen zusammen.

Auch der Industrielle schafft nichts Neues. Er fügt Menschen mit verschiedenen, sich ergänzenden Fähigkeiten zusammen: Arbeiter, Vorarbeiter, Ingenieure, Erfinder, Verwalter, Kaufleute, Vertreter. Er schickt sie in die entsprechenden Räume, stellt sie an bestimmte Maschinen oder setzt sie vor bestimmte Schreibtische. Er teilt ihnen ihre Arbeit zu und nimmt ihnen ihre Arbeitserzeugnisse ab. Die fertigen Produkte bietet er dem Händler zum Kauf an.

Der Händler verwirklicht die letzte, entscheidende Verbindung; die des Käufers mit der fertigen Ware. Das ist das Ende eines langen Kreislaufs, dessen Anfang schon vor der Arbeit liegt, nämlich in den unter der Erde schlafenden, über alle Kontinente verstreuten, in der Wüste, im Urwald, in den Tiefen der Meere versteckten Reichtümern, ein Kreislauf, der mit der Entdeckung einer Rohstoffquelle beginnt und über viele Umwege, Zufälle und Verzögerungen zu dieser letzten Verbindung führt.

34. Epik des Geschäfts

Was für Dichter könntet ihr Geschäftsleute sein, wenn ihr erst einmal mit den Musen ins Geschäft kämt!

Was könnten eure Abenteuer für großartige Heldenlieder abgeben, wenn ihr nur verstündet, sie richtig vorzutragen und zu singen!

An Mut und Kühnheit steht ihr nicht zurück hinter den Helden. Ihr könntet ihren Ruhm haben, wenn ihr nur wie diese bereit wäret, etwas ohne Gegenleistung zu tun.

Welch prunkvolle, über Fürsten und Völker regierende Herrscher könntet ihr sein, wenn ihr euren Glanz nicht in Kisten und Kellern aufbewahrtet!

Vor den Dichtern, vor den Denkern, vor den Architekten wart ihr Kaufleute diejenigen, die Athen, Venedig und Florenz erbaut haben.

Ihr habt die Tore des Ostens geöffnet, ihr habt das unermeßliche indische Reich erobert, schneller und gründlicher als Timur-Leng. Und noch schrecklicher und nachhaltiger habt ihr es verwüstet, ihr liebenswürdigen Räuber!

Ihr bewaffnet die Armeen. Sie gehorchen den Befehlen anderer, aber ohne es zu wissen, dienen sie euch.

Alles dient eurem Profit, sogar der Krieg und die Zerstörung.

Die Arbeiter können alles mögliche errichten, verwandeln und herstellen — ihr könnt noch mehr: Ihr könnt ihre Arbeit kaufen.

Ihr kennt die Menschen und die Dinge. Ihr kennt ihren Wert und könnt sie tauschen.

Ihr kennt den Wert des Guten und des Bösen und könnt mit beidem Handel treiben.

Ihr könnt die Frucht essen, ihre Schale aus Reichtum, die schön und hart ist, und ihr Fleisch aus Bosheit, das gut und süß schmeckt.

35. Mystik des Handels

Mysterium Merkurs, des Gottes der Händler.

Mysterium des Hermes, des Meisters der großen und der kleinen Geheimnisse, des Patrons der Diebe und Räuber.

Gott der Beziehungen, Nicht-Gott, gleichgültig gegenüber dem Absoluten, der Wahrheit fremd.

Gott mit doppeltem Gesicht, mit doppeltem Sinn, mit doppeltem Boden.

Gott der Händler, Gott des Tausches, der Geschäfte und der Beziehungen, der Wege und Kreuzungen, Grenzstein, der zur Überschreitung einlädt.

Hafen am Anfang des Meeres, Hafen, der sich zur Weite öffnet, Leitstern in den Gefahren der Meere. Gott, der aus dem trennenden Wasser ein Band macht, das die Menschen verbindet, der den schrecklichsten Abgrund zum kürzesten Weg in den Reichtum verwandelt.

Er trägt in seiner rechten Hand das Zepter, um das sich zwei Schlangen winden, die der Vorsicht und die der List, die des Giftes und die der Arznei, die des Verrats und die der Freundschaft.

Er gibt nicht Geschenke, sondern Möglichkeiten. Er ist freundlich zu denen, die zu nehmen verstehen. Er begünstigt solche, die den Sinn zu verdrehen wissen. Er ist wohlwollend gegen alle, welche die Wahrheit zu ihrem Vorteil zu nutzen, die Waffe der Gefälligkeit zu führen verstehen und die Künste der Kombination und der Dekoration beherrschen. Den Dummen und Einfältigen, den Törichten und den Rohlingen begegnet er trotz immer freundlichen Lächelns mit Unerbittlichkeit.

Sieghafter Gott, dessen Kriegslist darin besteht, den Krieg zu vermeiden und trotzdem Siege zu erringen, Beute zu machen und das Einverständnis des Gegners zu erreichen, der beraubt, unterjocht und zum Komplizen gemacht wird.

Merkur oder Quecksilber, kaltes, flüssiges Metall, Silber, das Gold zersetzt, universales Lösungsmittel, welches das Sein auflöst und von einer Form in die andere übergehen läßt und durch den Wechsel der Formen Leben vortäuscht. Magie der Verwandlungen, die allem, was ihr begegnet, das Gold des ursprünglichen Lebens entzieht.

Mephistopheles Trismegistos oder Dreimal-sehr-große-Schlange mit doppelter Zunge, mit einem Leib aus Gold und Silber, in sich selbst verliebt und doppelten Geschlechts, Träger gespielten Lichtes, höchster Kenner von Gut und Böse.

36. Vom unbegrenzten und realen Wert zur Fiktion des Geldwertes

Wir haben den Wert als eine „Macht des Guten", als „Menge mal Qualität" und als „in einer Substanz vorhandene Nutzungsmöglichkeit" definiert.

Dann haben wir gesprochen von dem Marktwert als Maß für die Stärke eines Wunsches, noch genauer ausgedrückt: als Maß für die durchschnittliche Wunschstärke aller an einem Objekt interessierten Personen.

Wir müssen nun untersuchen, wie sich die letzte Definition zu der ersten verhält. Sonst würde sie denselben Vorwurf verdienen, den wir der marxistischen Definition machen.

Der absolute Wert, das einzige „allumfassende Konkrete" (Hegel), ist das Gute an sich. Er ist nie sinnlich wahrnehmbar und übersteigt unser Fassungsvermögen.

Deshalb ist er immer ein Gegenstand des Glaubens.

Die höchsten Werte wie Wahrheit, Schönheit, Gerechtigkeit sind seine Eigenschaften.

Der Sprache sind sie einverleibt durch die Theologie und die Philosophie. Entdeckt wurden sie durch die Religion und durch den gesunden Menschenverstand. Bestätigt wurden sie durch allgemeine Übereinstimmung, obwohl es nur einigen wenigen, vielleicht nur Gott, vorbehalten ist, sie ganz zu begreifen.

Der Wert von Personen hängt von der Qualität ihres Charakters ab, der sich teilweise in ihrem Verhalten und in ihrem Wirken ausdrückt. Davon wieder hängt das Vertrauen ab, das man ihnen entgegenbringen kann, und ihre Kreditwürdigkeit. „Kredit" ist ein anderes Wort für Glaube.

Ihr Wert wird geschätzt, und diese Wertschätzung findet oft ihren gesellschaftlichen Ausdruck in der Stellung, im Ansehen und in der Autorität des Betroffenen. Das ist ein menschliches Urteil; die Einstufungen bleiben diskutabel und sind oft falsch.

Der Wert eines Menschen liegt in dem Verhältnis seines inneren Lebens, seines Gewissens, seiner Wesensmitte zum „Guten an sich". Der Wert des Menschen ist ein Geheimnis Gottes.

Was die als Handelsware in Betracht kommenden Dinge betrifft, so leitet sich ihr Wert nicht von ihrem inneren Leben ab.

Aber diese Dinge stehen in Beziehung zum Innenleben des Menschen, weil sie Gegenstand seiner Wünsche sind. Die Wünsche, welche die Menschen in sich tragen, geben den Dingen einen Wert.

Auch der Glaube spielt dabei eine Rolle. Von einem wertvollen Gegenstand glaubt man, daß er ein gegenwärtiges oder zukünftiges Glück ermögliche.

Das Wertverhältnis dieser Dinge untereinander wird beim Tausch augenscheinlich. Dieses Wertverhältnis der Tauschgüter ist aber nur scheinbar objektiv, denn es ergibt sich nicht aus dem Vergleich eines Objekts mit einem anderen, sondern aus der Gegenüberstellung eines Wunsches mit einem anderen Wunsch.

Die Bezahlung ist selbstverständlich keine Huldigung an die Qualität eines Gegenstandes, sondern nur ein Zugeständnis an seinen Besitzer, damit dieser sich bereit findet, ihn herzugeben.

Das Verhältnis der Werte untereinander wird in einer eigenen Sprache ausgedrückt. Diese Sprache ist das Geld. Es ist nicht die Sprache der Qualität, die aus Eigenschaftswörtern besteht. Es ist auch nicht die Sprache der Quantität, die aus Zahlen besteht. Diese Sprache ist aus beiden Elementen zusammengesetzt, denn Wert ist eine Synthese aus Qualität und Quantität.

37. Poetik des Geldes

Geld ist eine unechte Sache; man kann es greifen, und doch ist es eine Abstraktion. Es ist ein Besitz, der mir nichts nützt, solange ich ihn in meiner Kasse, in meiner Tasche oder in meiner Hand habe. Wenn ich etwas davon haben will, muß ich es ausgeben.

Die Metalle, aus denen das Geld gemacht ist, gehören nicht mehr zur Welt der nützlichen Dinge. Man hätte das Gold oder das Silber nehmen können, um Geschirr, Schmuckstücke, Kultgegenstände oder falsche Zähne davon herzustellen. Da es aber zur Herstellung von Münzen verwendet worden ist, ist es keine Ware mehr. Niemand wird zehn Franken ausgeben, um zehn Franken dafür zu kaufen.

Im übrigen besteht der Nutzen von Gold und Silber allein darin, daß sie schön sind. Diese Metalle sind zur Dekoration und als Symbole geeignet. Aus diesem Grund wählte man sie als Grundstoffe zur Münzprägung.

Das Gold entspricht der Sonne und dem Blut. Das Silber entspricht dem Mond, dem Wasser und dem Saft der Pflanzen.

Wenn man den Alchimisten Glauben schenken will, handelt es sich dabei nicht nur um literarische Gleichnisse, sondern um Analogien, die im Wesen dieser Stoffe begründet sind. Chinesische Ärzte kräftigen und beruhigen den kranken Körper mit Hilfe zweier Nadeln, von denen die eine aus Gold und die andere aus Silber ist. Die Sonnennadel dient der Belebung, die Mondnadel der Beruhigung.

Man muß dazu noch sagen, daß Gold selten ist und dadurch auf geringem Raum einen hohen Wert vereinigt. Alle Arbeit in den Bergwerken, die Goldwäscherei in den Flüssen, alle Überlegungen und Entdeckungen der Forscher haben dem Gold nicht seine Seltenheit genommen.

Immer wenn die Menge des gewonnenen Goldes etwas zugenommen

hatte, war auch der Handel in seinem Umfang gewachsen, so daß der Wert nur geringen Schwankungen unterworfen war.

Gold zersetzt sich nicht. Man kann es in der Erde vergraben oder ins Wasser versenken, ohne daß es oxydiert oder auf andere Weise Schaden nimmt.

Gold ist immer gleich Gold, ganz gleich, wo es gewonnen wird. Unterschiede entstehen nur durch Legierungen.

Es kann beliebig geteilt werden, ohne daß sein Wert dadurch beeinträchtigt würde. Der Preis richtet sich lediglich nach dem Gewicht, was beispielsweise bei Diamanten und anderen Edelsteinen nicht der Fall ist.

Alle diese Eigenschaften haben ihren praktischen Wert und begründen den Gebrauch des Goldes. Sie haben aber auch symbolischen Wert und erhellen seine kosmische Bedeutung.

Der nüchterne Geschäftsmann, der Bankier mit dem kühlen Auge, der Makler und andere, die sich rühmen, nur an das zu glauben, was sie sehen und fühlen können, sind, ohne es zu wissen, zu Hütern magischer, mythischer und mystischer Überlieferungen und archaischer religiöser Vorstellungen geworden. Der Geizige dient blind einem unbekannten Gott. „Auch Geiz ist Götzendienst" (Paulus).

So, wie das Auge durch die Pupille auch das Licht des Leibes ist, so werden Gold und Silber erst zu Geldstücken, wenn sie geprägt sind, wenn sie Bildnis, Namen und Zahl tragen und ihre äußere Form der Astralscheibe gleicht.

Die Signatur des Herrschers gibt der Münze ihre Weihe und läßt sie in die Welt der Zeichen eingehen.

Daß die Menschen ihr Herz so sehr an diese Gutscheine auf zukünftige Vorteile hängen, mehr als an Gebrauchsgegenstände, mehr als an die Freuden der Sinne und des Augenblicks, mehr als daran, einander zu lieben, als sich auszuruhen, das zeugt von einem hohen Grad abstrakten Denkvermögens, eines Denkvermögens, das im allgemeinen unbewußt, unsinnig, eitel und verknöchert ist. Hier ist ein Punkt, wo man das Wesen der Erkenntnis von Gut und Böse mit Händen greifen kann und wo der Unterschied zum wahren Wissen am klarsten zutage tritt.

Wenn man das Geld als eine Sprache betrachtet, so liegt deren Besonderheit darin, daß sie nicht auf Verbindung und Mitteilung abzielt wie alle anderen Sprachen, sondern auf Trennung und Isolation. Sie trennt den Bezahlenden vom Zahlungsempfänger.

Sofern das Geld einen Rechtsanspruch ausdrückt, handelt es sich um ein auf Konventionen beruhendes Recht, das der Zufall herbeigeführt hat, nicht aber um ein Recht, das der Gerechtigkeit entspringt.

Geld ist der amtliche Erlaubnisschein für alle möglichen Ungerechtigkeiten. Zuerst bemächtigt man sich der Dinge auf dem Umweg über die Menschen, und schließlich bemächtigt man sich der Menschen auf dem Umweg über die Dinge.

Das Geld ist eine Sprache der List, so, wie das Wort die Sprache der Intelligenz ist.

Wenn man nicht alle Beziehungen zu seinen Mitmenschen verfälschen will, besteht der beste Gebrauch, den man vom Geld machen kann, darin, daß man es so wenig wie möglich gebraucht.

38. Von der Geschäftswelt

Dennoch ist die Geschäftswelt keine Räuberhöhle, kein Dschungel voller Schlangen und Raubtiere, keine Unterwelt. Vielmehr haben hier Anstand und Höflichkeit ihre Heimat.

Das freundliche Lächeln, der herzhafte Händedruck, die Bekundungen von Achtung und Wohlwollen müssen nicht unbedingt Heuchelei sein.

Sind die Unterschriften ausgetauscht, die Waren überprüft, die Anzahlungen geleistet, wird der Vertrag mit einem Festmahl, mit Trinksprüchen und schönen Reden beschlossen.

Wenn man es vermeidet, den Geschäftspartner zu täuschen, geschieht das nicht unbedingt aus Furcht vor einem Prozeß und gerichtlicher Verfolgung. Man kann ohne weiteres annehmen, daß moralische Bedenken eine Rolle dabei spielen. Vielleicht ist man auch zu der Einsicht gekommen, daß auf die Dauer Ehrlichkeit mehr Vorteile bringt als ihr Gegenteil.

Diese geordnete und ausgesprochen menschliche Welt ist es jedoch, für die Jesus nicht gebetet hat (Joh. 22). Man fragt sich: Warum?

Es ist die Welt, von der er gesagt hat: „Die Welt haßt mich, denn ich bezeuge, daß ihre Werke böse sind." Wieso sind sie böse? Und für wen?

Es ist die Welt, von der es im Jakobusbrief heißt: „Wer die Welt liebt, ist ein Feind Gottes" (4, 4). Warum? Welt bedeutet Ordnung. Wie kann einer, der die Ordnung liebt, der zählt, wiegt und ordnet, ein Feind Gottes sein?

Der Irrtum besteht darin, daß man glaubt, es gebe nur eine Ordnung oder jede Art von Ordnung sei gut oder der Ordnung könne sich nur Unordnung entgegenstellen.

Die Unordnung könnte der Ordnung nicht widerstehen, sowenig wie die Finsternis dem Licht widerstehen kann oder die Schwäche der Kraft. Aber das Böse leistet Widerstand. Es muß also eine Ordnung sein, die sich der anderen Ordnung widersetzt, eine Macht der Finsternis, eine falsche Helligkeit, die das Licht trübt. In der Tat ist es so, daß die „Welt" und der „Fürst dieser Welt" reich sind an brillanten Kenntnissen, an Ansehen und Tugenden.

120

Der biblische Begriff „Welt" bezieht sich vor allem auf die Welt der Geschäfte, weniger auf die eitle, mondäne Gesellschaft.

Im übrigen gehört aber auch das, was sich im Salon, am Hof, in der diplomatischen Botschaft, in der Werkstatt, im Café, im Versammlungssaal abspielt, zur Geschäftswelt.

Und worin besteht das Geschäft dieser Welt? Es besteht darin, aus dem Wissen Nutzen zu ziehen. Und welchen Nutzen bringt das Wissen? Es befähigt dazu, sich der anderen zu bedienen, andere Menschen als Hilfsmittel zur Erfüllung eigener Wünsche zu benutzen. Und an den Menschen gibt es kaum etwas, aus dem ein schlauer Kopf keinen Nutzen ziehen könnte.

Geschäft heißt: möglichst wenig arbeiten, möglichst wenig geben, möglichst viel bekommen. Dieses Verhalten würde auf kürzestem Weg ins Chaos führen, wenn nicht jeder mit dem Einverständnis der Allgemeinheit das gleiche täte. Dadurch ergibt sich ein Gleichgewicht der Egoismen.

Warum schickt jener ehrenhafte Mann seinen Sohn in die Schule? Wenn Sie ihn fragen, wird er kein Hehl daraus machen: Er soll später einmal eine gute Stellung in der Gesellschaft haben. Und worin besteht das Gute einer Stellung? In hohem Verdienst, wenig Mühsal und darin, daß andere Menschen zu unserem Vorteil wirken.

Daraus ergibt sich eine Ordnung, die im Gegensatz steht zur Ordnung der Barmherzigkeit.

Neben Unordnung, Not, Charakterschwäche, Laster und Verbrechen gibt es auf dieser Welt also auch die Ordnung der Sünde. Eine ihrer vollendetsten Ausdrucksformen ist das Wirtschaftsleben.

39. Von der Überlegenheit der gegenseitigen Ausbeutung gegenüber dem einfachen Diebstahl

Ethische Gesichtspunkte werden in diesem Kapitel nicht berücksichtigt. Es geht hier lediglich um die Wirtschaft. Wenn ich Ihnen vom Stehlen abrate, hat das hier rein wirtschaftliche Gründe.

Keine Wirtschaft, die einige Bedeutung hat, ist auf Diebstahl gegründet. Einseitige, schnelle Vorteile halten nie lange an. Deshalb arbeitet jede ernst zu nehmende Wirtschaft mit dem Zufall.

Wenn Sie schlau, listig, aufmerksam und mutig sind, wie ein erstklassiger Dieb es sein muß, dann sollten Sie es einmal mit dem Spiel der gegenseitigen Ausbeutung probieren.

Die Spielregel fordert Sie auf, sich so viele Vorteile wie möglich zu verschaffen und allen Mitspielern die Freiheit zu lassen, das gleiche zu tun.

Das Spiel der gegenseitigen Ausbeutung ist kein harmloser Zeitvertreib, sondern ein wichtiger Zweig der Erkenntnis von Gut und Böse. Es ist eine

Grundlage des bürgerlichen Lebens, so, wie die Schwerkraft ein Grundgesetz der Physik ist.

Das Ineinanderwirken gegensätzlicher Interessen bildet ein dichtes Gewebe. Gaunereien können in diesem Gewebe Risse hervorrufen. Aber auch Taten der Großmut und der Barmherzigkeit sowie göttliche Eingebungen hinterlassen darin manchmal Löcher und Verbrennungen. So erklärt es sich, daß die Heiligen zu allen Zeiten unerwünscht waren, denn sie sind ebenso Spielverderber wie die Diebe und die Betrüger. Ihr Erscheinen ist dabei meistens weniger diskret. Sie machen sich unmöglich. Man hat keine Ruhe vor ihnen, solange man sie nicht ausgeschaltet hat. Erst wenn solche Leute zwischen zwei Schächern gekreuzigt sind, kann man erleichtert aufatmen.

Für Sie ist es jedoch das beste, weder zu den einen noch zu den anderen zu gehören, sondern sich an die Spielregeln zu halten. Dann werden Sie außer den Gewinnen, die Sie dem Glück und Ihrer Geschicklichkeit verdanken, auch alle Segnungen der bürgerlichen Moral erlangen, von denen Sie wie von einer Decke eingehüllt werden.

Am erfolgreichsten wird der Spieler sein, der klug genug ist, den Vorteil des anderen nicht als ein unvermeidliches Übel anzusehen, sondern als Garantie für die eigene Prosperität auf längere Sicht. Es lohnt sich bei allen Geschäften, immer darauf zu achten, daß der andere zufrieden von dannen zieht und vielleicht eines Tages von neuem seine Dienste oder sein Geld anbietet.

Wenn Sie meinen, die Zufriedenheit Ihres Opfers sei ein unlösbares Problem, verstehen Sie noch wenig von der Wissenschaft von Gut und Böse. Das ganze Geheimnis des Handels liegt in der Austauschbarkeit verschiedenartiger Werte und in der Abschätzung ihrer Unwägbarkeiten. Dies alles beruht auf der Erkenntnis, daß die Dinge genau den Wert haben, den man ihnen beimißt.

Sie müssen nur jeweils den Menschen finden, der hoffnungslos vernarrt ist in den Gegenstand, der Sie am wenigsten interessiert. Wenn Sie ihm den Gegenstand dann mit freundlicher Miene zum höchstmöglichen Preis abtreten, wird er Ihnen dankbar sein.

Die Austauschbarkeit verschiedenartiger Werte zeigt sich beispielsweise in folgenden Vorgängen: Man erwirbt eine einwandfreie Ware und gibt dafür eine schlechte Ware, die aber schöner aussieht und gerade in dem Augenblick angeboten wird, in dem der Wunsch nach ihr am stärksten ist. Man kann auch einen realen Wert gegen einen imaginären Wert eintauschen, zum Beispiel einen Adelstitel oder ein paar Gramm Mondstaub gegen bares Geld. Die Abschätzung von Unwägbarkeiten ist für folgende Geschäftsvorgänge notwendig: Einer verkauft ein surrealistisches Gemälde und kauft sich dafür ein Haus aus solidem Stein; ein anderer verkauft sein

Vermögen für die schönen Augen eines Mädchens; einer kauft eine große Mitgift zum Preis einer mürrischen Gattin; ein anderer legt seine Überzeugungen zur Seite, um an die Macht zu gelangen; dieser tauscht seinen Schweiß und sein Blut gegen Lobreden ein, jener gibt eine Spende für den öffentlichen Kindergarten, um sich die Ehre einer Gedenktafel einzuhandeln, die er nach seinem Tod in vollen Zügen genießen kann.

Und, glauben Sie mir, die besten Geschäfte machen Sie, wenn Sie ehrlich sind! Diese These stammt nicht von mir. Sie könnte aus Amerika kommen. Von allen moralischen Richtlinien ist sie die ökonomischste.

40. Ein freundschaftlicher Rat

Vom Stehlen rate ich Ihnen ab. Verzeihen Sie mir bitte, daß ich so hartnäckig darauf bestehe. Aber es gelingt zu selten, und das Risiko ist zu groß.

Was ich Ihnen dagegen wärmstens empfehlen kann, ist, der Sohn und Erbe eines erfolgreichen Räubers zu sein.

Seine Unruhe, seine Schande und seine Gewissensbisse hat der Alte mit ins Grab genommen. Das geht Sie nichts mehr an. Sie können sich in Ruhe der Nutznießung des Geerbten hingeben.

Was meinen Sie dazu? Ist das nicht das tollste Ding, das man drehen kann? Übertrifft das nicht sogar die gelungensten Unternehmungen des alten Gauners?

41. Das Auge des Gesetzes wacht

Das Auge des Gesetzes wacht über uns. Aber es ist kurzsichtig und phantasielos.

Es überwacht die Hände derer, sie ein Geschäft abschließen, und besteht dabei oft auf belanglosen Kleinigkeiten. Sobald aber das Geschäft abgeschlossen ist, gibt es sein Einverständnis unterschiedslos zu jeder Art von Besitz.

Wenn Sie in einem Jahr eineinhalb Milliarden verdienen, wird es Sie wahrscheinlich nicht fragen, was für Dienste Sie der Allgemeinheit für diese ungeheure Summe leisten.

Wenn Sie aber auf einem öffentlichen Platz ohne Geld ertappt werden, sind Sie schon verdächtig. Sie können sogar für schuldig befunden werden, denn Landstreicherei ist nach dem Gesetz ein Vergehen. Die Prostitution hingegen ist keines, die Börsenspekulation ebensowenig.

42. Von den drei Aggregatzuständen der wirtschaftlichen Materie

Dort, wo sich die wirtschaftliche Materie in flüssigem Zustand befindet, sei es als Geld, sei es als Ware, ist es nicht erwünscht, daß sie liegenbleibt oder erstarrt. Denn sobald ihr Fluß aufhört oder sich verlangsamt, entstehen Not und Mangel.

Das trifft auf den Geldumlauf zu, auf Waren aller Art, am meisten aber auf verderbliche Waren.

Grundbesitz und Hausbesitz ist der feste Zustand der wirtschaftlichen Materie. Hier bedeutet Verflüssigung soviel wie Vernichtung.

Geld im festen Zustand nennt man Kapital. Das im Umlauf befindliche Geld ist nie mehr wert, als es kostet. Das angesammelte Geld bekommt noch einen zusätzlichen Wert, der mit der Größe seiner Masse zunimmt. Wasser und Eis sind aus demselben Stoff. Man kann aber nicht beide zu den gleichen Zwecken gebrauchen. So ist es auch mit dem Geld, das im flüssigen Zustand nur zum Ausgeben geeignet ist, im festen Zustand als Kapital jedoch zur Gründung eines Unternehmens oder zu einer Beteiligung verwendet werden kann und auf diese Weise einen Ertrag ermöglicht.

Wenn ein Aktionär mehr Geld verdient als ein Hilfsarbeiter, obwohl der Umgang mit einer Schaufel mühsamer ist als das Einzahlen eines beliebig hohen Geldbetrags, und mehr als ein Ingenieur, obwohl die Anlage einer Million eine geringere Intelligenzleistung erfordert als der Erwerb eines Diploms, so liegt das nicht daran, daß er andere zwingt, ihm Tribut zu zahlen. Es liegt daran, daß sein Beitrag schwerer zu erlangen ist, obwohl er genauso unentbehrlich ist. Wenn es weniger Arbeiter gäbe und mehr Kapital, wären wahrscheinlich die Löhne höher und die Dividenden geringer.

Marx hatte prophezeit, die Herrschaft des Kapitals werde sich selbst zerstören, und die Revolution brauche ihr nur noch den Gnadenstoß zu geben. (Prophetie ist heute nicht mehr eine Sache der Propheten, sondern eine Sache der Wissenschaftler.)

Wenn das Kapital für den Reichen das Mittel ist, seinen Reichtum auf Kosten der Armen immer mehr zu vergrößern, und der Arme auf diese Weise immer ärmer wird, müßte sich das Kapital am Ende seiner eigenen Grundlagen berauben und mit seinem ganzen Gewicht zu Boden stürzen.

In den Ländern aber, in denen die Herrschaft des Kapitals nicht gewaltsam zerstört wurde, sondern seine natürliche Entwicklung fortsetzen konnte, hat sich in etwa das Gegenteil ereignet.

Der Lebensstandard der Armen steigt ständig, während Besitzende und Unternehmer immer sorgenvoller in die Zukunft schauen. Manche von ihnen suchen gesicherte, regelmäßige Einkünfte als Gehaltsempfänger. Sie nehmen den Sprachgebrauch des Volkes an, während das Volk sich immer mehr auf bürgerliche Weise bildet, kleidet, möbliert und vergnügt. (Wir leugnen allerdings nicht, daß auch die Furcht vor dem Kommunismus an dieser Entwicklung mitgewirkt hat.)

Die Verbürgerlichung des Proletariats und, mit einiger Verzögerung, auch der Bauernschaft ist eine weitverbreitete Erscheinung, sie sich durchaus nicht nur auf Äußerlichkeiten beschränkt.

In den reichsten der kapitalistischen Länder übersteigt die Summe der kleinen Besitztümer beträchtlich die der großen Vermögen. Viele Aktiengesellschaften machen den kleinen Sparer mit den Wohltaten des großen Kapitals vertraut. Der Unterschied zwischen der flüssigen und der festen Form des Geldes besteht nicht in der Menge. Eine Banknote von tausend Franken ist Geld, während eine Aktie von tausend Franken Kapital ist.

Es gibt Unternehmen, die an ihre Arbeiter Aktien abgeben als Teil der Entlohnung und als Anerkennung. So lassen sie die Arbeiter am Schicksal des Unternehmens und an seinem Gewinn teilnehmen.

Übrigens kann man das Kapital nicht beseitigen, ohne gleichzeitig die Erzeugung und den Umlauf von Waren zu unterdrücken.

Trotzdem ist das Kapital nicht lebensnotwendig, denn die Völker am Kongo kommen gut ohne seine Dienste aus. Wenn jemand ein Stück Buschwald abbrennt und Maniok anpflanzt, dann gehört ihm das Feld bis zur Ernte. Diebstahl, Knechtschaft und Not sind dort unbekannt. Ob die Kommunisten auch soviel erreichen können?

Bis jetzt sind sie jedenfalls noch nicht soweit gekommen. Dafür haben sie mit der rechten Hand die Macht und mit der linken das Kapital an sich gerissen. Daraufhin blieb der Masse der Nichtkommunisten nichts anderes übrig, als für sie zu arbeiten.

In der Sowjetunion gehört das Kapital niemandem außer dem Staat. Wer aber ist der Staat? Wem gehört er?

In einem kapitalistischen Land unterstützt der Staat die ganz großen Unternehmungen, macht sie wieder flott oder übernimmt sie in eigene Regie. Das nennt man Verstaatlichung. Für das Volk ändert sich dadurch jedoch nur wenig.

Die Verbürgerlichung ist sowohl hier wie dort im Fortschreiten. Sowohl hier als auch dort entstehen Institutionen, die sich in sieben Punkten ähnlich sind. Und je ähnlicher sie sind, desto heftiger wird der Gegensatz zwischen ihnen betont. Das ist die Dialektik der Geschichte: Gegensätze, von denen einer aus dem anderen hervorgegangen ist und die sich nachher wieder miteinander vermischen. Hier findet die marxistische Lehre eine Bestätigung, mit der Marx bestimmt nicht gerechnet hat.

Sprechen wir nun vom dritten Aggregatzustand der wirtschaftlichen Materie: von ihrem gasförmigen Zustand, dem Kredit.

43. Vom gasförmigen Zustand und von der Evolution des Geizes

Ursprünglich konnte jede Ware als Zahlungsmittel dienen, wenn es darum ging, eine andere Ware zu erwerben. Dabei konnte es sein, daß eine sehr gebräuchliche und allgemein verbreitete Ware als Bemessungsgrundlage diente. Dann war ein Stück Land vielleicht soundso viele Schafe oder Rinder wert. Kleinere Werte wurden vielleicht mit soundso viel Handvoll Salz gemessen.

Phönizische Seefahrer, als einfallsreiche und weitsichtige Händler bekannt, haben schließlich das Geld aus Silber und Gold erfunden. Es war eine sehr gelungene Versinnbildlichung des Reichtums, die viele zur Täuschung geführt hat.

Einen, der dieser Täuschung unterliegt, bezeichnet man als geizig. Er verwechselt das Sinnbild mit der Wirklichkeit. Geiz ist nicht einfach Anhänglichkeit an irdische Güter. Er ist in gewissem Sinn sogar das Gegenteil. Geiz beruht auf einem Irrtum über das Wesen des Geldes. An die Stelle des Haftens an irdischen Gütern tritt hier das Haften an ihren Sinnbildern.

Wie viele Menschen sind ihm schon zum Opfer gefallen! Ich spreche nicht vom Verlust der Seele; ich meine vielmehr, daß viele schon ihren Körper und ihr Hab und Gut an ihn verloren haben.

Die Sage von König Midas steht dafür. Von Bacchus hatte er sich die Gnade erbeten, daß alles, was er berührte, sich in Gold verwandeln möge. Der weinselige Gott belustigte sich über diese Torheit, indem er den Wunsch erfüllte. Da Gold aber nicht eßbar ist, mußte der reichste Mensch der Welt verhungern.

Die Eroberung Amerikas durch die Spanier ist eine tragische Illustration derselben Wahrheit. Die Gier nach Gold war die Ursache. Der Untergang des spanischen Königreichs war die Wirkung.

Die Eroberer mögen zehnmal soviel Gold in ihre Heimat gebracht haben, wie bis dahin in der ganzen Alten Welt im Umlauf war. Sie konnten damit trotz großer Anstrengungen und Blutopfer kaum mehr erreichen, als daß der Wert des Goldes sich um neun Zehntel verringerte.

Und noch ehe die Eroberung vollendet war, war schon alles Gold aus Peru zusammen mit dem Gold Spaniens in die Hände der Flamen und anderer Völker übergegangen, die mit den Eroberungen nichts zu tun gehabt hatten. Das in den Feldzügen und Schlachten geraubte Gold war verpraßt worden und zu den fleißigen und erfinderischen Menschen in kultivierteren Ländern geflossen, so, wie das Wasser von den Hängen eines Berges ins Tals fließt.

Mit dem Beginn der Neuzeit haben Händler und Seefahrer, die nicht weniger einfallsreich waren als die Phönizier, das Papiergeld erfunden. Sie haben auf diese Weise die Kenntnis von Gut und Böse mit der Algebra in Verbindung gebracht und das Finanzwesen erstmalig in den gasförmigen Zustand übergeführt.

Geld ist keine Ware, sondern nur die Zusicherung der Möglichkeit, eine

Ware zu erwerben. Eine Banknote ist kein Geld, sondern ein Gutschein für einen bestimmten Geldbetrag.

Diesen Gutschein hat der Staat ausgestellt. Man kann und soll sich auf die Garantie des Staates so fest verlassen, daß es überflüssig und lächerlich ist, mit jedem Geldschein auf die Bank zu gehen und eine Auszahlung in Metall zu verlangen. Der Sinn des Versprechens besteht also darin, daß es ein Versprechen bleibt.

Die Masse des Metalls ist in den Schatten gerückt. Sie beansprucht Platz und hat ein erhebliches Gewicht. Weil sie nicht so leicht zu transportieren ist wie Papier, wird sie in den Kellern der Banken aufbewahrt.

Die Bank, welche die ersten Geldscheine gedruckt hat, verdankt dieses Recht dem englischen König. Sie hatte dem König einen größeren Betrag geliehen und bekam als Anerkennung dafür das Recht, Banknoten herauszugeben. Diese Banknoten bezogen sich auf die dem König geliehene Summe und standen unter seiner Bürgschaft. So durfte sich jeder, der eine solche Banknote besaß, darauf verlassen, daß der auf ihr gedruckte Betrag in der Kasse der Bank fehlte. Auf diese Weise konnten alle Bürger zu Gläubigern des Königs werden. Die Operation gelang. Sie brachte die Finanzen des Königreichs zum Überschäumen. So wurde die Bank von England gegründet, Vorbild für viele andere Staatsbanken.

Die Bankreserve soll allen eventuellen Forderungen genügen. Es ist aber äußerst unwahrscheinlich, daß alle Besitzer von Banknoten gleichzeitig kommen, um zu fordern, was ihnen zusteht. Auch wenn man noch nicht soweit gekommen ist, daß auf den Gebrauch von Bargeld ganz verzichtet werden kann, so hat doch niemand ein besonderes Interesse daran, sich beweisen zu lassen, daß die Banknote, die er in seinen Händen hält, nichts wert sei. Es gehört vielmehr zum guten Ton, sie ohne Prüfung als gut zu erachten. Dieses Vertrauen gibt ihr einen Wert, den sie sonst nicht hätte.

Das Geheimnis, das die Geldreserven der Banken umgibt, ermöglicht den Finanzleuten eine elastische Handhabung der Geldgeschäfte. Jedoch müssen sie gewisse Gesetzmäßigkeiten kennen, deren Übertretung zum Zusammenbruch, zur Inflation und zum Bankrott führen kann.

Ein Geizhals weiß nicht mehr, woran er sich festhalten soll. Der Geiz ist in seinen Grundfesten erschüttert. Der gasförmige Aggregatzustand der Wirtschaft müßte logischerweise diese Hauptsünde zum Verschwinden bringen.

Zweifellos gibt es noch immer Leute, die über das teure Leben klagen und von Zinseszinsen leben. Auch gibt es noch jene armen Reichen, die ihre Geldbörse krampfhaft festhalten und beim Bezahlen einer Rechnung eine Grimasse schneiden, als würde ihnen ein Zahn gezogen. Aber das sind Provinzielle und Hinterwäldler. Der Geizhals ist gestorben. Die Erbschaft ist an seinen Sohn, den Geldmenschen, übergegangen.

Der Geldmensch hat so wenig Interesse daran, das Geld festzuhalten und zu betrachten, daß man ihn für großzügig und freigebig halten könnte. Sähe ihn sein Vater, würde er ihn einen Narren heißen und ihn verleugnen. Doch er wäre im Irrtum. Ganz wie sein Vater denkt auch der Sohn nur ans Geld. Er tut nichts umsonst. Alles, was er tut, tut er zu seinem Vorteil. Auch seine Liebhabereien und Zerstreuungen bringen ihm Vorteile.

Wenn er wenig ausgibt für sein Vergnügen, dann deshalb, weil er es viel vergnüglicher findet, Geld zu verdienen! Das aus seinen Geschäften verdiente Geld investiert er wieder in seine Geschäfte, und der Wirbel der Geschäfte bringt ihm wieder neues Geld.

Die Nichtigkeit dieser Art von Aktivität ist augenscheinlich. Für ihn selber jedoch ist es die wichtigste Sache, die es gibt. Der Vater war geizig, der Sohn ist gierig. Die Alten hatten für beides ein und dasselbe Wort, und das war nicht zu Unrecht so.

Es gibt Steuereinnehmer und sogar Kassenverwalter karitativer Körperschaften, die sich mit einem bescheidenen Gehalt begnügen und auch nicht versuchen, es zu erhöhen, die aber aus Liebe zu ihrer Kasse eine verbissene Habgier zur Schau tragen und ohne Bedenken brutale Erpressungen begehen. Das ist die selbstlose Form des Geizes.

Man muß sich da fragen, ob durch die Abschaffung des Privateigentums der Geiz wirklich eingedämmt würde oder ob er sich dadurch nicht zu noch raffinierteren Formen entwickeln würde.

44. Finanzphilosophie

Es kann im Leben eines Menschen Augenblicke geben, da ihm das Fehlen eines Geldbetrags den Weg seiner Hoffnungen versperrt oder ihn der Obdachlosigkeit aussetzt oder ihn von seinen Angehörigen trennt oder sein Unternehmen ruiniert oder gar seinen Tod zur Folge hat. Wenn er dann keine Freunde hat oder wenn, wie es häufig vorkommt, seine Freunde auf einmal alle arm sind, ist er froh, wenn er wenigstens einen Wucherer findet, der bereit ist, ihm aus der Patsche zu helfen.

Doch die Welt ist voller Undank gegenüber dieser Art von Rettern. Die Religion verurteilt sie. Die Justiz verfolgt sie.

Wenn ich sie zu verteidigen hätte, würde ich sagen: Ist es nicht normal, für eine Ware oder für einen Dienst so viel zu verlangen, wie der Kunde zu zahlen bereit ist?

Nehmen wir einmal an, Sie besäßen ein Stück Land, das durch die Ausdehnung einer benachbarten Stadt plötzlich sehr begehrt geworden wäre. Hand aufs Herz: Würden Sie sich weigern, es zu einem Preis zu verkaufen, der das Zehnfache dessen beträgt, was Sie einmal dafür bezahlt haben? Und wenn es das Hundertfache wäre, was wäre daran böse?

Eine Wohnung in Paris oder Nizza wird teurer vermietet als ein ganzes Schloß in den Cevennen. Wenn Sie darin eine Ungerechtigkeit sehen, dann gehen Sie doch auf die Straße und demonstrieren Sie für die Abschaffung des Gesetzes von Angebot und Nachfrage!

Wie dem auch sei — eine Regel besagt, der Zins für ausgeliehenes Geld solle nicht mehr als fünf Prozent betragen. Da lohnt es sich nicht für Sie, Leihsumme und Zinsen oder gar Prozesse und andere Schwierigkeiten zu riskieren. Kaufen Sie für Ihr Geld lieber ein Ladengeschäft oder ein anderes Renditeobjekt, und Ihr Geld wird reiche Früchte tragen.

Der Kauf eines Anteils an irgendeinem kommerziellen oder industriellen Unternehmen hält die Mitte zwischen dem Geldverleih für Zinsen und der Gründung eines eigenen Unternehmens. Die Gesellschaft, der Sie Ihre Geldmittel zur Verfügung stellen, schuldet Ihnen nicht nur Zinsen, sondern auch einen der Größe Ihres Kapitals entsprechenden Gewinnanteil.

Dieser Gewinnanteil kann genauso hoch sein wie der Zins, den ein Wucherer von seinen Schuldnern fordert. Er hat aber den Vorteil, völlig legal zu sein.

Nun kann es geschehen, daß ein Unternehmen einige Jahre floriert und sich dann wieder zurückentwickelt, während ein anderes Geschäft zunächst große Anfangsschwierigkeiten hat, nach deren Überwindung aber einen unerwarteten Aufschwung nimmt. Dann verkaufen Sie Ihren Anteil am besten auf dem höchsten Punkt der Erfolgskurve oder kurz bevor sie sich wieder nach unten neigt. Investieren Sie den Erlös in ein Geschäft, das sich aufwärtsentwickelt.

Wiederholen Sie diesen Vorgang so oft wie möglich, und Sie werden sehen, wie Ihr Kapital explosionsartig zunimmt.

Das nennt man Spekulation. Dieses Wort bedeutete ursprünglich: Spiel mit Spiegeln. Es wird sowohl auf die Spielereien der Finanzleute angewandt als auch auf die der Philosophen.

Es ist allgemein üblich, ein Unternehmen mit einem Darlehen in Gang zu bringen. Mit den ersten Einkünften beginnt man die Rückzahlung. Wenn diese nicht ausreichen, nimmt man ein neues Darlehen auf. Der Lauf der Geschäfte füllt die erste Leere auf und schafft dabei eine neue Leere, die wieder einen neuen Zustrom hervorruft, so, wie Explosion und Gasausstoß einen Motor in Bewegung halten.

Wenn aber nur eine Masche fällt, löst sich das ganze Gewebe auf. So erklären sich die unvorhergesehenen Krisen, welche die reichsten Länder immer wieder heimsuchen. Das ist jedesmal der Zusammensturz eines Berges von Künstlichkeiten.

Wir sind sehr weit entfernt von einem Zusammenhang zwischen Arbeit und Reichtum, Tugend und Glück, göttlichem Segen und Wohlstand. Von den Gipfeln der Erkenntnis von Gut und Böse schauen wir nur geringschätzig auf so naive Vorstellungen hinab. Aber das wahre Wesen des Besitzes können wir nun mit Händen greifen. „Wehe den Reichen!" So steht es geschrieben ohne Unterscheidungen, Erklärungen und Einschränkungen.

45. Von der Neutralität der Wirtschaft

Wenn Sie wissen wollen, was Wirtschaft ist, dann gehen Sie nach Tivoli bei Rom.

Dort habe ich von den Felsen zwischen Zypressen und Schlingpflanzen auf die schäumenden Wasserfälle hinuntergeschaut. Die Alten waren ergriffen von der Heiligkeit des Ortes und haben dort Tempel erbaut, deren Überreste noch heute die Hügel krönen.

Vergil, Horaz und Tibull haben hier geträumt und gesungen. Leonardo da Vinci hat hier meditiert, bevor er zögernd den Pinsel ergriff. Claude Lorrain und Corot fanden hier Sammlung und Begeisterung.

Eines Tages kam die Wirtschaft. Sie kam, sah und siegte. Sie brachte ihre Handlanger und ließ tonnenweise Beton in Schalungen schütten. Nun war es vorbei mit diesem Ort der Träume und des schäumenden Wassers.

Aber was ist das für ein Verbrechen, das in keinem Gesetzbuch und in keinem Moralkodex genannt wird?

Seht die Lampe vor dem Hochaltar! Es ist nur eine elektrische Glühbirne, eine billige, mechanische Opfergabe, ein Grinsen des Teufels als Zeichen ewiger Anbetung!

Sehen Sie, sagen die Leute, das ist sehr wirtschaftlich! Mit beklommenem Herzen betrachte ich dieses neue, kleine, komische Ding.

In welcher Ecke der Welt ist man sicher vor Benutzern, Händlern und Herstellern solcher Dinge? Früher boten Wälder und Berge sichere Zufluchtsorte. Heute ist selbst der Himalaja von der Invasion bedroht, und den beiden Polen geht es kaum besser. Auch die Wüste ist schon geschändet.

Der „Homo oeconomicus" ist eine neue Rasse barbarischer Eroberer. Wo kommt sie her? Sie kommt nicht aus dem Osten, sie kommt nicht aus dem Westen. Sie kommt von unten. Es ist eine Art von kleinen, häßlichen, schlauen Zwergen.

Wenn sie über ein Land herfallen, sind sie ähnlich wie ein Heuschreckenschwarm oder wie eine Feuersbrunst, die nur Asche und verkohltes Zeug zurückläßt.

Wenn ein Krieg oder ein Brand das Land verwüstet hat, werden nach einiger Zeit die Häuser wiederaufgebaut, und die Felder werden wieder grün. Wo jedoch der Homo oeconomicus gewütet hat, wächst kein Gras mehr. Das Gewinnstreben verursacht eine viel nachhaltigere Verwüstung. Sie erstreckt sich sowohl auf den sichtbaren als auch auf den unsichtbaren Bereich. Vom moralischen Standpunkt aus ist die Wirtschaft neutral. Den Neutralen weist Dante den äußeren Bereich seiner Hölle zu. Sie sind mißratene Seelen, die dem Wirbel rastloser Tätigkeit zum Opfer gefallen sind. Diese Engel der Mittelmäßigkeit, die sich weder für Gott noch für den Teufel entschieden haben, sind jetzt an der Macht.

Man erkennt den Baum an seinen Früchten. Die systematische, fleißige, gewissenhafte Vorbereitung der großen Bombe ist die reife Frucht dieser teuflischen Neutralität der Wirtschaft.

Wirtschaft ist Auswertung der Fähigkeiten des menschlichen Geistes: der Vernunft, des Wissens, der Intuition, der Erfindungsgabe, der Sprache. Auch eine Auswertung der Tugenden der Seele: des Mutes, der Vorsicht, der Geduld, der Ausdauer. Aber diese Tugenden und Fähigkeiten sind in der Wirtschaft von der Wahrheit abgewandt und ganz auf Nützlichkeit und Profit gerichtet. Das ist der Biß in die Frucht der Erkenntnis.

46. Von der Wirtschaftswissenschaft

Wir haben das Wesen der Wirtschaft definiert. Vorher hatten wir das Wesen der modernen Wissenschaft definiert, die sich von der Weisheit getrennt hat, die ohne Ehrfurcht und Gewissen auskommt, die ganz im Dienst der Nützlichkeit steht.

Wenn man wissen möchte, was Wirtschaftswissenschaft ist, braucht man nur beides zusammenzufügen. Wirtschaft plus Wissenschaft — das ist Marmelade auf dem Butterbrot der Arglist.

Die großen Schlauköpfe unseres Jahrhunderts haben den Mund voll davon. All ihre Erklärungen, Rechtfertigungen und Urteile sind an den Gesetzen der Wirtschaftswissenschaft aufgehängt.

Zuerst muß man sich aber fragen, ob es eine solche Wissenschaft überhaupt gibt oder geben kann.

Das Wirtschaftsleben ist die Summe unzähliger Tätigkeiten, deren Beweggründe im Inneren des Menschen liegen, zu dem die wissenschaftliche Forschung keinen Zugang hat. Wenn man an dieser wandelbaren Materie objektive Beobachtungen und Wahrscheinlichkeitsberechnungen anstellt, läßt man den Graben bestehen, der die Wirkungen von den Ursachen, das Wissen vom Sein trennt.

Der französische Philosoph Jacques Ellul sagt: „Nichts zeigt die Unsicherheit der Wirtschaftswissenschaft besser auf als die widersprüchlichen Erklärungen für Wirtschaftskrisen und die nicht weniger widersprüchlichen Ratschläge, die man zu ihrer Behebung anbietet. Die einen sehen die

Ursachen in einem Warenüberschuß, die anderen in ungenügender Produktion. Für die einen liegt das Übel in zu großer Spartätigkeit, für die anderen in zu großer Ausgabenfreudigkeit. Und die Abhilfe? Man muß den Diskontsatz heben. Ein anderer aber sagt: Man muß ihn senken. Einer sagt: Die Löhne müssen stabilisiert werden. Man sagt aber auch, sie müßten gesenkt werden."

Es gibt nur eine Physik, nur eine Geometrie, nur eine Entomologie. Aber es gibt beinahe so viele Wirtschaftswissenschaften, wie es Wirtschaftswissenschaftler gibt. Es gibt ihrer so viele, wie es politische Meinungen gibt. Es ist eine Wissenschaft der Vermutungen, ein Flickwerk aus Vorstellungen, Begriffen, Rezepten und Lehrsätzen.

Die modernen Wissenschaften haben einen Fehler, der nicht zu beheben ist: Es gibt keinen Wissenschaftler, der sie ganz beherrscht.

Es gibt auch keinen, der eine einzelne von ihnen beherrscht oder auch nur die Hälfte von einer.

Deshalb wird der Wissenschaftler durch seine Wissenschaft nicht erleuchtet. Eher könnte man sagen, daß er unter ihr begraben wird.

Das Stückchen Wirklichkeit, das er vor seiner Brille hat, sieht er stark vergrößert und mit höchster Genauigkeit. Es verdeckt ihm alles übrige.

Aber die Wahrheit ist das Ganze. Wenn man nur ein Stück von der Wahrheit besitzt, versteht man nichts von der Wahrheit. Wenn man das Stück für das Ganze hält, verliert man alles.

Der Wirtschaftswissenschaftler ist in ebendieser Lage, auch wenn seine Wissenschaft keine ist. Er ist dadurch nur noch anfälliger für Irrtümer als die anderen.

47. Von der Degradierung der Moral in der Wirtschaft

Wirtschaft, Wissenschaft, Moral, Politik: Diese Dinge kann man kaum deutlich gegeneinander abgrenzen. Sie gehen ineinander über, und oft gibt es sehr häßliche Mischungen.

Die Wirtschaft ist an sich schon die negative Seite der Moral. Sie ist gewissermaßen das Gewicht, das sie herunterzieht. Jede Moral, die nicht von Gottesliebe bewegt wird und die Menschen zu ihr hinbewegt, sinkt immer mehr auf die wirtschaftliche Ebene zurück. Der Geist des Dienstes und des Opfers, der religiöser Natur ist, wird zum Profitgeist, das heißt zum Geist des Tieres und seines gekrönten Horns. Das ist die Moral der Verfallszeiten.

Die Wirtschaft ist die Moral des mit Vernunft bewaffneten Menschen. Ich sage bewaffnet, denn die Schlange hat ihr Gift, der Wolf hat seine Zähne, der Mensch hat seine Intelligenz, um sich der anderen Tiere zu erwehren und sich über sie zu erheben.

Im übrigen ist es dumm und plump und eines vernünftigen Tieres unwürdig, sich auf seine Beute zu stürzen, die Zähne zu fletschen und den tierischen Instinkten freien Lauf zu lassen. Denn so stark du auch sein magst, du wirst immer einen noch Stärkeren finden, der dir den Weg versperrt, oder einen raffinierteren Schurken, der dich zu Fall bringt, oder zehn Schwache, die sich miteinander verschworen haben und dich erschlagen. Deshalb ist es klüger, sich mit Wohlanständigkeit zu versehen und Zuflucht bei der Tugend zu nehmen.

Jeremy Bentham und eine ganze Schule englischer Philosophen haben bewiesen, daß Moral nur wohlverstandene Nützlichkeit ist. Aber die Zivilisierten, diese klugen Affen, brauchen nicht erst auf die Feststellungen der Philosophen zu warten, um das zu begreifen.

Wenn wir etwas suchen, das der Wirtschaft ganz und gar entgegengesetzt ist, müssen wir das Gesetz des Moses betrachten oder das Gesetz des Manu oder den Koran oder die Vorschriften der christlichen Kirche. Wir finden hier überall Vorschriften, Verbote, Hindernisse, die jedem sinnlos erscheinen müssen, der nicht versteht, daß es hier darum geht, dem Geist dieser Welt jeden Fußbreit Boden streitig zu machen, der Bequemlichkeit der „breiten Straße" zu widerstehen, den praktischen Gesichtspunkten den Vorrang zu verweigern, der weltlichen Hast, dem Krämergeist und der Ausbeutung entgegenzuwirken, mit einem Wort: die Wirtschaft in Grenzen zu halten.

Ein Beispiel dafür ist das Sabbatjahr, das dem jüdischen Volk alle sieben Jahre eine Unterbrechung aller produktiven Arbeit auferlegte, Geschäftsabschlüsse untersagte, alle Erwerbungen der vorangegangenen Jahre in Frage stellte und die Familien in ihre ursprünglichen Besitztümer zurückführte, die sie verloren oder verkauft hatten. Die meisten religiösen Verordnungen sind ein Mißtrauensvotum gegen den „gesunden Menschenverstand", der die Menschen oft nur dazu bewegt, so viel wie möglich an sich zu ziehen.

48. Vom Übergang der Religion zur Wissenschaft

Die wirtschaftliche Moral bildete bei allen Völkern zu allen Zeiten das Grundgewebe des gesellschaftlichen Lebens. Die zwei Quellen der wirtschaftlichen Moral sind bei uns das Strafgesetzbuch und die öffentliche Meinung. Wenn man sich an die wirtschaftliche Moral hält, spart man sich allerhand Mißhelligkeiten wie Gewissenskonflikte, Reue, Strafen, manche nutzlose Tätigkeiten und manche Behinderung nutzbringender Tätigkeit.

Aber die Gesetze zu respektieren, die Achtung der Menschen zu gewinnen, Glück zu haben im Geschäft und in der Liebe, all das bewahrt niemanden vor einem unbefriedigten Gewissen.

Denn wenn uns das Gewissen dem Ewigen gegenüberstellt und uns erfahren läßt, daß die Zeit vergeht und daß wir morgen tot sein werden, dann werden wir auch manches wissen, das wir nicht wußten. Wir werden die Vollkommenheit sehen und damit zugleich auch das ungeheure Ausmaß unserer Fehler. Dann werden wir unserer Erfolge überdrüssig werden.

Die Religion lehrt uns, daß dieser Zustand nur ein Ende findet, wenn wir uns von der Knechtschaft der Sünde befreien, die das Gesetz dieser Welt ist. Diese Welt aber verteidigt sich und will ihre Ruhe haben, indem sie sich der Religion entledigt und dem Absoluten den Rücken kehrt. Die heutige Wissenschaft ist ihr dabei zu einer großen Hilfe geworden. In der Tat kann man sich nur schlecht gegen eine metaphysische Unruhe wehren, wenn man ihr nur Zweifel, Ironie und die Auflehnung tierischer Instinkte entgegenzusetzen hat. Der Mensch hat auch geistige Neigungen und Bedürfnisse, die durch Spott oder Verneinung nicht ausgeschaltet werden können. Aber die Wissenschaft bietet ein imposantes System von Beweisen. Sie rühmt sich, von keiner Philosophie abhängig zu sein, so, wie sich die Philosophie einst rühmte, nicht die Dienerin der Theologie zu sein. Die Wissenschaft ist eine Sache, die sich von einer abgetrennten Sache nochmals abgetrennt hat. Sie bezieht ihre Wahrheiten direkt von der Natur. Jedesmal wenn ihre Behauptungen auf jene der Religion und der heiligen Schriften treffen, widerspricht sie ihnen ausdrücklich. Der Gegensatz ist nicht zufällig. Er bezieht sich auch nicht nur auf Einzelheiten. Er liegt in der Grundhaltung der modernen Wissenschaft, die dem Geist fremd, der Anbetung und dem inneren Leben entgegengesetzt und vorbehaltlos auf Besitz und Macht ausgerichtet ist.

Wissenschaft wird von der ganzen Welt bewundert. Sie ist die Religion all derer geworden, die nichts von Religion wissen wollen.

An die Wissenschaft glauben heißt an das glauben, was man weiß (wohingegen wirklicher Glaube das Wissen um ein Geheimnis ist). An die Wissenschaft glauben heißt auch glauben, daß die Wissenschaft alles weiß außer dem, was sie erst in Zukunft wissen wird. Der Glaube an die Wissenschaft setzt auch voraus, daß man alles, was die Wissenschaft nicht beweisen kann, als unwirklich betrachtet.

Die von Religion und Weisheit losgelöste Wissenschaft ist mit der Technik verbunden und dadurch auch mit der Wirtschaft, deren Werkzeug und Dienerin sie ist.

Sie dient praktisch zu ihrer Stärkung und theoretisch zu ihrer Rechtfertigung.

Diese Funktion aber kann nichts so gut erfüllen wie eine „Wirtschaftswissenschaft". Diese Wissenschaft stellt Gesetze auf, die sie aus der Beobachtung der Tatsachen gewonnen hat. Die Beachtung dieser Gesetze läßt die Geschäfte noch besser laufen. So spinnt die wirtschaftliche Moral aus sich heraus einen Faden, mit dem sie sich einspinnt. Sie bildet sich einen Kokon, der sie gegen alle Einflüsse von oben abschirmt.

49. Übergang zur Politik

Wir haben das Ineinander-Verschwimmen von Moral, Wirtschaft und Wissenschaft gezeigt. Wie ist es nun mit der Politik? Diese Frage führt uns wieder zu Marx.

Marx kämpft gegen das Absolute und gegen die Traditionen. Er ist eine der Stimmen in dieser Welt, die nach Befreiung von jeglichem Zwang verlangen, der von der Religion, vom Mysterium ausgeht. Den gordischen Knoten der verschiedenen ineinander verflochtenen Theologien und Metaphysiken zerschneidet er mit einem Schlag.

Der eigentliche Schlag gegen alle subtilen und sublimen Kontroversen verschiedener Glaubensbekenntnisse besteht in der Behauptung, es sei wissenschaftlich erwiesen, daß dies alles auf Betrug beruhe, daß man es hier immer mit dem Versuch zu tun habe, den Leuten Sand in die Augen zu streuen und die Leichtgläubigkeit des Volkes auszunutzen mit dem Ziel, sich Ehren und Reichtümer zu verschaffen. Bestenfalls läßt Marx noch die Annahme gelten, es handle sich um Geschwätz untätiger Menschen, deren Geist in seinem Leerlauf Illusionen produziere. In den religiösen Dogmen und in den philosophischen Systemen sieht er nur die Projektion gesellschaftlicher Strukturen. Es genügt dann, die einen kennenzulernen, um auf die anderen zu schließen und beide zu verwerfen.

Marx ist nicht einverstanden mit dem wirtschaftlichen System, das aus dem Geiz und der Bosheit entstanden ist. Er macht sich zum Verteidiger der Opfer dieses Systems. Er greift die bürgerliche Wirtschaft an und die ihm vorangegangenen Wirtschaftswissenschaftler, die er anklagt, das ungerechte System gerechtfertigt zu haben. Ihnen will er eine wirklich wissenschaftliche Wirtschaft entgegenstellen.

Aber er bereichert die Wissenschaft mit keiner einzigen Entdeckung. Er bringt in Wirklichkeit nichts Neues. Er bringt nur Argumente. Aber viele dieser Argumente hat er von seinen Gegnern, den bürgerlichen Wirtschaftswissenschaftlern, entliehen. Seine Kritik ist eine Dissertation über „Werte". Das ist weder Wirtschaft noch Wissenschaft, das ist Philosophie.

Daß er alle Philosophen angreift, ist ein Grund mehr, ihn als Philosophen zu betrachten, denn es gehört zu den Eigentümlichkeiten der Philosophen, alle anderen Philosophen anzugreifen.

Auch daß er die Philosophie an sich angreift, ändert nichts daran. Eine Kuh wird niemals die Philosophie angreifen. Das kann nur ein Philosoph tun, und er kann es nur mit philosophischen Argumenten tun. Er kann es nicht vermeiden, sich selbst zu widersprechen.

Aber was bedeuten schon Widersprüche! Die absolute Wahrheit? Nichts ist absolut. Die Praxis ist wichtiger als die Gnosis. Es geht ja weniger um Spekulation als um Anregung und Ermutigung. Hätten wir ein fehlerloses, vollkommenes System entwickelt, wäre das besser? Es geht ja darum, der revolutionären Bewegung ein geistiges Arsenal zur Verfügung zu stellen, das aus zugkräftigen Ideen und überzeugenden Argumenten besteht, damit man einen Mittelpunkt hat, um den man sich versammeln kann. Wenn der Kampf siegreich ist, werden wir schon für die Verbreitung unserer Wahrheit sorgen und alle, die nicht mit ihr einverstanden sind, beseitigen. Dann werden wir das Volk und die Jugend auf unsere Weise erziehen.

Ah, ich verstehe! Marx ist nicht nur Wirtschaftler, er ist auch Politiker.

Aber er ist kein Politiker im gewöhnlichen Sinn. Er hat nie ein Amt bekleidet, er hat nie versucht, die Macht zu ergreifen. Er ist keine Führernatur. Er ist auch kein Verschwörer oder Untergrundkämpfer. Er ist genau das Gegenteil von diesen Volksrednern, die mit abgedroschenen Schlagworten die Massen in Erregung zu setzen verstehen. Lenin erklärt in seinem Vorwort zu einem Werk über Marx ohne Umschweife, es gebe keinen Marxisten, der fähig sei, Marx zu verstehen, denn um Marx zu verstehen, müsse man Hegel gelesen haben, was eine Aufgabe sei, die menschliche Kräfte und Möglichkeiten übersteige. Er hat damit wohl nicht ganz unrecht.

So bleibt einem nichts anderes übrig, als eben doch Marx selber zu lesen oder wenigstens das *Kapital*, das allein schon ein gutes Stück Bücherregal in Anspruch nimmt. Dieses Studium wird einige Monate mit Beschlag belegen. Es sollte durch das Studium von Marx' Vorgängern Mill, Smith, MacCulloch, Ricardo, Sigismondi und anderen vorbereitet sein. Der zweite und der dritte Band des *Kapitals* wurden nach dem Tod des Verfassers von Engels herausgegeben. Dieser meinte, man könne die Manuskripte nicht ohne beträchtliche Kürzungen und Vereinfachungen veröffentlichen.

Ich habe selbst von glühenden Anhängern gehört, daß sie Marx für völlig unlesbar halten, worin man ihnen allerdings auch nicht ganz recht geben kann, wenigstens nicht für den Teil des Werkes, der zu Marx' Lebzeiten veröffentlicht worden ist.

Meistens begnügt man sich mit kleinen Zusammenfassungen im Taschenbuchformat. Auf diese Weise geht man aber an allem vorbei, was das Werk an Wichtigem und Überzeugendem zu bieten hat, und erfährt statt dessen nur kurz und flach die Werttheorie und die sich daraus ergebenden Folgerungen. Hier findet man dann als Leckerbissen Formeln wie die folgende:

$$P \begin{cases} = \dfrac{P}{V} \cdot V \\[2em] = F \cdot \dfrac{t}{t'} \cdot n \end{cases}$$

Sie hat den einen Fehler, daß sich keiner ihrer Bestandteile in Zahlen ausdrücken läßt.

Was im ersten Band des *Kapitals* an einzig Überzeugendem geboten wird, sind die Tatsachen: die Untersuchungen, die Zwiegespräche, die Diskussionen, die Beschreibungen, die uns das düstere Bild des Lebens der Arbeiter im damals wohlhabendsten Land der Erde vor Augen führen. Menschen verschimmeln in feuchten Kellern oder verdorren vor glühenden Öfen. Sechzehn Stunden Arbeit pro Tag oder pro Nacht. Kinder auf allen vieren spannen die Fäden auf die Webstühle. Die kleine Näherin, die nach drei Tagen ununterbrochener Arbeit in ihrem kleinen Zimmer stirbt, weil die Kleider für den großen Ball am Hofe um jeden Preis fertiggestellt werden mußten.

Man findet auch aufschlußreiche Statistiken, Berechnungen und Tarife von verschiedenen Unternehmen.

Daß indessen die große Masse mit einem solchen Berg von Dokumenten und Argumenten etwas anfangen könne — das ist schlichtweg ausgeschlossen.

50. Das Schlüsselwort der Revolution

Man muß sich daher fragen, weshalb ein solches Werk den Gang der Geschichte so stark beeinflussen konnte.

Nun, vielleicht deshalb, weil Marx zu den wenigen Menschen gehört, die nur eine einzige Sache gesagt haben.

Unter Tausenden von Autoren, von denen einer begabter als der andere war, von denen jeder Hunderte von interessanten Themen behandelte, beschäftigte er sich nur mit einem Thema.

Es war ein Thema, von dem niemand sprach. Es spielte sich vor aller Augen ab, aber niemand sah es, niemand sprach darüber. Es ist oftmals so, daß die Menschen ihren eigenen Augen nicht trauen und darauf warten, daß ein anderer über eine Sache spricht und ihr einen Namen gibt. Um aber der Masse der Menschen die Augen zu öffnen für etwas, worüber niemand spricht, muß einer kommen, der nur diese eine Sache sieht und nur darüber spricht.

Marx referierte zwanzig oder dreißig Jahre lang nur über ein Thema: die

Ausbeutung des Menschen durch den Menschen. Darin liegt das ganze Elend der Welt.

Einige, die sich für besser halten oder für besser gehalten werden, die Großen, die Führer, die Richter, die Patrizier, die Herren, sind die Parasiten, die auf Kosten der arbeitenden Masse leben.

Der Kampf von hunderttausend Jahren, der Kampf, der die ganze Weltgeschichte erfüllt, ist der Kampf zwischen Hungrigen und Satten.

Als Nationalökonom beschreibt Marx die einzelnen Teile der Ausbeutungsmaschinerie, die man als moderne Industrie bezeichnet.

Als Historiker zeigt er den ganzen Zierat und die Kulissen, mit denen sich das Abenteuer der Jagd auf den Menschen seit je zu umgeben pflegt.

Als Philosoph widerlegt er die moralischen Rechtfertigungen, die politischen Begründungen, die religiösen Ausflüchte und die philosophischen Tröstungen, mit deren Hilfe eine wirkliche Lösung verhindert wird.

Als Revolutionär kündigt er das Ende dieses Zustandes an. Er sagt: Die Zeit ist reif; je schlimmer die Zustände und je größer die Unordnung werden, desto näher ist die Befreiung. Dann werden die Untersten die Macht ergreifen und das Land und alle Güter in Besitz nehmen. Sie werden die Kraft und das Recht dazu haben, weil sie in der Mehrzahl sind. Sie werden den Kriegen, den Teilungen, der Not und der Unterdrückung ein Ende bereiten.

Die Kette von Unglück und Verbrechen, die aus dem Streben nach Gewinn entsteht, ist auch das Thema dieses Kapitels, obgleich es in anderer Weise behandelt wurde. Allerdings hat dieses Buch mehrere Kapitel, während Marx nur eines hat. Das ist seine Stärke.

Aber diese Stärke hat auch eine Kehrseite. Übertreibung und Einseitigkeit sind die Schwäche der ganzen Bewegung, die von ihm ausgeht.

51. Wo sind die Christen?

Wenn dies alles so ist, wo sind dann die Christen, und was machen sie?

Was tun sie zur Verteidigung der Armen und zur Unterstützung der Unterdrückten?

Warum geschieht die Revolution ohne sie? Vielleicht weil es ihnen verboten ist, Blut zu vergießen?

Sie vergießen es ohne Maß und ohne Vorbehalt. Aber sie sind im anderen Lager zu finden.

Ach so? Aber warum richtet sich die Revolution gegen sie? Warum werden sie von den Verteidigern der Armen gehaßt? Mehr gehaßt sogar als die anderen Gegner? Warum verspotten die Verteidiger der Armen ungestraft den Gott der Christen?

Die Antwort steht in der Bibel auf allen Seiten. Zu allen Zeiten opferte das heilige Volk den Götzen und verkaufte sich an die Götter der Nationen.

Und siehe, jetzt liefert es sich an den Mammon aus und an den Fürsten dieser Welt.

„Deshalb ruft Gott den König von Babylon gegen sein Volk in den Krieg." So sprach der Prophet.

Das bedeutet Verwüstung, Massaker und für die heilige Stätte vielleicht Schändung und Trostlosigkeit als Strafe dafür, daß man sie zu einer Räuberhöhle gemacht hat.

O mein Volk! Mein Volk, ich will nicht deinen Tod, aber bekehre dich, kehre um!

Das alles soll nicht heißen, daß das Werkzeug des Zornes und des Fluches nicht selber verflucht und verdammt ist.

52. Vom Materialismus

Es steht geschrieben: „Der König von Babylon, mein Diener . . ." Wenn der König von Babylon der Diener Gottes gegen sein auserwähltes Volk ist, wenn Marx und die Gottlosen das Schwert der Gerechtigkeit führen, wie soll man dann in diesem Spiel der vertauschten Rollen das Gute vom Bösen unterscheiden? Wie wollen wir wissen, ob Gott uns lieber auf der Seite der Guten für die Erhaltung jahrhundertealter Mißbräuche kämpfen sieht oder lieber auf der Seite der Bösen, die für eine bessere Welt kämpfen?

Da der Anfang aller Dinge der Gedanke ist, untersuchen wir doch einmal die Lehre derer, die das Unrecht bekämpfen, die Lehre, die all ihren Aktionen zugrunde liegt. Wenn sie wahr ist, sind alle Schwierigkeiten und Wirrnisse, die ihre Verwirklichung mit sich bringt, unvermeidlich, aber vorübergehend, und wir müssen sie geduldig ertragen. Wenn sie falsch ist, muß man selbst die Vorteile, die sie bringt, als irreführende Äußerlichkeiten und als Zufälle betrachten. Und die durch sie entstehende neue Ordnung muß man dann als ein Übel ansehen, das immer schlimmer wird.

Ihre Lehre ist nicht geheim. Im Gegenteil: Sie bitten darum, sie uns mitteilen zu dürfen. Sie ist auch nicht sonderlich schwer zu begreifen. Man muß nicht in die Eleusinischen Mysterien eingeweiht sein, um die Grüfte ihres Materialismus betreten zu dürfen.

Entgegen der landläufigen Meinung ist die Materie nicht mit den Sinnen zu erfassen. Wir nehmen nur ihre Erscheinung wahr. Meßgeräte lassen an ihr zwar neue Aspekte erkennen. Sie sagen aber nichts aus über die Beziehungen zwischen der Erscheinung und dem, was sich unter ihr verbirgt.

Materie als äußere Erscheinung zu definieren bringt unüberwindliche Widersprüche mit sich. Ihre Existenz ist ebenso schwer zu beweisen wie die Existenz Gottes, wenn nicht noch schwerer. Die Behauptung, daß die

Materie existiere, daß sie das Sein sei, daß es außer ihr nichts gebe, ist eine Glaubenssache. Dieser Glaube verkennt sich selbst, denn er betrachtet sich als Feststellung von Tatsachen. Das nennt man blinden Glauben. Dadurch erklärt sich auch der oft dogmatische und fanatische Charakter dieser Geisteshaltung. Sie ist zugleich negativ und aggressiv. Dieser Glaube, der sich für Wissen hält, ist nicht geistige Anhänglichkeit, sondern eine Abneigung gegen alles Geistige.

Jede Erkenntnis setzt das Bestehen zweier Pole voraus: Subjekt und Objekt. Sie verbindet beide Pole. Irrtum entsteht durch Einbildung. Das ist eine Fähigkeit des Subjekts, aus sich selber Formen zu erzeugen, die sich vor die Formen des Objekts stellen oder sich diesem hinzugesellen. Wie jede andere philosophische Lehre versucht der Materialismus den Irrtum zu vermeiden. Aber er hat kein besseres Mittel dazu gefunden, als das Subjekt zu unterdrücken.

Das ist, wie wenn man den Ast absägte, auf dem man sitzt.

Vom Subjekt läßt man nur den Körper gelten, der eben auch Objekt ist, weil man ihn mit den Sinnen wahrnehmen kann. Aber der Geist? Ist er auch sinnlich wahrnehmbar? Nein. Also ordnen wir ihn den unwesentlichen, überflüssigen Dingen zu. Und das Absolute, das Unendliche, das Ewige, das Vollkommene? Ist das mit den Sinnen wahrzunehmen? Nein. Also sind es Erfindungen des Subjekts.

Materialismus ist der Geist, der sich gegen sich selbst für sein Gegenteil entscheidet, der sich für das Äußere und gegen das Innere, für das Niedere und gegen das Höhere entscheidet. Er ist die Umkehr der kosmischen Ordnung und aller ihrer Werte, Umsturz als System.

Er ist die Philosophie, die der Herrschaft der Massen entspricht.

53. Von den Materialisten

Man hätte unrecht, wenn man im Materialismus nur das Grunzen eines bösen Tieres sähe. Manchmal ist er Ausdruck eines unersättlichen Verlangens nach Rechtschaffenheit, eines Durstes nach Gleichheit, einer aus tiefer Enttäuschung entstandenen Verbitterung.

So erklärt es sich, daß man bisweilen bei jenen, die sich zum Materialismus bekennen, eine Feinfühligkeit, eine Zärtlichkeit und ausgesprochen christliche Tugenden findet, die einen in Erstaunen versetzen, zumal sie bestimmt nicht durch das System gefördert worden sind. Nicht weniger wundert man sich darüber, daß diese Tugenden bei so vielen Christen nicht zu finden sind. Die seltenste Tugend bei allen Menschen ist immer noch die Konsequenz.

54. Stärke und Schwäche der Revolte

Die ganze Stärke dieser Philosophie der Ablehnung besteht in der Schwäche ihrer Gegner. Ihre ganze Wahrheit liegt in der Verlogenheit ihrer Gegner, in deren Vergötzung materieller Güter, in deren Zugeständnissen an Reichtum, Macht und Veräußerlichung.

Man könnte hier das Wort von Leibniz über die Philosophie umkehren und sagen: Sie hat recht in dem, was sie leugnet, und unrecht in dem, was sie behauptet.

Daran liegt es, daß sie sich im Kampf so gut bewährt, im Sieg jedoch versagt.

55. Das Herz des Marxisten

Wenn Marxisten als militante Minderheit verfolgt sind, befinden sie sich immer in einer schönen, dankbaren Rolle, in der Rolle, welche die Christen einnehmen sollten, die sie sich aber haben nehmen lassen.

Sie sind dann das Salz der Erde, der Sauerteig im Brot, die Armen im Geiste, die Verkünder der Frohbotschaft, die Blutzeugen, die Opfer zum Wohl der Allgemeinheit.

Daß die Arbeiter nicht mehr um einen Hungerlohn und sechzehn Stunden am Tag arbeiten müssen, daß sie nicht mehr in elenden, schmutzigen Hütten hausen müssen, daß sie bei Krankheit, im Alter und bei Arbeitslosigkeit nicht mehr ohne Hilfe sind, ist ihnen zu verdanken, dem Widerstand, den sie predigen, dem Kampf, den sie führen, der Furcht, die sie erregen. All diese Errungenschaften sind nicht dem Wohlwollen und der Barmherzigkeit christlicher Arbeitgeber zu verdanken.

Die Marxisten sind es, welche die Skandale aufdecken, seien sie finanzieller, politischer, militärischer, kolonialer oder juristischer Art. Sie verlangen die Beseitigung der Mißstände, die Beendigung der Kriege, die Vereinigung der Arbeiterschaft, die Befreiung unterdrückter Völker.

Sobald sie sich ihrer Feinde entledigt haben, sobald sie an der Macht sind, werden sie ungerecht, brutal, grausam, kaltherzig, treulos, verlogen, unversöhnlich, unmenschlich.

Wie erklärt sich diese seltsame Verwandlung?

Es ist keine Verwandlung. Erst jetzt sieht man das Ganze.

56. Die Heilslehre des Materialismus

Derselbe unbewußte und inkonsequente Glaube, welcher der Materie Existenz zubilligt, kann ihr auch andere Eigenschaften zusprechen, die nicht in ihrer Definition enthalten sind, zum Beispiel die Fähigkeit, im Lauf der

Zeit durch Reibung Leben zu erzeugen und aus dem Leben durch weitere Reibungen Geist hervorzubringen.

Wenn man es nicht so genau nimmt, die tatsächliche Funktion der Materie zu überprüfen, und auch die geistigen Vorgänge im Gehirn des Materialisten nicht weiter verfolgt, kann man die Lücke schon stopfen, die durch die Abschaffung des Schöpfers entstanden ist.

Die Vorsehung ersetzt man durch die drei Mythen Fortschritt, Entwicklung, Geschichtsdialektik. Sie liefern die unentbehrlichen Illusionen, die zur Tätigkeit anspornen, die Tugend der Hoffnung überflüssig machen und den inkonsequenten abendländischen Optimismus vor dem Untergang bewahren.

Der Fortschritt ist eine Erfindung des 18. und des 19. Jahrhunderts. Er veranschaulicht das, was Marx als geistige Widerspiegelung von Infrastrukturen in philosophischen Theorien bezeichnet. Es sind die unrichtigen Theorien, auf welche diese These zutrifft. Die Entwicklung von Handel, Industrie, Freiheitlichkeit, Wissenschaft, Bildung, Demokratie und anderen schönen Neuheiten und die Begeisterung, die das alles begleitet, haben dazu geführt, daß man die Zivilisation als den direkten Weg in immer glücklichere Zeiten ansieht. Die Katastrophen, die jeden Schritt in dieser Richtung begleiteten, haben die Verehrer des Tieres noch nicht ernüchtert.

Die Geschichte zeugt nicht für eine kontinuierliche Entwicklung. Es gibt keine Höhe, der nicht ein Niedergang gefolgt wäre. Es gibt keinen Fortschritt, der nicht von Dekadenz begleitet wäre. Um zu behaupten, daß der Mensch, je weiter man in seiner Geschichte zurückgeht, immer wilder, roher und dümmer gewesen sei, muß man schon die unverbesserliche Blindheit eines Doktrinärs besitzen, denn die ältesten Zeugnisse menschlichen Schaffens, seien sie aus Stein oder seien sie aus Worten, zeugen von größten Einsichten und meisterhaftem Können. Und wir kennen Völker, die vor kurzem noch kultiviert waren und heute der Barbarei verfallen sind. Wir wissen, daß jede Zivilisation den Keim ihres Untergangs in sich trägt.

Aber die biologischen und paläontologischen Entwicklungstheorien sind mit großem Propagandaaufwand verbreitet worden und haben der Fortschrittsdemagogie eine wissenschaftliche Grundlage gegeben.

Der Lebenskampf und die natürliche Auslese erscheinen aus dieser Sicht als die Triebfeder der Vervollkommnung, genau wie der Konkurrenzkampf in der Wirtschaft die Produktion anregt, die Qualität der Erzeugnisse verbessert und ihren Preis drückt. Vom Glück begünstigte Einzeller haben, so glaubt man, die verschiedenen Stufen der Entwicklung des Zellenstaates im Tierreich durchschritten, um sich schließlich als Homo sapiens vorzustellen.

Evolution ist keine neue Entdeckung. In den ältesten Texten der Hindus findet man sie ebenso wie in der Bibel. Hier ist sie, wie das Wort es besagt, eine Entwicklung, ein Ablauf auf einer vorgezeichneten Bahn, nicht ein zufälliges Absteigen ins Leere, ohne Richtung und Ziel, kein Aufsteigen, das seine eigene Höhe schafft. Denn höher als alle Entwicklung ist das Prinzip, aus dem alles wie eine Ausatmung hervorgegangen ist und zu dem alles, nach mancherlei Wechselfällen, zu guter Letzt zurückkehren wird. Was an den neuen Theorien neu ist, ist ihre Absurdität.

Daß aus dem Nichts ein Etwas entstehen soll, daß das Niedere das Höhere erzeugen soll, das ist wirklich neu.

57. Von der Dialektik

Der soziale Fortschritt und die Entwicklung in der Natur verschmelzen miteinander und gipfeln in der Geschichtsdialektik von Karl Marx.

Durch sie gibt er seinem historischen Materialismus den religiösen Anstrich, ohne den er gegen die Religion machtlos wäre: Gesetz, Dogma und messianische Versprechungen, welche die Weltgeschichte mit einem Jüngsten Gericht krönen. Dieses Gericht ist die große Revolution, die dem Königreich unmittelbar vorangeht. Das Königreich ist die sozialistische Republik.

Die Geschichtsdialektik, mit der sein Name so eng verbunden ist, stammt indessen nicht von Marx. Er hat sie von Hegel übernommen, dem „absoluten Idealisten", dem Philosophen, der die Verdammungsurteile, Bannflüche und Sarkasmen, die Marx über alle Philosophen ausgegossen hat, am meisten verdient hätte.

Er brauchte Hegels Methode nicht einmal umzukrempeln, um sie seinem historischen Materialismus einzuverleiben, denn Hegel hatte sie schon auf die Geschichte angewandt. Er konnte von Hegel sogar lernen, wie man Menschen, Völker, Ereignisse, Kunstwerke, Dokumente und Denkmäler manipuliert, verdreht und zurechtschneidert, um sie in ein System einordnen zu können.

Die endzeitlichen Visionen Hegels waren zweifellos ganz anderer Art als die von Marx. Der berühmte Professor war ein loyaler Staatsbürger, konservativ, einer, der alles Bestehende zu rechtfertigen suchte. Er sah die Vollendung in unserer guten, modernen Zivilisation und den Gipfel der Vollendung in der deutschen Nation. Und sich selber sah er als den vollkommensten Ausdruck dieser Nation.

Marx drehte den Stiel herum und kam zu dem Ergebnis, daß die Krönung der Geschichte im Triumph des Proletariats und in der Verwirklichung eines sozialen Paradieses für alle bestehe.

58. Verbrechen und metaphysische Strafen

Die Dialektik ist keine neue Lehre. Sie stammt weder von Marx noch von Hegel.

Das Spiel der Gegensätze und ihre Versöhnung in einer größeren, beide umfassenden Einheit ist ein Motiv, mit dem sich menschliches Denken schon seit unvordenklichen Zeiten beschäftigt. Die alten Weisen Chinas meditierten über Yin und Yang, die sich in einem Kreis, dem Symbol der Einheit, umschlungen halten. Und der unergründliche Laotse zeigt, wie die Gegensätze sich gegenseitig hervorbringen und wie sie sich im Tao auflösen.

Die vollendetste Form dieser Lehre im abendländischen Denken finden wir in dem Werk *De docta ignorantia* des Nikolaus von Kues. Es zeigt mit mathematischer Strenge, daß das Ewige ein Feuer ist, das alles verwandelt, was mit ihm in Berührung kommt, daß es die Formen ineinander übergehen läßt, daß sich in ihm Kurve und Gerade vereinen, daß die Parallelen zueinander finden, ebenso das Nein und das Ja und schließlich auch die Welt und Gott.

Im Avesta, im Vedanta, in der Bibel ist die Welt der Kampfplatz von Gut und Böse, wobei das Gute aus dem Bösen hervorgeht und das Böse aus dem Guten, ein unentwirrbares Durcheinander, das andauert bis zum Sieg des Einen, des Einzigen, das kein zweites kennt, in dem es nichts Doppeltes, nichts Trübes, nichts Finsteres und nichts Eitles gibt, in dem sich alles aufklärt und auflöst, was wir kennen.

Neu ist an der neuen Dialektik wirklich nur, daß die universellen Wahrheiten verrückt worden sind. Das beruht auf der freiwilligen Unkenntnis und der zornigen Weigerung, die Ebene zu betrachten, auf der allein sich die „conciliatio oppositorum" vollziehen kann, unterhalb deren es aber nur Gegensätze, Konflikte, Verwirrungen und Vermischungen geben kann.

Die erste Frage, die in Hegels *Wissenschaft der Logik* gestellt wird, ist die Frage nach dem Sein, das unzertrennlich mit dem Nichtsein verbunden ist. Sie findet ihre Lösung in einem dritten Begriff: dem Werden.

Da sind wir wieder bei Konflikt, Verwirrung und Vermischung. Da sind wir auf der Ebene, auf der Sein und Nichtsein sich gegenseitig ausschließen, wo das Hin und Her von Sein und Nichtsein alle Dinge vergänglich sein läßt. Die vergänglichen Dinge zeigen uns, daß sie auf dieser Ebene nicht „sein", sondern nur „scheinen" können.

Allein in Gott sind Sein und Nichtsein in geheimnisvoller Weise miteinander verbunden.

Die Diskussionen über die Existenz Gottes verlaufen deshalb meistens ergebnislos, weil man vergißt, was Existieren und Sein bedeutet. Man beachtet meistens nicht genügend, daß der Grundsatz der Nicht-Widersprüchlichkeit auf ewige Dinge nicht angewandt werden kann.

Wenn der erste Knopf am Frack des Professors in das zweite Knopfloch geraten ist, wird das ganze Gewand falsch zusammengeknöpft. So ist es mit Hegels *Wissenschaft der Logik*.

Da es dem idealistischen Meister schon nicht gelungen ist, sich über die Ebene des Wirklichen zu erheben, wie hätte da sein materialistischer Schüler diesen Fehler korrigieren können.

Nun ist es wirklich so, daß man in dieser Welt überall und immer Gegensätze erlebt, daß man selbst dort Gegensätze sieht, wo keine sind, und daß neue Gegensätze entstehen oder daß man selber Gegensätze hervorbringt. Aber die Versöhnung findet man nicht. Wenn sogar das Denken, das so leicht alle Probleme löst, weil es für die Wahrheit geschaffen ist wie das Auge für das Licht, demgegenüber machtlos ist, wenn es sich als zu schwerfällig oder zu beschränkt erweist, wie sollte es dann erst mit dem Handeln sein?

Das Denken von Marx, das ganz auf Aktion ausgerichtet ist, zeigt, wie das Rad der Trübsal dem Schritt des falschen Gedankens folgt und wie man vom Irrtum zum Unglück, zum Grauen und zum Verbrechen weiterschreitet.

59. Vom Klassenkampf

Eine der Fabeln des französischen Dichters La Fontaine handelt von den Gliedern und dem Magen. Der Inhalt ist, kurz gefaßt, folgender: Die römischen Plebejer streiken und revoltieren gegen die Patrizier. Diese halten den Plebejern vor, daß die Glieder, wenn sie dem Magen ihren Dienst verweigerten, weil er einen ruhigen, warmen und geschützten Platz hat, sich selber zum Hungertod verurteilen würden. Die Rebellen lassen sich von der Geschichte überzeugen und lenken ein.

Diese Rebellen müssen ziemlich einfältig gewesen sein, denn die Klassenunterschiede sind in erster Linie Unterschiede in der Besitzverteilung, in der Wohlhabenheit. Erst in zweiter Linie sind es Unterschiede der Funktion. Es trifft zu, daß bessere Lebensbedingungen auch eine bessere Erziehung und Ausbildung ermöglichen und dadurch auch Zutritt zu „gehobenen" Funktionen verschaffen, in manchen Fällen sogar von allen Funktionen befreien. Wie dem auch sei, die ungleiche Besitzverteilung hat keine organische Begründung.

Wenn es mit den Gütern wirklich so wäre, daß sie sich wie das Blut in einem gesunden Körper gleichmäßig auf alle Teile der Gesellschaft verteilen würden, nicht so, daß alle die gleiche Menge haben, sondern so, daß alle so viel haben, wie sie zur Ausübung ihrer Funktion benötigen, dann gäbe es keinen Klassenkampf, sowenig wie es in einem gesunden Körper zur Auflehnung eines Organs gegen ein anderes kommt.

Man muß nach einer klassenlosen Gesellschaft streben. Das soll nicht heißen, daß es keine Verschiedenheiten oder keine Führung geben dürfe.

Das soll auch nicht heißen, daß alle in gleicher Weise erniedrigt und enteignet werden müßten, sondern es müßte jeder den Platz einnehmen, auf dem er sich in seiner Einmaligkeit entfalten kann.

Voraussetzung dafür ist aber, daß der Bürger den Reichtum nicht als Zweck und Ziel seines Lebens ansieht, sondern als Mittel, um seine Pflicht zu erfüllen.

Voraussetzung ist auch, daß der Bürger seinen Mitbürger nie als ein Mittel betrachtet, um zu Reichtum zu kommen, sondern als Aufgabe, als ein Wesen, das selbst einen Wert hat und dessen Entfaltung in höchstem Maße wünschenswert ist.

Solange es anders ist, werden die Klassen weiterbestehen, wird sich der Klassenkampf in irgendeiner Weise fortsetzen, ebenso der Kampf aller gegen alle.

Können solch glückliche Voraussetzungen für die menschliche Gesellschaft einfach dadurch geschaffen werden, daß eine Klasse einen endgültigen Sieg über alle anderen davonträgt? Oder dadurch, daß die bis dahin unterste Klasse den obersten Platz einnimmt?

60. Vom Proletariat

Die unterste Klasse ist das Proletariat. Proletariat ist nicht einfach ein anderes Wort für Volk, auch nicht für Arbeiterklasse.

Im weiteren Sinn umfaßt das Proletariat alle bezahlten Arbeitskräfte in Stadt und Land.

Im engeren Sinn ist es die Masse der mit ihren Händen arbeitenden Bevölkerung, die von ihren Feldern und Werkstätten abgewandert ist und sich im Umkreis der Industriebezirke zusammengezogen hat. Dort hat sie sich zu einer Klasse formiert, um ihre Interessen besser verteidigen zu können. Sie ist dadurch zu einer politischen Macht geworden.

Die Angehörigen dieser Klasse haben keine gemeinsame Herkunft, keine gemeinsamen Sitten und Bräuche, keine gemeinsame Erziehung. Gemeinsam ist ihnen nur, daß sie nichts haben, weil sie sich verkauft haben. Sie haben sich gewissermaßen in Scheiben verkauft, das heißt stunden- und tageweise.

Sie haben weder die Möglichkeit noch das Recht, in ihrer Arbeit auch nur die geringste Intelligenz zu entwickeln. Die Art und das Tempo der Arbeit sind von anderen für sie festgelegt worden. Sie stehen unter dem Zwang der Maschine, der man sie zugeteilt hat.

Ihre Arbeit unterscheidet sich kaum von der eines Lasttiers. Sie läßt sich am besten vergleichen mit der Arbeit der Ochsen, die man mit verbundenen Augen an einem Balken im Kreis herumlaufen läßt, um Getreide zu mahlen oder Wasser zu pumpen.

Keiner hat sich eingehender mit diesen Dingen befaßt als Marx. Keiner hat die entwürdigende, erniedrigende, geisttötende Fließbandarbeit besser beschrieben als er. Sie ist wirklich ein Meisterstück der dämonischen Gewinnsucht und ein ständiges Verbrechen gegen die Menschheit.

Alle Maßnahmen, die man ergriffen hat, um „das schwere Los der Arbeiter zu erleichtern", sind um der Produktion willen ergriffen worden, nicht um des Menschen willen. Man hat dabei als selbstverständlich vorausgesetzt, daß der Mensch für die Produktion da sei und nicht die Produktion für den Menschen. Dabei geht alles so vor sich, wie wenn man mit spitzfindiger Grausamkeit die intimsten Fasern seines Wesens angreifen wollte. Aber es ist keine böse Absicht dabei. Man ist unschuldig. Das ist die scheußliche Unschuld der Wirtschaft und der Technik. In einer der modernsten Fabriken Amerikas, einer von denen, die auch „Ingenieure für menschliche Beziehungen" angestellt haben, sind die Hände der Arbeiter an die Maschinen angebunden, damit sie genauer und bequemer ihrem Rhythmus folgen können — und damit die Ketten der totalen Knechtschaft endlich nicht mehr nur rhetorische Symbole sind.

Die Verantwortung und die Schuld für das alles sieht Marx bei dem blutdürstigen, vampirartigen Gebilde, das er Kapitalismus nennt. Und gegen dieses Ungeheuer ruft er nach der rächenden und befreienden Revolution.

Wie kommt es aber, daß seine Revolution nichts daran geändert hat?

Proletariat ist ein lateinisches Wort und bedeutet das Gegenteil von Patriziat. Es bedeutete ursprünglich soviel wie Nachkommenschaft *(proles);* dieser standen die Väter *(patres)* gegenüber.

Der Stand der Väter war mit dem Besitz fast aller Rechte verbunden. Die Kinder waren von ihm abhängig. Sie hatten zu gehorchen und besaßen keinerlei Rechte.

Wenn der Proletarier jedoch wirklich ein Kind wäre, hätte er wenigstens das Recht, geliebt zu werden. Wenn die Patrizier, das heißt die Besitzer und Unternehmer, wirklich Väter wären, würden sie sich um ihre Kinder sorgen und sich darum bemühen, daß sie Erwachsene und eines Tages selbst Väter werden.

Aber die Geschichte der römischen Plebs und die der Arbeitermassen der heutigen Zeit ist wie die traurige Geschichte eines verstoßenen Kindes, das der öffentlichen Fürsorge überlassen wird, das von Fremden aufgenommen wird, die von ihm profitieren wollen.

Die Fabriken, die Baustellen und die Bergwerke haben mehr Ähnlichkeit mit Zuchthäusern als mit Familien und Schulen.

Das große Kind, das man Proletariat nennt, hat zwar die Bedürfnisse und Schwächen, die Unwissenheit und die Ungereimtheiten eines Kindes, es hat jedoch nicht dessen Frische und Anmut.

Es hat auch nicht dessen Unschuld. Durch seine erbliche Belastung und seine mangelhafte Erziehung ist es mit häßlichen Lastern behaftet. Es hat auch die kindliche Neigung, die Erwachsenen, jene, die es beneidet, nachzuahmen.

Es hat nicht die glückliche Schwäche eines Kindes, die es vor Übertreibungen bewahrt, die es vor sich selber schützt und zudem die Fürsorglichkeit anderer auf das Kind lenkt. Im Zorn ist es fähig, furchtbare Kräfte zu entfalten. Diejenigen, die in der Politik ihr Glück versuchen, haben sich schon oft diese Fähigkeit zunutze gemacht. Das ist die letzte Stufe der Ausbeutung.

Wie jedes schlecht erzogene Kind ist es dem Rat schlechter Kameraden besonders geöffnet. Es rebelliert gegen seine Herren, ganz gleich, ob diese gut oder schlecht sind. Es ist mißtrauisch, spöttisch, lehnt sich gegen alles auf, was von oben kommt, folgt hingegen bereitwillig allen Radaumachern und Aufwieglern. Von ihnen läßt es sich jeden beliebigen Bären aufbinden.

Fragen wir die großen sozialistischen Schriftsteller von Zola bis Barbusse einmal nicht nach ihren Thesen über Befreiung und Revolution, sondern nach ihren soziologischen Unterlagen, die sie uns in Gestalt von Romanen anbieten, dann sehen wir immer dieses Porträt der Enterbten, gezeichnet von denen, die sie lieben. Und man kann sie nie zuviel lieben, vorausgesetzt, man verzichtet auf Illusionen und Überschwenglichkeit.

Vor all diesem Unflat stellt sich eine Frage: Ist hier die gesunde Reserve, die Quelle der Reinheit, von der man die große Erneuerung erwartet?

61. Negative Hoffnungen

Vielleicht sind wir zu streng mit den Proletariern. Es liegt nicht an ihnen, daß sie so sind, wie sie sind.

Nein, an ihnen liegt es nicht. Aber ist das ein Grund, sie anders zu sehen? Ein Urteil zu fällen über jene, die im Unglück sind, wäre doppeltes Unrecht. Es geht nicht darum, jemanden zu verdammen, sondern darum, Tatsachen festzustellen und sowohl romantischer Schwärmerei als auch heuchlerischer Wahlpropaganda entgegenzutreten.

Aber selbst ein hartes Urteil über die Proletarier wäre nicht härter gewesen als das ihres Propheten. Marx erkannte ihnen keinerlei Tugenden und Qualitäten zu.

Nichts ist übrigens so falsch wie dies! Das ist eine typisch hegelsche Vereinfachung, die Menschen und Dinge mit Abstraktionen in Übereinstimmung bringen und in ein System einordnen soll.

Marx hat also nicht auf verborgene Qualitäten des niederen Volkes gerechnet, um die neue Welt zu gestalten. Nein, er hat auf ihr Nichtvorhandensein gerechnet. So sollte die klassenlose Gesellschaft schließlich von allen Unterschieden befreit werden und die geforderte Gleichförmigkeit erlangen. Nach Marx wird das Proletariat, wenn es einmal die Macht ergriffen hat, all das verschwinden lassen, was zu allen Zeiten den Charakter der herrschenden Klasse ausgemacht hat.

62. Vier Irrtümer hinsichtlich eines Mangels

Folgende vier Irrtümer sind hier festzustellen:

1. Ein Mißstand wird zu einer guten Sache, wenn er sich gleichmäßig auf alle ausbreitet.

2. Ein Charaktermangel kann sich allem Beliebigen aufprägen.

3. Wenn die unterste Klasse zur obersten wird, ändert sich ihr Charakter nicht.

4. Was seit eh und je der Charakter der herrschenden Klasse war, wird verschwinden, wenn die bisher unterste Klasse an die oberste Stelle rückt.

Muß man zum ersten Punkt noch etwas sagen, wenn man sich mit eigenen Augen vom Gegenteil überzeugt hat?

Wird eine Krankheit zur Gesundheit, wenn alle von ihr angesteckt worden sind? Wenn Lohnarbeit Sklaverei ist, wird diese Sklaverei dann zur Freiheit, wenn alle Menschen Lohnarbeiter geworden sind?

Zum zweiten Punkt können wir sagen: Wenn das Proletariat ohne Tugend, ohne Qualitäten ist, kann aus ihm nichts Positives hervorgehen. Stimmt es aber, daß es ohne Gestalt und eigenen Charakter ist?

63. Unechter Charakter des Proletariats

Der ganz spezifische und augenfällige Charakter des Proletariats besteht in seiner Anormalität.

Der ganze monströse Aufschwung der modernen Industrie war notwendig, um diesen Charakter zu prägen. Wir haben diesen Zustand mit dem eines Findelkindes verglichen. Dessen Lebensbedingungen sind nicht die normalen, und seine Beziehungen zur Umwelt sind nicht dieselben wie die eines Kindes, das in seiner natürlichen Familie aufwächst. Gleichviel, ob es in einem Waisenhaus lebt oder in eine fremde Familie aufgenommen worden ist, kann es nicht die Geborgenheit, die Furcht und den Stolz eines

Kindes erfahren, das von seinen leiblichen Eltern in Liebe und Strenge erzogen wird.

Nehmen wir an, es lebt in einer Familie mit zehn ehelichen Kindern. Was geschieht, wenn es sich gegen den Vater auflehnt und den Anspruch erhebt, seine Nachfolge antreten zu dürfen? Es wird nie im Namen der zehn anderen sprechen können. Es wird auch nicht über die Rechte seiner Geschwister hinweggehen können, auch nicht unter dem Vorwand, auf diese Weise die Ungunst des Schicksals auszugleichen. Es hätte die ganze Familie und das Gesetz gegen sich. Es könnte sich nur mit Gewalt durchsetzen.

64. Proletariat und Volk

Die Republiken, in denen das Proletariat seine Diktatur ausübt, nennt man Volksdemokratien.

Das ist wie ein „schwarzer Rappen", denn Demokratie heißt schon „Herrschaft des Volkes".

Aber diese Wortverschwendung ist eine doppelte Lüge, denn Proletariat und Volk ist nicht dasselbe. In manchen Völkern gibt es kein Proletariat.

Bei den Völkern, die ein Proletariat haben und es nicht absorbieren können, ist es ein schmerzhafter Auswuchs, eine Krankheit.

Sogar in unserer kapitalistischen Gesellschaft stehen sich Kapitalisten und Proletarier nicht direkt gegenüber. Zwischen ihnen ist das eigentliche Volk.

All jene, die mit ihren eigenen Mitteln arbeiten, kann man nicht Proletarier nennen, weil sie besitzen, und auch nicht Kapitalisten, weil sie selber arbeiten.

Der Bauer, der mit seinen Söhnen seine zwölf Hektar Land bearbeitet, der Handwerker, der einen Laden hat und verkauft, was er selber herstellt, der Arzt, der Lehrer, sie alle sind weder Kapitalisten noch Proletarier. Zwischen dem Hausierer und dem Offizier gibt es viele Personengruppen, auf die man weder die eine noch die andere Bezeichnung anwenden kann.

Es gibt aber auch Fälle, in denen einer sowohl der einen wie der anderen Klasse angehört. Da sind zum Beispiel all die Unternehmer, die selber mit ihren Arbeitern arbeiten. Und alle Arbeiter, die gleichzeitig Teilhaber an ihrem Unternehmen sind; sie bekommen Lohn für ihre Arbeit und Zinsen für ihr Kapital.

Aus solchen Leuten besteht das Volk. Ob gut oder schlecht, sie sind die rechtmäßigen Kinder der Familie.

Würde man sie alle zu Lohnempfängern degradieren, wäre das ein großes Unglück. So etwas kann nur auf gewaltsame Weise geschehen.

Das ist, wie wenn man die lebende Zelle der Gesellschaft, die Familie, durch ein Asyl oder irgendeine andere künstliche Institution ersetzte; auch wenn sie noch so vollkommen wäre, sie bliebe doch immer ein Ersatz. Das ist, wie wenn man sich alle Zähne ziehen und durch ein künstliches Gebiß ersetzen ließe, um ein für allemal von Zahnschmerzen befreit zu sein. Oder wie wenn man sich ein Bein amputieren und durch ein Holzbein ersetzen ließe, um endgültig vor Hühneraugen Ruhe zu haben.

Dabei handelt es sich gar nicht, wie Marx es darstellt, um ein Endziel, auf das alle Geschichte hinauslaufen muß, oder um eine Rechtsvollstreckung, auch nicht um die Befreiung der Völker von Schmarotzern und Unterdrückern. Es handelt sich eher um einen lange und gründlich vorbereiteten Angriff einer größeren oder kleineren Gruppe von rachsüchtigen und machtlüsternen Aufwieglern. Ihre Machtergreifung und Machtausübung ist einer von außen kommenden Invasion und Besetzung nicht ganz unähnlich.

65. Diktatur oder Abschaffung des Staates?

Die Diktatur des Proletariats ist, wie ihre Vertreter sagen, eine unvermeidliche, aber vorübergehende Maßnahme. Wenn der Staat im Namen der Allgemeinheit allen Besitzenden ihre Güter abgenommen und der Allgemeinheit zugänglich gemacht hat, ist seine Aufgabe abgeschlossen, und er kann sich auflösen.

Marx war weder blutdürstig noch machtgierig. Er träumte nicht von der Gründung eines neuen Weltreichs. Sein tiefster Wunsch war, die Menschen endlich zu der Erkenntnis zu bringen, daß ihr höchstes Gut im Wohlergehen aller besteht und daß sie durch egoistisches Verhalten jede Ordnung zerstören und sich selbst unter den Trümmern begraben würden.

Ist dieser ganze Apparat von Zwang und Drohungen, den man Staat nennt, notwendig, um eine so einfache Sache verständlich zu machen? Würde es nicht genügen, uns von den Herrschenden und Mächtigen zu befreien, damit das Volk und jeder Mensch sich selbst regieren kann?

Die Herrschenden und Regierenden glauben in törichtem Stolz, sie gehörten einer anderen, überlegeneren Art an. Nicht weniger töricht ist aber der Glaube, die Gewöhnlichen seien von einer anderen, besseren Art als die Herrschenden.

Um einen Mißstand zu beseitigen, genügt es nicht, die Urheber des Mißstands zu beseitigen. Man muß auch auf diejenigen achten, die an ihre Stelle treten. Man muß sich fragen, durch welche Disziplin, durch welche Läuterung sie besser geworden sein mögen, welche Lehre sie weiser gemacht haben könnte.

66. Festigung der Macht und neue Spaltungen

Sollte eines Tages das ganze Volk durch seine unterste Klasse enteignet und gleichgeschaltet werden, wird das nur durch Gewalt geschehen können.

Und zwar nicht nur durch die revolutionäre Gewalt eines einmaligen Umsturzes, sondern durch eine fortdauernde Gewaltherrschaft, die jederzeit bereit ist, eine Reaktion zu unterdrücken. Denn jene, die einmal selbständig waren, sehnen sich wieder nach Selbständigkeit zurück. Und jene, die es nicht waren, möchten es gern einmal werden.

Je mehr eine Ordnung die Natur und die Gewohnheiten unterdrückt, desto mehr Gewalt muß sie aufwenden, um an der Macht zu bleiben.

Das Proletariat wird den anderen nicht seine Charakterlosigkeit aufzwingen, sondern seinen künstlichen, anormalen und unmenschlichen Charakter.

Das Proletariat muß seine Führer mit weitgehenden Vollmachten ausstatten, damit sie allein ihren Feinden die Stirn bieten können, den äußeren Feinden und, vor allem, den unzähligen und überall versteckten inneren Feinden.

Diese Vollmachten gibt es ihnen aber auch gleichzeitig gegen sich selbst. Damit findet es wieder zu seinen alten Gewohnheiten zurück, zu seiner Unterwerfung und Erniedrigung. Sein einziges neues Recht ist das Stimmrecht. Aber auch davon macht es nur einen sehr unterwürfigen Gebrauch.

So bildet sich ein immer tieferer Graben zwischen den Regierenden und den Regierten. Es entstehen zwei Klassen. Aber auch in der Regierung gibt es zwei Klassen: die Parteimitglieder und die anderen. Sie überwachen sich gegenseitig und sind eifersüchtig aufeinander. Auch unter den Regierten bilden sich zwei Klassen, wie wir schon gesehen haben: das unterdrückte Volk, das der Regierung feindselig gegenübersteht und auf seine Stunde wartet, und das Proletariat, das sich der Unterdrückung unterwirft, weil sie in seinem Namen geschieht.

Außerdem gibt es die Masse der Unbelehrbaren und Unbotmäßigen, die, soweit man sie nicht ausgetilgt hat, die Zuchthäuser, Umerziehungslager und Konzentrationslager bevölkern. Das ist ein neues Proletariat, das auf seinen Marx und seinen Lenin wartet.

67. Schlimme Kehrseite der Enteignung

Warum gestalten die wenigen Machthaber und Funktionäre der neuen Regierung die Besitzverhältnisse nicht zu ihrem eigenen Vorteil um?

Wie bringen sie es fertig, ein so tief verwurzeltes Verlangen des menschlichen Herzens zu überwinden? Wie erklärt sich ihr beispielhafter Großmut? Welches Gebot der materialistischen Lehre, zu der sie sich so eifrig bekennen, verlangt von ihnen eine solche Opferbereitschaft?

Ja, wie wäre das anders zu erklären als dadurch, daß sie etwas viel Befriedigenderes gefunden haben als das Eigentum im herkömmlichen Sinn, das für das Bürgertum recht ist: die Möglichkeit nämlich, über die Menschen und alles, was sie besitzen, zu verfügen!

68. Besitz und Macht

Montesquieu lehrt in seinem Werk *Vom Geist der Gesetze*, daß die menschliche Freiheit gefährdet oder schon verloren ist, sobald Gesetzgebung, Rechtsprechung und Rechtsvollzug in einer Hand vereinigt sind. Demzufolge besteht die Voraussetzung menschlicher Freiheit in der Trennung dieser drei Gewalten. Von der vierten Gewalt spricht Montesquieu nicht: der schlimmen Ballung von Macht und Besitz. Er spricht nicht davon, weil diese Frage sich im Abendland nie gestellt hat.

Selbst die römischen Kaiser und die Monarchen der absolutistischen Epoche achteten das Eigentum ihrer Untertanen. Nicht nur das: Sie waren sogar die Schirmherren dieses Eigentums. Sie begnügten sich damit, selber umfangreiche Besitztümer zu haben und vom Besitz ihrer Untertanen Steuern zu erheben. Dies wird anschaulich in der Anekdote von dem eigenwilligen Müller, der sich weigerte, Friedrich dem Großen seine Mühle abzutreten, ganz gleich, welchen Preis der König ihm bieten mochte. Der Müller behielt seine Mühle, und der Preußenkönig mußte verzichten.

Befehlsgewalt bedeutet nicht Nutznießung.

Die reinste Form der Befehlsgewalt hat der militärische Vorgesetzte. Seine Befehle sind nicht zu diskutieren, sondern auszuführen. Er kann mit der Bewegung eines Fingers oder mit einem Blick seiner Augen einen Soldaten in den Tod schicken.

Aber er kann dem Soldaten nicht befehlen, einen Scheck für ihn auszustellen. Er kann das Leben von ihm verlangen, aber nicht seinen Geldbeutel.

Wenn der König von Frankreich nach üppigen Festen oder langen Kriegen eine leere Kasse hatte, mußte er jedesmal die Generalstände zusammenrufen und um Hilfe bitten, Tadel anhören und Rechte und Freiheiten abtreten.

Da wir jetzt so viel Negatives über das Privateigentum gesagt haben, wollen wir ihm nun auch Anerkennung zollen: Es ist für den Bürger die schützende Hülle gegen die Tyrannei der Mächtigen. Es ermöglicht dem armen Köhler, sich in seinem Haus als König zu fühlen.

In den Staaten des türkischen Sultans und in denen der Moguln war es anders. Der Despot besaß alles: Land, Menschen und Sachen. Vor seinem Angesicht waren alle Proletarier, vom Bettler bis zum Wesir. Wenn es ihm gefiel, jemanden zu beseitigen und seine Hinterlassenschaft an sich zu nehmen, so nahm er damit nur einen Teil seines Besitzes in seine persönliche Obhut. Wenn jemand ein Haus bewohnte, einen Garten bebaute, Gold ansammelte oder etwas an seine Nachkommen vererbte, so bedeutete das nur, daß der Herrscher in seiner Großmut die Augen zudrückte oder daß er nicht alles, was ihm von Rechts wegen zustand, selber verwalten konnte.

Der Aufstieg des Proletariats ist gleichbedeutend mit einer Wiederkehr orientalischer Despotie.

Viertes Kapitel: *Macht und Recht*

1. Wiederholungen in der Weltgeschichte

Ein sizilianisches Sprichwort sagt: „Die Welt ist wie ein Rad." Das Wort Revolution heißt eigentlich: Umdrehung. Eine Revolution bringt das zurück, was die vorhergehende beseitigt hat.

Unter lautem Geschrei, mit Strömen von Blut und Bergen abgeschlagener Schädel hat man wie im Delirium eine altersschwache, korrupte und unfähige Regierung zu Boden gestürzt.

Nach einigen Jahren oder Jahrzehnten voller Enttäuschungen, Unruhe, Krieg und Bürgerkrieg gelingt es — mit neuen Blutströmen, Massengräbern und Volksdelirien —, eine neue Macht zu installieren und sie mit den wirksamsten und zerstörerischsten Hilfsmitteln, die Wissenschaft und Technik bieten, auszustatten.

Vor der ersten Revolution lag alle Macht des Staates und alle Macht des Reichtums in den Händen der Adligen.

Das erboste Volk erhielt dann Gleichberechtigung und Handlungsfreiheit. Diese Freiheit wurde für alle ein Wettlauf zum Reichtum.

Aber der freie Wettstreit, bei dem alle teilnahmeberechtigt sind, ganz gleich, wie unterschiedlich ihre natürliche Herkunft auch sein mag, ist ganz einfach „die Ausübung des Rechtes des Stärkeren", wie Clémenceau es in seinem Werk *La Mêlée sociale* ausdrückt. Er steigert sich zu dem Ausruf: „Freunde, die ihr durch den Krieg oder durch Unfall eure Arme und Beine verloren habt, sorgt dafür, daß euch neue wachsen."

Die Nutznießer des ersten Experiments mit der Demokratie waren die Reichen und ihre Klasse.

Wenn Freiheit und Gleichberechtigung zusammentreffen, vergrößern sich die sozialen Unterschiede. Sie werden unerträglicher, weil sie sichtbarer und fühlbarer werden.

Das beweist, sagen die Hartnäckigen, daß man nicht auf halbem Weg stehenbleiben darf. Wenn die politische Revolution vollzogen ist, müssen wir zur wirtschaftlichen Revolution übergehen!

Zu diesem Zweck müssen wir den Besitz neu verteilen — oder noch besser: den Privatbesitz abschaffen.

Wer werden die Nutznießer dieser zweiten Operation sein wenn nicht diejenigen, die verteilt oder abgeschafft haben?

Es wird ihnen nicht gelingen, sich denen gleichzustellen, deren Besitz sie neu verteilt haben, oder sich selber so zu entmachten, wie sie die anderen entmachtet haben. Auch dann nicht, wenn sie sich bemühen, ihrem Propheten recht zu geben, der gesagt hat, der Staat werde sich nach vollendeter Revolution von selber auflösen (Marx).

Sie haben jetzt alle Macht des Staates und alle Macht des Besitzes in ihren Händen. Dazu kommt noch die Macht, welche die Wissenschaft gegeben hat. Nun ist die Knechtung des Volkes noch schwerer als diejenige, gegen die es sich zweimal erhoben hat.

Es ist schwer, aus einem Getreidefeld wildes Gras herauszujäten. Es kann dabei passieren, daß man Getreidesämlinge herauszieht und tiefer wurzelndes Unkraut im Boden läßt.

So, wie Reichtum durch Arbeit gerechtfertigt wird, so werden Adel und Ehrentitel durch Dienste an der Allgemeinheit gerechtfertigt. Wenn der Adlige zugleich reich ist, ist das die Folge eines Machtmißbrauchs.

Zur Zeit der Römer und fast das ganze Mittelalter hindurch waren Bäder Orte der Unzucht.

Mit gebührender Empörung wurden die öffentlichen Bäder schließlich abgeschafft. Während der folgenden drei Jahrhunderte war dann jede Art von körperlicher Reinheit verpönt.

Da es aber nicht gelungen war, die Prostitution abzuschaffen, trieb man eben Unzucht, ohne sich zu baden.

Nutznießer dieser schamhaften Reform waren die Läuse, die sich bis in die Perücken der Könige emporarbeiten konnten, und die Syphilis, die sich über die ganze westliche Welt verbreitete.

Ich überlasse es den Sozialreformern, aus dieser Geschichte die angemessenen Lehren zu ziehen.

Marx sah alles Übel dieser Welt in der ungleichen Besitzverteilung und im Profitstreben. Für Voltaire war der Aberglaube die Quelle alles Bösen, für Montesquieu die Gewaltherrschaft, für Rousseau die Zivilisation an sich.

All diese Lehren haben ihre Wahrheit. Die Begrenztheit jeder dieser Lehren zeigt sich in den Wahrheiten, die in den anderen Lehren enthalten sind.

Mir sind Leute begegnet, die alles Böse auf die Unterdrückung des Geschlechtstriebs durch moralische Vorschriften zurückführten. Andere führten es auf die Verwahrlosung der Sitten zurück, andere auf die Übervölkerung, andere auf die Ernährungsweise, andere auf das Mißverhältnis gewisser Mineralien im Körper, andere auf die Geldentwertung, andere auf die okkulten Riten der Freimaurer, andere auf die geheimen Kräfte der Juden, andere auf die religiöse Toleranz, andere auf die Dogmen der katholischen Kirche.

Bei all diesen Leuten gibt es sicher entschuldigende Gründe dafür, daß sie das Übel nicht dort sehen, wo es ist, nämlich in der Sünde, denn sie wissen nicht recht, was das ist, die Erbsünde. Aus ihr sind jedenfalls wesentlich mehr Aufschlüsse zu beziehen als aus den Überlegungen, Erfahrungen und Vorstellungen dieser Leute.

Was die Voraussagen von Karl Marx betrifft, so kann man sich wundern, wie schnell sie sich erfüllt haben. Man kann sich aber auch über das Gegenteil wundern. Mit seiner Geschichtsdialektik wußte er sich in Übereinstimmung mit dem Lauf der Welt. Darin behielt er recht. Aber diese Logik ist die Logik der Sünde (das wußte er nicht). Umsturz und Enttäuschung gehören beide zu ihrem Wesen.

Lohnarbeit, Unfreiheit des Arbeitnehmers, Zuchthaus, Mechanisierung, Arbeitsteilung, Spezialistentum, Polizei, Armee, Rüstung, Geld, Staat, religiöse Verfolgung, Gesinnungsschnüffelei, Manipulation der öffentlichen Meinung, Denunziantentum, Strebertum, all diese Dinge sind keineswegs verschwunden, sondern haben sich in das neue System je länger, desto fester eingenistet. Die Herren des neuen Systems sind sofort in die Fußstapfen ihrer monarchischen Vorgänger getreten und haben deren Eroberungspläne aufgegriffen und sich noch bedenkenloser an die Durchführung gemacht.

Untereinander bekämpfen sie sich mit denselben Intrigen, um an der Macht zu bleiben oder an die Macht zu kommen. In ihrer Politik befolgen sie die klugen Ratschläge Machiavellis an seinen Fürsten. Zum Beispiel den Rat, daß es nicht darauf ankomme, ehrlich zu sein, sondern darauf, ehrlich zu erscheinen. Zum Beispiel, daß mit Überlegung geübte Grausamkeit manchmal sehr nützlich sein könne. Mit erstaunlicher Schnelligkeit haben sie ihre Lehren gezogen.

Die römische Geschichte ist typisch für die Geschichte der ganzen zivilisierten Welt, zumindest der westlichen. Wir können in ihr unsere Vergangenheit kennenlernen; vielleicht können wir aus ihr auch etwas für unsere Zukunft lernen. Die Geschichte des Römischen Reiches ist eine Geschichte ständiger Umwälzungen und Eroberungen. Da sind die Eroberungszüge der Römer, und da ist die Überschwemmung Roms durch die besiegten Völker und die befreiten Sklaven. Und da ist die Machtergreifung durch die Plebejer. Das Ergebnis all dieser Siege war das Kaiserreich, mit Nero, Tiberius, Claudius, Caligula, Heliogabalus . . .

2. Definition der Macht

Wenn wir nun unser Thema weiterverfolgen, lernen wir eine neue, höhere Stufe der Erkenntnis von Gut und Böse kennen: die Macht.

Die Erkenntnis belehrt uns über sie und führt uns dahin, sie zu gebrauchen, zu genießen und — zu erleiden. Denn die Erkenntnis des Bösen, welche „die Furcht vor jeglichen Verlusten und Entbehrungen" ist, zeigt uns, daß der schrecklichste aller Verluste der Verlust der Freiheit und des Lebens ist. Sie verleitet uns, eine Verteidigung aufzubauen, die nur funktioniert, wenn sie in der Hand eines einzelnen Menschen oder einer kleinen Gruppe liegt. Die Erkenntnis des Guten dagegen zeigt denen, die zu der großen Menge gehören, wie erstrebenswert es doch wäre, dieser eine Mann zu sein oder dieser kleinen Gruppe anzugehören.

Das ist in kurzen Worten das Wesentliche des Dramas der Macht mit all seinen Begierden und Emotionen, welche die Geschichte wie ein blutiger Faden durchziehen.

Es ist ganz natürlich, vom Kapitel über den Besitz zum Kapitel über die Macht überzugehen, denn Besitz und Macht sind ungefähr dasselbe. Besitz ist eine direkte Verfügungsgewalt über Dinge mit einer sich daraus ergebenden indirekten Gewalt über Menschen. Macht ist eine direkte Verfügungsgewalt über Menschen mit einer sich daraus ergebenden indirekten Gewalt über Dinge.

3. Macht und Wissen

„Wissen ist Macht", heißt es. Intelligenz gehört einer höheren Ebene an als Kraft. Sie ist überlegen.

Die Kräfte des Menschen sind im Vergleich zu der ihn umgebenden Natur wie die eines Grashalms im Sturm. Das Wunder der Intelligenz besteht aber darin, daß der denkende Halm es fertigbringt, den Sturm zu beherrschen.

„Dem, was man versteht, wird man ebenbürtig", sagt Aristoteles. In gewissem Sinn wächst man sogar darüber hinaus.

Wenn man die Ursache einer Erscheinung versteht, hat man Gewalt über sie. Man kann eine Krankheit abwenden, indem man ihr zuvorkommt. Man kann eine Gefahr voraussehen und ihr ausweichen. Man kann von verschiedenen Möglichkeiten die beste auswählen. Man kann Kräfte, die einen bedrohen, in seinen Dienst nehmen und für die eigenen Zwecke arbeiten lassen.

Wer das, was ihm widerfährt, nicht versteht, kann weder handeln noch arbeiten; er kann bestenfalls reagieren.

Aber die Intelligenz bewahrt den Menschen auch vor dem größten Unglück, das ihm widerfahren kann: der Isolation. Sie verbindet die intelligenten Wesen miteinander. Die Intelligenz versammelt, beruhigt, erhellt, führt und einigt die Menschen. Daraus entsteht ihnen eine neue Macht, die sie befähigt, alle Schwierigkeiten zu überwinden, sowohl in der Arbeit als auch im Kampf.

Der Zusammenhang von Wissen und Macht rührt nicht nur von den Auswirkungen des Wissens her, sondern auch vom Wissen selbst. Dieses Wesen der Macht ist aber nichts Sinnenfälliges, Auffälliges. Es ist ein verborgenes Potential von Möglichkeiten, das sich der Wahrnehmung durch die Sinne entzieht. Jedes Tier hat ein Gefühl für die Kraft. Ein wildes Tier respektiert die Kraft des Dompteurs, selbst wenn dessen Peitsche gerade nicht knallt. Die Entdeckung der Macht ist jedoch eine Tat des Geistes. Sie findet ihren stärksten Ausdruck im Glauben.

Wenn der Gegenstand des Glaubens die Kennzeichen Einheit, Unendlichkeit, Universalität hat, handelt es sich um einen religiösen Glauben. So ist es mit der Allmacht Gottes.

Aber die Erkenntnis von Gut und Böse macht einen Gebrauch von der Macht, die sie aus vielfältigen, beschränkten und konfusen Einsichten gewinnt. Sie vergöttert jede Kraft, die das Menschliche gewaltig übersteigt, und sie zielt sogleich darauf ab, ihre Vorteile daraus zu ziehen.

So sind die Götter und die Dämonen entstanden: die guten und die bösen Mächte. Aber die Bösen unter ihnen können unter Umständen genauso nützlich sein wie die Guten, wenn man sie sich durch magische Handlungen unterwirft und seinen eigenen Zwecken nutzbar macht. Die Guten indessen, die man durch Opfergaben und Geschenke günstig zu stimmen versucht, können nicht immer für alle gut sein, denn was ihre Gläubigen von ihnen oft erbitten, ist, daß sie ihren Feinden so viel wie möglich schaden mögen. Hier zeigt sich, worauf die Erkenntnis von Gut und Böse immer wieder hinausläuft: Man stürzt sich auf eine Sache, die man begehrt, und fällt in die entgegengesetzte. Hier sieht man die Verbindung der heidnischen Religionen mit der Sünde.

4. Vom untersten Stockwerk des heidnischen Gedankengebäudes

„Die Alten beteten personifizierte Naturgewalten an", so steht es in Schulbüchern. Was gibt es Natürlicheres, als im Gewitter den Zorn eines Gottes zu sehen und im stürmischen Meer die wilden Pferde vor einem Wagen, dessen Lenker sich mit einem Bart aus Schaum und Algen emporreckt?

Aber weder barocke Rhetorik noch romantische Phantasie werden uns die Geheimnisse heidnischer Priester und Wahrsager verstehen lassen.

Weder Aristophanes noch Lukian, die sie verachteten und verspotteten, noch Ovid, der als Dichter mit den Fabeln spielte, lassen uns die Grundlagen der heidnischen Religion begreiflich werden. Nur ihre ältesten

Bestandteile, die sich dem Zugriff von Phantasie und Kunst entzogen haben, liefern uns den Schlüssel.

Die heidnische Dogmatik ist ein Gebäude mit zwei Stockwerken. Das zweite Stockwerk, die Mythologie, hat keinen festen Grund. Das erste Stockwerk indessen macht bei vielen primitiven Völkern die ganze Religion aus und ist beispielsweise bei den hinduistischen Brahmanen und bei den Chinesen das Wichtigste. Dies ist der Kult der kleinen Götter ohne Gesicht: der Kult der Seelen Verstorbener und der Hausgottheiten.

Dieser Kult ergibt sich aus der naheliegendsten Antwort auf die selbstverständlichste Frage, die es gibt: Wohin ist das Leben meines Vaters gegangen? Ja, das Leben, die Körperkraft, das Blut, die Säfte, der Atem dessen, der eben noch kam und ging, der sich bewegte, sprach, aß, Befehle gab, der aber jetzt nur noch eine kalte, bewegungslose Masse oder ein Häufchen Staub zu sein scheint? Wo ist das alles hingegangen? Wo ist mein Vater hingegangen?

Die Antwort ergibt sich von selbst.

Sein Leben ist in die Substanz dessen eingegangen, was das Lebendigste ist: in das Feuer.

Sein Körper ist zur Erde zurückgekehrt, aus der alle Körper entstanden sind.

Sein Blut und seine Körpersäfte haben sich mit dem Wasser vereinigt, das die Erde belebt.

Und sein Atem hat sich mit der Luft vermischt.

Aber es geht dabei nicht um irgendein Feuer, sondern um das Feuer, das in seinem Haus brennt und zu einem geheiligten Feuer wird, weil es das Leben der Verstorbenen aufgenommen hat, wenn es nicht schon geheiligt war durch die Seelen der Ahnen, zu denen mein Vater zurückgekehrt ist.

Es geht nicht um irgendeine Erde, sondern um die Erde unserer Felder, die geheiligt wird und für alle Zeiten unveräußerlich wird durch die Asche der Väter, die uns mit unserem Besitz verbindet.

Nicht um irgendein Wasser geht es, sondern um das heilige Wasser, das reinigt und befruchtet.

Es geht auch nicht um gewöhnliche Luft, sondern um den Hauch der Anrufungen, Beschwörungen und Gebete, um die heiligen Worte unserer Vorfahren aus entferntesten Zeiten. Wenn man sie ihres Alters wegen nicht versteht, um so besser. Doch wehe dem, der auch nur eine Silbe daran verändert!

Geheiligt ist, was den Geist der Toten in sich aufgenommen hat. Diese Aufnahme geschieht gewöhnlich durch Berührung oder äußere Ähnlichkeit; sie kann aber auch durch Rituale herbeigeführt werden.

Der Ritus ist Kampf und Abwehr des Todes. Tod ist Zerfall und Auflösung. Der Ritus aber fügt unermüdlich eines der vier Elemente zu den anderen: Er schüttet das Trankopfer auf die Erde, er nimmt die Früchte der Erde, die aus Erde und Wasser entstanden sind, und bringt sie zum Feuer. Er schüttet das Blut, das eine Verbindung aus Wasser und Feuer ist, auf den Grabhügel. Und jede seiner Handlungen verbindet er mit dem Hauch heiliger Worte.

Wir haben vom Blut gesprochen und kommen zum fünften Element, das die vier anderen enthält, zum Leben in Gestalt von Pflanze und Tier. Meistens sieht man es im Tier. In welchem Tier? In demjenigen, das dem Toten am ähnlichsten ist und deshalb als sein Zeichen betrachtet werden kann. Das fünfte Element ist das Totem oder Wappentier, das geheiligte Tier, dem man Opfer bringt oder das als Opfergabe bestimmt ist. Das ist von Fall zu Fall verschieden.

Das ist das Wesen der Religion der wilden Stämme im australischen Busch, der Germanen, wie Tacitus sie beschrieben hat, aber auch der Religion von Tacitus, Vergil und Horaz, von Plato, Plutarch und der letzten großen Gnostiker von Alexandrien. Das ist auch das Wesen der Religion, deren Ausübung ich selber Zeuge gewesen bin in den Familien, bei denen ich in Indien zu Gast war (meistens allerdings nur Ohrenzeuge, seltener Augenzeuge). Diese Religion bedarf keiner Entwicklung. Sie kann bestehen neben Sitten und Gebräuchen höherer und höchster Kulturen. Der französische Historiker Fustel de Coulanges hat in seinem Werk *La Cité antique* großartig beschrieben, wie der Ahnenkult dem römischen Volk Kraft und Würde gegeben hat, wie er seine Tugenden geformt und es zu seiner Größe geführt hat.

Wenn ein Ritual die Macht hat, alles zu weihen, was es mit der dunklen Macht der Verstorbenen verbindet, sei es ein Tier, sei es ein Stein, sei es ein Pfahl, dann hat es sicher noch mehr Macht über den Offizianten, der sich als bewußtes Werkzeug diesem Ritual zur Verfügung stellt, und bindet ihn an die dunklen Mächte des Jenseits.

Der älteste Sohn wird von seinem Vater in die Formeln und Praktiken des Rituals eingeführt, die ein geheimer Schatz und eine eifersüchtig gehütete Erbschaft sind. Wenn er dann den Platz des verstorbenen Vaters einnimmt, übernimmt er auch dessen priesterliche Funktionen vor dem Hausaltar. Er wird der Vater seiner Brüder und Vettern, selbst wenn einige von diesen älter sind als er. Er ist dann der Träger des Verehrungswürdigsten, das es gibt: der Tradition.

Alle schulden ihm Gehorsam und verneigen sich vor ihm, nicht weil er ihnen an Intelligenz, Tugend oder Kraft überlegen wäre, sondern weil sie durch ihn mit ihrem gemeinsamen Ursprung verbunden sind, mit dem Geist der Väter seit frühesten Zeiten.

Die Gegenwart des Geistes der Väter in ihm gibt seinem Urteil Gewicht. Seine Entscheidungen, so hart oder so unerwartet sie auch sein mögen, werden nie ein Diskussionsgegenstand sein. Sie sind Schicksal. Dieser Art ist der Patriarch, dieser Art sind seine Autorität und seine Macht.

5. Von der Einheit und der Vielfalt des Stammes

Der Patriarch ist Oberhaupt seines Stammes, und der Stamm ist die Urform der menschlichen Gesellschaft. Er setzt sich aus drei Elementen zusammen: Vater, Mutter und Nachkommenschaft. Diese Elemente sind hier nicht wie in der Familie einfach Personen, Lebensbedingungen und Rangordnungen. Sie sind auch der Ursprung der Klassen.

Um unsere Gesellschaftsformen zu erklären und die Rechte des Menschen zu formulieren, ist es nicht notwendig, von einem Naturzustand auszugehen, der in vollkommener Unabhängigkeit und Gleichheit besteht, wie Rousseau es tut. Er selber war übrigens nicht ganz dieser Fiktion verfallen, denn irgendwo schreibt er über diesen Zustand: „Man findet ihn nirgendwo, es wird ihn auf Erden nicht geben, und vielleicht hat es ihn auch nie gegeben."

Es ist in der Tat so, daß der Mensch nirgendwo in einen Zustand der Freiheit hineingeboren wird. Dies besagt ja auch die erste These des *Gesellschaftsvertrags*. Überall wird er in einem Zustand vollkommener Abhängigkeit geboren. Das Neugeborene ist in allen Dingen von seinen Eltern abhängig. Es ist der Modellfall aller anderen natürlichen und legitimen Abhängigkeiten und Unterordnungen.

Manche Insekten und manche Fische können, sobald sie aus dem Ei geschlüpft sind, für sich selber sorgen. Aber die Jungen des Menschen sind die hilflosesten, wehrlosesten und unselbständigsten Wesen, die das Leben hervorbringt.

Vater und Mutter haben die Kraft und das Wissen. Sie haben vor allem Liebe. Sie geben Leben, Nahrung, Richtung, Schutz und Sprache. Sie lehren Sitten, Handwerk und Religion.

Es ist nicht richtig, daß, so Rousseau im *Gesellschaftsvertrag*, „die Kinder nur so lange an den Vater gebunden bleiben, wie sie ihn brauchen, um überleben zu können". Das würde bedeuten, daß der Mensch genausowenig Einsicht und Dankbarkeit hat wie eine Katze. Diese Verbindung, die mit dem Leben beginnt, besteht das ganze Leben hindurch. Das ist natürlich und nicht etwa nur Konvention. Es ist die Grundlage des Stammes, der naturgemäßen Gesellschaftsform. Es ist der wirkliche Naturzustand, den es immer gegeben hat und den es immer in irgendeiner Form geben wird.

Hier ist die Ungleichheit naturgegeben, denn man kann von keinem Mitglied der Familie sagen, das es dem anderen gleich oder gleichgestellt sei. Die Mutter ist nicht dem Vater gleich, der Sohn nicht den Eltern, das jüngste Kind nicht dem älteren. Das ist ein erstes Spiel unveränderlicher Ungleichheiten.

Der Lehrling ist nicht gleich dem Meister, der Krieger nicht gleich dem Offizier, der Gläubige nicht gleich dem Priester, der Jünger nicht gleich dem Weisen. Auch dieses Spiel der Ungleichheiten entspricht den Beziehungen innerhalb des Stammes.

Wenn die Güter getrennt sind, kann es sein, daß der eine gute Geschäfte macht, während der andere verarmt, und daß der arme Verwandte bei dem reichen Zuflucht sucht. Dann ist der, der empfängt, wieder nicht gleich dem, der gibt. Hier ergibt sich ein drittes Spiel von Ungleichheiten.

Aber die Ungleichheiten zerstören nicht die Einheit, Gehorsam zerstört nicht die Freiheit, und Ungleichheit zerstört nicht die Gerechtigkeit, solange die Familie von Mitleid, Achtung und Liebe zusammengehalten wird. Dies steht nicht im Gegensatz zur Natur, zur menschlichen Natur, die anders ist als die des Wolfes.

6. Vom Stamm und von den Geißeln

Die Erkenntnis von Gut und Böse hat weniger Anteil an dieser primitiven Gesellschaftsform als an allen anderen. Deshalb entgeht der Stamm manchmal der einen oder anderen Geißel oder sogar allen vieren.

Elend gibt es normalerweise nicht in diesem patriarchalischen Zustand, weil man hier fast immer Gütergemeinschaft praktiziert. Außer im Fall des Ausschlusses bleibt niemand sich selbst überlassen. Jeder ist für jeden mitverantwortlich.

Knechtschaft ist dort nicht unbekannt, wie die Geschichte von Hagar es beweist, die Sara ihrem Gatten Abraham zuführte. Aber auf alle Fälle ist sie dort humaner als anderswo. Bei vielen Völkern ist sie jedoch, wie überhaupt jegliche Dienstbarkeit, völlig unbekannt, zum Beispiel bei den Negern am Kongo. Sicher, der Patriarch wird bedient, und niemand widersetzt sich seinem Befehl; aber dieser Gehorsam ist eher Dienst als Knechtschaft. Eine große Last liegt allerdings auf den Frauen. Das ist eine der Ursachen der Polygamie, denn die Gattinnen sind gern bereit, das Ehebett mit anderen zu teilen, wenn die Arbeitslast dadurch geringer wird.

Der Patriarch ist Richter, auch wenn er nicht gerufen wird. Er hat das Recht über Leben und Tod der Seinigen. Aber es sind die Seinigen, und niemand mordet oder verstümmelt sein eigenes Fleisch, es sei denn, er wäre verrückt.

Der patriarchalische Stamm kennt weder Revolutionen noch Parteien, noch Spaltungen, noch Verschwörungen. Dadurch erklärt sich seine Dauerhaftigkeit. Er ist faktisch geschichtslos.

Im Gegensatz zu den zivilisierten und demokratischen Staaten, die in dauernde Umwälzungen und Revolutionen verwickelt sind, verkörpert er die lebendige Tradition.

Sigmund Freud schrieb ein Buch, das sich nicht nur von seinen übrigen Werken wesentlich unterscheidet, sondern auch von alledem, was andere Spezialisten für „primitive Mentalität" geschrieben haben: *Totem und Tabu*. Er sucht darin eine Erklärung für gewisse Gebräuche und Verhaltensweisen wie zum Beispiel die Abneigung gegen den Inzest und die Pflicht, seine Frau aus einem anderen Stamm zu nehmen, und kommt zu der Hypothese, daß dies durch ein in dunkle Vorzeit zurückreichendes Geschehen zu erklären sei: Der Vater früherer Zeiten habe sich wie der Leitbulle einer Horntierherde verhalten und in wilder Eifersucht alle Rechte beansprucht (in den Augen Freuds: den Besitz aller Frauen seines Klans). Voll Erbitterung hätten ihn seine Söhne daraufhin getötet, doch seien sie von Entsetzen und Reue davon abgehalten worden, die Beute unter sich aufzuteilen. Die Erinnerung an das Verbrechen hätten sie in das Unterbewußtsein der Generationen verdrängt. Daher der krankhafte Widerwille gegen die immer noch begehrten Schwestern und Kusinen.

Diese Hypothese ist enorm und beruht auf sehr schwachen Indizien. Außerdem ist sie überflüssig. Die Notwendigkeit der Blutauffrischung und der Trieb zur Erhaltung der Rasse würden genügen, um solche Bräuche zu erklären. Kleine Gemeinschaften, die im halbnackten Zustand im Wald zusammen leben und von anderen Gruppen durch große Entfernungen und Gefahren getrennt sind, würden dauernd in Inzucht leben, wenn dem keine natürliche Abneigung entgegenstünde, die durch Erziehung, Überwachung und Religion noch gefestigt wird. Stämme, die sich anders verhalten haben, sind sicher schnell degeneriert und ausgestorben.

Wir müssen auf jeden Fall feststellen, daß Freuds These allem widerspricht, was man bei primitiven Völkern beobachten kann in bezug auf die Einstellung der Söhne zum Vater und des Vaters zu den Frauen.

Vatermord wäre im Rahmen einer patriarchalischen Gesellschaft, die dem Ahnenkult anhängt, ein unbegreifliches Verbrechen und eine Absurdität.

So, wie es kein Meer ohne Stürme gibt, so gibt es keine Nation ohne Kriege. Aber aus den alles überflutenden Wogen der Kriege sind hier und dort einige Stämme aufgetaucht, die sich trotz allem ihre Freiheit bewahrt haben.

Dazu gehören die Fulbe in den großen Ebenen Zentralafrikas. Obwohl sie von allen Seiten von kriegerischen und räuberischen Völkerschaften umgeben waren, hatten sie fast immer den Mut und die Kraft, Frieden zu halten. Sie haben eine Abscheu davor, Blut zu vergießen, selbst das ihrer Herden. Sie ernähren sich von Milch. Wenn sich ihnen ein Feind nähert, treiben sie ihre Herden anderswohin. Die Tuaregs, die großen Sklavenjäger, scheuten davor zurück, sie zu fangen. Einen Fulbe an die Kette zu legen ist genauso töricht, wie eine Schwalbe in den Käfig zu sperren. Der gefangene Fulbe setzt sich hin und stirbt. Man kann nichts mit ihm anfangen, und deshalb ist es nutzlos, sich mit ihm zu belasten.

Für einen Fulbe gibt es keine größere Schande, als häßlich zu sein oder einen faulen Zahn zu haben. Die Fulbe leben fast nackt, aber sie haben einen sehr lebhaften und sicheren Geschmack für das Schmücken. Sie bauen keine Häuser und wohnen nirgendwo. Manchmal halten sie große Versammlungen und Hochzeitsfeste ab. Sie tanzen in Schlangenlinien, zeigen dabei ihre Zähne, und die Mädchen wählen die Schönsten von ihnen. Das sind sinnvollere Betätigungen als Militärparaden, das ist nützlicher, als seinen Nächsten auszubeuten.

In der Vorgeschichte des Stammeslebens gibt es keinen Vatermord. Hingegen gibt es etwas anderes, das nicht weniger erstaunlich und schrecklich ist: die Opferung des erstgeborenen Sohnes.

Schrecklich, groß, tief und wahr: Wir finden sie in der Bibel im Opfer Abrahams, aber wir finden sie auch in allen Ländern der Erde.

Wir werden im letzten Kapitel noch einmal darauf zurückkommen.

Es handelt sich hier nicht um die Erfindung eines Psychiaters, sondern um ein großes Mysterium der Religion, das den Menschen in seinem Bewußtsein und im Unbewußten geprägt hat.

Da wir nun wieder bei den Stammesreligionen sind, wollen wir ihre kurze Darstellung noch nach oben und nach unten ergänzen.

Vor allem nach oben besteht noch eine Lücke, die wir ausfüllen müssen, denn das ist sehr wichtig.

Alle Stämme, auch die heidnischen, kennen Gott, den einen und einzigen Gott, der hinter allem, in allem und über allem steht: den Großen Geist. Ihn ruft der Wilde in seinen feierlichsten Schwüren an. Gewiß, er hat keinen besonderen Kult für ihn. Der Grund dafür ist, daß er ihn für so gütig hält.

Warum ist das so? Fragen Sie ihn, und er wird Ihnen ohne Umschweife erklären: Gott ist so gut, daß man von ihm nichts zu befürchten hat!

Mit den Geistern ist das anders. Und hier beginnt die Ergänzung nach unten. Das unterste Stockwerk des heidnischen Gedankengebäudes hat auch noch einen Keller.

Bei den Toten gibt es sehr unglückliche Geister, und diese werden manchmal bösartig. Es gibt solche, die man versehentlich beleidigt oder die man vernachlässigt hat und die sich darüber erregen. Es gibt solche, die ihre ganze Nachkommenschaft verloren haben und dadurch aufs äußerste benachteiligt sind. Es gibt solche, denen die Reue über begangene Verbrechen zu schaffen macht, und solche, die vor Durst nach Rache keine Ruhe finden. Einige von ihnen können besänftigt werden, andere haben so viel Groll in sich aufgestaut und sind dermaßen von Bosheit durchdrungen, daß sie nichts Menschliches mehr an sich haben. Das sind die Dämonen, gegen deren nächtliche Überfälle man sich wappnen muß, deren heimtückische Absichten man vereiteln muß, die man verjagen und mit Gewalt an ihre höllischen Orte zurückführen muß. Das ist eine der Funktionen des Priestertums.

Aber mit der Zeit, mit dem Fortschritt der Wissenschaft von Gut und Böse, fanden manche Völker, es sei eine zu einfältige Verhaltensweise, das Böse einfach zu vertreiben; klüger sei es, wenn man es sich nutzbar mache, indem man die gewaltigen Kräfte der Tiefe einfange und sie in seinen Dienst stelle. Dafür reicht aber die religiöse Unterweisung in den Familien nicht aus. Dazu braucht man Gelehrte, Experten, Techniker. Man muß gegen gute Bezahlung jemanden anstellen, der in fernen Landen der Gelehrsamkeit teilhaftig geworden ist: einen Zauberer. Das hohe Gehalt lohnt sich immer, denn er sichert uns Gedeihen, Glück und Frieden. Niemand wird es dann noch wagen, uns anzugreifen. Unsere Nachbarn fürchten uns, denn wir sind in der Lage, ihnen den Strahl des Todes zu senden. Wenn wir wollen, können wir, ohne sie zu berühren oder sie auch nur zu sehen, verderbliche Dünste auf sie herablassen, so daß sie an Ort und Stelle verfaulen. Wir können sie auf kleiner Flamme schmoren lassen oder sie mit einem Schlag mit Leib und Seele vernichten.

Was wollen Sie — wir leben schließlich in einer aufgeklärten Zeit, wir leben im Jahre 1959 vor Christus! Wir können uns nicht immer darauf beschränken, den lieben Gott und die guten Geister anzurufen, wie unsere einfältigen Vorfahren es getan haben. Der liebe Gott ist zwar groß, aber er ist zu groß und zu weit entfernt und zu unbegreiflich. Die guten Geister tun zwar Gutes, aber sie tun es aus eigenem Antrieb, nicht um uns zu gehorchen. Deshalb ist es zweckmäßiger, die Mächte der Finsternis zu zwingen, genau das zu tun, was wir uns wünschen. Das ist dann, wie wenn wir unsere eigenen Gebete erhörten. Im übrigen sind Oben und Unten relative Begriffe. Was ist gut? Das ist die Macht. Und was ist schlecht? Das ist Schwäche und Niederlage.

Wir moderne Realisten, für uns zählt ... und so weiter!

Jetzt ist es an der Zeit festzustellen, daß ein Stamm nicht unbedingt primitiv, wild oder heidnisch sein muß.

Ich sage deshalb, daß es jetzt an der Zeit ist, dies festzustellen, denn wir leben im Jahre 1959. Gerade hat Abraham im Gefolge seines Vaters die Stadt Ur verlassen, die Stadt, deren Name „Licht" bedeutet und in der er mit den anderen die Götter der großen Stadt angebetet hatte. Er hat diese Stadt verlassen, um wieder die Wege Seths, Henochs und Methusalems zu beschreiten.

Die Türme der großen Stadt hatte er gesehen. Er bevorzugte nun das Zelt. Die Menschenmassen der Stadt hatte er erlebt. Er bevorzugte nun die Weite des Horizonts. An Aufregungen, Spitzfindigkeiten und Sophistereien hatte er genug erfahren. Nun hatte er sich für die Wege von Seth, Henoch und Methusalem entschieden.

Gott, den er und seinesgleichen schon immer gekannt hatten, dem sie aber nicht gedient hatten, den sie verlassen hatten, als sie nach Ur gekommen waren, den hatte er nun unter dem freien, hohen Himmel wiedergefunden.

Er sagte nicht mehr wie die Leute von Ur und anderswo: „Ich bete euch an, euch, meine Väter, die ihr Götter geworden seid", sondern er sagte: „Ich bete dich an, du Gott meiner Väter."

Und später begründete der „Vater vieler Völker" (Sinn des Wortes Abraham) diese Überlieferung, die in gerader Linie weiterführte bis zur Ankunft dessen, der alle Völker zu sagen lehrte: „Unser Vater im Himmel."

7. Segen über den Stämmen

Viele Weltreiche haben sich gebildet und sind wieder zerfallen:
Assur mit seiner militärischen Stärke,
Babylon mit seinen Reichtümern,
Ägypten mit seiner Weisheit und seiner Größe,
Griechenland und Rom, die überall Säulen, Statuen, Gesetze und
Ideen hinterlassen haben.
Keines von ihnen hatte Gottes Segen. Durch Feuer und Schwert sind sie untergegangen.

Das Volk, das Gott sich auserwählt hat, besaß weder ihre Tugenden noch ihre Genialität, noch ihren Ruhm. Die großen Reiche sind über dieses Volk hinweggeschritten. Dennoch hat es überlebt. Nie ist es ihm gelungen, ein Staatswesen von einiger Bedeutung zu bilden. Und während Zeiträumen von zwei- bis dreitausend Jahren hat es in der Zerstreuung gelebt.

Kein Volk hat öfter über seinen Ruinen geweint, kein Volk hat länger in seinen Ketten geschmachtet, kein Volk hat mehr Verfolgungen erlitten. Obwohl es zeitweise unter andere Völker verstreut war, hat es sich nicht mit ihnen vermischt, hat es sich nicht aufgelöst. Es hat alle Grade der Zivilisation kennengelernt, es hat an den Kulturen seiner Gastvölker teilgehabt. Aber es hat nie aufgehört, ein Stamm zu sein.

Die Kirche von Rom ist von den Cäsaren verfolgt worden; sie hat sie stürzen sehen und zeitweise ihren Platz eingenommen.

Seitdem betrachtet sie sich den Herrschern als ebenbürtig, wenn nicht gar als übergeordnet.

Überall, wo sie Fuß gefaßt hat, hat sie einen Staat im Staate gebildet. Manche Kaiser, Könige und Republiken haben sie unterstützt, andere haben sie bekämpft. Die einen wie die anderen hat sie überlebt.

Die Kirche ist weder ein Königreich noch ein Kaiserreich, noch eine Republik. Sie ist ein Stamm, der weder primitiv noch wild, noch heidnisch ist.

Man sagt im allgemeinen, die Religion, besonders die christliche Religion, stelle es uns frei, uns für eine Regierungsform zu entscheiden, die uns gefällt. Die Heilige Schrift bietet keine Anhaltspunkte dafür, welcher Regierungsform wir den Vorzug geben sollen.

Was nun die bestehende Kirche betrifft, so hat sie fast immer die bestehende Ordnung unterstützt, so schlecht sie auch sein mochte. Sie hat eine Abneigung gegen alle Arten von Revolutionen, Reformen und Umstürzen, so gut sie auch erscheinen mögen.

Das ist verständlich, denn wie viele Veränderungen hat sie schon erlebt und über sich ergehen lassen müssen! Genügend, um zu wissen, was sie wert sind und was sie kosten!

Die einzige Gesellschaftsform, welche die Heilige Schrift uns immer wieder vor Augen führt, von der Genesis bis zum Evangelium, das ist die patriarchalische Gemeinschaft. Alle anderen Formen jedoch, die von den Politikern aller Richtungen diskutiert werden, sind ihr fremd und gleichgültig.

Das Urbild der menschlichen Gesellschaft, das zwar nicht vollkommen, aber immer willkommen und gesegnet ist, schwebt nicht in Wolken von abstrakten Ideen, sondern ist ganz nahe und greifbar: die Familie.

In welchem Maß ist eine Regierungsform gut? In dem Maß, wie sie der Familie ähnlich ist.

Welche Eigenschaften sollte ein Familienoberhaupt haben, welche Verhaltensweisen sollten ihm eigen sein, sei er nun König, Kaiser, Konsul, Ephor, Archont oder Präsident? Es sollte sein wie ein Vater.

8. Von den Grenzen des Stammes

Geschrieben steht: „Darum wird der Mann Vater und Mutter verlassen und an seinem Weibe hangen" (Gen. 2, 24). Das ist eher eine Erlaubnis als ein Gebot.

Man wird weggehen, wenn es notwendig ist, dann etwa, wenn an einem Ort der Zuwachs zu stark ist und der zur Verfügung stehende Boden zu sehr aufgeteilt werden müßte, oder dann, wenn das Weideland für die Herden nicht mehr ausreicht. Man wird sein Glück anderswo versuchen, sonst müßte der Stamm seine Flächen vergrößern, das heißt: Er müßte erobern. Deshalb begünstigt das göttliche Gesetz kleine Gruppen in großer Verbreitung, denn sie haben mehr Aussicht, mit den Nachbarn in Frieden zu leben und in sich selber Einigkeit zu bewahren.

Die günstigsten Proportionen, die eingehalten werden sollten, sind von Fall zu Fall verschieden. Aber es ist ziemlich leicht, sie für den jeweiligen Fall zu bestimmen: Es sollen genügend Hände dasein, um die Grundbedürfnisse zu befriedigen. Jeder soll seinen Platz haben, und jeder soll genügend Platz haben. Jeder soll alle kennen und allen bekannt sein. Der Vater soll die Seinigen mit einem Blick umfassen und in seinem Herzen zusammenhalten können.

9. Von den Königreichen, ihrer Entstehung und ihrem Wesen

Wenn der Stamm über seine Grenzen hinauswächst, wird er Volk, Nation, Königreich.

Wenn man auch ein Königreich als eine natürliche Gemeinschaft betrachten will, so muß man doch zumindest zugestehen, daß es eine erzwungene natürliche Gemeinschaft ist. Eine wesentliche Grundlage des Königreichs ist in der Tat der Zwang. Die Liebe kann als Grundlage nicht mehr funktionieren, weil man nicht so viele Leute gleichzeitig lieben kann und weil man nur Leute lieben kann, die man kennt.

Sowohl die Bedürfnisse großer Raubzüge als auch die der Verteidigung halten die Mitglieder eines großen Stammes zusammen und bewahren sie vor der Zerstreuung. Es ist der Wille eines umsichtigen, fähigen und tatkräftigen Patriarchen, nichts zu verlieren, was von ihm abstammt, sein Leben zu erweitern durch alles Leben, das aus seinen Lenden hervorgegangen ist.

Man selbst sein und gleichzeitg mehr als man selbst — das ist erhebend! Denn mein Sohn, dieser andere, der gleichzeitig ich selbst bin, und alle diese Söhne mit ihren Söhnen, das ist die Vervielfältigung meiner selbst! Und alle diese Söhne liebe ich wie mich selbst. Aber Vorsicht! Liebe ich ihr eigenes Wesen in ihnen? Oder liebe ich meine Stärke, meine Wichtigkeit, meine Waffen und meine Möglichkeiten, die ich durch sie hinzugewonnen habe?

Sobald ein Stamm sehr stark ist, hat er die Möglichkeit, andere Stämme aus seiner Nachbarschaft zu vertreiben oder gefangenzunehmen oder zu unterdrücken. Für die freien Stämme ist es dann das beste, wenn sie sich kampflos ergeben. Für den starken Stamm ist es das beste, sich die anderen einzeln einzuverleiben und so seine Macht zu vergrößern.

So entstehen die Königreiche im eigentlichen Sinne.

Ein Königreich ist ein dauerndes Bündnis von Stämmen in der Unterordnung.

10. Von den heiligen Trauben der Macht

Die untergeordneten Stämme verlieren keineswegs ihre „angestammte" Verfassung; sie sehen sich vielmehr bestätigt in ihren Besitzungen und Würden. Dafür verpflichten sie sich gegenüber dem König durch Huldigung und Eid, und ihre Führer werden den jüngeren Brüdern, Vettern und Neffen aus dem königlichen Stamm gleichgestellt. Das ist zunächst eine rein rechtliche Bindung, die bald durch Heiraten zu einer realen wird.

So zeigt sich das Königreich wie eine Traube oder wie eine Ähre, die aus verschiedenen Herrschaften besteht, die alle durch Treueid an das Zepter des Königs gebunden sind. Der Eid ersetzt die Blutsbande oder verstärkt sie noch.

Der Eid ist eine religiöse Bindung, denn die Götter sind seine Zeugen und geben ihm ihren Wert. Deshalb nennt man diese Rangordnung Hierarchie oder „Macht dessen, was heilig ist".

11. Die fünf Funktionen staatlicher Macht

Die Macht des Staates besteht nicht, wie von Aristoteles bis Montesquieu immer behauptet wurde, aus lediglich drei Funktionen, sondern aus deren fünf, so, wie auch die Hand fünf Finger hat.

Die erste Funktion, die am allerwenigsten vergessen werden sollte, ist die priesterliche.

Als zweite kommt die vollstreckende — polizeiliche und militärische — Gewalt.

Die dritte ist die gesetzgebende Gewalt.

Die vierte Funktion ist die Rechtsprechung.

Die fünfte Funktion, die auch nicht übersehen werden sollte, ist die Besitzausübung über Grund und Boden und das damit zusammenhängende Finanzwesen.

Der König ist in der Tat immer der eigentliche Besitzer allen Bodens seines Landes. Sein Name ist immer der des Landes, das er regiert, sei er nun König von Frankreich, von Golkonda oder von Thule. Das Geld soll den Wert aller Güter ausdrücken; deshalb trägt jede Münze das Bildnis des Königs, weil er, wenn er schon nicht der Besitzer aller Dinge sein kann, so doch der Besitzer aller Besitzrechte ist.

Fünf Funktionen in einer Hand, das ist die absolute und ursprüngliche Monarchie.

Jeder Familienvater, der seine Pflichten kennt, opfert den Göttern des Hauses oder sagt das gemeinsame Gebet, er befiehlt, gibt die Hausordnung, weist zurecht und züchtigt; er ist der namentliche Eigentümer des ganzen Familienbesitzes und bestimmt die Ausgaben. Er vereinigt also in seiner Hand alle fünf Funktionen.

Wenn es nicht so wäre, dann wäre die Familie ein Monstrum mit vielen Köpfen, aber ohne einen Kopf.

Einem Menschen, der sich selbst zu führen versteht, gelingt es auch, die kleine Schar der Seinigen zu führen, auch wenn er sich dessen nicht bewußt ist. Die Aufgabe kann sich sogar verdoppeln oder verzehnfachen. Wenn sich dann die natürliche Fähigkeit erschöpft, muß der Verstand sie ergänzen durch ein Regelwerk von Anpassungen, Vertretungen, stillschweigenden Übereinkünften, Strafen. Mit dem König erscheint das Gesetz. In der Familie befolgte man es schon, allerdings mehr unbewußt als bewußt. In jedem Königreich kennt man es, lernt man aber auch Mittel und Wege kennen, es zu umgehen.

12. Von den Illusionen der Macht

Diese beinah göttliche Fülle der Souveränität, die einem einfachen Familienvater in die Hand gegeben ist, hat noch kein König in seinem Reich ausüben können. Kein menschlicher Arm war je so stark, daß er die fünf Funktionen der staatlichen Gewalt hätte ausüben können.

Je größer eines Menschen Haus ist, desto kleiner ist der Teil, den er darin selber bewohnen kann. Der absolute Monarch ist weniger als jeder andere in der Lage, die ihm gegebenen Möglichkeiten wirklich auszunutzen.

Der Autokrat, der dem Wortsinn nach alles aus sich selber kann, ist gerade derjenige, der selber nichts kann, es sei denn durch die Vermittlung vieler anderer. Keine seiner Anordnungen kann ausgeführt oder auch nur entworfen werden ohne die Hilfe einer Vielzahl von Ministern, Beratern, Offizieren und Beamten, von denen die meisten ihm unbekannt sind und außerhalb seiner Sicht- und Reichweite handeln. Ohne ihre Bereitwilligkeit gelangen die Willensbekundungen des Königs verspätet, entstellt oder überhaupt nicht an die Öffentlichkeit.

Eine der Pyramiden trägt den Namen des Pharaos Cheops. Dieser Cheops hat sie aber weder erbaut noch entworfen. Er ist nur als Mumie in ihr enthalten.

In all seinen großen Werken wird der König nur repräsentiert. Auch da, wo er persönlich in Erscheinung tritt, übt er nur seine Repräsentationspflichten aus. Alsdann verschwindet er wieder unter dem Mantel der großen Maschinerie.

So wird alles um ihn herum zu einem großen Spiel der Erkenntnis von Gut und Böse, zu Fiktion, Eitelkeit, Rhetorik und Komödie.

Nicht ohne Grund sagt er von sich „Wir", denn er kann nicht mehr im Namen dieser einzigartigen Sache sprechen, die der kleinste und unbedeutendste aller Menschen Ich nennt.

Nichts verläuft so unauffällig und selbstverständlich wie das Versinken des Mächtigen in seiner Macht.

Um Könige zu erleben, die nur repräsentieren, aber nicht regieren, brauchte man nicht solche Erfindungen des 19. Jahrhunderts abzuwarten wie die „konstitutionelle Monarchie", denn schon vorher gab es untätige Könige, die nur ihrem Vergnügen lebten.

Wie viele wichtige Entscheidungen wurden getroffen im Namen von Kindern, die noch in den Windeln lagen, oder von stumpfsinnigen, zerstreuten und vollkommen gleichgültigen Prinzen.

Als Karl XII. von Schweden in Polen Krieg führte, beschwerten sich seine Minister über seine häufige Abwesenheit. Er antwortete, er werde ihnen bald einen seiner Stiefel schicken, damit dieser ihn im Ministerrat vertreten könne. Das war ein Soldatenscherz, aber es war auch ein Tritt in ein großes Lügengebäude.

Wenn man die Taten der berühmtesten Despoten betrachtet, muß man feststellen, daß eigentlich nur ihre Launen und Skandale wirklich ihre eigenen Werke waren. Diese erregten allerdings mehr Aufsehen in der Öffentlichkeit, als daß sie konkrete Auswirkungen auf das Leben ihrer Völker gehabt hätten.

13. Von der Magie der Macht

„Wenn ihr von dieser Frucht eßt, werdet ihr wie Götter sein!"

„Wie Götter." Das Trügerische an diesem Versprechen liegt in dem Wort *wie* und in der Mehrzahl.

Die Wissenschaft von Gut und Böse lehrt: Die höchste und beste aller Früchte ist die Macht, denn in ihr sind alle anderen enthalten. Die Hindus nennen das „die Kuh zur Erfüllung aller Wünsche".

Wenn du König bist, kannst du zu dem einen sagen: „Tu dies" und zu dem anderen: „Tu das", und es wird getan. Zu dem schönen Mädchen kannst du sagen: „Komm und gib dich mir", und du hast sie. Wenn du mit dem Finger auf jemanden zeigst, der dir mißfällt, dann ist er ein toter Mann. Von einem Dickicht kannst du verlangen, daß es zu einem Garten wird (Versailles), und von einem Sumpf, daß er sich in eine große Stadt verwandelt (Sankt Petersburg).

Es ist wie in den Märchen und in den Träumen. „Es war einmal ein König" — so fangen fast alle Märchen an. Für diesen König ist sein Zepter wie ein Zauberstab. Die Worte Magie und Majestät haben denselben Ursprung. (*Mag* und *mah* heißen soviel wie „groß"; das eine ist über das Persische, das andere über das Lateinische in unsere Sprache eingegangen.) Von dieser Magie kann niemand sagen, daß sie das Geschäft eines Scharlatans sei, denn sie ist das, was man Geschichte nennt.

Die Geschichte ist die Fabel, die niemand zu erdichten imstande ist.

14. Von den Königen und von den Göttern

Auch Mythologie und Königtum entstanden miteinander. Die Mythologie ist die Geschichte der Naturreiche und die der Väter der Nationen, wie sie sich im Laufe längst vergangener Zeiten miteinander vermengt haben.

Könige und Götter bringen sich gegenseitig hervor. Die Könige behaupten, von den Göttern abzustammen durch Vermittlung irgendeines großen Helden wie Herkules oder Theseus. Richtiger wäre es, wenn sie sich rühmten, ihre Erzeuger zu sein, denn ihr Tod gibt oft den Anstoß für die Entstehung eines Gottwesens.

Wie wir gezeigt haben, ist es das Gesetz des Todes, daß Gleiches zu Gleichem zurückkehrt. Es bedarf wenigstens der Seele eines großen Führers, eines mächtigen Königs, um den Himmel und das Meer zu erfüllen, statt, wie ein einfacher Familienvater, in das Tier seines Totems einzugehen.

Nein, die Götter sind nicht einfach vergöttlichte Menschen, wie Euhemeros es im 4. Jahrhundert vor Christus behauptet. Die Namen der Götter und ihre Attribute kennzeichnen sie als Naturgewalten.

Aber die Naturgewalten waren schon da, bevor sie vergöttlicht wurden, so, wie das lebendige Tier schon da war, bevor seine Gestalt als Totem gebraucht wurde.

Auch in der Gestalt des Menschen haben sich die Naturgewalten schon ausgedrückt, bevor der Mensch ihnen seine Gestalt lieh, indem er ihnen Namen gab, wie die Dichter es immer getan haben und immer tun werden.

Kein Dichter indessen betet das Gleichnis an, das er niedergeschrieben hat, und kein Künstler fleht um die Gnade des Gegenstandes, den er selber hergestellt hat.

Geheiligt ist, wie wir gesehen haben, das, was den Geist der Toten enthält. Was für das Feuer, das Wasser, ein Tier oder einen Stein zutrifft, trifft auch für die Symbole dieser Welt zu: Die Seelen der Ahnen machen diese zu Göttern, indem sie in sie eingehen. Es sind also die Verstorbenen, die den Göttern ihre Göttlichkeit geben.

Jede heidnische Religion ist Eroberung, Usurpation, denn Himmel und Erde waren schon vor der Ankunft der Götter besetzt.

Sie waren besetzt von dem einen Gott, den die Menschen nicht erfunden haben, welcher der wahre ist.

Er ist derselbe, den der Wilde in seiner einfachen Sprache den „Großen Manitu" nennt.

Er ist derselbe Allerhöchste, dem Melchisedek, der König der Gerechtigkeit und des Friedens, diente. Dieser segnete den Patriarchen Abraham, weil er nur diesen einen Gott anbetete im Gegensatz zu den Königen von Ur und Sodom.

Der Gott, der keine Gestalt hat, weil er keine Grenzen hat, der nicht in einer Gestalt dargestellt werden darf, weil man ihn dann verfälschen und verkleinern würde.

Er ist der Gott, den die Nationen und die Könige nicht haben wollten, denn wer ihn als Gott annimmt, der wird von ihm in Besitz genommen.

Niemand kann ihn besitzen oder manipulieren, denn er ist der Gott aller Menschen. Ihn zu haben heißt, ihn als Meister und Richter zu haben und ihm zu dienen.

Die Nationen und die Könige wollten ihre Götter haben, um sich ihrer zu bedienen, um von ihnen beschützt, begünstigt und gerechtfertigt zu werden.

Unter der Führung ihrer Götter haben die Nationen und die Könige die Welt mit ihren Großtaten erfüllt. Die größten dieser Taten waren immer Feuersbrünste und Massaker. Sie sind aufeinandergestoßen, Nation gegen Nation, und sie haben ihre eigenen Götter gegen die Götter der anderen in den Kampf geschickt.

Die glänzenden Abbilder der Götter, in denen doch die Sphärenharmonie zum Ausdruck kommen sollte, haben nur Tumult und Unruhe in die himmlischen Behausungen gebracht. Statt Beispiele höchster Tugenden zu sein, trugen sie tausend Laster und Schandflecke zur Schau.

Die Götter sind keine Kräfte, die von der göttlichen Allmacht ausgehen, ihre Gestalten sind keine Widerspiegelungen des göttlichen Lichtes, keine unterschiedlichen Aspekte des einzigen Gottes, und Mythologie ist etwas ganz anderes als Theologie.

Nein, die Götter sind Gestalten dieser vergänglichen Welt. Die Götter kommen nicht von Gott, sondern sie haben ihren Ursprung bei den Menschen und ihrer Welt.

Der Mensch, der sich zu den Göttern erhebt, nähert sich nicht dem Allerhöchsten, sondern er verirrt sich auf halber Höhe im leeren Raum.

Die Nationen und die Könige haben durch die Götter nicht die Erkenntnis Gottes gesucht, sondern die Erkenntnis der Welt. Durch diese Erkenntnis haben sie nicht die Wahrheit über diese Welt gesucht, sondern die Macht über Natur und Menschen.

An der geistigen Spekulation, der die Götter entstammen, an dem Kult, den man ihnen widmet, an den Motiven, die man ihnen unterstellt, fällt die völlige Abwesenheit von Liebe und Barmherzigkeit auf. Es geht dabei immer nur darum, aus der Macht Vorteile zu ziehen. Alles dreht sich um die Frucht.

„Die Strafe derer, die sündigen, ist der Irrtum", sagt Pascal.

Man sollte sich nicht allzusehr wundern, wenn man dieselben Mängel in dem Weltbild wiederfindet, das die moderne Wissenschaft hervorgebracht hat, denn die moderne Wissenschaft ist eine Tochter der Renaissance. Renaissance bedeutet Wiedergeburt der heidnischen Gottheiten. Damit ist notwendigerweise auch ein Verleugnen oder Vergessen des wahren Gottes verbunden, eine Suche nach Wahrheit, wo sie nicht zu finden ist, das heißt außerhalb von Gott. Von daher erklärt sich auch die Wiederauferstehung des zügellosen Verlangens, die Welt zu beherrschen und ihr so viel Genuß und Vorteile abzugewinnen, wie sie nur hergibt.

Eine Welt, die von ihrem Schöpfer abhängt und auf das Heil ausgerichtet ist, erschien auf einmal unvorstellbar. Man ersetzte sie durch komplizierte Erklärungen und summarische Ablehnungen, die der modernen Wissenschaft entstammen.

Wir erkennen nun die zwei Makel der Mythologie wieder: Chaos und Fatalität.

Das Chaos der modernen Mythologie nennt sich Materie, und man wird sich in kommenden Jahrhunderten darüber belustigen, mit welcher Naivität nicht nur das passive Volk, sondern auch ernste Doktoren erzählten, die Materie habe im Lauf der Zeit Leben und Geist hervorgebracht.

Im modernen Sprachgebrauch spricht man statt von Fatalität lieber von Notwendigkeit und Determination. Dadurch schließt man Freiheit, Hoffnung, Wunder, Verdienst, Gnade, inneres Leben aus, lauter Vorstellungen, die der heidnischen westlichen Mentalität unzugänglich sind. Selbstverständlich ist da auch kein Platz für Liebe und Barmherzigkeit sowie — man muß ja schließlich Fortschritte machen — für die Poesie.

Die Wissensgebiete, die jede Wissenschaft für sich zu erweitern sucht, ohne je an ein Ende zu kommen, haben untereinander genausowenig Zusammenhang wie die einzelnen Mythen. Der Abstand ist eher noch größer. Astronomie, Psychologie und Medizin standen bei den Chaldäern in engem Zusammenhang. Bei uns gibt es das nicht. Bei den Griechen gehörten Mathematik und Musik zusammen, bei uns nicht. Chemie und asketische Meditation wirkten bei den Meistern der großen Kunst zusammen, bei uns gibt es nichts dergleichen. Für Wissenschaft und Weisheit gab es bei den Hindus nur ein Wort. Bei uns haben sie nichts miteinander zu tun. In den alten Mythen verschmolzen Religion und Wissenschaft miteinander. Aber unsere Wissenschaft ist eine gottlose Mythologie.

16. Vom königlichen Priestertum

Die Fülle heidnischen Priestertums besteht darin, selber Gott zu sein.
Der Pharao übte dieses Amt aus. Jeden Morgen zelebrierte er seinen eigenen Kult.
Der Kaiser von China war ein Sohn des Himmels. Je nachdem er sich nach rechts wandte oder sich nach links verbeugte, machte er schönes Wetter oder Regen in den einzelnen Provinzen.
Manco Capac und Mama-Killa, seine Gattin, stellten sich als Kinder der Sonne und des Mondes dar.
Abgerissene Fingernagelteile des Kaisers von Japan wurden als Reliquien verehrt. Seine Exkremente wurden sorgfältig aufgehoben und dann feierlich beerdigt.
Von Nebukadnezar bis Tiberius kann man gar nicht alle Könige aufzählen, die zu ihren Lebzeiten angebetet wurden.
„Wie Gott sein" bedeutet zu höchster Freiheit gelangen, alles tun können, was man will. Aber es kommt vor, daß der Mensch, der wie Gott ist, nichts mehr wollen kann. Eingefangen in die zermürbenden Verpflichtungen unzähliger Zeremonien, von Höflingen und Priesterschaft umgeben, von Harem und Eunuchen mit Beschlag belegt, kann er nichts mehr wollen, obgleich er mit den Attributen eines Götzen ausgestattet ist. Die Frucht ist gegessen.

17. Vom Ende des Priestertums und vom Fortschritt, der sich daraus ergibt

Die Mehrzahl der geschichtlichen Dynastien ist diesem Extrem entgangen und hat sich den Gesetzmäßigkeiten des Fortschritts unterworfen.
Weder die Liebe zu Gott noch der Durst nach Wissen waren die eigentlichen Beweggründe für das Priestertum der Könige. Der wahre Beweggrund war die Macht. Deshalb war es rationell und konsequent, dieses Amt abzutreten, um die eigene Macht zu festigen und zu sichern.
Diese erste Gewaltenteilung brachte große Fortschritte, denn das Priestertum verlangt eine eigene Berufung und beansprucht das ganze Leben eines Menschen, und das dazugehörige Wissen setzt eine besondere Begabung voraus.
Sobald es Menschen gibt, die sich ihm ganz widmen, haben sie auch Schüler, die schnelle Fortschritte machen. Die Philosophie entwickelt sich

und löst sich vom Priestertum. Die Wissenschaft entwickelt sich und löst sich von der Philosophie. Von der Wissenschaft lösen sich wieder Spezialisten ... und so weiter.

Nach dem Gesetz des Fortschritts spezialisiert sich jeder auf ein immer kleineres Gebiet, das er immer genauer sieht. Und je größer und komplizierter das System wird, desto kleiner werden die Menschen. Das System ist schließlich so groß, daß niemand auch nur daran denken kann, es ganz zu überblicken. Die geistige Arbeit ähnelt immer mehr dem Nagen der Insekten, die nur Staub hinter sich lassen. Die Frucht ist gegessen.

18. Die zwei Schwerter

Seitdem die Könige auf das Priestertum verzichteten, begann die Trennung von geistlicher und weltlicher Macht. Daraus ergaben sich neue Machtkämpfe, schwierige Verhandlungen und zweifelhafte Übereinkünfte.

Man sieht auf der einen Seite eine Priesterschaft, die ohne Waffen und legale Macht versucht, die Mächtigen zu unterjochen und die Völker an sich zu binden; wenn die Priesterschaft dennoch über Waffen und staatliche Gewalt verfügt wie das frühere Papsttum, dann ist das immer zuwenig, um ihre Forderungen durchzusetzen, und doch gleichzeitig zuviel, weil es ihrem Wesen widerspricht.

Auf der anderen Seite sind die weltlichen Herrscher. Je unwissender und gottloser sie sind, desto mehr handeln und richten sie, als wären sie allwissend, desto weniger akzeptieren sie Kritik, Überwachung und Einschränkungen. So sind sie die Herren über Leben und Tod und über das Gewissen ihrer Untertanen.

Im Heiligen Römischen Reich Deutscher Nation, Nachfolger des Weströmischen Reichs, bildete sich eine Herrschaft aufgrund des Priestertums, die unter dem Schutz des Kaisertums lebte, sich aber auch bisweilen gegen dieses stellte: der päpstliche Kirchenstaat.

Papst und Kaiser hingen voneinander ab. Der Kaiser hing vom Papst durch das Krönungsritual ab, das ihn erst zum Kaiser machte und das der Papst durch Exkommunikation widerrufen konnte; dadurch wurden alle Vasallen von ihrem Treueeid entbunden, womit nicht nur die Macht des Kaisers, sondern auch der Bestand des Reichs in Frage gestellt waren. Der Papst hing vom Kaiser ab, weil nur dieser den Schutz des Kirchenstaats durch seine militärische Macht sichern konnte und weil alle kirchlichen und klösterlichen Niederlassungen im Reich von des Kaisers Wohlwollen abhingen; sie waren ständig bedroht, konfisziert zu werden.

Das waren zwei Reiche, die durch keine Grenzen getrennt waren und sich durch dauernde Rechtsstreitigkeiten gegenseitig beunruhigten. Segnungen und Verfluchungen wechselten miteinander ab. Manche Völker sind dadurch in wiederholte blutige Auseinandersetzungen verwickelt worden, bis hin zum geistigen Ruin der weltlichen Macht und zum weltlichen Ruin der geistigen Macht.

Im Oströmischen Reich hatte der Basileus die Klugheit, sich an den Patriarchen von Konstantinopel anzulehnen, der sich damit begnügte, der höchste Würdenträger der Krone zu sein. Die beiden verständigten sich so gut, daß sie sich zehn Jahrhunderte lang in die hierarchischen Würden teilen konnten.

Die russischen Zaren waren keine Priester, aber sie waren trotzdem Oberhaupt ihrer Kirche. Das gleiche galt für die englischen Könige.

Die ersten Kapetinger nannten sich „Grafen und Äbte". Als Herrscher ließen sie sich mit dem Öl des heiligen Remigius salben. Gleich darauf schritten sie zu wunderbaren Heilungen. Als „Allerchristlichste Könige" beschützten sie die Kirche und wurden von ihr beschützt. (Trotzdem war es ein französischer König, der dem Papst auf ein Verbot mit einer Ohrfeige antwortete.)

Die „Katholischen Majestäten" von Spanien taten das gleiche und mehr als das, oft sogar zuviel.

Seit der Titel „König von Gottes Gnaden" für das Volk nicht mehr ein Glaubensartikel ist, ist das Königtum tot.

Vor diesem Hintergrund ist vielleicht auch das Geheimnis der Johanna von Orleans kein unergründliches historisches Rätsel mehr. Ich meine das Zeichen, das sie dem zögernden Karl VII. an dem Ort, an den er sich zurückgezogen hatte, unter vier Augen gab. Als sie in ihrem Prozeß danach befragt wurde, antwortete sie nur in allegorischem Stil. Doch es kann nicht sehr verschieden gewesen sein von folgendem: Der Dauphin zweifelte stark und nicht ohne Grund daran, der legitime Sohn seines Vorgängers zu sein, und sein frommes Gewissen hielt ihn zurück. So mag sie gesagt haben: „Ich komme im Auftrag Gottes, um Euch zu sagen, daß dieser Gedanke nicht von Euch kommt, sondern vom Bösen. Es ist eine Versuchung des Teufels, zu denken, Könige seien durch ihre besonderen Eigenschaften und durch ihren persönlichen Willen Könige. Gott kann, wenn es ihm beliebt, auch einen Schafhirten zum König machen. Hat er nicht David von seinen Herden weggeholt? Wollt Ihr sagen, David sei kein wichtiger König gewesen, obwohl aus seiner Nachkommenschaft unser milder Herr, der König der Könige, hervorgegangen ist? Im Namen Gottes werde ich Euch gleichzeitig das Zeichen tun und Euch das Ding geben. Mein Zeichen wird sein, Euch nach Reims zu führen zu Eurer Salbung. Und das Öl aus dem Gefäß und die Salbung Davids ist ein Zeichen, dem kein Christ widersprechen kann."

19. Von der Königssalbung und ihren Folgen

Die Königssalbung ist das, was den Königen von ihrem Priestertum geblieben ist. Wie das Priestertum bedeutet die Königssalbung, daß ein bestimmter Mensch für den Dienst an Gott auserwählt ist. Wie ein erlesener Pfeil wird er bereitgehalten für die einzigartige Aufgabe, Gott unter den Menschen zu vertreten, den Abgrund zu überbrücken, der die Menschen von Gott trennt, und der ewigen Ordnung dessen, der im Himmel regiert, hier unten Gehör zu verschaffen.

Man sieht nun gut, wie die Erkenntnis von Gut und Böse mit diesem großartigen Thema spekuliert hat. Spekulieren heißt, wie wir gehört haben, soviel wie: spielen mit Spiegeln. Das Spiel besteht darin, den Spiegel immerfort von links nach rechts und von rechts nach links zu wenden. So fängt man Lerchen.

Nach links gedreht sagt der Spiegel: „Ich bin wie Gott, alle bedienen mich, ich diene niemandem. Ein Abgrund trennt mich von den anderen Menschen. Der gerechte Gott hat mich durch die Königssalbung auserwählt und so im voraus bestimmt, daß alles, was ich befehlen werde, richtig ist."

Zu den Zeiten der Barbaren kannte man kein anderes Gesetz als den Willen des Führers. Man hätte damals nicht sagen können, daß der Führer etwas Ungerechtes verlangte, denn das wäre ein Widerspruch in sich selbst gewesen.

„Man muß den Königen gehorchen wie der Gerechtigkeit selbst", lehrte der berühmte Hofprediger Bossuet. Um dem Tabu einen vernunftgemäßen Anstrich zu geben, fügte er hinzu: „sonst kämen die Geschäfte nie zu einem Abschluß." Um seine Hörer noch gründlicher mit der Doktrin heidnischer Orthodoxie vertraut zu machen, verstieg er sich sogar so weit, daß er sagte: „Sie sind Götter, die in gewisser Weise an der göttlichen Unabhängigkeit teilhaben." Um dem Ganzen schließlich noch einen biblischen Stempel aufzudrücken, zitierte er: „Ich habe gesagt, ihr seid Götter und Söhne des Allerhöchsten." (Der Prophet, der diese Worte aussprach, richtete sie an eine Volksversammlung und nicht an einen König. Deshalb war dieses Zitat des Hofpredigers ein Frevel.)

Die Königssalbung ist weit weniger als das Priestertum dazu geeignet, den Charakter eines Menschen zu prägen. Das Priestertum verlangt Vorbereitung, Studium, tägliche innere und äußere Disziplin, Kontrolle durch ein Kollegium, gute Führung, einen untadeligen Lebenswandel.

Die Königssalbung wird eher als öffentliches Ereignis denn als Sakrament betrachtet. Man will damit eher die Volksmassen begeistern als eine innere Verwandlung des Gekrönten herbeiführen.

Die Königssalbung verpflichtet den Fürsten nicht zur Gerechtigkeit, aber sie untersagt dem Untertanen das Urteil. Der Herr der Gesetze verfährt mit dem Gesetz nach eigenem Gutdünken. Er wird immer Schmeichler finden, die ihm vorhalten, daß er zu gut sei.

Angesichts der Tatsache, daß nichts mehr zu fürchten ist als seine Stärke und seine Strenge, sind die Vorsichtigen darauf bedacht, seine Schwäche zu pflegen. Es liegt im allgemeinen Interesse, seine Wollust und seinen Blutdurst zu mildern und seinen Zorn in Vergnügen umzuwandeln.

Da im Krieg andere die Schläge einstecken und er den Ruhm, ergibt er sich gern diesem Zeitvertreib.

Da ihm das Recht über Leben und Tod aller zusteht und nur Gott Leben geben kann, bleibt ihm das Vorrecht, ungestraft den Tod zu geben.

Nachdem so viele Erregungen und Eitelkeiten auf ihn einwirken, nachdem er so vielen Versuchungen ausgesetzt ist, nachdem sich so viele Schranken für ihn geöffnet haben, wie kann es da sein, daß der, den man zu einem Gott gemacht hat, sich nicht selber zu einem Dämon macht?

Solange Katharina die Große ihren Sohn, den Zarewitsch Paul, in übertriebener Weise von den Geschäften fernhielt, wurde er bekannt durch seine guten Eigenschaften und seine noblen Regungen. Als schließlich seine Stunde kam, stieg ein derartiges Ungeheuer auf den Thron, daß man es erschlagen mußte.

Als Ludwig XV. noch ein Kind war, wurde, wenn er eine Tracht Prügel verdient hatte, ein kleiner Diener herbeigeholt. Der wurde dann an seiner Stelle und unter seinen Augen ausgepeitscht. Wen wundert es, daß das intelligente Kind daraus die Lehre, die Folgen seiner Verfehlungen müßten immer von anderen getragen werden, und das sei richtig so? Diese fehlgeleiteten Strafen waren sicher zu einem guten Teil schuld an den Skandalen seiner Regierung. Einer seiner Wahlsprüche war: „Nach mir die Sintflut."

Die Königssalbung fehlte weder Peter dem Großen noch Iwan dem Schrecklichen, noch Richard III., der sich sogar zweimal salben und krönen ließ.

Da ihre Macht rechtmäßig war, konnten sie auf die Rechtmäßigkeit ihrer Taten verzichten.

20. Von den Königreichen und vom Krieg

Ein Königreich ist eine unfreiwillige, auf Gewalt aufgebaute Gruppierung. Ohne Krieg wäre es auf der Stammesstufe stehengeblieben. Es ist also durch den Krieg und für den Krieg entstanden.

Seit der König auf das Priesteramt verzichtet hat, steht bei ihm die Funktion des Kriegsherrn im Vordergrund. In Kriegszeiten ist die Regierung eines einzelnen die einzig mögliche. Angesichts der ständigen Gefahr werden lange Überlegungen, demokratische Entscheidungen, Diskussionen, Nachdenken, Aufschub der Befehlsausführung und folglich jede Freiheit des Ermessens und des Gewissens zu einem selbstmörderischen Luxus.

Der Krieg ist also Sinn und Zweck der Monarchie. Oberflächliche Geister ziehen daraus den Schluß, Sinn und Zweck der Demokratie sei der Friede. Aber wir haben schon gezeigt, daß die Geschichte dieser Illusion eine blutige Abfuhr erteilt hat.

Nicht nur das Königtum, sondern alle Formen der Macht sind an den Krieg gebunden, mit Ausnahme der geistlichen Macht.

Die Könige haben daher allzu oft ihr eigenes Reich, die großen Vasallen wie das niedere Volk, als erobertes Land behandelt.

Nirgendwo sind Könige ihres Zepters so sicher wie in einem Land, das so wohlgeordnet ist wie ein Militärlager.

Mehr als einmal hat ein Herrscher einen Krieg angezettelt, um auf diese Weise sein Volk fester in den Griff zu bekommen, das sich dem Luxus und dem Laster ergab und anfing, Forderungen zu stellen sowie Spott und Politik hervorzubringen. In Gefahr und Leiden, in Trauer und Not werden bedingungslose Treue und blinder Gehorsam zum Reflex des Instinkts der kollektiven Selbsterhaltung.

Unter der Herrschaft der Fürsten sind die Kriegsursachen am vielfältigsten und phantasievollsten. Hier müssen jene Theoretiker, für die der Krieg eine Folge wirtschaftlicher Notwendigkeiten ist, ihre Vorstellungskraft am meisten strapazieren, um für ihre Theorien vernünftige Gründe zu erfinden. Es ist gut möglich, daß die reichen Provinzen eines durch Verweichlichung und Uneinigkeit geschwächten Nachbarn das Begehren eines informierten Monarchen auf sich ziehen. Dann wird er zwecks Durchführung seines wirtschaftlichen Raubzugs die ritterlichen Gefühle mobilisieren.

Noch unersättlicher aber als die Habgier ist die Eitelkeit. Da ist der Drang, aus dem Schatten ruhmreicher Ahnen in das Licht der Geschichte zu treten. Hat man uns nicht von Kindheitstagen an mit ihren Großtaten gefüttert? Da ist die Sucht, sich zu zerstreuen, wenn Festmähler und Frauen nicht mehr ausreichen. Und da ist der Ehrgeiz, auf ein beleidigendes oder freches Wort zu antworten, das jemand gesagt hat, gesagt haben soll oder gesagt haben könnte.

Die schwerwiegendsten Ereignisse lassen sich oft auf die nichtigsten Beweggründe zurückführen.

Zahlreich sind die Könige, die auf ihren Grabmälern lange Listen ihrer Siege eingravieren ließen, illustriert mit Zeichnungen von Gefangenen, denen gerade die Hände abgeschnitten oder die Augen ausgestochen werden.

Eine Seltenheit, vielleicht eine Einmaligkeit in der Geschichte ist diese altägyptische Grabinschrift:

„Während meiner Regierungszeit
habe ich die Bogen meiner Armeen
den Holzwürmern in den Arsenalen überlassen.
Kein einziges Kind wurde mißhandelt
in meinem Reich."

21. Vom Aberglauben des Blutes und von den Verbrechen, die daraus erwachsen

In dem Maß, wie bei Königen und Völkern der Glaube an den Wert der Königssalbung schwand, wuchs der Aberglaube vom Blut.

Man sprach dem königlichen Blut mystische Eigenschaften zu. Man glaubte sogar an eine andere physische Beschaffenheit und dichtete ihm schließlich sogar eine besondere Farbe an. Während das rote Blut gerade gut genug für das gemeine Volk war, wurde das blaue Blut zu einem mythologischen Hirngespinst und zu einem Talisman, der die Tür zu allen Ehren und Rechten öffnete.

Aber die Logik der Schlange machte hier einen Knoten. Das Blutsdenken führte zu Vatermord, Inzest und anderen Verbrechen gegen das Blut, die in der Natur unbekannt und bei gewöhnlichen Menschen äußerst selten sind. Sie scheinen wie ein düsteres Vorrecht an die königliche Würde gebunden zu sein.

Es ist in der Tat so, daß ein Herrscher, der sein Recht vom Blut herleitet, in demjenigen seinen schlimmsten Rivalen sieht, der ihm blutsmäßig am nächsten verwandt ist. Und das Recht über Leben und Tod, das alle Mächtigen sich anmaßen, richtet sich schließlich gegen das eigene Blut.

Kronos entmannte mit einer Sichel Vater Uranos, der seine Kinder gleich nach der Geburt in die Tiefe der Erde zurückstieß. Seine eigenen Kinder verschlang Kronos bis auf eines, das entkam; das war Zeus, der seinen Vater mit dem Blitz besiegte und in den Tartaros warf.

Das waren die ersten Götter, die von den Königen nach ihren eigenen Vorstellungen erfunden worden waren.

Selbstverständlich verhält es sich mit den Morden der Götter nicht anders als mit ihren Liebschaften: Es sind unschuldig-schreckliche Schauspiele der Natur, in denen sie willkürlich vernichtet, was sie hervorbringt.

Aber die Spiele derer, die sich für Götter halten, ihre Spiele mit Leben und Tod, sind ohne Unschuld und gegen die Natur. Selbst reißende Tiere lieben ihre Jungen und respektieren ihre Artgenossen.

Ödipus tötet seinen Vater und heiratet seine Mutter, wenn auch ohne zu wissen, was er tut. Königliches Schicksal. Aus dieser ungeheuerlichen Verbindung entstehen zwei Söhne, die sich gegenseitig umbringen, und eine Tochter, die sich selbst tötet.

Atreus bietet bei einem Festmahl seinem Bruder Thyestes das Fleisch von dessen beiden außerehelich gezeugten Kindern an. Nach dem schauerlichen Mahl tötet er auch ihn. Ägisthos, Thyestes' Sohn, tötet alsdann Atreus.

Orestes tötet seine Mutter Klytämnestra, die seinen Vater Agamemnon getötet hat, und regiert, umgeben von Furien.

Tullia, Tochter des Königs Servius Tullius, fährt mit ihrem Wagen über den Leichnam ihres Vaters, den ihr Gemahl Lucius Tarquinius Superbus erdolcht hat. Dann begrüßt sie den Mörder als König.

Die Kaiserin Theodora empfing den Besuch eines schönen jungen Mannes, in dem sie ihren Sohn wiedererkannte. Er war gezeugt worden von einem Offizier aus Lydien, als sie Bärenwärterin in den unterirdischen Gelassen des Amphitheaters war. Tränen kamen ihr über das von Schminke starrende Gesicht, denn der Jüngling erinnerte sie an den Mann, den sie am meisten geliebt hatte. Sie betrachtete ihren Sohn und beweinte ihn im voraus. Dann verabschiedete sie sich von ihm, und er wurde nie wieder gesehen.

Im nebligen Norden, in einem Spukschloß, tötet Fengo — in Shakespeares Drama Claudius genannt — den König Horwendill, seinen Bruder, heiratet dessen Witwe und regiert an seiner Stelle. Der Prinz Hamlet, Sohn des Horwendill, tötet ihn und stirbt mitsamt seiner Mutter.

Chlodwig, getauft und mit dem heiligen Öl gesalbt, brachte mit Schwert und List alle kleinen fränkischen Könige ums Leben, von denen die meisten mit ihm verwandt waren.

Chlothar und Childebert, die Söhne der heiligen Chlothilde, ließen die zu Waisen gewordenen Kinder ihres Bruders Chlodomer zu sich kommen, ergriffen sie trotz ihres Flehens an den Armen und durchbohrten ihnen die Seite. Darauf teilten sie ihren Nachlaß unter sich auf, und wenig später bekämpften sich die beiden Brüder in einem erbarmungslosen Krieg.

Der fränkische König Dagobert ließ zuerst seinen Onkel Brodulf töten und dann seinen Neffen Chilperich. Danach regierte er in Ruhe über sein Reich.

Peter von Kastilien ließ in seiner Gegenwart seinen Bruder Friedrich und seinen Vetter Johann töten, ließ seine Tante Leonore hinrichten und schließlich die Königin Blanka im Gefängnis vergiften.

Peter von Kastilien und Heinrich von Trastamara sind Halbbrüder. Sie begegnen einander und umarmen sich. Der eine ist rot vor Zorn, der andere blaß vor Wut. Beide tragen einen Dolch und gehen aufeinander los. Derjenige von beiden, der sich wieder erhebt, hat sein Recht auf die Krone erkämpft.

Soll ich noch mehr Beispiele bringen? Es gibt eine Unzahl ähnlicher Fälle, im Alten Testament ebenso wie, etwa, in der Geschichte Englands, Frankreichs, von Byzanz, Äthiopiens, der Türkei, Rußlands, Chinas...

Ein anderes Verbrechen gegen das Blut ist der Inzest, der von allen Völkern verabscheut wird, so verderbt oder so barbarisch sie sonst auch sein mögen.

Wenn das Blut eines Pharaos oder eines Inkas göttlich und mit der Sonne verwandt ist, wie könnte der Pharao, der Inka es dann mit einem unreinen, fremden, menschlichen Blut vermischen? Was für Unheil könnte da entstehen? So muß er sich also dazu zwingen, seine Schwester zu heiraten. So altert und erschöpft sich das Geschlecht. Wie viele von den fünfundzwanzig ägyptischen Dynastien haben länger gedauert als ein Jahrhundert?

Eine mildere Form des Inzests ist in allen königlichen Häusern üblich, denn die Zahl der möglichen Verbindungen ist hier sehr begrenzt; so kehrt das Blut immer wieder zu sich selber zurück und degeneriert.

Die Verpflichtung des Fürsten, auf keinen Fall diejenige zu heiraten, die er mit seinem ganzen Herzen liebt und nach der seine Natur verlangt, ist eine weitere Beleidigung des Blutes.

Die Scham, die ein Ehebruch nach sich zieht, gleichviel, ob er verborgen bleibt oder ob er ruchbar wird, ist vielleicht das einzig Heilbringende bei den königlichen Geschlechtern.

22. Von den königlichen Ehen und vom Krieg

Die Königstochter, welche der Königssohn heiraten will, kann in einem Land, in dem der Inzest nicht erlaubt ist, nur die Tochter eines ausländischen Königs sein. Die königliche Familie wird ihrem Volk dadurch mit jeder Eheschließung fremder.

Als ich in Berlin einmal dem Kronprinzen von Albanien vorgestellt wurde, fragte ich mich, in welcher Sprache ich ihn wohl ansprechen sollte. Aber kein Problem: Er war Deutscher. In Florenz begegnete ich einigen Prinzessinnen von Griechenland. Auch sie waren Deutsche.

Ludwig der Heilige, Heinrich IV., Ludwig XIV. werden von den Franzosen als Verkörperungen des Ruhmes ihrer Nation angesehen. Aber wieviel französisches Blut mögen sie noch gehabt haben?

Die Zivilisierten sind schon zu vernünftige Wesen und zu sehr dem Nützlichen verhaftet, als daß man ihnen eine Königshochzeit als Tribut an den Aberglauben vom Blut darstellen könnte. Auch Beweggründe des Herzens können nicht herangezogen werden, weil sie vielleicht lächerlich wirken würden. Deshalb stellt man das Interesse des Staates in den Vordergrund.

Für die Diplomaten ist es ein Glück, wenn sie durch Heirat ein Bündnis mit einer anderen Nation oder gar eine Versöhnung mit einem Erbfeind vermitteln können. Bei solch romantischen und prunkvollen Friedensschlüssen haben die Völker allen Grund zu Freudentänzen! Aber soll sich jede Generation immer wieder derselben Täuschung hingeben?

Ein solches Bündnis trägt schon wieder den Keim des nächsten Kriegs in sich, denn den Kindern, die daraus geboren werden, entstehen oft recht widersprüchliche Thronrechte. Der Hundertjährige Krieg hatte keinen anderen Grund als die enge Verwandtschaft zwischen den Herrscherhäusern Englands und Frankreichs. Entsprechendes gilt für den Spanischen Erbfolgekrieg zwischen Spanien und Frankreich. Der Österreichische Erbfolgekrieg hatte seine Ursache in den komplizierten Verwandtschaftsbeziehungen zwischen den regierenden Häusern Bayerns, Spaniens, Sachsens, Frankreichs, Sardiniens und Österreichs.

23. Von der Herrschaft des Dornbusches

Die Bäume wollten einen König haben und sagten zum Ölbaum: „Regiere über uns."

Er antwortete: „Wie könnte ich mein Öl aufgeben, das den Göttern und den Menschen dient, um mich zwischen den anderen Bäumen hervorzutun?"

Und die Bäume sprachen zum Feigenbaum: „Komm und regiere über uns."

Dieser antwortete ihnen: „Wie könnte ich meine wilden und lieblichen Früchte im Stich lassen, um über andere Bäume zu regieren?"

Die Bäume wandten sich an die Rebe und sprachen:

„Komm und regiere über uns."

Sie antwortete: „Wie könnte ich den Wein vernachlässigen, der Götter und Menschen erfreut, um andere Bäume anzuführen?"

Daraufhin sagten alle Bäume zum Dornbusch: „Komm und regiere über uns."

Der Dornbusch antwortete: „Wenn ihr mich wirklich zum König macht, dann kommt und ruht euch aus in meinem Schatten."

Dieses Gleichnis steht im Buch Richter 9, 8—15.

Wer das Zepter ergreift, ist nicht immer der Beste, der Sanfteste, der Inspirierteste. Vielleicht hat er nur die unangenehmen Eigenschaften des Dornbusches. Vielleicht ist er wie jener, von dem Machiavelli berichtet, daß er „wegen der Ruchlosigkeit seiner Handlungen, die ihm die Macht eintrugen, nicht zu den vorzüglichen Menschen gezählt werden kann".

Es gab heilige Könige: Ludwig den Heiligen von Frankreich, den heiligen Stephan von Ungarn, Kaiser Heinrich den Heiligen, Knut den Heiligen von Dänemark und andere. Ihr Verdienst war vor allem dadurch groß, daß sie keine Monstren waren. Aber gibt es welche, die kein Blut an ihren Händen hatten?

Der Prinz Gautama verließ des Nachts seinen Palast. Er ging hinaus, wie ein Dieb hineingehen würde. Er wollte auf der Straße als Bettler leben und in den Wäldern meditieren.

Als die Leute Jesus zum König machen wollten, „entfloh er ihnen".

Satan aber wird Fürst dieser Welt genannt. Von ihm heißt es, daß er das Reich der Erde besitzt und darüber nach Gutdünken verfügt.

24. Von der Herrschaft der Nichtigkeit

So garstig die Tugenden des Dornbusches auch sein mögen, schlimmer ist das Fehlen aller Werte. Wenn die Barbaren einen Führer wählen, dann wählen sie bestimmt nicht einen Feigling, einen Dummkopf, einen Narren oder einen notorischen Schwindler, sicher auch nicht einen Faulpelz oder ein unschuldiges Kind von fünf Jahren. Wenn aber immer wieder Dummköpfe, Feiglinge, Narren, Schurken und Heuchler auf einen Thron gestiegen sind, so ist das dem Aberglauben vom Blut zu verdanken, der auf der Ansicht fußt, die Tugenden und die Fähigkeiten des Vaters gingen selbstverständlich auf den Sohn über.

Aber Führerqualitäten sind so selten wie dichterisches Genie. Es gibt geniale Menschen, aber es gibt keine genialen Familien. Wenn aus einer Familie ein oder zwei überragende Persönlichkeiten hervorgegangen sind, dann scheint es mit ihrer Kraft für immer zu Ende zu sein. Herrenrassen wie die Zentauren gibt es nur in der Mythologie.

Es kann ein Volk sicher sehr teuer zu stehen kommen, wenn es einen starken Führer hat. Besonders dann, wenn dieser, um seine Stärke zu beweisen, alle anderen Starken erschlagen muß, kann es Massaker und Ruinen geben.

Es kommt indessen auch vor, daß man zur Wahl schreitet, zur Wahl des Stärksten durch die Stärksten. Voraussetzung dazu ist, daß man sich soweit versteht oder fürchtet, daß der Wettbewerb friedlich abläuft. Das ist mit Abstand die beste Methode, eine Krone auf ein Haupt zu setzen, das fähig ist, sie zu tragen.

Es scheint jedoch so zu sein, daß man diese Methode nur unter dem Zwang äußerer Umstände anwendet. Sie ist gebräuchlich bei wilden Völkerschaften, die immer miteinander auf dem Kriegsfuß stehen und für die deshalb ein Interregnum oder ein unfähiger Führer vernichtend sein könnte.

Aber der erbliche Charakter gehört zum Wesen der Monarchie und zu den Glaubensvorstellungen, auf denen sie begründet ist. Es bildet sich deshalb immer eine Erbfolgeordnung, bei der die Wahl keine Rolle mehr spielt. Das gibt mehr Sicherheit, auch die Sicherheit, daß die größte Macht meistens in den Händen eines Mittelmäßigen liegen wird.

Seitdem richtet sich die Kunst der Politiker, Minister, Hofräte und aller, die im Dienst des Königs stehen, darauf, die königliche Macht einzuschränken, weil man in ihr eine Gefahr sieht. Das erste, was man dem König vorschreibt, ist, daß man ihn schwören läßt, die Privilegien der Großen, der Beamten, Räte, Gemeinden, Zünfte, kurz: aller, die eine gewisse Bedeutung im Reich haben, zu respektieren. Dann sieht seine Umgebung ihre Hauptaufgabe darin, ihn von seinen Geschäften abzuhalten.

Karl I. von England, Ludwig XVIII. von Frankreich, Alfons XIII. von Spanien glaubten in naiver Weise, Könige seien zum Regieren da. Das ist ihnen schlecht bekommen.

25. Vom nackten König

Andersen erzählt das Märchen von dem Schleier, den man für den König wob, einen Schleier, der so unvorstellbar wertvoll sein sollte und so unglaublich fein, daß man ihn nicht sehen konnte.

Die ganze Stadt sprach davon. Von Zeit zu Zeit begab sich der König mit seinem ganzen Hofstaat in die Werkstätte, um zu sehen, wie weit der Schleier gediehen sei, der so wertvoll und so fein sein sollte, daß man ihn nicht sehen konnte.

Dann kam schließlich der Tag, an dem der König mit dem Schleier bekleidet wurde. Es war eine große Zeremonie. Man mußte tausend Vorsichtsmaßregeln beachten, um den Schleier nicht zu zerreißen, denn er war so wertvoll und so fein, daß man ihn nicht sehen konnte.

Als der König schließlich vor dem Volk erschien, murmelten alle vor Bewunderung über diesen Schleier, der so wertvoll und so fein war, daß man ihn nicht sehen konnte. Aber nur bis zu dem Augenblick, als ein Kind fragte: „Mama, warum ist der König nackt?"

Da mußten auch die anderen ihren Augen trauen und sagten: „Ja, der König ist nackt." Und sie lachten.

Mit dem Königtum ist es wie mit dem Schleier: Es wird eines Tages so dünn, daß man es nicht mehr sieht.

Wenn der König da ist, um nicht zu regieren, dann ist er zu nichts nütze. Dann bestätigt sich die kindliche Einsicht, daß man auch ohne ihn auskommen könnte.

Die Knechtschaft ist die Kehrseite der Macht. Sie ist ihre Grundlage und ihre Nahrung.

Wenn alle Welt frei wäre, gäbe es keine Mächtigen.

In dem Maß, wie die Macht die Mächtigen begeistert, aufbläht und berauscht, erniedrigt, erdrückt und verdirbt die Knechtschaft die übrigen.

In dem Maß, wie die Macht mit falschen Glaubensinhalten, Illusionen und Konventionen verbunden ist, ist die Erniedrigung durch die Knechtschaft real, verderblich, zerstörerisch für Leib und Seele.

Das ist eine schlimmere Verstümmelung als die eines Einarmigen, der sich nicht selber kleiden, waschen und ernähren kann, oder eines Blinden, der nicht allein seinen Weg zu gehen vermag, oder eines Eunuchen, der kein zeugungsfähiger Mann mehr ist.

Die Knechtschaft ist die schwerste Verstümmelung, sie ist die Amputation des Gewissens, der Verlust des Ich.

Aristoteles sagt, der Sklave habe keine Seele, Platon bezweifelt, daß der Sklave „eine ganze Seele" habe. Bei Homer heißt es: „Er hat die Hälfte seiner Seele verloren, der, den der Tag der Knechtschaft überraschte."

Es ist wohl so, daß der Sklave, der mit seinem Los zufrieden ist, weil er alle Tage zu essen hat, weil er seine Ruhe hat, weil er nicht zu denken braucht, eher eine Hundeseele als eine Menschenseele hat.

Deshalb haben die größten griechischen Philosophen die Sklaverei als eine notwendige Einrichtung angesehen, weil es so viele Menschen gibt, die von Geburt und Natur aus Sklaven sind. Aristoteles betrachtete sogar alle Barbaren, das hieß für ihn: alle Nichtgriechen, als zur Knechtschaft geboren.

So empörend die philosophische Heiterkeit auch ist, mit der solche Dinge gesagt wurden, so muß man doch bestätigen, daß es wirklich geborene Sklaven gibt und daß sie in der Mehrzahl sind.

Das rechtfertigt zwar keineswegs die Einrichtung der Sklaverei beziehungsweise der Leibeigenschaft, da diese immer gewaltsam auferlegt ist. Aber es läßt verständlich werden, warum der Aufstieg der großen Masse zwangsläufig zur Tyrannei führt.

Den geborenen Sklaven braucht man nicht durch eine Tätowierung an der Schulter oder einen Ring um den Knöchel zu kennzeichnen. Er wird auch so seinen Meister finden, über den er sich beklagen kann, den er aber nicht missen mag. Er wird ihn finden in seinem Kameraden, in seinem Sohn oder in seiner Haushälterin. Er wird Sklave sein, auch wenn er reich ist, auch wenn er selber Besitzer vieler Sklaven ist. Auch wenn er König ist! Wer befiehlt in Wirklichkeit: der König oder seine Mätresse?

Der Angekettete hingegen ist vielleicht ein Epiktet, ein Äsop oder ein

Spartakus. Er ist an Ketten ebenso fehl am Platz wie der Löwe im Käfig, wie der Elefant im Zirkus.

Dennoch ist die Sklaverei kein zufälliges Übel. Wie die anderen Geißeln von Menschenhand ist sie ein Übel, das an das Böse gebunden ist. „Wer in der Sünde ist, ist Knecht der Sünde", so steht es geschrieben. Zweifellos geht es hier um innere Knechtschaft. Aber von den äußeren Merkmalen der menschlichen Gesellschaft kommt kein einziges nicht von innen. Eine schlechte Frucht kann nicht von einem guten Baum stammen.

Sklaven durch eigenes Verschulden sind all jene, deren Gewissen kapituliert hat; all jene, die mit den Augen der anderen sehen und die Gedanken der anderen denken; all jene, die blind den Menschen und ihren Gesetzen gehorchen, ohne nach der Gerechtigkeit und nach der Wahrheit zu forschen; all jene, die nicht wissen oder vergessen, daß Freiheit eine heilige Pflicht ist, eine Verantwortung, deren Übernahme große Mühe und großes Risiko erfordert, ein seltenes und wertvolles Geschenk, für das ein hoher Preis angemessen ist und dem man sowohl in eigener Sache als auch bei anderen mit Ehrfurcht zu begegnen hat.

Für das, was die äußere und soziale Freiheit betrifft, halten wir uns an die Lehre von Étienne de La Boétie (1530–1563): Kein Tyrann, kein Ausbeuter, kein Verführer kann ohne die Mitwirkung seiner Opfer Erfolg haben. Das ist eine große, befreiende Wahrheit.

27. Vom Willen, die Knechtschaft zu vermeiden, oder Von der Gründung der Städte

Macht gewinnen und die Knechtschaft vermeiden, das war die Absicht der Gründer unserer Städte. Städte sind die dritte Art menschlicher Gesellschaft, eine Art, die ganz und gar künstlich ist.

Der Naturzustand, von dem Rousseau am Anfang seines *Gesellschaftsvertrags* spricht, ist eine Fiktion, und der Verfasser weiß das selber. Der Gesellschaftsvertrag hingegen, den er als eine geistige und vernunftgemäße Vision der menschlichen Gesellschaft hinstellt, ist eine historische Realität, was ihm, wie es scheint, nicht bewußt war. Die griechisch-römischen Städte sind auf dieser Grundlage entstanden. Sie und ihre Gesetze waren durchaus künstliche Gebilde.

Gesetze gehören, wie Rousseau es richtig gesehen hat, zum Wesen der Stadt. Der Ausgangspunkt des städtischen Rechts war ein durch Eid besiegelter Pakt. Ursprünglich wurde tatsächlich öffentlich geschworen, und die Götter der versammelten Stämme wurden als Zeugen angerufen.

Die Verbindungen von Stamm zu Stamm, die durch Eheschließungen geknüpft werden, sind natürlicher Art. Dagegen ist die Zusammenfassung unabhängiger Stämme, die nebeneinander gelebt, miteinander rivalisiert und sich über lange Zeiträume hinweg befehdet haben, ein Unterfangen, daß nur mit großer Umsicht bewerkstelligt werden kann.

Man muß dabei die verfügbaren landwirtschaftlichen Flächen in Betracht ziehen, ebensogut wie die Ergiebigkeit der Quellen, die Verteidigungsmöglichkeiten, den Fluß oder die Küste als Verkehrsverbindungen zu Wasser, dazu die vorherrschenden Winde. Dann muß man die Wahrsager konsultieren, und schließlich muß man geeignete Formeln finden für das Ritual und den Eid. Hier wird ein Bund nicht nur unter Menschen geschlossen, sondern auch zwischen Menschen und Göttern und sogar zwischen Göttern untereinander.

Jede Familie bringt ihre eigenen Gottheiten mit, von denen einige sehr mächtig sind. Man ist nur dann bereit, sie der Allgemeinheit zur Verfügung zu stellen, wenn das Priestertum in der Familie bleibt und an die nachfolgenden Generationen weitervererbt wird. Jedes Familienoberhaupt bringt etwas Erde mit, die von der Asche und der Seele seiner Ahnen durchdrungen ist. Entsprechendes geschieht mit dem Feuer vom heimischen Herd. Alles, was Heimat ist: Götter, Feuer, Erde, bringt man ein in das neue Gemeinwesen, die Stadt.

Deshalb war eine Stadt des Altertums nicht, wie unsere heutigen Städte, eine zufällige Zusammenballung, die immer wieder verbessert und verändert wurde, sondern man baute sie wie ein Haus oder einen Tempel nach einem fertigen Plan und nach den Vorschriften des Rituals. Der Plan Roms wurde bei der feierlichen Gründung der Stadt von Romulus mit einem Pflug auf die Erde gezeichnet.

Der Gesellschaftsvertrag mit den Göttern besteht darin, daß sie von nun an unter den Menschen leben und diese Stadt, die auch die ihrige ist, zu Wohlstand und Erfolg führen. Als Gegenleistung werden sie durch eine festgelegte Anzahl von Opfern und Festen geehrt und ernährt. Selbst wenn der Feind versuchen sollte, sie durch besonders listige Beschwörungen und verlockende Opfergaben in sein Lager herüberzuziehen, werden sie der Stadt treu bleiben, denn wenn ihre Stadt unterginge, würden sie alles verlieren.

Das alles ist etwas ganz anderes als der Bund, den Abraham und Israel mit ihrem Gott geschlossen haben. Im Heidentum liegt die Initiative bei den Menschen, und es ist die Untreue der Götter, die es zu vermeiden gilt.

Der Geist lädt ein zu Gebet und Opfer. Die Erkenntnis von Gut und Böse aber erfindet den Vertrag. Jede Ehrerbietung ist echt und rein, wenn das Opfer höchster Ausdruck der Liebe ist. Jede Ehrerbietung ist heidnisch, ganz gleich, auf welches Objekt sie sich bezieht, wenn das Opfer als ein Mittel zur Erreichung selbstgesteckter Ziele betrachtet wird.

Der Vertrag zwischen Familienvätern verlangt, daß sie sich als ebenbürtig betrachten, als Träger einer Gleichheit, die zwischen Brüdern ein und derselben Familie unbekannt ist. Nicht daß sie einander als gleich stark ansähen; vielmehr verzichten sie darauf, ihre Kräfte miteinander zu messen. Sie verpflichten sich, ihre Kräfte gemeinsam gegen den Feind einzusetzen. Und Feind sind mehr oder weniger alle, die nicht dem Vertrag beigetreten sind.

Gleichheit vor dem Gesetz, eine Konvention, eine Fiktion, ist der Hintergrund, vor dem das Spiel der Unterschiede abläuft.

Jeder schwört, die Güter des anderen zu respektieren. Tausch ist erlaubt, das Gesetz regelt die Einzelheiten. Man begegnet sich, um zu teilen, um Geschäfte zu machen und um zu rivalisieren.

In den Räten hat jeder das gleiche Stimmrecht. Man teilt sich Ehren und Ämter, man wechselt sich ab im Befehlen und im Gehorchen.

Das sind die Grundzüge des Gesellschaftsvertrags, auf den sich die heidnische Stadt stützt.

Aber der Gesellschaftsvertrag kann verschiedene Formen haben. Auch das Königtum beruht auf einem Vertrag: Alle Stände einer Nation schwören dem neuen König die Treue. Dieser erhält die Krone und schwört seinerseits, daß er die Rechte, Gewohnheiten, Freiheiten, Privilegien, Verträge und Verfassungen respektieren wird.

Im Königtum sind *die Freiheiten* jedoch als Ausnahmeregelungen zu betrachten, die durch den Schwur oder den Vertrag geschaffen, erneuert und begrenzt werden, während in der Republik *die Freiheit* Grundlage allen Handelns ist und der Gesellschaftsvertrag als Verfassung des Staates erscheint.

Die Gründung der antiken Städte wie Athen und Rom erfolgte andererseits auch im Zeichen des Königtums. Die Familien behielten ihre patriarchalische Struktur. Deshalb kann man die Stadt als Gesellschaft dritten Grades bezeichnen. Ihre Urform, die Republik, geht aus den beiden anderen Formen hervor und nimmt sie in sich auf, um aus ihnen die politische Freiheit zu gewinnen.

28. Vom Wechselspiel von Freiheit und Macht oder Die immerwährende Revolution

Die Freiheit ist ein zehrendes Spiel, das an den Felsen nagt, Traditionen auflöst und Herrschaftsstrukturen schwächt.

Die Freiheit lockert, entspannt, zerstreut, die Macht bindet, festigt und führt. Freiheit und Macht sind zwei gegenläufige Strömungen, aus deren Vereinigung der Vertrag und das städtische Leben erwachsen.

Der Widerstreit zwischen beiden spielt sich ab im Gewissen des Bürgers, in den Familien, er spielt sich ab in Schulen und Werkstätten, manchmal auch auf der Straße und immer in den Bürger- und Ratsversammlungen.

Jeder orientiert sich nach der einen oder nach der anderen Seite, je nach Stellung, Besitz und Überzeugung.

Das ist der Ursprung der zwei Parteien, ohne die jegliche Politik — das städtische Leben — unmöglich ist.

In der Tat gibt es immer nur zwei Parteien. Selbst wenn man deren zwanzig zählt — es sind allesamt nur Unterabteilungen der zwei Hauptparteien.

Es gibt immer zwei Parteien, auch dort, wo eine Einheitspartei regiert; sie ist die Partei, der es für eine gewisse Zeit gelungen ist, die andere Partei zu unterdrücken. Das Wort „Einheitspartei" ist in sich selbst schon ein Widerspruch und eine Lüge.

Die zwei Parteien sind die der Macht und die der Freiheit. Die Partei, die an der Macht ist, hat auch die Freiheit, die Freiheit nämlich, ihren Willen durchzusetzen. Die andere Partei erstrebt ihre Freiheit und sucht zu diesem Zweck die Macht.

Die Machtergreifung der anderen Partei führt nicht zur Freiheit, sondern dazu, daß die nun unterlegene Partei sich für ihre Freiheit einsetzen muß.

Freiheit für sich allein wäre Auflösung. Aber Freiheit, die der Macht gegenübersteht, wird zur Sprengkraft.

Kommt es zu einer Explosion, die den Apparat zerstört, so nennt man das Revolution. Ein solcher Unfall ist hin und wieder unvermeidlich.

Wenn aber Explosion und Reaktion miteinander abwechseln, bewirkt das ein regelmäßiges Funktionieren.

Man kann somit das normale politische Leben eines Staates als immerwährende Revolution definieren. Deren Motor ist die Reaktion.

Dieses Wechselspiel kann man gut mit Marx als Geschichtsdialektik bezeichnen, denn es ist tatsächlich eine Gesetzmäßigkeit, der alle Zivilisationen unterliegen, sobald sie den patriarchalischen Zustand verlassen.

Wenn es aber eine geschichtliche Gesetzmäßigkeit ist, daß das Pendel immer wieder von der einen nach der anderen Seite schlägt, ist es unrichtig anzunehmen, es werde einmal endgültig nach einer der beiden Seiten ausschlagen und dort stehenbleiben, auch wenn man das für wünschenswert hält.

Nein, diese Dialektik, diese Pendelbewegung ist nicht dazu geeignet, Befreiung oder Gerechtigkeit hervorzubringen. Sie ist nicht die erhoffte Rakete, die uns direkt in das Land ewigen Glücks transportieren wird.

29. Von einer dritten Sache, von der man nicht sprechen soll

Gibt es nicht eine Macht, die mit der Freiheit vereinbar ist? Gibt es nicht eine Freiheit der Macht und eine Macht der Freiheit?

Ja, das gibt es: die Liebe.

Aber das ist eine andere Sache. Sie hat, wie die hierfür zuständigen Experten sagen, keinen Platz in den öffentlichen Angelegenheiten.

30. Von den zwei Kaninchen und von der Strenge der Gesetze

Man hatte einmal zwei Kaninchen auf die Wiese gesetzt. Sie waren nicht an einen Pfahl gebunden wie die Ziegen. Sie waren auch nicht in einem Gehege wie die Hühner. Statt dessen hatte man sie mit einer reichlich langen Schnur aneinandergebunden. Sie konnten sich nach Belieben in diese oder jene Richtung bewegen. So geschah es, daß das eine in eine Richtung und das andere in die entgegengesetzte Richtung hoppelte. Plötzlich spannte sich die Schnur, und sie fielen auf den Rücken.

O ihr armen Menschen! Eure Gesetze sind gespannt. Von Zeit zu Zeit würgen sie euch und werfen euch zu Boden. Und ihr reißt immer wieder an der Schnur, ihr Gefangenen der Lieblosigkeit!

31. Von den Gegensätzen und vom Vertrag

Ein Vertrag, auch ein Ehevertrag, ist alles andere als ein Werk der Liebe. Er ist ein Ergebnis der Erkenntnis von Gut und Böse.

Der Gesellschaftsvertrag mit all seinen Gesetzen, Bestimmungen und Absicherungen, mit seinen repräsentativen, administrativen und repressiven Funktionen ist der Versuch, eine Freiheit in der Lieblosigkeit zu ermöglichen.

Wie kann man sich geschlechtlich vereinigen, ohne einander zu lieben, aber auch ohne sich gegenseitig zu zerstören?

Wie kann man seinen Nächsten ausbeuten, ohne ihn zu erschöpfen?

Wie kann man ihm befehlen, ohne daß er sich auflehnt?

Wie kann man aus der Gesellschaft den größten Nutzen und die meisten Annehmlichkeiten mit möglichst geringer Mühe herausholen, ohne daß das gemeinsame Boot dabei untergeht?

Das sind die Probleme, die der Vertrag zu lösen versucht. Oder besser gesagt: die er aufwirft. Denn nichts regelt der Vertrag wirklich zum allseitigen Wohlgefallen. Vielmehr fängt mit ihm der soziale Kampf erst an. Interessenvertretung, Koalitionen, Oppositionen, Konkurrenzdenken, Intrigen, Stimmenfang sind nun die Dinge, auf die es ankommt.

Die Freiheit der Lieblosigkeit im Rahmen des Vertrags behebt die alten Mißstände nur, indem sie über mancherlei Wagnisse, über Betrug und Rücksichtslosigkeit neue Mißstände schafft.

32. Von der Kehrseite der bürgerlichen Freiheit: der Sklaverei

Die oft so hoch gepriesene Freiheit der antiken Städte liegt nur wie eine dünne Decke über schauerlichen Abgründen der Sklaverei.

Alle Arbeiten für Lebensunterhalt, Reichtum und Bequemlichkeit des Bürgers oblagen den Sklaven; auch die Freiheit und die Muße des Bürgers, sich politischen Angelegenheiten zu widmen, sind nur auf diese Weise zu erklären. In Athen lebten in seiner Blütezeit vierhunderttausend Sklaven, aber nur vierundzwanzigtausend freie Bürger. Je freier und demokratischer die Stadt wurde, desto größer wurde die Zahl ihrer Sklaven.

Wir wüßten heute nichts davon, daß diese Sklaverei das Gewissen einiger unbekannter Philosophen berührt hatte, wenn uns nicht die Widerlegung ihrer Argumente durch Aristoteles überliefert worden wäre.

Kein Richter oder Gesetzgeber hat sich — nach unserem heutigen Wissen — jemals darum bemüht, die Sklaven einzugliedern oder ihre Eingliederung auch nur als wünschenswert ins Auge zu fassen.

Die Sklavenkriege, die eine Zeitlang den römischen Staat bedroht und seine südlichen Provinzen verwüstet hatten, waren nicht die Bekundung einer unüberwindlichen, immer wieder neu hervorbrechenden Wahrheit, sondern kamen wie ein unvorhergesehener Zwischenfall, eine Unruhe, die alsbald mit einigen Blutbädern in die Vergessenheit gespült wurde.

Daß während der Zeit des Niedergangs häufiger Sklaven freigelassen wurden, ist ein Sonderfall. Zur gleichen Zeit nahm nämlich bei der Mehrzahl der freien Bürger die Wertschätzung der Freiheit erwiesenermaßen ab. Not und Schulden verleiteten viele Hoffnungslose, ihre Kinder zu verkaufen oder gar selber die Ketten anzunehmen. Gleichzeitig wurden aus fernen Ländern ganze Völkerschaften auf den heimischen Markt gebracht.

33. Von der Knechtschaft inmitten der Freien

Die Sklaverei war nicht die einzige Kehrseite der Freiheit des Bürgers. Unabhängig von dem sehr hohen Sklavenanteil in den antiken Städten lebte auch ein großer Teil der Freien in Knechtschaft.

Die vertraglich zugesicherte Freiheit stand nur denen zu, die den Eid geschworen hatten, den Familienvorständen, die der kupfernen Pflugschar des Gründers gefolgt waren, als mit ihr der geheiligte Bereich abgegrenzt wurde. So, wie die Furche des Pflugs das Territorium der Stadt ein für allemal eingegrenzt hatte, so war mit den an der Zeremonie Beteiligten auch die Anzahl der eigentlichen Bürger festgelegt.

Allein die Väter waren Bürger. Ihre Familien waren es nicht. Oder besser gesagt: Sie waren es nur durch die Väter.

Auch die Plebejer waren keine Bürger, zumindest nicht zu Anfang. Sie waren es sowenig wie die Ausländer und aus demselben Grund: Sie waren nicht in den Vertrag eingeschlossen. In der Stadt geboren zu sein verlieh noch kein Recht. Auch Hunde und Ratten konnten ja auf dem Kapitol oder dem Quirinal geboren sein, ohne daß sie deswegen schon römische Bürger gewesen wären.

Das, was man ursprünglich als Volk bezeichnet hatte, als *populus, civites, demos*, unterschied sich deutlich von der Masse der Gewöhnlichen und zeichnete sich besonders durch seinen Stolz aus. Es war ein Volk von Fürsten und Priestern. Solcherart waren die Gründerväter der Demokratie.

34. Vom Ursprung, vom Wesen und vom Wachstum des Plebejertums

Die Plebs, das waren Fremde und Nachkommen von Fremden: Fremde, Ausländer, keinesfalls Gäste, Besucher, Botschafter oder Pilger, mit denen man Komplimente und Geschenke austauschte. Die Plebs, das waren Flüchtlinge und Heimatlose.

Jedes Heiligtum war ein Zufluchtsort, auch die Stadt. Wer immer sich ohne Waffen und in der Haltung des Bittenden dorthin begab, fiel unter den Schutz der Götter und durfte nicht verfolgt, nicht vertrieben, nicht ausgeliefert, geschlagen oder gefangen werden. Das wäre ein Sakrileg gewesen.

Geächtete, Wegelagerer, entflohene Gefangene, Landstreicher, Abtrünnige, Ausgestoßene, Schiffbrüchige, Überlebende aller Gesellschafts- und Naturkatastrophen fanden hier Zuflucht, Nahrung und Arbeit. In bunter Mischung richteten sie sich in den ihnen zugewiesenen Stadtteilen ein und vermehrten sich, wobei sie der Stadt zahlreiche Vorteile und nicht weniger Sorgen brachten. Einerseits waren sie ein Arbeitskräftereservoir, in dem es mancherlei Fähigkeiten und Eignungen zu finden gab, die den Sklaven fehlten; auch ließen sich in ihren Reihen Soldaten ausheben. Andererseits erwuchsen der Stadt aus diesem Personenkreis auch Belastungen, Gefahren und soziale Probleme großen Ausmaßes.

In Friedenszeiten bauten die Plebejer an der Stadt, in Kriegszeiten verteidigten sie sie. Sie betrieben Landwirtschaft, Handwerk und Handel, machten Ersparnisse, bereicherten sich, strebten in höhere Stellungen, stellten Forderungen, versammelten sich, wählten ihre Führer, meuterten, streikten, erhielten Rechte, Gesetze und Ehren, erhielten Götter. Sie fanden schließlich Zugang zu geachteten Stellungen bis hin zu Konsulat und Priesterschaft.

35. Wesen und Ursprung des Widerstandes der Patrizier

Für die Gründerväter war dieser Aufstieg der Plebs ein Einbruch, dieser Kampf um das Recht ein Raub, ein Zeichen von Frivolität und Undankbarkeit, dieser Anspruch auf Gleichheit freventliche Anmaßung.

In Rom dauerte es dreihundertneun Jahre, bis die Plebs sich das Recht erobert hatte, sich zu verheiraten. Nach den Aussagen der Historiker geschahen die Verbindungen unter Plebejern bis dahin *more ferarum,* nach Art der Tiere.

Einen Plebejer als ebenbürtig zu betrachten wäre für einen Patrizier eine Beleidigung der Götter gewesen, die bei der Gründung zugegen waren; Plebejer hatten an dieser Zeremonie nicht teilgenommen. Außer den Göttern hätten sich auch die anderen Patrizier und das Vaterland selbst beleidigt gefühlt.

Der Widerstand der Patrizier war nicht auf Geiz und Überheblichkeit gegründet. Er war die Verteidigung eines heiligen Gutes. Ihnen ging es um altehrwürdige, unveräußerliche Rechte und Werte, die durch die schlechten Zeiten, den Druck der zunehmenden Menschenmassen, unlautere Machenschaften von Geschäftsleuten und Politikern, durch ausländische Intrigen, Aufweichung der Sitten und unrealistische Vorstellungen von Volksrednern der Auflösung ausgeliefert wurden. Was sie dieser Entwicklung entgegensetzten, war der tragische Mut eines Soldaten der Nachhut, der zwar kämpft, aber nicht für den Sieg und das Leben, sondern um durch sein Opfer das unvermeidliche Vorrücken des Feindes zu verzögern.

Ach, diese guten Kämpfer für die schlechte Sache, diese ewiggestrigen, tragisch-heldenhaften Verteidiger der Ungerechtigkeit, diese Unglückseligen, immer geschlagenen Privilegierten! Diese untadeligen Stützen jeder Unterdrückung! Diese legalen Verfolger aller Heiligen!

Herzen aus Stein, Köpfe aus Holz, sie verdienen eichene Kronen.

36. Von den verschiedenen Ebenen der Knechtschaft im adligen Haus oder Von der Unterwerfung der Söhne

Die Söhne aus adligen Häusern haben zu ihren Vätern dasselbe Verhältnis wie die Plebejer zu den Patriziern.

Genaugenommen ist ihre Abhängigkeit noch größer, und ihre Lage wäre eher mit der des Sklaven zu vergleichen, wenn sie nicht im allgemeinen durch Zuneigung gemildert würde. Der Vater kann seinen Sohn vom Zeitpunkt der Geburt an aussetzen. Natürlich ist er es, der ihn erzieht, leitet und straft, wie er es für richtig hält. Er verheiratet ihn nach eigenem Gutdünken. Er kann ihn auch töten oder verkaufen. Andererseits hängt der Vater von seinen Söhnen ab in allem, was das rituelle Opfer nach seinem Tod betrifft. So, wie die Söhne zu dessen Lebzeiten von ihrem Vater abhängen, so hängt der Vater nach seinem Tod von seinen Söhnen ab. Deshalb sind Auflehnung und Trennung eine Seltenheit. Aus diesem Grund hat die Familie für lange Zeiten ihre einfache, ursprüngliche Struktur bewahrt.

So, wie sich die Familienstruktur in der Gesellschaft widerspiegelt, so ist die Familie der gesellschaftlichen Entwicklung unterworfen. Mit der Zeit ändern die Kinder ihren Ton: Sie widersprechen, verlangen Freiheiten, protestieren und schlagen die Türen zu; sie haben ihre Geheimnisse, vertreten ihre Ideen, werden selbständig. Der Respekt, den sie noch vor kurzem ihren Eltern entgegengebracht haben, weicht den Verkleinerungsformen und Spitznamen.

Wo der Staat sich ein Parlament gibt, kann es sein, daß sich jeder Haushalt in einen Debattierklub verwandelt. Ist es da verwunderlich, wenn die Machtübernahme durch das Proletariat zunächst zur Auflösung der Familie führt? Die Kommunen im neuen China rühmen sich, mit diesem Problem schon fertig geworden zu sein. Wer wissen will, wie das geschehen ist, muß hingehen und es sich anschauen.

Was ist an alledem so verwunderlich, wenn man bedenkt, daß das Wort Proletariat etwa soviel bedeutet wie Kinderschwarm? Um eine Familie zu gründen, sollte man eine gewisse menschliche Reife erlangt haben.

37. Von der Unterwerfung der Frauen

Die Einehe, die in der zivilisierten Gesellschaft die einzig rechtmäßige Form der Ehe ist, kann sich nur von der Vorstellung der Ebenbürtigkeit der Geschlechter herleiten. In den vergangenen Jahrhunderten hat diese Ebenbürtigkeit aber keine konkreten Ausdrucksformen gefunden. Sie bleibt ein abstrakter Begriff und wird auch kaum formuliert. Rechte und Freiheiten werden der Frau nur auf Umwegen zuteil.

Zu Homers Zeiten mußte der Bräutigam dem Vater seiner Braut eine Zahlung leisten. Das hatte viel Ähnlichkeit mit einem Verkauf. Das, was man seit der Entstehung der Städte bis auf den heutigen Tag als Mitgift bezeichnet, kann man als Entschädigung für die übernommene Unterhaltsverpflichtung betrachten. Das ist dem Ansehen des Objekts auch nicht viel zuträglicher.

Die Frauen, die sich der Hausarbeit und der Kinderpflege widmeten, wurden von öffentlichen Angelegenheiten, von Geschäften, Künsten und Wissenschaften ferngehalten. Für gesellschaftliche Anlässe gab es nackte Tänzerinnen, für sonstige Vergnügungen gab es Sklavinnen und geschminkte Jünglinge. Die Dame des Hauses hatte bei Banketten nichts zu suchen, auch nicht, wenn diese einen philosophischen oder platonischen Charakter hatten. Schließlich kam aber doch die Stunde ihrer heimlichen, aber um so realeren Herrschaft. Sie kam mit der Üppigkeit, mit der Lauheit und Verweichlichung, die sich daraus ergaben. Auch hier hatten gesellschaftliche Umwandlungen einen Einfluß auf das Familienleben.

Die Erstarkung des Mittelstandes führte direkt zur Verbesserung der

Stellung der Frau. In der Tat entspricht die Stellung der Frau in der Familie der des Mittelstandes in der Gesellschaft. Wo der alte Adel vom Bürgertum verdrängt wurde, verfiel auch die Autorität des Familienoberhaupts, das oft zu einem Gast oder zu einem Kind degradiert wurde. Der mit obszönen Einfällen gewürzte Schwank des Aristophanes, in dem die Frauen sich nachts der Tribunen bemächtigen und die öffentlichen Angelegenheiten nach ihrem eigenen Gutdünken regeln, ist ein ebenso lustiges wie getreues Abbild der vom Bürgertum bestimmten Gesellschaft.

Denn selbst wenn sie nicht in den Parlamenten sitzen, wenn sie kein Stimmrecht haben, regieren sie oft die Regierenden und können im ganz wörtlichen Sinn ihre Mätressen — „Meisterinnen" — sein. Sie wirken hinter den Kulissen und halten die Fäden in der Hand. Das liegt auch daran, daß die liberale Republik ihrem Wesen nach weiblich ist.

Wie dem auch sei: Reden geht hier über alles andere. Klatsch und Skandale gehören mit zu diesem System, genauso wie Debatten und Streitgespräche.

Sicher gibt es auch ganz leidliche und sogar vorzügliche parlamentarische Systeme, so, wie es auch Frauen gibt, die ihr Hauswesen zum Wohl aller Bewohner verwalten. Aber für die Frau ist es nicht gut, die Führung zu haben, wenn sie nicht durch einen Ausnahmezustand, durch eine dringende Notwendigkeit dazu gezwungen ist. Ebenso ist es nicht gut, daß geldschwere Männer den Staat wie ein Handelshaus, wie ein Wirtschaftsunternehmen „betreiben".

Es ist nicht gut, wenn die Frau sich in den Vordergrund stellt, um zu zeigen, daß sie dazu fähig ist, oder um sich für die Zeiten ihrer Unterdrückung zu rächen.

Die Frage, ob der Mann der Frau überlegen ist oder die Frau dem Mann, führt zu nichts. Die spezifischen Stärken der beiden Geschlechter kommen in der Übereinstimmung am besten zum Tragen, und in der Übereinstimmung erübrigt sich die Debatte. Von geringerem Wert sind auf jeden Fall der Mann, der die Frau spielt, und die Frau, die den Mann imitiert. Beide machen sich lächerlich und unglücklich.

So ist es auch mit dem Bürgertum. Sobald es regiert, bietet es ein erbärmliches Schauspiel. Nicht weil es so geringe Qualitäten hätte, sondern weil es am falschen Platz steht. Am richtigen Platz dient das Bürgertum dem Wohl der Nationen. In Ländern, in denen es fehlt oder unterdrückt wird, zerfällt die Nation in Junker und Tagelöhner, die durch eine unüberwindliche Kluft getrennt sind. Den armen Leuten geht es da meistens ziemlich schlecht. Die Funktion des Bürgertums besteht im Vermitteln und Versöhnen, was auch für die Frau zutrifft. Ihr Platz ist weder unten noch oben. Ihr Platz ist in der Mitte, im Herzen. Das ist nicht der erste, aber der beste Platz.

Seitdem der Mittelstand immer mehr Bedeutung gewinnt, erkennt man seine besonderen Fähigkeiten immer besser. Meistens werden sie dazu benutzt, die eigene Macht auszuweiten. Mit dem Proletariat, dem es entstammt und zu dem es im Grunde nach wie vor gehört, kann sich das Bürgertum verbünden, um Druck auszuüben. Aber auch mit dem Adel, dem es faktisch gleichgestellt ist, kann es sich verbünden, um an dessen Glanz und Ehren teilzuhaben. Der Mittelstand kann Verbindungsglied sein zwischen beiden; er kann sie aber auch gegeneinander ausspielen, um über beide die Oberhand zu bekommen.

Von der Macht des Geldes, von seiner trügerischen Freundlichkeit und seinen bösen Verführungen haben wir im vorhergehenden Kapitel schon genügend gesprochen. Man braucht sich also nicht mehr über das zu wundern, was das Bürgertum zuwege bringt, wenn es sich bewaffnet, Gesetze gibt und vollstreckt, wenn es richtet, lehrt und weissagt.

Wenn man sich schon entschließt, ein liberales Regime einzuführen, müßte man konsequenterweise die Frau offen daran beteiligen. Um die Republik zu retten, müßte man sie vielleicht in ein echtes Matriarchat verwandeln, statt der Frau nur das Stimmrecht und den Zugang zu einigen höheren Stellen zuzugestehen. Man müßte ihr darüber hinaus überall den Vortritt und den Vorsitz geben, um ihrer Machtausübung, der man ohnehin unterworfen ist, das Falsche und Unrechtmäßige zu nehmen. Das echte Matriarchat wäre die Herrschaft der Mutter, der Gattin und Hausfrau. Wenn man sich aber den Tugenden der Frau verschließt und sie nur durch Listen und Intrigen zur Geltung kommen läßt, macht man die Republik zum Baldachin der Prostitution.

38. Unterwerfung des Hörigen

Der Hörige oder Klient war ein erblicher und rechtmäßiger Schmarotzer, ein hauptberuflicher Stiefellecker, ein amtlich bestallter Schmeichler. Ich kenne Häuser, die bis heute diese Art von menschlichem Zierat beibehalten haben. In der antiken Stadt waren die Hörigen — die Klientel — ein rechtlich anerkannter Stand.

Ihre Erniedrigung war nicht eine Folge der Not, ihr Unglück nicht die Folge eines Schicksalsschlages; Ursachen waren vielmehr Eitelkeit und Leichtfertigkeit. Es war eine freiwillige und selbstgefällige Erniedrigung, ein Unglück voller Annehmlichkeiten.

Zur Zeit der Renaissancefürsten hießen die Hörigen Höflinge. Der italienische Schriftsteller und Diplomat Baldassare Castiglione hat ihre Verhaltensregeln in einer Abhandlung zusammengefaßt. Sie hatten heroische Namen, und auf ihren Wappen prangten Adler und andere wilde Tiere, denn sie stammten von hohen und kriegerischen Herren ab, die von den Königen gezähmt worden waren.

Bei Menschen, die nicht bösartig sind, die sich keine Vergehen haben zuschulden kommen lassen und keinem Laster frönen, gibt es drei Stufen der Verstrickung in die Sünde.

Die unterste Stufe besteht darin, daß man seine Zeit damit verliert, seinen Lebensunterhalt zu verdienen, und dabei immer höhere Ansprüche stellt, wodurch die Arbeit immer drückender wird. Zu einem Ziel kommt man dabei nicht.

Die mittlere Stufe besteht darin, daß man sein Leben damit verbringt, die Zeit totzuschlagen, zu schwatzen, sich zu vergnügen, so daß das Leben immer leerer und sinnloser wird.

Ich habe auch einen Verstrickten der dritten und höchsten Stufe gekannt. Er ging zu allen Bällen, zu allen Banketten, Schauspielen und Festlichkeiten. Aber er hatte keine Freude daran. Unter Trinkern war er der einzige, der nicht trank. Unter Schwätzern war er der einzige, der zuhörte. Unter Reichen war er der einzige, der kein Vermögen hatte. Das sah man aber nicht, denn sein ganzer Besitz steckte in seiner Kleidung, alle seine Einkünfte verwendete er darauf, Blumen zu verschicken. Seine Kleidung und seine Blumen waren seine Arbeitsgeräte. Er arbeitete von zehn Uhr abends bis drei Uhr morgens. Er wußte, daß die Geliebte von Frau von Soundso eine Perlenkette kaufen wollte, daß Graf Johnny, der junge Narr, bis morgen mittag von einem Geldgeber eine Riesensumme auftreiben mußte, wollte er nicht seine Ehre verlieren. Er unterließ es nicht, in dem Büro vorzusprechen, wo er Geschäfte mit dem Oberkellner und dem Zimmermädchen abzuwickeln hatte.

39. Vom Soldaten, von der Dirne und vom Lohnarbeiter

Verlassen wir die adligen Häuser mit ihrem Zierat, und werfen wir einen Blick auf die freie Stadt und auf die Kehrseite ihrer Freiheit.

Die Knechtschaft des Soldaten, die der Dirne und die des Lohnarbeiters haben mehrere Gemeinsamkeiten. Bei allen drei leitet sich die Knechtschaft nicht von der Geburt her wie beim Sklaven. Sie ist auch nicht durch körperlichen Zwang zustande gekommen, sondern durch eigene Entscheidung. Diese Entscheidung wird allerdings nie ganz frei getroffen. Hinter ihr steht die Bosheit der Menschen, die Not oder die unwiderstehliche Verlockung einer illusorischen Befreiung.

Der Vergleich des Soldaten mit der Dirne mag manchen empören. Aber dieser Schock kann ihm die Augen öffnen für einige neue Raffinessen der Wissenschaft von Gut und Böse.

Der Soldat ist die Ehre seines Landes. Er tut seine Mannespflicht. Die Dirne ist die Schande ihrer Familie und besudelt die Ehre der Frau.

Schon in der Schule lernen die Kinder, den Soldaten zu bewundern und seine Tugenden nachzuahmen. Die allgemeine Mißbilligung für die Dirne ist hingegen so groß, daß man kaum wagt, laut über sie zu sprechen. Aber es ist erstaunlich, wie nahe sich die beiden Extreme kommen. Sie passen so gut zueinander, als wären sie füreinander geschaffen. Sie ähneln sich durch die Arbeit, die man von ihnen erwartet und die sie erniedrigt. Sie ähneln sich durch die Erniedrigung, die beide entschuldigt. Sie ähneln sich auch durch die Ursache der Entscheidung, die sie einmal getroffen haben, oder durch den Zwang, der sie auf diese Bahn gebracht hat. Sie ähneln sich ferner durch die Illusionen, die sie sich einmal gemacht haben, und durch die Art und Weise, wie sie ihr Handeln rechtfertigen.

Der Soldat hat die Aufgabe, zu töten, die Dirne hat die Aufgabe, Unzucht zu treiben. Beide werden von der Öffentlichkeit dafür bezahlt und unterhalten. Töten ist das schändlichste Verbrechen überhaupt; Unzucht, zweifellos eine widerliche Entgleisung der menschlichen Natur, wird vom Gesetz nicht einmal als echte Straftat eingestuft.

Zur Ehre des Soldaten führt man gern an, daß er sein Leben aufs Spiel setze. Aber kann man sich durch die Übernahme eines Risikos das Recht auf ein Verbrechen erkaufen?

Während die Dirne sich zu ihrem eigenen Nutzen der Ausschweifung hingibt und durch ihr Tun die guten Sitten zerstört, nimmt der Soldat für bescheidenen Sold Mühsal und Gefahren auf sich und bietet sich als Opfer für das Wohl der Allgemeinheit an.

Aber das sind Spiele mit Worten. Das „Wohl der Allgemeinheit" hätte nur dann einen moralischen Wert, wenn das Wort „Allgemeinheit" eine universelle Bedeutung hätte. Es bezieht sich jedoch immer nur auf ein beschränktes Gemeinwesen, den Staat. Die Wohltaten, die der Soldat den Seinigen erweist (wenn es wirklich Wohltaten sind), sind Missetaten an den anderen.

Im übrigen spottet er bei den Mädchen und bei den anderen Soldaten über die edlen Absichten, die man ihm unterstellt, und über den Ruhm, mit dem man ihn bedeckt.

Wenn er der Einberufung zuvorgekommen ist, dann wahrscheinlich deshalb, um einmal aller moralischen Einschränkungen ledig zu sein, um den Schein des Anstands und der Zurückhaltung endlich einmal hinter sich lassen zu können. Beim Regiment gibt es Ausgang, Saufereien und Gelage. Es gibt dort zwar auch Zucht und Disziplin, harte Aufgaben und körperliche Strapazen. Aber man ist jeder Notwendigkeit enthoben, zu denken und sich selber zu führen. Und bei den Einsätzen erlebt man dann fremde Länder, andere Frauen, Überfälle, Märsche, Raubzüge und Vergewaltigungen.

Was das Mädchen auf die Straße getrieben hat, war sicher nicht die Verlockung der Wollust. Derlei Gedanken, die das Blut der Pennälerin in Wallung bringen, liegen ihr fern. Sie handelt mit mechanischer Gleichgültigkeit. Ihre Motive liegen jenseits von Begierde, Scham und Ekel. Was sie anzieht, sind die Bar, die Lichter der Nacht, die Schlagermusik, die abenteuerlichen Begegnungen, an deren Ende eine ehrsame Rente und eine Villa stehen könnten, vielleicht sogar — manchmal geschehen auch Wunder — eine legitime Ehe als höchste Stufe des Glücks.

Der ehrenhafte Leser, den der Vergleich des Soldaten mit der Prostituierten noch nicht aus der Fassung gebracht hat, wird vielleicht doch in Verwirrung geraten, wenn wir den Vergleich auch auf den Lohnarbeiter ausdehnen.

Was? Der anständige Arbeiter und ehrsame Familienvater, der in allen politischen Ansprachen beschworen wird, der auf den Wahlplakaten der Parteien abgebildet ist, der sich in der Fabrik, im Bergwerk oder am Hochofen abschindet, um seine zehnköpfige Familie zu ernähren, der Landarbeiter, dem wir alle unser tägliches Brot verdanken?

Der Arbeiter steht ganz offensichtlich im Gegensatz zur Dirne und zum Berufssoldaten. Beide sind Werkzeuge der Erniedrigung und der Zerstörung. Der Arbeiter jedoch baut auf und produziert, er schafft Werte, die wir alle benötigen. Die Scheu vor der Arbeit kennt er nicht, sie ist eine weitere Gemeinsamkeit von Krieger und Hure. Der Dämon der Faulheit ist der erfolgreichste Truppenwerber und der aktivste Zuhälter.

Was aber alle drei gemeinsam haben, ist ihre mehr oder weniger freiwillige Sklaverei.

Ein Sklave gehört nicht sich selber. Er kann gekauft und verkauft werden. Er hat sein ursprüngliches Recht, über sich selbst zu bestimmen, verloren. Er kann nicht tun und lassen, was er will. Er darf nicht entscheiden über seine Handlungen, darf nicht jene, die seinem Gewissen widerstreben, ablehnen.

Das ist, wie wir gesehen haben, das traurige Schicksal des Arbeiters, der nichts besitzt und gezwungen ist, nicht etwa das Erzeugnis seiner Arbeit, sondern seine Arbeit selbst zu verkaufen. Stundenweise oder tageweise muß er die Zeit seines Lebens vermarkten. Einer verkauft seine Arme, ein anderer seine Beine, ein anderer seinen Kopf, ein anderer seinen Geschmack, ein anderer seine Geschicklichkeit, ein anderer sein Lachen, ein anderer seine Schrift, ein anderer seine Einfälle.

Jene, die gegen Lohn oder Gehalt arbeiten, sind nämlich nicht durchweg Proletarier. Nicht alle Sklaven sind arm und unglücklich. Es gab zu allen Zeiten und es gibt auch heute noch satte Sklaven, vollgefressene Eunuchen und solche Sklaven, die mit der Bewachung anderer Sklaven beauftragt sind und ebenso wie ihre Herren bedient und gehaßt werden.

Am meisten zu bedauern ist der Sklave, der sich seiner Lage nicht mehr bewußt ist, weil seine Gefühle schon so abgestumpft sind. Der Direktor einer Waffenfabrik, der Verwalter einer Spirituosenhandlung töten und erniedrigen ihre Mitmenschen genauso wie der Soldat und die Dirne, und sie müßten wie diese verurteilt werden. Oder aber man müßte, wenn man sie als Sklaven betrachtet, als Menschen, die ihr Handeln nicht selber zu verantworten haben, sie von aller Schuld freisprechen.

In dem Maß, wie ein Arbeiter gezwungen ist, sich selber zu verkaufen, ist er Sklave.

In dem Maß, wie er freiwillig eine mit härteren und unsichreren Lebensbedingungen verbundene Freiheit aufgegeben hat, um sich dafür ein sicheres Gehalt einzutauschen, ist er ein Prostituierter.

Auch derjenige, der seine Schafherde an den Hängen des Gévaudan und die windigen Pfade über den Wolken verlassen hat, um sich in der Stadt als Hausmeister zu verdingen oder in der Pariser Metro Löcher in die Fahrkarten zu knipsen, hat in seinem kleinen Gehirn einmal Träume von Abenteuer, Glück und Freiheit gehegt!

40. Vom Gefangenen, vom Sträfling und vom Verrückten

Die Freiheit des Bürgers und seines Gemeinwesens besteht darin, sich selber zu regieren.

Sie besteht darin, zu wissen, wohin man geht, und dahin gehen zu können, wohin man gehen will.

Sie besteht darin, seine Worte und Taten aus seinem eigenen Inneren herausholen zu können.

Die Quelle der Freiheit ist in uns selbst. Sie ist eine besondere Art der Großzügigkeit. Sie gehört denen, die sich hingeben, die sich verschenken können.

Freiheit ist selber ein Geschenk. Man soll sie sich nicht nehmen. Betrachten Sie den Gefangenen, den Sträfling, den Verrückten: Sie haben sich Freiheiten genommen! Deshalb haben sie die Freiheit, die sie hatten, verloren.

41. Von der „Freiheit im Gesetz" nach Jean-Jacques Rousseau

Nachem wir das Wesen der Knechtschaft untersucht haben, wollen wir uns auch mit der Freiheit beschäftigen.

Rousseau behauptet, die Gesetze des Staates seien die Grundlage der Freiheit des Bürgers. Für ihn ist der Staat eine Form der Gemeinschaft, die mit der gesammelten Kraft ihrer Glieder den einzelnen und seine Güter schützt und verteidigt; jeder, der sich dem Staat unterordne, gehorche nur seinem eigenen Willen und bleibe so frei wie zuvor.

In der Diderotschen *Enzyclopédie* schreibt Rousseau unter dem Stichwort „Wirtschaftswissenschaft": „Welche unbegreifliche Kunst hat es ermöglicht, die Menschen zu befreien, indem man sie unterwirft? Ihre

Arme und Beine, ja ihr Leben in den Dienst des Staates zu stellen, ohne Zwang auszuüben und ohne sie zu befragen? Sich ihren Willen dienstbar zu machen, ohne ihn zu vergewaltigen? Ihr Einverständnis gegen ihre Auflehnung auszuspielen und sie dazu zu bringen, daß sie sich selbst bestrafen, wenn sie etwas tun, was sie nicht gewollt haben? Wie kommt es, daß alle gehorchen und keiner befiehlt? Daß sie dienen, ohne einen Herrn zu haben, wodurch sie desto freier sind, als unter einer sichtbaren Unterwerfung jeder von seiner Freiheit nur den Teil verliert, mit dem er einem anderen schaden könnte? Diese Wunder hat das Gesetz vollbracht. Nur dem Gesetz verdanken die Menschen Gerechtigkeit und Freiheit. Dieses segensreiche Werkzeug des Willens aller stellt die natürliche Gleichheit der Menschen wieder her."

Dieses Meisterstück der Beredsamkeit findet nicht unsere Zustimmung. Nichts ist so unrichtig wie die Behauptung, wir gehorchten nur unserem eigenen Willen, hält man sich vor Augen, in was für einem Räderwerk von Rechten und Pflichten, von Befehlen und Verboten, von Kontrollen und Strafen wir uns befinden. Rousseau wußte es wohl selber, denn in seiner *Erörterung über den Ursprung und die Grundlagen der Ungleichheit unter den Menschen* sagt er: „Alle gehen wetteifernd voran, ihre Ketten, mit denen sie gefesselt sind, hinter sich herziehend, und glauben, frei zu sein, denn sie haben gerade genug Einsicht, um die Vorteile staatlicher Einrichtungen zu erkennen, aber nicht genügend Erfahrung, um deren Gefahren zu vermeiden." Und an anderer Stelle sagt er: „So müssen die Gesellschaft und ihre Gesetze beschaffen gewesen sein, welche den Reichen immer mehr Macht gaben, die natürliche Freiheit zerstörten und die Menschen der Not und der Knechtschaft auslieferten."

Wem soll man nun glauben, Rousseau oder Jean-Jacques?

Die Wahrheit liegt zwischen beiden Extremen: Die bürgerliche Freiheit ist negativ, fiktiv und relativ.

42. Negative Seite der bürgerlichen Freiheit

Um zu erklären, was wir unter negativ verstehen, betrachten wir wieder die Worte von Rousseau selbst in seinem *Achten Brief vom Berge:* „Freiheit besteht weniger darin, zu tun, was man will, als darin, nicht dem Willen anderer untertan zu sein."

Das ist der Irrtum: wenn man meint, eine Unterdrückung sei weniger schwerwiegend, wenn sie anonym, allgemein verbreitet und systematisch ist.

Außerdem müßte man erst einmal ein Gesetz erfinden, das sich ganz von selbst durchsetzt, ohne richterliche oder vollstreckende Einwirkung irgendeines Menchen. Wenn wir dem Gesetz unterworfen sind, sind wir auch denjenigen unterworfen, die im Namen des Gesetzes handeln. Daß diese nun selber unwissend, willenlos und untergeordnet sind, ändert nichts daran, daß sie immer über uns verfügen. Rousseau scheint davon auszugehen, daß unsere Freiheit einzig und allein durch die persönliche Autorität eines anderen Menschen beeinträchtigt werden kann. Persönliche Autorität ist aber nicht notwendigerweise niederdrückend und quälend, und ein unpersönliches Gesetz muß nicht in jedem Fall der Entfaltung und der Freiheit förderlich sein.

Wehe dem, der in das Räderwerk des Gesetzes gerät, dieser Macht ohne Gefühl, ohne Blick und ohne Seele. Der rumänisch-französische Dichter Constantin Virgil Gheorgiu zeigt uns in seinem Roman *25 Uhr* einen Menschen, der deportiert, gefangen, geschlagen, gefoltert, von einem Lager ins andere geschleppt und zu jahrelanger Zwangsarbeit verurteilt wird, ohne von irgendeinem Menschen abgeurteilt zu sein, ohne bei irgend jemandem Trost und Hilfe zu finden. Seine Wärter und Aufseher sind keine bösen Menschen, sie handeln nicht aus eigenem Antrieb. „Sie wissen nicht, was sie tun." Vielleicht wird ihnen verziehen werden, aber ihr Opfer wird dadurch nicht weniger unglücklich und nicht freier.

43. Von der fiktiven Seite der bürgerlichen Freiheit

Die bürgerliche Freiheit ist ein Trugbild. Sie besteht fast ausschließlich darin, daß man beim politischen Spiel mitmachen darf.

Sie besteht darin, daß man an Wahlveranstaltungen teilnehmen, Reden anhören, seine Meinung äußern, protestieren und abstimmen darf. Es kann sein, daß einem dieses Spiel gar nicht gefällt und daß man seine Zeit nicht dafür verschwenden will. Dann wird einem vorgehalten, daß Wahlrecht Wahlpflicht sei. Auf einmal wird man gedrängt, frei zu sein oder zumindest darüber zu schweigen, daß man sich gar nicht frei fühlt.

Rousseau stellt uns die Bürgermassen von Rom und Athen, die sich den ganzen Tag diesen Tätigkeiten hingaben, als leuchtendes Beispiel vor Augen. Aristoteles hingegen bemerkt: „Ein Mensch, der sein tägliches Brot erarbeiten muß, kann sicher keine Bürgerpflichten erfüllen." Wir folgern daraus, daß, wenn die Pflicht besteht, sein tägliches Brot durch Arbeit zu verdienen, die Politik für ein ehrliches und arbeitsames Volk keine geeignete Beschäftigung ist.

Fügen wir noch hinzu, daß sie ein geeignetes Betätigungsfeld ist für Betrüger, Gaukler und Bauernfänger. Die Behauptung, die Wahl eines Abgeordneten sei ein Ausdruck meines Willens, weil ich an der Wahl teilgenommen habe, auch wenn ich für einen anderen gestimmt habe, ist Unsinn. Das gleiche gilt für die Gesetze, die er mit anderen Abgeordneten oder gegen andere ausgearbeitet hat; auch hier stimmt es nicht, daß ich in derselben Lage bin wie einer, der sein eigener Herr ist und tun und lassen kann, was er will.

Die Kombination meiner eigenen Willensentscheidung mit den Willensentscheidungen vieler anderer Menschen führt zu einem Ergebnis, das weder mit meinem Willen noch mit dem der anderen viel gemein hat. Dieses Verfahren kommt den Zufälligkeiten eines Lotteriespiels sehr nahe. Das Ziehen eines Loses war übrigens auch einmal eine geläufige Methode, um einen Inhaber der Macht zu bestimmen. Aristoteles war der Ansicht, diese Methode entspreche dem Wesen der Demokratie.

Man muß die Demokratie also als ein Glücksspiel betrachten oder vielleicht als eine Art Kartenspiel, bei dem die Geschicklichkeit der Spieler — und vielleicht auch noch etwas anderes als Geschicklichkeit — das Glück beeinflußt. Was verspricht man sich von diesem Spiel? Freiheit, Gerechtigkeit, Frieden? Oder setzt man gerade diese Werte aufs Spiel und riskiert, sie zu verlieren?

Die bürgerliche Freiheit gehört wie alles Städtisch-Staatliche dem Bereich des Künstlichen und des Konventionellen an. Sie ist etwas anderes als die natürliche Freiheit und etwas anderes als die geistige Befreiung. Es ist nicht wahr, daß der Mensch auf seine natürliche Freiheit verzichtet habe, um seine Freiheit auf der gesellschaftlichen Ebene wiederzufinden, wie Rousseau es behauptet hat. Meine Freiheit besteht darin, daß ich tue, was mir gefällt. Ich habe nicht darauf verzichtet und behalte mir diese Freiheit vor, soweit es möglich ist. Auch auf die innere Befreiung habe ich nicht verzichtet. Der Verlust dieser beiden Freiheiten könnte niemals wettgemacht werden durch die Freiheit, meine Vorgesetzten auszuwählen, nicht einmal durch jene, über meinesgleichen zu befehlen.

Die Wahrheit ist, daß ich zu feige, zu entartet und zu vernünftig geworden bin, um dem Wald, den Tieren, den Unbilden des Wetters und dem Pfahl der Menschenfresser nachzuweinen. Ich habe nicht meine bürgerliche Freiheit gegen die natürliche Freiheit eingetauscht, sondern ich habe meine natürliche Freiheit hingegeben, um mir dafür ein gewisses Maß an Sicherheit zu verschaffen. Anstatt die Errungenschaften meines zivilisierten Lebens zu preisen, verweise ich vielmehr voll Scham auf meinen vom Hundehalsband wund gescheuerten Hals.

Jedoch bin ich noch nicht so hündisch, mich nicht darüber zu freuen, daß die meisten meiner inneren und äußeren Handlungen von den Gesetzen des Staates unberührt bleiben. Ich bemühe mich sehr, ohne das Gesetz auszukommen, ohne seinen Schutz, seine Hilfe, seine Geschenke, die es nicht umsonst gibt. Ich bin nicht so unvorsichtig, seine Lücken und Fehler zu beklagen, denn ich fürchte, seine Vervollkommnung nähme mir den restlichen Freiraum, in dem ich noch die Freiheit des „guten Wilden" und auch die „Freiheit der Kinder Gottes" genieße.

44. Von der vollkommenen Hingabe oder dem Opfer

Das Recht des Menschen, sein inneres Wesen, das heißt sein Ich, sein Gewissen und seine Seele, für sich selbst zu behalten, betrachten wir als ein Recht erster Ordnung, das über alle Konventionen erhaben ist, ja sogar über der Natur steht. Es macht den freien Menschen aus, wenn nicht den Menschen überhaupt. Deshalb können wir den Gesellschaftsvertrag, wie Rousseau ihn formuliert, nur mit Vorbehalten angehen.

„Die Klauseln des Vertrages [. . .] sind, obwohl man sie vielleicht noch nie niedergeschrieben hat [. . .], überall dieselben, sind überall stillschweigend angenommen und anerkannt [. . .]. Diese Klauseln lassen sich wohlgemerkt alle von einer einzigen ableiten, nämlich: der vollkommenen Entäußerung jedes Mitgliedes mit all seinen Rechten an die gesamte Gemeinschaft [. . .]. Wo jeder sich allen gibt, gibt er sich niemandem, und da man über jedes Mitglied dasselbe Recht erwirbt, das man von sich selbst an ihn abtritt, gewinnt man den Gegenwert dessen, was man verliert, und mehr Kraft, das zu bewahren, was man hat [. . .].

Jeder von uns bringt seine Person in die Gemeinschaft ein und stellt all seine Kraft unter die erhabene Führung des allgemeinen Willens, und wir erhalten insgesamt jedes Mitglied als unteilbaren Teil des Ganzen.

Sogleich erzeugt diese Vereinigungstat an der Stelle der einzelnen vertragschließenden Personen eine kollektive moralische Körperschaft, die aus ebenso vielen Mitgliedern besteht, wie die Versammlung Stimmen hat; sie erlangt durch ebendiese Tat ihre Einheit, ihr gemeinsames Ich, ihr Leben und ihren Willen. Diese öffentliche Person [. . .]"

Das ist sehr gut gesagt und auch sehr klar, aber es stimmt nicht. Weder mit der Vernunft noch mit der Heiligen Schrift kann man begründen, daß dem Staat vollkommene Hingabe gebühre. Die vollkommene Hingabe hat nichts mit einem Vertrag zu tun, sondern ist ein religiöses Opfer. Sie ist das Opfer schlechthin. Ist eine Gabe ganz und gar Opfergabe, wie kann man dann noch von Rechten, Vorteilen und Klauseln reden?

Das Gründungsopfer der antiken Stadt kann wohl den Glauben erwecken, es handle sich dabei um eine vollkommene Hingabe. Das Blut des geschlachteten Opfertiers soll das Blut des Menschen symbolisieren. Aber dieses Opfer kann sich nur an die Götter des Staates richten, an Pallas Athene, die den Göttern der Athener vorsteht, an die Göttin Roma bei den Römern. Diese Göttinnen nun sind nichts anderes als jene öffentliche Person, jenes gemeinsame Ich, jene kollektive moralische Körperschaft, die Rousseau beschwört, nur daß sie bei ihm „sogleich" entstehen, was mit der Natur, mit der unsterblichen Natur der Götter unvereinbar ist.

Die Frage besteht letztlich nur darin, ob man an diese Götter glaubt und ob man das Recht hat, ihnen zu opfern.

45. Von einer Entdeckung: dem nützlichen Opfer

Vollkommene Hingabe gebührt nur dem einen, einzigen, alles umfassenden Gott. Martyrium und mystische Vereinigung sind vollkommene Hingabe. Das Opfer der Heiden ist keine vollkommene Hingabe. Es ist eine Vorspiegelung, eine Technik, die aus der Erkenntnis von Gut und Böse hervorgegangen ist. Das nützliche Opfer ist eine der größten Entdeckungen dieser Wissenschaft. Die Gebete des heidnischen Kultes sind Formeln, welche die Götter unter Druck setzen sollen. Der Gott ist hier ein Mittel zum Zweck, das Opfer eine Methode zur Erfüllung dieses Zwecks, der eigene Nutzen das Ziel.

Von der Mythologie einmal abgesehen, handelt es sich um eine gesellschaftliche Einrichtung, um einen Vertrag, eine Sache der Schicklichkeit und des Anstands, nicht aber der Anbetung. Es geht hier um Tauschgeschäfte, nicht um Gaben.

Wie könnte man von einer Hingabe des Seins sprechen, wo es nicht einmal zu einem Verzicht auf das Haben gekommen ist? Schließlich hat man ja „mehr Kraft gewonnen, das zu behalten, was man hat".

„Mein Arm dem König, mein Herz den Frauen, meine Seele für Gott", so lautet ein alter Spruch. Der galante Mann, der ihn sich zu eigen machte und sich dadurch in drei Teile teilte, dachte sich nicht ohne Grund, mit seinem Arm ein vorteilhaftes Geschäft zu machen.

46. Vom Vertrag: vorteilhafter Tausch

Der Sinn des Gesellschaftsvertrags besteht darin,

dem Individuum die Verfügung über seine eigene Person zu sichern, ihm dafür aber einige Dienstleistungen abzuverlangen,

sein Eigentum zu sichern, dafür aber von ihm gewisse Steuern einzuziehen,

seine Eheschließungen und Erbschaften zu bestätigen, dafür aber einige Kontrollen auszuüben,

einen Spielraum für einträgliche Unternehmungen zu garantieren, dafür aber einige gesetzlich festgelegte Einschränkungen zu verfügen,

Zugang zu staatlichen Ämtern und Würden zu ermöglichen, dafür aber Anerkennung der staatlichen Verfassung zu verlangen,

den Schutz seiner Rechte durch die Urteilssprüche der Gerichte zu sichern, dafür aber von allen Bürgern zu verlangen, daß sie ihre persönlichen Streitigkeiten nicht auf blutige oder sonstwie handgreifliche Weise untereinander austragen und daß sie nur dann Waffen tragen, wenn es um die gemeinsame Sache geht.

Das sind die wesentlichen Klauseln des Gesellschaftsvertrags. Jede von ihnen nennt eine Leistung und eine Gegenleistung. Es steht aber schon im voraus fest, daß die Vorteile die Verpflichtungen überwiegen.

Im übrigen wird sich jeder Vertragspartner bemühen, seine Vorteile zu vermehren und seine Gegenleistungen so klein wie möglich zu halten. Dazu gehört auch, die Leistungen nach Möglichkeit auf andere abzuwälzen, die Vorteile aber möglichst selber zu genießen, wie es üblich ist unter Leuten, die aus Berechnung zusammenhalten und nicht aus Liebe.

„Die guten Institutionen", so Rousseau, „sind jene, die am besten geeignet sind, den Menschen von seiner eigenen Natur zu entfernen, ihm seine absolute Existenz zu nehmen und sie durch eine relative zu ersetzen."

Es ist gut, etwas zu besitzen, und es ist natürlich, sich daran zu erfreuen. Wenn dieses Gefühl aber entartet ist, findet man nur noch Freude daran, mehr zu haben als andere.

Frei zu sein ist schön. Und es ist natürlich und rechtens, auf seine Freiheit stolz zu sein. Entartet aber die Freiheitsliebe, so findet man nur noch Freude an der Freiheit, andere zu unterdrücken.

Es gibt nichts Schöneres und Besseres als die Nächstenliebe. Werden die Nächsten aber zu zahlreich, dann kann die Liebe nichts mit ihnen anfangen. Mit Vorübergehenden gute Freundschaft zu haben ist unmöglich. Hier entartet das Gefühl und wird zur Höflichkeit. Man hat sich darauf geeinigt, das gewünschte Gefühl vorzutäuschen. Man hat diese nützliche Verhaltensweise sogar zur Pflicht gemacht.

„Es ist in Wahrheit würdig und recht, billig und heilsam, dir, Herr, allmächtiger Vater, immer und überall zu danken." Bei den großen Zeremonien eines Gemeinwesens gehen alle Familien und Einzelpersonen in Freude oder Trauer auf. Dabei sind sie immer einmütig, ganz gleich, ob es sich nun um Gedächtnis-, Bitt-, Trauer- oder Siegesfeiern handeln mag. Das sind die einzigartigen Augenblicke, in denen die Diskussionen verstummen, Zwietracht und Rechthaberei vergessen werden. Der Stimmung solcher Augenblicke beugen sich alle andächtig, vertrauensvoll und gehorsam. Man ist bereit zur Versöhnung, zur Umkehr, zu großmütigen Entscheidungen.

Jeder halbwegs bedeutende Menschenführer sagt sich irgendwann, daß man, wenn es Religion und Götter nicht gäbe, sie erfinden müßte, weil mit ihrer Hilfe Macht am wirksamsten und leichtesten zu vermehren ist. Götterverehrung aus Nützlichkeitssinn und staatserhaltenden Erwägungen ist geradezu das Wesen der heidnischen Religion.

Der Pakt zwischen Religion und Macht führt nicht dazu, daß die Macht nach Heiligung strebt, sondern dazu, daß die Religion Macht und Gewinn zu erlangen trachtet.

Der Wert der Religion wird immer mehr ein Geldwert. „Jede Mystik verkommt zu Politik", sagt der Schriftsteller Charles Péguy. Er bringt damit den normalen geistigen Entwicklungsgàng der Staaten zum Ausdruck.

Jede Stadt ist von ihrem Ursprung her religiös, so, wie sie bei ihrer Gründung monarchisch ist und Stammescharakter hat. Mit der Zeit wird sie immer demokratischer und profaner. Zum Schluß würde alles auseinanderbröckeln, austrocknen und sich auflösen, wenn nicht der Korpsgeist als Nachgeburt entarteten Heidentums überlebte.

47. Von der Zweideutigkeit der Solidarität

Solidarität ist ein bequemes Wort, das bei modernen Moralpredigern hoch im Kurs steht. Und sofern sie unter Moral gesellschaftliche Nützlichkeit verstehen, haben sie recht, wenn sie das Wort samt seinem Inhalt in den Himmel heben, ist das doch der Mörtel, der Städte und Staaten zusammenhält; auch muß seine Zweideutigkeit als von öffentlichem Nutzen anerkannt werden.

Vom geistigen Standpunkt aus gesehen besteht die Solidarität aus zwei Elementen von unterschiedlichem Wert und gegensätzlicher Bedeutung; das eine ist die Nächstenliebe, das andere der Korpsgeist. Beide Elemente vermischen sich im Herzen des Menschen. Aber in ihrem Wesen und in ihrer Wirkung unterscheiden sie sich sehr.

Zweifellos ist die Nächstenliebe der sicherste Faktor gesellschaftlichen Zusammenhalts. Wer aus Liebe handelt, kann tun, was er mag — es wird immer das Gute sein. Man braucht ihm keine Strafen anzudrohen, um ihn daran zu hindern, Unrecht zu tun. Man braucht ihn nicht unter Zwang zu setzen, um ihn zur Erfüllung seiner Pflichten zu bringen. Wo Barmherzigkeit regiert, haben Betrug, Diebstahl, Gewalt, Zwist, Unterdrückung und Revolte keinen Bestand.

48. Von der Furcht und vom Gewinnanreiz

Aber die Nächstenliebe ist nicht die tragende Säule der irdischen Stadt, denn einerseits ist sie zu selten, um diesen Zweck zu erfüllen, andererseits ist sie zu erhaben, um sich in den Rahmen einer auf Nützlichkeit ausgerichteten Institution einzufügen.

Das menschliche Gesetz baut vielmehr auf die Furcht, die vom Bösen abhält, weil es Strafe nach sich zieht, auf den Gewinnanreiz und auf die Ruhmsucht, welche die Menschen dazu anleiten, das Gute zu tun, weil es Vorteile und Ansehen einbringt. Das ist die Erklärung dafür, daß die Menschen das Gesetz ihres jeweiligen Landes ertragen und daß die Allgemeinheit in den Genuß der Vorteile kommt, die jeder nur für sich selber anstrebte.

Das erklärt jedoch noch nicht, daß dieselben Leute eines Tages alle Furcht vor dem Bösen und vor Strafen beiseite legen, wenn die Aussicht besteht, dieses Gesetz anderen Völkern aufzuerlegen. Sie betrachten das seltsamerweise als einen großen Vorteil, selbst wenn sie nichts dabei verdienen, selbst wenn sie riskieren, ihren Besitz und ihr Leben dabei zu verlieren.

49. Vom Korpsgeist

Dieses Hintanstellen der eigenen Interessen; diesen Verzicht auf Ruhe und Sicherheit, auf Vergnügen und Freiheit, darauf, persönlichen Neigungen zu frönen und Streitigkeiten auszutragen; diese Unterwerfung unter eine unangenehme Disziplin; diese Unterordnung unter Führer, die man nicht gewählt hat und von denen man kein Wohlwollen erwarten kann; den Stolz darauf, gemeinsam große Zerstörungen anrichten zu können; die erstaunliche Fähigkeit, mit einemmal ganze Kategorien von Menschen, ganze Völker zu hassen, sie guten Gewissens zu hassen, obwohl man sie nie gesehen und kennengelernt hat; den absoluten Unterschied, den man zwischen Menschen desselben Aussehens und derselben Handlungsweise macht, zwischen den eigenen Leuten und denen von gegenüber; diese Umkehrung der natürlichen Instinkte, der menschlichen Gefühle, der Wertvorstellungen — dies alles verdanken wir einer starken Leidenschaft, die der Liebe ebenso ähnlich ist wie deren Gegenteil, dem Haß. Man nennt sie Korpsgeist.

50. Von der Anti-Liebe

Der Korpsgeist bringt zweifellos die von ihm Befallenen einander näher, sofern sie zur selben Gruppe gehören. Aber es handelt sich dabei weniger um eine gemeinsame Liebe als um einen gemeinsamen Haß. Es ist jedenfalls eine sehr beschränkte Liebe, deren Kehrseite der Haß ist. Der Korpsgeist, der alle bürgerlichen Tugenden in sich vereinigt, ist ein zweischneidiges Schwert. Die begrenzte Liebe wirft einen Schatten von Abneigung und Mißtrauen gegen alles, was nicht selber zum Objekt dieser Liebe gehört. Die Schattenseite ist sogar weitaus gewichtiger als die Lichtseite, denn der Gegenstand der Liebe ist begrenzt, die Feindseligkeit aber, die sich daraus ergibt, ist unbegrenzt und kann sich gegen alles und jedes richten. Man darf sich auch nicht wundern, wenn die Vaterlandsliebe den, der sich zu ihr bekennt, in keiner Weise dazu drängt, Wohltätigkeit gegen seine Landsleute zu üben, wohl aber dazu, Krieg zu führen gegen alle Feinde seines Vaterlandes. Das eigentliche Ziel dieser Leidenschaft ist nicht die Eintracht, sondern die Verteidigung und der Angriff.

In Friedenszeiten und in Zeiten von „Ruhe und Ordnung" unterdrücken sich die Mitbürger untereinander und beuten sich in aller Ruhe gegenseitig aus. Zu „heiliger Eintracht" entschließen sie sich erst unter dem Eindruck einer sie alle bedrohenden Gefahr, unter der Bedrohung eines gemeinsamen Feindes. Es genügt also nicht zu sagen, daß der Korpsgeist eine eingeschränkte Liebe ist, die ihre Haß-Kehrseite hat; vielmehr ist festzustellen, daß hier der Haß das Eigentliche und die Liebe die Kehrseite ist.

51. Vom leidenschaftlichen Bekenntnis zur Macht

Der Korpsgeist ist das leidenschaftliche Bekenntnis zur Macht der Gruppe. Er ist weder eine Liebe zu einzelnen Gliedern der Gruppe noch eine Liebe zur Gesamtheit ihrer Glieder. Er ist auch nicht die Liebe zum Leben in der Gruppe an sich, sondern die Liebe zur Macht der Gruppe. Er ist ein blindleidenschaftliches Streben nach einem erhebenden, berauschenden Erlebnis oder, falls das Erhebende ausbleiben sollte, nach wilder, düsterer Trauer. In jedem Fall sucht man dabei nach einer aufwühlenden, überschäumenden Gemütsbewegung, die das Bewußtsein betäubt und die Grenzen des Individuums vergessen läßt. Es ist fleischliche Ekstase und triebhafte Selbstopferung.

Jede leidenschaftliche Liebe ist eifersüchtig und kämpferisch. Für den Korpsgeist gilt das doppelt, denn er ist eine Begierde nach gemeinsamer Macht. Er will den Gegenstand seiner Liebe ganz nackt erleben; aber die Macht einer Gruppe entblößt sich nur im Kampf. Nur da kann der Liebende sie mit seinen Händen greifen, in sie eindringen, sich an sie verlieren. Nur hier findet der Korpsgeist Erfüllung und Befriedigung. So, wie die geschlechtliche Begierde im Koitus ihr Ziel und ihre Befriedigung findet, so findet der Korpsgeist im Krieg seine Erfüllung. Das Töten und Sterben auf dem Schlachtfeld ist der fleischliche Kulminationspunkt des Korpsgeistes. In der Tat erreicht der Mensch hier das Vergessen persönlicher Begrenztheiten, die Auflösung des individuellen Bewußtseins und eine Erhebung in einen vitalen, überpersönlichen Rauschzustand.

52. Vom gleisnerischen Hochmut des Korpsgeistes

Mein Land und mein Volk, das bin ich, und doch ist es etwas ganz anderes als ich. Es ist ein in Raum, Zeit, Bedeutung und Macht erweitertes Ich. Wenn ich mich damit identifiziere, entsteige ich meiner Mittelmäßigkeit. Meine Seele gerät in einen Rauschzustand. Für meinen Stolz ist das eine willkommene Gelegenheit, in eine Rolle zu schlüpfen, die ihm schmeichelt.

Deshalb fühlt sich jede Nation verpflichtet, sich mit Paraden, Uniformen, Fahnen, Orden und Hymnen selbst zu beweihräuchern. Wenn bei den Bürgern das Bedürfnis danach abnähme oder auf andere Weise seine Befriedigung fände, dann verlöre der Korpsgeist seine stärkste Triebfeder. Prestige ist den Nationen wichtiger als Land und Brot.

So, wie die Eifersucht, im Gegensatz zur Barmherzigkeit, darin besteht, eine Person allen anderen Personen liebend vorzuziehen, und zur Ursache des Hasses werden kann, so ist auch der Hochmut, im Gegensatz zur Würde, eine Neigung, sich über andere zu erheben, denn er beruht weniger auf Selbstachtung als auf Verachtung der anderen. Der Hochmut drängt uns, den, der nicht zu uns gehört, so lange zu demütigen und zu erniedrigen, bis er voller Bewunderung zu uns aufschaut. Wenn der andere sich aber aufrichtet und Selbstbewußtsein zeigt, ist ein Wortgefecht die Folge oder eine Schlägerei oder ein Krieg, je nachdem, ob der Ort des Geschehens ein Salon, eine Wirtschaft oder eine diplomatische Konferenz ist.

Jene, die hinter den Kriegen nur wirtschaftliche Beweggründe vermuten, vergessen, daß der Bauch des politischen Tiers nicht so schwer zu befriedigen ist wie seine Eitelkeit. Packen Sie den Bürger bei seiner Eitelkeit, und Sie werden von ihm umsonst bekommen, was er für sein Vermögen, für seine Kinder oder für das Heil seiner Seele niemals zu geben oder zu leisten bereit wäre.

Deshalb bemühen sich alle Staaten, durch ihr Schulwesen, durch Reden und Denkmäler, durch Böllerschüsse, Trompetengeschmetter und Fahnenorgien, durch Paraden, Gedenk- und Triumphfeiern die nationale Eitelkeit zu nähren und zu pflegen. Dies ist der linke Arm der staatlichen Macht. Der rechte Arm ist das Militärwesen.

53. Von der unerbittlichen Blutrünstigkeit des Korpsgeistes

Es ist sicher schlimm, daß wir immer uns selbst bevorzugen gegenüber allen anderen, weil uns das zu allen möglichen Lastern und Ungerechtigkeiten verleitet. Und es ist schlimm, daß wir dabei noch glauben, im Recht zu sein. Aber diese Gefühle beziehen sich doch wenigstens auf einen realen Gegenstand, auf uns selbst, auf unseren Körper und unsere Seele, die naturgegeben und von Gott geschaffen sind. Viel schlimmer ist es jedoch, diese bösen Gefühle auf ein eingebildetes Etwas zu übertragen, wie es der Volkskörper ist, denn dieser besteht nur in unserer Vorstellung und in unserem Denken. Es wäre ein Irrtum zu glauben, Hochmut und Zügellosigkeit — in einem Wort: die Eigenliebe — änderten ihr Wesen, wenn wir sie auf eine gesellschaftliche Ebene heben. Im Gegenteil, unter der Maske der Ehrbarkeit werden sie nur noch gefährlicher, weil sie so die Schranke der Skrupel umgehen und schließlich unser Herz einnehmen und das Gewissen verdrängen.

Sie locken uns in die Falle der Halbwahrheiten und bewaffnen uns mit zweischneidigen Tugenden. Soldatischer Eifer, Gesetzesbeflissenheit, unternehmerischer Ehrgeiz, kalte und berechnete Gewaltanwendung bei der Machtausübung, das sind alles Dinge, die mit dem Interesse des Gemeinwohls gerechtfertigt werden, ohne daß ihre moralische Qualität berücksichtigt wird. Wie lange schon sind die Völker damit drangsaliert worden, ohne daß sich ihre Nöte gebessert hätten! Unsere persönlichen Irrtümer und Sünden können uns und unserem Nächsten nur begrenzte Leiden zufügen. Aber die großen Geißeln, mit denen die ganze Menschheit geschlagen ist, bei denen man nie richtig sagen kann, wer für sie eigentlich verantwortlich ist, gehen nicht auf unsere persönlichen Sünden zurück, die viel zu klein und unbedeutend sind, um so große Ereignisse hervorzubringen. Sie entspringen vielmehr unseren scheinbaren Tugenden und unseren Halbwahrheiten, den Stützen des Korpsgeistes und seiner höllischen Gewalten.

Das ist der Grund, warum Christus nicht müde wurde, den gewöhnlichen Sündern zu vergeben, während er die Pharisäer mit Verfluchungen überhäufte, bestanden sie doch darauf, ihr Tun mit dem Gesetz zu rechtfertigen. Deshalb mußte er es ablehnen, eine irdische Herrschaft zu errichten, die ihn zu einem Bannerträger des Korpsgeistes gemacht hätte, die Befreiung Israels voranzutreiben, die man von dem angekündigten Messias erwartete, und zu einem Nationalhelden zu werden. Deshalb auch spricht Paulus vom Gesetz als Voraussetzung der Sünde: „Die Macht der Sünde ist das Gesetz." Alle Meister des geistigen Lebens lehren, daß die Erlösung nicht durch die Anwendung der Gesetze, durch Werke von öffentlichem Nutzen und durch gesellschaftliche Tugenden erreicht werden kann, sondern nur durch das, was der Apostel Jakobus das „Gesetz der Freiheit" nannte, das die Liebe ist.

54. Vom bestialischen Wesen der Nationen

Der Korpsgeist ist die Triebkraft der menschlichen Gesellschaft. Die großen Religionen, die lehren, daß der Mensch eine unsterbliche Seele hat, sagen nichts über das Wesen menschlicher Gruppierungen, die durch Zufälle der Geschichte, durch Waffenglück und Bündnispolitik zustande gekommen sind und ihre eigenen Herrschaftssysteme haben.

Man versucht, uns immer diejenige Gruppierung, zu der wir gerade gehören, als eine blühende, herrliche, jugendfrische Gestalt darzustellen mit einem von Lorbeer oder Eichenlaub gekrönten Haupt. Staatsredner versuchen, ihr alle Arten vernünftiger Gedanken und edler Gefühle zuzuschreiben. Aber diese faden Allegorien und diese schwülstigen Redewendungen überzeugen niemanden. Niemand erwartet von einer solchen menschlichen Gruppe, daß sie sich in menschlicher Weise ausdrückt. Aber wenn sie die Zähne fletscht und ihre tierische Gier zur Schau trägt, dann fühlen sich ihre Getreuen zutiefst angesprochen. Sie werden von heißen Schauern ergriffen und geraten in mystische Begeisterung. Dann ergeben sie sich dem allgemeinen Tamtam und dem Tanz um den Skalp, dann bereiten sie sich zu den rituellen Opferungen vor, zu den Massakern, zur Hinschlachtung der Erstgeborenen, denn ihr Götze hat großen Hunger und Durst nach frischem Fleisch und Blut.

Der Wilde weiß, daß sein Stamm ein Tier ist. Er weiß sogar, welcher Tierart der Geist seiner Ahnen innewohnt. Er verehrt die Eigenschaften dieser Tierart in seinem Totem. Er betet dieses Tier sowohl als Naturwesen wie auch als Abbild an. Das Totem ist sein Vater, sein Banner und sein Gott. Bei uns hat das Totem nur noch überlebt in der Gestalt von Familien- und Staatswappen. Sie zeigen das Tier fast immer in Kampfstellung mit klaffendem Maul und drohenden Krallen. Es ist das unverkennbare Zeichen des Korpsgeistes.

Man muß sich darüber im klaren sein, daß die Nationen keine übermenschlichen Einheiten sind, sondern so etwas wie heilige Krokodile von ungeheurer Größe. Aber es sind eben keine echten Tiere, sondern künstliche Statuen von der Art des Molochs, dem Kinderopfer dargebracht wurden.

55. Von den Götzenbildern der Nationen

Es ist ein Tier, das mächtiger ist als ich. Es ist eine Statue, die prächtiger ist als ich. Es ist eine Gottheit, die mich überdauert. Ich freue mich, daß es mich braucht, daß es mich beinah so notwendig braucht, wie ich es brauche. Indem ich daran glaube, gebe ich ihm Leben. Indem ich dafür töte, ernähre ich es. Indem ich dafür sterbe, sichere ich ihm Unsterblichkeit. So spricht der Patriot von seinem Vaterland und der Heide von seinem Götzenbild.

Götzendienst ist Anbetung eines begrenzten, künstlichen, untergeordneten Gottes. Das Götzenbild bringt den Anbetenden außer sich. Da es aber eine begrenzte Gottheit ist, führt es ihn nicht in die Freiheit, sondern in Gefangenschaft. Der Anbetende opfert dem leblosen, unbeweglichen Ding lebende Wesen und erhofft sich davon Unsterblichkeit. Aber das Blut der Opfer fällt auf den Opfernden zurück. Der Tod kommt wieder zu ihm. Das Götzenbild exaltiert seinen Anbeter. Da es aber von niederer Wesensart ist, tierisch statt geistig, kann es ihn nicht erheben und erleuchten, sondern nur verderben.

Der Korpsgeist hat bei der Entstehung der heidnischen Kulte und Mythologien eine wesentliche Rolle gespielt, die von den Religionshistorikern bisher kaum untersucht worden ist. Sie wollen die heidnischen Götter meist nur als personifizierte Naturgewalten sehen. Sie vergessen, daß alle Gemeinschaften, die sich von Donner, Wind, Regen, Fluß, Raubtieren, Vieh, Berg, Meer, Baum herleiten, Stämme, Städte oder Monarchien sind, die unseren heutigen Staatswesen als Vorbild gedient haben. Und sie vergessen, daß der höchste Gott der Heiden ein König ist und daß der König eines heidnischen Volkes immer ein Gott ist.

Heute wie gestern hat der Korpsgeist finstere, blutrünstige Religionen hervorgerufen. Aber man muß den ursprünglichen, barbarischen Götzendienst vom dekadenten, vulgären Götzendienst unterscheiden. Die Religionen, die heute von der christlichen Botschaft noch nicht berührt sind, sind etwas ganz anderes als die Religionen, welche die christliche Botschaft bekämpfen und sie durch neue Kulte und Götter zu ersetzen versuchen, als da sind: Vaterland, Rasse, Materie, Maschine, Fortschritt und all die anderen Baale.

Die erstgenannten sind magisch, prophetisch, poetisch und wenden sich an Bilder, die letztgenannten sind logisch, polemisch, technisch und beziehen sich auf Ideen.

Die einen gipfeln in den großen Kosmogonien der Antike, die anderen in der Dialektik der Moderne.

Die einen sind ein tastendes Suchen nach dem Übernatürlichen und Wunderbaren, die anderen sind ein zorniges Leugnen des Geistes.

Die einen sind selbst bis in ihre tiefsten Irrtümer hinein voller Saft und Kraft, voller Glanz und Größe, die anderen zeichnen sich aus durch Dummheit, Häßlichkeit und Würdelosigkeit.

Darüber hinaus haben sich die letztgenannten mit heuchlerischer Moralität und Menschenfreundlichkeit geschmückt. Man kann sich nicht genug in acht nehmen vor der abstrakten, kraftlos prunkenden Erscheinung ihrer Gottheiten. Diese dekadenten Religionen nennen ihre Gottheiten „Ideale", eine Bezeichnung, die in den heiligen Schriften nicht vorkommt und die man in den alten Sprachen nicht kennt.

56. Von den entarteten Formen des Heidentums

In christlichen Ländern gedeiht eine entartete Form des Heidentums. Sie ist gekünstelt und maskiert. Daher das peinliche, hohle Pathos offizieller Zeremonien und staatlicher Feierlichkeiten. Die Deputiertenkammer zu Paris ist ein unechter griechischer Tempel, die Börse ebenfalls. Das heilige Feuer vor dem Altar des Vaterlandes — eine Huldigung aus Gas oder Petroleum. Mit den Kriegerdenkmalen steht es nicht besser; man betrachte nur die weiblichen Nacktheiten, die man mit Begeisterung auf die öffentlichen Plätze gestellt hat, die mit patriotischen Brüsten und glorreichen Hinterbacken inmitten der Fanfaren daherfliegen, während neben ihnen der kleine Soldat die Hand aufs Herz hält und deklamierend seine Seele aushaucht.

57. *Die vier möglichen Herrschaftsformen*

Für den Menschen gibt es keine von der Natur festgelegte Gesellschaftsform wie für die Ameise oder die Biene. Jeder Mensch kann abwechselnd oder sogar gleichzeitig verschiedenen Gesellschaftsformen angehören. Da gibt es die Familie, die Nation, die soziale Schicht, die Kirche, die Partei, da gibt es die Schule, die Arbeitsgruppe, das Regiment, gibt es den Betrieb, die Zunft, die Ordensgemeinschaft, die Sekte, Vereine aller Art. Der Korpsgeist wirkt in all diesen Gruppierungen, indem er für Zusammenhalt und Abgrenzung sorgt. Er bestimmt, wer wessen Freund und Bruder, wer für wen Ausländer, Rivale und Gegner zu sein hat. Aber der Korpsgeist kann seine natürliche Frucht, den Krieg, die Rechtfertigung des Raubes und die Verherrlichung des Mordes, nur zur vollen Reife bringen, wenn die Körperschaft, wenn das Korps, dessen Geist er ist, sich zu voller Souveränität emporgeschwungen hat.

Es gibt vier Arten von Gesellschaftsformen, von Korpsbildungen, die im Lauf der Geschichte einmal das Ziel der Souveränität erreicht haben, das heißt die Berechtigung, über Frieden, Krieg und Rechtsprechung zu entscheiden: die Familie oder der Stamm, die Religionsgemeinschaft oder die Sekte, die Nation, die Interessentengruppe oder die Partei.

Familie und Nation sind sich ähnlich; ihre Einheit beruht auf gemeinsamer Rasse und gemeinsamem Landbesitz. Sekte und Partei sind sich ebenfalls ähnlich, denn ihre Einheit beruht auf gemeinsamen Weltanschauungen und Absichten. Ich habe im Vorangegangenen hauptsächlich von der Nation gesprochen, denn in ihr findet der Korpsgeist heute seinen heftigsten und hochmütigsten Ausdruck. Früher jedoch war es die Familie beziehungsweise der Stamm, in Zukunft wird es vielleicht die Partei sein.

Die Entwicklung dieser Korpsbildungen, ihre wechselseitigen Beeinflussungen und Überlagerungen, ihre Gegensätze und Verbindungen sind Gegenstand der Kulturgeschichte. Gott sei Dank gibt es ein gewisses Wechselspiel zwischen den verschiedenen Kreisen, in denen der Mensch gefangen ist und die seinen Horizont begrenzen. Sie haben nicht alle einen gemeinsamen Mittelpunkt; es gibt Überschneidungen, Kompetenzstreitigkeiten, Interessenkonflikte, Verpflichtungen, die sich nicht auf einen Nenner bringen lassen. Dramatische Gewissenskonflikte können die Folge sein. Dadurch entsteht Bewegung, und es ergeben sich Möglichkeiten, zu wählen und einen gewissen Grad an Freiheit zu erringen. Das Gewissen steht immer in diesem Konflikt zwischen dem Korpsgeist einerseits, der eine negative Form der Liebe ist, eine Anti-Liebe, die mit dem Fürsten dieser Welt „schon gerichtet" ist, und, andererseits, dem Geist des Lebens, welcher Barmherzigkeit ist, also Gnade.

58. Von der Läuterung des Korpsgeistes

Wenn wir den patriotischen Götzendienst vermeiden wollen, ohne unsere natürlichen Neigungen, unsere Dankbarkeit und unsere Verantwortungsgefühle zu verleugnen, sollten wir uns zunächst an die Bindungen zu einer Gruppe halten, die heute nicht souverän ist: die Familie.

Lieben wir unser Vaterland so, wie wir unser Vaterhaus lieben. Lieben wir es wegen seiner Größe, wenn es groß ist, und wegen seiner Kleinheit, wenn es klein ist. Träumen wir von ihm, wenn wir auf Reisen sind, und trauern wir ihm nach, wenn wir in der Fremde leben müssen. Ehren wir das Andenken an unsere Vorfahren, und versuchen wir, unseren Söhnen eine ehrenhafte Erbschaft zu übergeben.

Eine solche Ehrenhaftigkeit zwingt uns nicht, zu ihrer Verteidigung jemandem den Leib aufzuschlitzen oder das Vieh und die Möbel des Nachbarn an uns zu reißen. Keiner unserer Verwandten würde uns als Verräter betrachten, weil wir uns weigern, solches zu tun.

Die Familie ist eine viel ursprünglichere und naturgegebenere Gruppierung als das Vaterland. Das Vaterland ist weder der weiteste noch der engste der erwähnten Kreise, die den Menschen umgeben. Es ist auch nicht der fleischlichste und nicht der geistigste von ihnen. Es ist aber auf jeden Fall der labilste und der entbehrlichste. Im Evangelium wird es nicht erwähnt, und manche der weisesten und heiligsten Menschen scheinen ihm keinerlei Bedeutung beigemessen zu haben.

Montesquieu drückt es in etwa so aus: „Wenn ich etwas wüßte, was mir nützlich wäre, aber meiner Familie Schaden brächte, so würde ich es mir versagen, daran zu denken. Etwas, was meiner Familie nützte, aber meinem Vaterland schadete, würde ich mit Abscheu zurückweisen. Auf etwas, was meinem Land Nutzen brächte, aber den anderen Nationen oder der Menschheit schadete, würde ich selbstverständlich verzichten."

Gandhi ist das beste Beispiel für einen Patrioten, der seinem Vaterland diente und ihm die Freiheit brachte und trotzdem immer das Wohl der Menschheit im Auge hatte. Seine Gewaltlosigkeit beruhte nicht nur auf der Absicht, niemandem zu schaden, sondern ganz besonders und erklärtermaßen auf der Absicht, allen Menschen zu helfen.

59. Von einer entarteten Mystik

Rousseau hat versucht, seine Doktrin auf die Natur und die Vernunft zu gründen. Ohne es zu wollen, gibt er seiner Lehre aber eine mystische Glorie, indem er den Gemeinwillen als eine neue, eigenständige Wesenheit beschreibt, die sich vom Willen jedes einzelnen am Gesellschaftsvertrag Beteiligten grundsätzlich unterscheide. Er ist sich dessen nicht bewußt, aber seine Einstellung entspricht sehr genau der traditionellen heidnischen Vorstellungswelt. Im Altertum sah man es nicht als widersinnig an, in einem Fall die Auguren zu Rate zu ziehen, in einem anderen Fall eine Abstimmung abzuhalten. Diese Einstellung war weniger naiv als die heutige, die das Ergebnis einer Wahl als den Ausdruck des Volkswillens ansieht.

Nach Rousseaus Ansicht wäre jener Gemeinwille notwendigerweise gerecht und unfehlbar. Rousseau bezeichnet ihn einmal als die Stimme Gottes.

Man muß dazu feststellen, daß dieser Gemeinwille immer nur der Wille eines einzelnen Gemeinwesens ist. Ich würde sogar sagen, daß er etwas noch Begrenzteres ist als der Wille eines einzelnen Menschen. Nur Gott ist allumfassend. Aber der Mensch hat etwas von Gottes Universalität mitbekommen, denn bis zu einem gewissen Grad ist er einzigartig wie Gott, sich seiner selbst bewußt wie Gott und auf geheimnisvolle Weise lebendig wie Gott. Deshalb kann er ja auch mit Gott in Verbindung treten und zum Mittler des göttlichen Willens werden.

Nichts dergleichen gibt es für diese fiktive Einheit, „die aus ebenso vielen Mitgliedern besteht, wie die Versammlung Stimmen hat", denn diese kann nur einen statistischen Mittelwert von vielen verschiedenen und gegensätzlichen Einzelwillen ausdrücken.

Im letzten Kapitel des *Gesellschaftsvertrags* erkennt Rousseau selber den Zusammenhang zwischen der heidnischen Religion und den staatsbürgerlichen Tugenden von Römern und Griechen. Er fragt sich dann, ob das Christentum für das Gemeinwohl förderlich sei. Seine Antwort ist zunächst widersprüchlich und dann negativ.

Wir stellen die Frage eher umgekehrt und fragen uns, welche Gesellschaftsform der wahren Religion am besten entspricht. Unsere Antwort ist: Die einfachste, ursprünglichste und natürlichste: der Stamm.

Das Volk Israel ist das auserwählte Volk, weil es als einziges unter den Nationen ein Stamm geblieben ist. Es hat sein Schicksal nicht, wie andere Völker, einem vergötterten Wolf, Adler oder Menschen anvertraut, sondern dem Schöpfer des Himmels und der Erde.

Dieses Volk kannte keinen anderen Gesellschaftsvertrag als den in der Bundeslade enthaltenen. Es kannte kein anderes Gesetz als das, welches ihm Gott auf dem Berg Sinai gegeben hatte, und anstelle eines Königs nur einen Patriarchen, Propheten, Richter oder Weisen. Noch unter Tiberius ruft es aus: „Wir wollen keinen anderen König als Jahwe!"

Noch eins: Ich sehe in der Bibel das Bekenntnis eines Volkes zu sich selbst, und ich bewundere, wie es seine Greuel und Schändlichkeiten auf

sich nimmt. Wie weit entfernt sind wir hier von der Prahlsucht des Korpsgeistes! Gott allein ist die Kraft, der Ruhm und die Hoffnung Israels.

Unter diesen Umständen ist es nicht weiter erstaunlich, daß es dieses
Volk trotz seiner ungewöhnlichen Begabung und Vitalität nie zu besonderer irdischer Machtentfaltung gebracht hat. Aus diesem Grund sucht die
Christenheit seit nahezu zweitausend Jahren vergeblich nach einer Staats-
und Gesellschaftsform, die ihr entspricht.

Die Annehmlichkeiten einer liberalen Gesellschaft sind ihr vielleicht
noch weniger förderlich als manches andere.

Zwischen der Denkweise der Hochzivilisierten, die ein Produkt der
Erkenntnis von Gut und Böse ist, und dem Geist des Evangeliums bestehen solche Klüfte, daß sie nur noch durch Mißverständnisse zu überbrük-
ken sind.

60. Vom Wechselspiel von Gleichheit und Freiheit oder Der Kampf aller gegen alle

„Freiheit, Gleichheit, Brüderlichkeit", so steht es in Frankreich auf allen
öffentlichen Gebäuden, über Kasernen- wie über Gefängnistoren.
Tatsächlich? Sollte es nicht eher heißen: „Eigennutz, Käuflichkeit, Ge-
wöhnlichkeit"?

Im Stamm gibt es keine Gleichheit, Ungleichheit ebensowenig. Jeder hat
dort seinen Platz, der ihm von Geburt an zukommt. Das läßt keine Diskussion, kein Strebertum und keine Eifersucht zu und sichert die organische Einordnung jedes einzelnen ins Ganze. Alle sind in den Kreislauf des
Lebens einbezogen. Wer wem welchen Dienst leistet, hängt nur davon ab,
wer welches Bedürfnis hat. Wo nicht gemessen wird, wer wem was zu bezahlen hat, hat die Frage nach Gleichheit oder Ungleichheit keinen Sinn.
Erfolg bedeutet hier, in seinem Wesen zu wachsen, nicht aber, seinen Platz
zu wechseln, eine bessere Position zu erringen.

Der moderne Staat bietet jedem seiner Bürger jede beliebige Stellung,
jede beliebige Laufbahn an. Jeder versucht eine höhere Stellung zu erringen, ist dabei aber dauernd in Gefahr, seine Stellung zu verlieren, weil
andere sie begehren. Unruhe und Sorge verlassen ihn nie. Sein Glück sieht
er nie da, wo er gerade ist. Es liegt für ihn immer anderswo und in der
Zukunft.

Das allgemeine Streben von unten nach oben ist wie der Luftzug in einem Ofen. Es hält die Wirtschaft und den Staat in Betrieb, bringt sie zum
Dröhnen und Glühen. Dieses höllische Feuer hält alles in Bewegung und
erzeugt immer mehr Reichtum und Geschwindigkeit. Bei den Erfolgreichen weiß man nicht, ob der Luftzug sie nach oben getragen hat oder ob

sie mit ihrem emsigen Schaffen oder ihrer Genialität den Luftzug entfacht haben.

Die Glücklichen sind indessen nur in den Augen der anderen glücklich. Wenn sie sich glücklich fühlen, dann nur, weil sie sich mit den Augen der anderen sehen. An sich sind sie geblieben, was sie waren: Ruß und Asche. Die Höhe, in die sie gelangt sind, hat ihrer Größe keinen Fingerbreit zugefügt. Der Luftstrom, der sie erfaßt hat, hat ihnen weder Freiheit noch Größe gegeben. Der gesellschaftliche Erfolg beruht auf Konvention und Illusion. Aber ihre Täuschung wird ihnen kaum bewußt. Und wenn, dann gibt es so viele Zerstreuungen, mit denen man den Gedanken an sein Schicksal verdrängen kann.

Diese „Glücklichen" haben ihr Glück nur auf Kosten anderer. Das Feuer entsteht aus Rivalität. Niemand kann sich bereichern, ohne einem anderen etwas vorzuenthalten. Niemand kann herrschen, ohne andere zu unterdrücken. Der gesellschaftliche Aufstieg geschieht dadurch, daß man den oberen an den Füßen herunterzieht und, wenn man dies erreicht hat, auf seine Schultern und auf seinen Kopf steigt.

Da ist nicht einmal Bosheit dabei – das ist Spiel. Und es ist eine Notwendigkeit, denn wer selber nicht zieht, wird gezogen. Wer nicht steigt, verliert den Halt unter den Füßen.

Der aufsteigende Strom wird deshalb auch immer von einem absteigenden Strom des Mißerfolgs und des Versagens begleitet. Die Besiegten und ihre Überreste sammeln sich auf dem Boden, wo es schon von Leidensgenossen wimmelt. Ihr Glück haben sie nie zu fassen bekommen.

Viele müssen in die Arena steigen, damit einer den Siegespreis erringen kann. Reichtum und Macht gehören immer nur einigen wenigen. Die zahlreichste Gruppe hat immer den untersten Platz. Dieses Gesetz des Gesellschaftslebens ist so gut bewiesen wie das Gesetz der Schwerkraft in der Physik.

Die Gleichheit aller Bürger gibt es weder beim Entstehen noch am Ende irgendeiner Gesellschaftsform, so sozial sie sich auch gebärden mag, noch zu irgendeinem anderen Zeitpunkt, der dazwischen liegt.

Die Gleichheit aller Menschen bleibt fiktiv, abstrakt, ein Wunschbild. Die einzig denkbare Gleichheit ist die der Aufstiegsmöglichkeiten. Aber der Aufstieg bedingt Ungleichheit.

Die Beseitigung aller Ungleichheiten in einer Gesellschaft müßte sie zur Erstarrung verurteilen.

Man kann sich indessen eine Gleichheit der Achtung und der Behandlung des Menschen auf allen Ebenen vorstellen. Sie allein ist gerecht und gut, doch findet man sie in keiner Staatsform; auch die sogenannten Volksdemokratien sind weit davon entfernt. In einigen kleinen Staaten mit ausgeprägter bürgerlicher oder aristokratischer Tradition wie in der Schweiz oder in Schweden bekommt man eine gewisse Ahnung, wie so ein ideales Staatswesen aussehen könnte. Wie dem auch sei, ein lebendiges Gemeinwesen ohne Ungleichheiten gibt es nicht, genausowenig, wie es in ebenem Gelände Wasserfälle gibt. So scheint das gesellschaftliche Gerangel wohl unvermeidlich zu sein. Es zieht alle in seinen Bann und hetzt die einen auf die anderen, ob sie es wollen oder nicht. Wer sich darüber oder abseits stellen will, wird zuunterst eingestuft und mit den Füßen getreten. Wer nicht schlagen will, wird geschlagen. Landstreicherei gilt im französischen Strafrecht als Delikt. Zu Shakespeares Zeiten wurde ein Vagabund vom Statthalter des Königs mit Auspeitschung bestraft und im Wiederholungsfall gehängt.

Das Gesetz des Staates erlaubt es keinem, auf seine eigene Art und Weise frei zu sein. Er darf es nur auf die bürgerlich-aggressive Art sein. Dabei kommen schließlich alle auf ihre Rechnung, denn der Aufstieg ist nützlich, und der Fall ist ebenfalls nützlich für den Lauf der Geschäfte. Das hält die gesellschaftliche Maschinerie in Gang und macht sie produktiv. Etwas von dem, was sie produziert, kommt letztlich allen zugute, auch ihren Opfern.

Dieser Wettlauf ums Glück, dieser Kampf aller gegen alle ist die Triebfeder des Fortschritts, der seine Segnungen großzügig ausstreut. Mißerfolge und Zusammenbrüche gehören mit dazu, denn sie machen den Weg frei für frischere Kräfte. Wer nicht nach mehr Glück strebt, wird doch zumindest von der Angst vor dem Fall wachgehalten. Der Anblick eines Konkurrenten ist wirksamer als die Geißel eines Wächters und das Auge eines Kontrolleurs. Je weiter man nach unten kommt, desto stärker wird der Druck. Selbst der Faule und der Feige mögen sich hier nicht gemütlich einrichten. Hunger, Kälte und Scham treiben auch die letzten der letzten zur Arbeit und zum Kampf um Vorteile.

Dort, wo jeder den anderen als Beute oder als Hindernis ansieht, wo jeder an sich zu reißen versucht, was er greifen kann, und auf seinen Nachbarn einschlägt, ihn zu Fall bringt, seinen Sturz belacht und feiert, da kann es sein, daß man den anderen mehr hilft, wenn man sich selber ebenso verhält, wie wenn man ihnen aus Mitleid zu Hilfe eilt.

Die Güter, die man sich auf diese Weise erwirbt, können selbstverständlich nichts zur Entfaltung unseres inneren, geistigen Lebens beitragen. Das ist ein Zerrbild, wie es nur die Erkenntnis von Gut und Böse hervorbringen kann.

61. Vom mechanisierten Kampf aller gegen alle

Man bezeichnet sie als „Wohltaten der Zivilisation", jene Errungenschaften, die den Menschen eher zum Schaden denn zum Wohl gereichen.

Das zivilisierte Gemeinwesen hat einen großen Verschleiß an menschlichen Qualitäten. Es zerstückelt und zermalmt natürliche Unterschiede und Würden, zerknetet die Völker und verwandelt sie in einen gleichförmigen Teig.

Die Völker haben von Natur aus ein Gesicht und eine Richtung. Sie sind mit einem Kopf ausgestattet, mit einem Herzen, mit einem Körper und mit Gliedern. Sie haben eine Gestalt, eine Struktur, die von innen heraus entstanden ist.

Eine Masse dagegen ist etwas Schwerfälliges, Formloses. Sie ist wie ein zäher Teig, der sich ausbreitet und nach unten strebt.

Für morgen hat man uns den Triumph der Massen angekündigt. Ihre stürmische Ausbreitung hat schon begonnen. Sie vollzieht sich auch im Inneren des Menschen: Die Zerstreuung nimmt ihn in Besitz, sein Gemüt weicht auf, Ansichten und Meinungen jagen sich scharenweise in seinem überhitzten Gehirn. Die Impulse des Augenblicks, die aus seinen Eingeweiden emporsteigen, bekommen das Übergewicht über Glauben und Gesetz.

Innere Zersetzung und äußere Rivalität würden alles zerstören, wenn man nicht einen Mechanismus erfunden und eingebaut hätte, der imstande ist, die explosiven Gewalten in motorische Kräfte zu verwandeln, die das Gemeinwesen in Gang halten. Das nennt man Organisation.

Zu Unrecht, denn das Wort Organ setzt eine gegenseitige Durchdringung der Teile im unsichtbaren Bereich voraus. Es handelt sich hier aber in Wirklichkeit um eine Zusammenfügung von Teilen, um einen Mechanismus.

Wo der Geist des Stammes das Leben durchdringt, regiert der sakrale Bereich über alle anderen Bereiche. Tradition und Religion regeln und verbinden alles miteinander. Der Kopf dirigiert, das Herz rät und treibt an, die Instinkte folgen als Knechte und Diener. In diesem Fall geschieht es nicht ganz zu Unrecht, wenn man das Vaterland irgendwie als Person und Gottheit betrachtet. Nach Herodot hatten die alten Ägypter die Geschichte in drei Zeitalter eingeteilt: das der Götter, das der Helden und das der Menschen. Man sieht, in welche Richtung ihre Vorstellung von Fortschritt ging.

Wir haben die Ägypter schon hinter uns gelassen und sind in das vierte Zeitalter, das der Maschinen, hinabgestiegen. Die Maschinenanbeter mögen nun über die gewaltigste aller Maschinen nachdenken: über den Staat.

62. Vom Wechselspiel von Ungebundenheit und Notwendigkeit oder Die Dekadenz

Es ist bemerkenswert, daß die Maschine zur Zerstückelung des Menschen aus demselben Material besteht wie das, was sie verarbeitet. Ihre Zahnräder, ihre Ketten, Achsen und Kolben bestehen aus Menschen. Und der Teig, den sie hervorbringt, besteht ebenfalls aus Menschen.

Menschen, das ist dieses Gemisch aus Ton und Eisen, aus dem nach der Deutung des Propheten Daniel die Füße des riesenhaften Standbildes bestanden, von dem der König Nebukadnezar geträumt hatte (Dan. 2, 32—34).

Die Statue hatte einen Kopf aus reinem Gold (Regierung der Götter), Brust und Arme aus Silber (Regierung der Helden), einen Bauch aus Erz (Regierung der Menschen), Beine aus Eisen (Regierung des Kampfes, der Notwendigkeit und der Mechanik), Füße aus Ton, mit Eisen vermischt (eine Mischung von Weichheit und Härte, die noch schwächer ist als reiner Ton; Regierung der Massen, Auflösung der Traditionen, Ende der Geschichte).

Hier gibt es keine Starken mehr wie im Reich der Helden, keine Sanftmütigen wie im Himmelreich; es gibt nur noch Weiche und Harte. Die Harten werden die Automaten und die Getriebe der großen Maschine. Die Weichen sind der Teig, den man Masse nennt.

Jeder Mensch hat etwas von beiden: Er ist hart nach außen, in seinem technischen und staatsbürgerlichen Handeln, starr und unerbittlich in den Wissenschaften und den nützlichen Künsten; hingegen ist er weich und haltlos im Denken und Fühlen.

Das sich daraus ergebende Herrschaftssystem ist ein ständiger Wechsel zwischen einer Politik des Geschwätzes, der heimlichen Absprachen, von Finanz-, Justiz- und Sittenskandalen, begleitet vom Quaken aus dem Sumpf der Gesellschaft, und einer Politik der starken Hand, des von allen sehnlichst erwarteten Helden, der mit eisernem Besen Ordnung schafft. Geschwätziger Unordnung folgt blinde Unterordnung. Erzwungene Ruhe tritt an die Stelle der Diskussionen und erweckt den Anschein von Einigkeit. Die Mechanik richtet sich auf den neuen Zustand ein und setzt sich in Gang. Polizei und Armee sind das Werkzeug der Reform und Vorbild einer „funktionierenden" Gesellschaft. Alles funktioniert bestens bis zur großen militärischen Katastrophe.

Der Diktator hat keine Ähnlichkeit mit dem Helden der Sage. Er gehört zur Gattung der Automaten. Er ist einer aus der Masse, ein Produkt der Notwendigkeit und des Zufalls. Er gibt der Notwendigkeit ein Gesicht und einen Namen; das gefällt den Massen.

63. Von den Bewegungsgesetzen der Eroberung

Wenn man mich fragte, was die ehemals größte und mächtigste Stadt der Welt, Rom, für eine Art von Maschine war, würde ich sagen: eine Saug- und Druckpumpe.

Der Kolben dieser der Eroberung dienenden Pumpe ist die soziale Revolution. Der Aufstieg des Proletariats besorgt das Ansaugen und erzeugt das Vakuum, die Reaktion der Herrschenden führt zum Druck, zur Entladung. Revolte und Krieg wechseln sich ständig ab, um den Strom des Blutes in Gang zu halten.

Der Reiche sagt zum Armen: „Warum versuchst du mir zu nehmen, was ich habe? Siehst du nicht, daß das Gesetz auf meiner Seite ist und daß die Staatsgewalt hinter mir steht? Und sind wir nicht alle Brüder, Söhne ein und desselben Vaterlandes? Schau lieber auf die bösen Barbaren dort drüben. Hol dir bei ihnen, was dir fehlt. Oder besser noch: Zieh mit mir dorthin, um es zu holen. Ich werde dir Beistand leisten. Ich liebe das Wagnis und den Ruhm, und ich will dir zeigen, daß wir Brüder sind. Wenn du dich an uns vergreifst, geht alles kaputt, und es bleibt nur die Schande. Aber wenn du uns hilfst, den Nachbarn zu schlagen, unseren Feind, werden wir dich mit vereinter Kraft unterstützen, dich durch den Glauben rechtfertigen, deinen Ruhm verbreiten, ob du nun auf dem Schlachtfeld bleibst oder als Sieger heimkehrst."

Die Armen sagen sich dann: „Was haben wir schon von der Arbeit? Wir verdienen damit gerade so viel, daß wir morgen wieder arbeiten können. Dieses Los ist kaum besser als das der Sklaven. Manchmal ist es sogar noch schlechter. Die Arbeit knechtet den Menschen, der Krieg adelt ihn. Er weitet den Horizont und bietet Gelegenheiten. Mancher ist schon barfuß ausgezogen und zu Pferd heimgekehrt. Auf jeden Fall hat man alle Tage zu essen und bekommt den Sold noch obendrein. Alles in allem: Man ist versorgt. Außerdem sagt man uns, was wir zu tun haben. Damit hat die Unsicherheit ein Ende." So gehen sie in den Tod, als Zwangsarbeiter des Todes.

Wenn der Feldzug beendet ist, nehmen die Reichen den Hauptteil der Beute an sich und sind reicher als zuvor. Die Armen kommen, falls sie überlebt haben, als Arme nach Hause. Sie haben jetzt wenigstens den Vorteil, weniger zahlreich zu sein; auch haben sie sich einige Rechte erworben. Geblieben ist indessen das alte Problem, so daß die nächste blutige Auseinandersetzung unvermeidlich ist. Der bewaffnete Teil der Armen ist nun so an Gehorsam gewöhnt, daß er bereit ist, gegen den anderen, unbewaffneten Teil zu marschieren.

Wie Rom, so hatten auch alle anderen Eroberer-Nationen in ihrem Inneren unruhige und unzufriedene Massen. In Spanien war es so, als es Westindien in seinen Besitz gebracht hatte, und auch in England unter Kaiserin Viktoria.

Die Besiegten sieht man wohl, denn furchtbar haben die Feuersbrünste in den eroberten Städten gewütet. Tempel und Frauen sind geschändet, Völker vernichtet oder verschleppt. Doch wo sind die Sieger?

Das Eigentümliche eines mechanischen Vorgangs ist, daß er ohne Richtung abläuft und nicht zum Stillstand kommen kann, wenn er keinen Sinn mehr hat.

Rom hat die Welt erobert. Es hat sich dabei verausgabt und sich seiner selbst entleert in einer jener widersinnigen Opfertaten, welche diejenigen begehen, die in die Frucht der Erkenntnis von Gut und Böse beißen und sich dabei selber verzehren.

Es war nicht nur das eroberte Griechenland, dessen Einfluß Rom schließlich erlag. Abenteurer und Glücksritter aller Rassen und Hautfarben aus Afrika und Pannonien, aus Lydien und Britannien überschwemmten die Metropole, während die letzten Römer von altem Schlag und Geblüt an weit entfernten Fronten fielen. Im zerstörten Judäa erwuchs ein neuer, der endgültige Herrscher.

Schließlich kam die Zeit, da Rom, das die Welt mit seiner.— durch Barbaren erheblich verstärkten — Armee erobert hatte, von ebendieser erobert wurde. Denn das Los des Kaisertums ist es, daß die Armee und ihr Anführer sich gegen die Metropole wenden und sich nach erfolgter Eroberung dort festsetzen.

Im Vergleich mit den Eroberungszügen des Hunnenkönigs Attila, der die Städte nur niederbrannte, weil er nicht wußte, was er mit ihnen anfangen sollte, und der eroberte, ohne zu besetzen, weil er Raum zum Reiten brauchte, erscheint die Ausbreitung des Römischen Reiches als konstruktive, zivilisatorische Leistung, ja als ein Werk der Befriedung (darauf hielt Rom sich jedenfalls einiges zugute).

Was nutzt es aber, die Welt zu erobern, wenn man dabei seine Seele verliert? Schon als es sich noch ausbreitete, war Rom innerlich morsch und fremden Mächten verfallen. Auf dem Gipfel seiner Größe war es bereits verloren. Das Römische Reich war nur ein Wirbel im Strom der Zeit, eine Eitelkeit der Eitelkeiten.

64. Schlußfolgerung der Geschichte

Es ist eine Wahrheit des Evangeliums und eine Gesetzmäßigkeit der Geschichte: „Wer zum Schwert greift, wird durch das Schwert umkommen." Und: „Wer andere in Knechtschaft führt, wird selbst geknechtet werden." Der Fürst dieser Welt, „der alle Reiche der Erde besitzt, vergibt sie, an wen er will". Doch der Fürst dieser Welt „ist schon gerichtet".

65. Vom Stadtstaat und vom Krieg

Die Städte Griechenlands und Rom, ebenso die Stadtrepubliken des mittelalterlichen Italiens waren Herde politischer Verbrechen und erbarmungsloser Kriege. Deshalb hat der Philosoph Giovanni Battista Vico das Wort *pólemos* (Krieg) von dem Wort *polis* (Stadt) abgeleitet.

Der Krieg scheint eine unvermeidliche Begleiterscheinung aller Zivilisationen zu sein, weil Städte unnatürliche, übergroße und auf Mißständen fußende Gruppierungen sind, während Königreiche natürliche, wenn auch erzwungene Gruppierungen sind.

Der Krieg gehört dazu wie die normale Folge einer anormalen Sache. Der Krieg und die anderen Geißeln zeigen, daß alle Zivilisationen aus dem Boden der Sünde gewachsen sind. Die Rechtfertigungen des Krieges sind einwandfrei und überzeugend wie alle Lehrsätze der Wissenschaft von Gut und Böse.

66. Vom Wesen der Tyrannei

Wir haben das Patriarchat als natürliche und freie Gruppierung kennengelernt, das Königreich als natürliche, aber erzwungene Gruppierung, die Stadt als unnatürliche, aber freie Gruppierung.

Bleibt eine vierte Gruppierung zu untersuchen: die unnatürliche und erzwungene.

Das ist die Tyrannei. Laut Aristoteles (*Politeia* IV, 6) muß sie an letzter Stelle angeführt werden, weil sie „die schlimmste aller Herrschaftsformen" ist. „Sie ist eine Entartung der besten aller Herrschaftsformen, der Monarchie, die ein Abbild der himmlischen Hierarchie ist" (*Politeia* IV, 2).

Mit dem Königtum hat die Tyrannei jedoch nichts zu tun. Sie ist nicht eine Entartung des Königtums. Die Regierung eines launenhaften, despotischen Königs, wie es so viele gab, ist sowenig eine Tyrannei, wie der Esel ein schlechtes Pferd, der Affe ein bösartiger Mensch ist.

Historisch gesehen und ihrem Wesen nach ist Tyrannei etwas ganz anderes. Sie ist demokratischer Natur. Sie ist die Entartung der Demokratie, deren Zerfall und Ende.

67. Die Stunde des Tyrannen

Wenn es nach vielen Kämpfen um Gleichheit soweit gekommen ist, daß man die „Demokratie übertreibt" (*Politeia* IV, 13),

wenn Zahlen mehr Bedeutung beigemessen wird als realen Werten,

wenn Frechheit und große Worte mehr gelten als echte Verdienste,

wenn die „Masse" zu einem „Despoten mit tausend Köpfen" wird (*Politeia* IV, 4), gegängelt von mittelmäßigen Schmeichlern, weil sie wie alle Despoten die Schmeichler liebt,

wenn die stärkste Partei die Regierung als „Belohnung für ihren Sieg" betrachet (*Politeia* IV, 11) und sie zum Werkzeug der Verfolgung ihrer Gegner macht,

wenn die Leute vor lauter Unordnung, Zwietracht, Wechselhaftigkeit und Folgewidrigkeit der Freiheit überdrüssig werden —

dann lädt Agathokles alle Senatoren von Syrakus zu einem Festmahl ein und läßt ihnen, nachdem sie alle gut gespeist haben, von seinen Handlangern die Gurgel durchschneiden, ergreift die Macht und wird vom Volk bejubelt.

68. Vom Staatsstreich, Thema mit Variationen

Das ist die klassische Form des Staatsstreichs. Man kann die Zeremonie auch etwas abwandeln. Man kann zum Beispiel das Festmahl einsparen, die Sache im häuslichen Rahmen abwickeln, Gift anwenden, einen Fenstersturz inszenieren, zum Selbstmord nötigen, an der Straßenkreuzung erhängen, man kann eine Liste der Geächteten veröffentlichen, Kopfgelder aussetzen oder, besser, Volksabstimmungen, Hochverratsprozesse und andere legale Aktionen durchführen, die auch noch der Volksbelustigung dienen.

69. Von der Komplizenschaft zwischen Tyrann und Volk

Nicht immer ist der Tyrann ein Kind des Volkes. Einige der berühmtesten Tyrannen sind aus der privilegierten Klasse hervorgegangen und haben sich dieser Herkunft als Waffe gegen ebendiese Klasse bedient oder sie als Schmuck benutzt, den sie, je nach Gelegenheit, kokett vorzeigen oder verbergen konnten.

Aber alle Tyrannen, ganz gleich, ob sie nun aus vornehmen Häusern kamen oder bäuerlicher Herkunft waren, haben es verstanden, sich ein Erscheinungsbild zu geben, das die Massen betörte, Gesten zu ersinnen, welche die Gaffer beeindruckten, die richtigen Worte zu finden, um die Zögernden mitzureißen. Der Tyrann wendet sich immer direkt an die Massen. Er übergeht die Reichen, die Adligen, die Priester, die Gelehrten, die Fähigen. Seinen Höflingen, Parteigängern und Ministern geht es kaum besser; sie dienen ihm lediglich als Podest, das er besteigt, um zu den Massen zu reden. Wenn Caligula sein Pferd zum Senator ernennt, wenn er der Gattin eines hohen Würdenträgers beiwohnt und diesen zum Zuschauen verpflichtet, dann sind das Zugeständnisse an das niedere Volk, die mehr Eindruck machen als die Verteilung von Getreide.

Außerdem gibt es ja, wie La Boétie in seiner Schrift *Über freiwillige Knechtschaft* aufzählt, Theater, Spiele, Schwänke, Gladiatoren- und Tierkämpfe, Orden, Beförderungen und allerlei sonstige berauschende Veranstaltungen, um das Volk bei Laune zu halten. Weiter heißt es bei La Boétie: „Ich kenne heute niemanden, der, wenn er von Nero reden hört, nicht vor dieser Bestie erzitterte. Man kann indes sagen, daß das edle römische Volk nach seinem Tod, der ebenso schändlich war wie sein Leben, von einem solchen Mißvergnügen ergriffen wurde, da es all der Spiele und Festgelage gedachte, daß es nahe daran war, Trauer zu tragen."

70. Von den Orgien und den Maßlosigkeiten des Tyrannen

Das Schauspiel aber, das dem Pöbel noch besser gefällt als Schwänke und Hinrichtungen, ist das Schauspiel der Verachtung und Verhöhnung des Gesetzes durch den obersten Herrn des Gesetzes. Es verschafft dem Volk Erleichterung, Trost und Befriedigung seines Rachedurstes, wenn Polizist, Ratsherr und Priester wie im Kasperletheater mit Stockschlägen traktiert werden, all jene, die seit Jahrhunderten Befehle erteilen, Moralpredigten halten, Ämter bekleiden, Steuern kassieren und Unterwerfung fordern. Auf diese Weise vollendet der Tyrann unsere Revolution, denn in diesen gigantischen Saturnalien erleben wir Befreiung.

71. Von den Ermüdungserscheinungen der Tyrannei

Unser Zeitalter, das so sehr um Effektivität und Wirtschaftlichkeit bemüht ist, hat einen neuen Typ des Tyrannen geschaffen: den schamhaften Tyrannen.

Er ist dezent gekleidet und tätschelt dem kleinen Mädchen, das ihm den Blumenstrauß überreicht, die Wangen.

Sogar Südamerika hat seine Rosas und Quiroga vergessen, diese unwiderstehlichen Draufgänger, hat ihre martialischen Gebärden und ihre Zügellosigkeit verdrängt. Perón erscheint in den Schulbüchern argentinischer Grundschulen als Bannerträger ehelicher Tugendhaftigkeit und selbstloser Rechtschaffenheit; erst nach seiner überstürzten Flucht entdeckt man das massiv goldene Telefon und die zweihundert Paar Stiefel des Verteidigers der „Hemdlosen", ebenso den Harem, den der untröstliche Witwer nach Evitas Tod in einer Mädchenschule eingerichtet hatte.

Mussolinis theatralisches Auftreten spielt sich immer im Bereich oberflächlicher Moralität ab. Gern trägt er öffentlich Großvaterallüren zur Schau. Von seinen kleinen Liebschaften hätte man nicht erfahren, wenn der Tod sie nicht ans Tageslicht gebracht hätte.

Salazar wohnt bei seiner Mutter, und allmorgendlich nimmt er die Straßenbahn, um sich in sein Büro zu begeben.

Franco ist ein frommer General und immer gut frisiert.

Lenin hat weder ein Privatleben, noch findet er Zeit, sein graues Jackett abzubürsten.

Trotzki trägt eine Brille wie ein gewissenhafter kleiner Beamter.

Hitler mit dem kurzen Haarschnitt ist Abstinenzler und lebt enthaltsam. Der Anblick von Blut ist ihm zuwider.

Tito verbringt seinen Sonntag mit Gartenarbeit, und seine Frau ruft ihn, um das Omelett zu schlagen.

Stalin besitzt zwei Mäntel, und wenn er nicht gerade einen Empfang im

Kreml hat, ißt er mit seiner Familie in der Küche. Der Einmarsch der Deutschen überrascht ihn beim Angeln.

Man kann sich fragen, was die Ursache dieses grundlegenden Wandels im Verhalten der Tyrannen ist.

Indessen — nicht der Tyrann, sondern die Masse hat sich gewandelt. Der Tyrann entspricht immer dem Wunschbild der Masse. Heute besteht die Masse nicht mehr aus Kleinbauern, Tagelöhnern, Landstreichern, Gauklern, Schelmen, Spitzbuben und Halsabschneidern, sondern aus kleinen, mürrischen, ängstlichen Sparern, die, wenn sie einmal ihre Sturm-und-Drang-Zeit hinter sich haben, sich in ihren Termitenhügel zurückziehen und nur noch von Wohlstand und Sicherheit träumen.

72. Von der Diktatur und vom Kaisertum

Tyrannei kann ein ziviles oder ein militärisches Gewand tragen. Im ersten Fall spricht man von Diktatur, im zweiten von Kaisertum.

Diktator ist nicht einfach ein anderes Wort für Tyrann oder Kaiser. Ein Diktator ist eigentlich ein Minister, der mit allen Vollmachten ausgestattet ist. Die römische Republik ernannte manchmal für eine kurze Zeit einen Diktator, um eine Krise zu bewältigen. Diktator heißt daher der zivile Tyrann, der sich selbst dazu ernannt hat und durch einen Staatsstreich oder eine Verschwörung an die Macht gekommen ist. Auch der Kaiser ist zunächst kein Herrscher, sondern einfach ein General. Späterhin ist es der aus einem Feldzug siegreich hervorgegangene General.

Ein solcher Führer ist besser imstande, den demokratischen Streitereien ein Ende zu bereiten. Seine Reden sind Befehle, keine Abhandlungen. Er ist es gewohnt, Menschen in Reih und Glied zu ordnen und unter Trommelschlag in Bewegung zu bringen. Er hat es verstanden, seine Truppen an seine Person zu binden und seine Soldaten zu Parteigängern zu machen. Jetzt kommt es nur noch darauf an, alle Bürger zu Soldaten zu machen und die ganze Nation im Gleichschritt marschieren zu lassen.

Außenseiter, Verräter, Fahnenflüchtige, Feiglinge, Kritiker, Drückeberger, Neutrale und sonstige Störenfriede kommen ins Gefängnis oder werden an die Wand gestellt.

Fanfaren und Paraden geben der Nation ein Gefühl der Stärke. Sie selber trägt zu dieser Stärke mehr als die Hälfte bei, denn der brave Bürger hat immer das Bedürfnis, sich auf die Seite des Stärkeren zu stellen. Selbst wenn er sich darin, wer der Stärkere sei, täuschen sollte, würde er den zum Stärksten machen, den er dafür hält.

Jede Armee baut Brücken und Schutzwälle, hebt Gräben aus, errichtet Mauern oder reißt sie nieder, bei Tag und bei Nacht, selbst bei feindlichem Beschuß. Alte Stadtviertel werden niedergelegt, um Platz zu schaffen für breite Prachtstraßen und für Kolossalbauten, die vom Glanz und von der Stärke der neuen Ordnung zeugen sollen.

Das ist alles wahnsinnig teuer. Aber der Führer ist mit anderer Leute Gut immer großzügig und geht mit dem Gold um wie mit altem Eisen. Die Experten sind einhellig der Meinung, daß die Pleite unmittelbar bevorsteht, denn schon in den letzten Tagen der Republik, als man dauernd mit der Wirtschaft und mit dem Finanzhaushalt beschäftigt war, konnte man den Bankrott voraussehen. Und jetzt denkt man plötzlich nur noch ans Geldausgeben! Aber die Experten täuschen sich, wie das manchmal vorkommt. Die Ausgaben wirken nämlich wie der Luftzug im Ofen; sobald die Ausgaben ziehen, kommt das Finanzwesen wieder in Schwung, und das Feuer prasselt. Geld verleiht man nur an Reiche. Wer viel Geld ausgibt, muß wohl reich sein, vermutet der Dummkopf und faßt Vertrauen. Das Vertrauen verschafft Kredit, Kredit verschafft Reichtum, und der Reichtum gibt dem Dummkopf recht.

Ursprung und höchstes Ziel des Kaisertums ist der Krieg. Immer stärker wird das Volk zermürbt von Not, Zwang und Unruhe, welche die Triebfedern für Eroberungen sind. Auflehnung und Verzweiflung finden ihr Ventil in der Armee. Nur so entgeht man der Vernichtung, nimmt man teil an der Machtentfaltung und an der Ausdehnung des Reiches.

Der Führer muß nur den richtigen Augenblick und den richtigen Feind wählen. Er hat nicht nur eine Armee in der Hand, die einer Nation gehört, sondern eine ganz Nation, die seiner Armee gehört und ihr dient.

Und wer gewinnt die Schlachten? Ja, die Soldaten, aber vor allem auch diejenigen, welche die Waffen schmieden und die sonstigen Bedürfnisse der Armee decken. In einem Land, das sich im Kriegszustand befindet, gibt es weder Mann noch Frau, weder Kind noch Greis, die nicht in irgendeiner Weise am Krieg mitwirken.

Die Ausgaben wachsen ins Unermeßliche, und die Experten erwarten ihre Stunde. Doch vergebens, denn das Geld des Staates fördert die Produktion, was die Einkommen vermehrt, was wiederum die Steuereinnahmen erhöht, so daß das Geld in die Staatskasse zurückfließt.

Dann kommen die Triumphe und Huldigungen. Das gute arme Volk, welches das Schauspiel inszeniert und die Zeche bezahlt hat, spendet auch noch den Beifall und ruft: „Wessen Ruhm kommt dem des Cäsar gleich?“

So kehrt der Glanz vergangener heroischer Zeiten in die Gegenwart zurück, werden die Götter und die Könige der alten Mythen wieder lebendig. Und der siegreiche Soldat, um den sich alles dreht, auf den alles hereinstürzt wie ein Wildbach, träumt von Orden und Adelstiteln, die ihm und seinen Nachkommen für alle Zeiten Ruhm und Wohlhabenheit sichern. So vereinigen sich die beiden Extreme, Königtum und Tyrannei, in der Person des gekrönten und gesalbten Kaisers.

Aber was kann der Mächtige, der seinen Vätern nichts verdankt, für seine Söhne tun? Die Prätorianer haben nicht viel übrig für bartlose Prinzen, noch weniger für Kinder, regierende Großmütter, Eunuchen, Ammen und was sich sonst noch alles um den künftigen Herrscher schart. Lieber wählen sie selber einen, der schon fertig ist, besetzen den Palast, den sie bewachen sollen, setzen ihren Mann auf den Thron, huldigen ihm und warten auf die versprochenen Belohnungen.

Die Nachkommen eines zivilen Tyrannen, eines Diktators, haben noch weniger Aussicht auf eine Vererbung der Macht. Der Diktator kann alles, nur nicht das Wesen seiner Machtausübung verändern. Ohne Schwert und ohne Ahnen kann er sich nicht als König zur Anerkennung bringen.

Aristoteles sagt, Tyranneien seien kurzlebig. Das stimmt. Aber in gewissen Abständen erneuern sie sich immer wieder. Wenn sie sich ohne Unterbrechung erneuern, ist das Kaisertum — ob es sich so oder Volksdemokratie nennt.

73. Von den vier Herrschaftsformen

Das Patriarchat ist die Vereinigung von Liebe und Furcht. Das Königtum ist die Vereinigung von Furcht und Vernunft. Die Republik ist das Wechselspiel von Vernunft und Begehrlichkeit. Die Tyrannei stellt die Furcht einer noch größeren Furcht entgegen.

74. Gewalt des Gesetzes und Gesetz der Gewalt

Es ist falsch, einen König, der andere Könige zu Vasallen hat, als Kaiser zu bezeichnen. Ebenso unrichtig ist es, einen Bund von Königen, die einen der Ihren zum Oberhaupt gewählt haben, Kaiserreich zu nennen. Das war der Fall beim Heiligen Römischen Reich Deutscher Nation, das den Anspruch erhob, Erbe des Römischen Reiches zu sein — sehr zu Unrecht, denn es war diesem überlegen und ganz anderer Natur. Reiche dieser Art sind unter die Königreiche einzuordnen.

Man kann auch einen Fürsten, der einen Thron widerrechtlich an sich reißt, nicht als Tyrannen bezeichnen, denn er macht dadurch nicht die Tyrannei zum Herrschaftsprinzip, sondern wird selbst zum König.

Bei der Tyrannei geht es nicht einfach darum, daß einer die Macht an sich reißt und ausübt, sondern um die Übernahme der Regierungsgewalt durch ein Unrechtsregime — um die Verdrängung einer rechtmäßigen Regierung durch eine Regierung der Gewalt und des Abenteurertums.

75. Mechanik der Tyrannei

Wer auf gesetzgemäße Weise an die Macht gekommen ist, ist Diener des Gesetzes zum Wohl der Allgemeinheit. Es kann allerdings vorkommen, daß er seine Macht mißbraucht und zum Despoten wird. In Asien war das zu allen Zeiten die Regel. Das liegt nicht daran, daß der Asiate feiger oder unterwürfiger wäre, sondern daran, daß er religiöser ist. Das von Gott abgeleitete Recht gilt für ihn ohne Vorbehalt. In seinem Herrscher sieht er entweder Gott oder einen Auserwählten Gottes. Ehre und Glaube verlangen von ihm, daß er mutig alles erträgt, was ihm auferlegt wird. Er empfindet es als verdienstvoll, jede Versuchung zur Auflehnung von sich zu weisen.

Der Tyrann ist kein Diener des Gesetzes. Er glaubt ja, seinen Erfolg durch eigene Kraft und Kühnheit errungen zu haben. Er hat die Macht ergriffen, um sich der Macht und des Gesetzes zu bedienen.

Das Gesetz soll alle Menschen binden, nur nicht ihn selber. Alle sind seine Gefangenen, die er führen kann, wohin er will, die er behandeln kann, wie es ihm gefällt.

Er bedient sich des Gesetzes gegen die Allgemeinheit und spielt die Menschen gegeneinander aus.

Wenn sich alle einig wären, verlöre er seine Gewalt über sie. Deshalb ist ihm jede Gruppierung verdächtig, sieht er in jeder Freundschaft die Gefahr eines Komplotts.

Im Gegensatz zum König, der die Einheit seines Volkes verkörpert, fördert der Tyrann systematisch Trennung, Zwietracht, Mißtrauen, Denunziantentum und ständige Furcht. Seine ohne vorherige Untersuchung durchgeführten Gerichtsverfahren und die fristlos vollstreckten Urteile sind die Stützen seiner Macht.

Seine Leute, jene, die ihn an die Macht gebracht haben, dienen ihm und schmeicheln ihm, um Vorteile und Ehren dafür zu bekommen. Aber was für Vorteile können es schon sein für einen Menschen, der weder über sein Gesicht noch über seine Glieder verfügen kann? Welche Mühe sie sich dafür geben, wissen sie selber, welches Leid sie anderen zufügen, das wissen alle.

Diese Unglücklichen müssen die Launen, Verdächtigungen und Beleidigungen ihres Meisters mit gesenktem Kopf und geschlossenem Mund ertragen. Aber sie werden sich rächen und ihrem Groll Erleichterung verschaffen! Allerdings werden sie sich nicht gegen ihn richten, denn gegen ihren Potentaten sind sie machtlos, sondern gegen den ersten besten, der ihnen in den Weg kommt, der ahnungslos ist und sich nicht wehren kann. Diesem wiederum bleibt nichts anderes übrig, als die empfangene Schmach an den Nächstfolgenden weiterzugeben. So geht es vom einen zum anderen bis zum Letzten und Geringsten, der sich dann nur noch an seinem Hund abreagieren kann.

Im Land des Tyrannen ist jeder anmaßend und brutal gegenüber dem Schwächeren und Untergeordneten, aber unterwürfig gegenüber jenem, von dem er etwas erhofft oder befürchtet. Das ist das Gegenteil von natürlicher Rache, das Gegenteil von Gerechtigkeit, das Gegenteil von selbstbewußtem Aufbegehren.

Rache bedeutet, einem, der mir Böses angetan hat, so viel Böses zuzufügen, wie ich kann. Wenn ich dabei schlecht ziele und den Falschen treffe, bin ich verärgert und beschämt zugleich.

Die gewöhnliche Gerechtigkeit besteht darin, mit Hilfe der Vernunft — durch Androhung von Strafen — die Rache dergestalt zu begrenzen, daß man dem anderen nur so viel Böses zufügt, wie man selber von ihm erfahren hat. Aber den Schuldigen laufenzulassen und einen Unschuldigen zu strafen ist doppelte Pflichtverletzung.

Die mutige Auflehnung, die Überwindung des alten Rechtsbegriffs laufen dem tyrannischen System, das von oben nach unten verläuft, zuwider. Sie sind von unten nach oben gerichtet, denn hier wendet sich jeder gegen seinen Vorgesetzten und rechnet auf die Untergeordneten wie auf eine Truppe, die zum Angriff bereitsteht.

Ein Gegensatz zieht den anderen an. Dolch oder Strick sind das natürliche Ende des Tyrannen.

76. Schattenseiten und Lichtseiten aller Herrschaftsformen

Die besten Geister haben über die Tyrannei das Urteil gesprochen. Es ist überflüssig, dem noch mehr hinzuzufügen.

Jede Macht trägt die Möglichkeit ihres Mißbrauchs in sich. Bei der stärksten und besten aller Herrschaftsformen, der Monarchie, ist diese Möglichkeit besonders ausgeprägt.

In der Republik besteht sie namentlich dann, wenn eine radikale Partei regiert. Die Republik kann aber auch in einen Schwächezustand verfallen, was dem Volk kaum besser bekommt als der Machtmißbrauch.

Auch das Patriarchat ist nicht dagegen gefeit, wenn es vom Geiz durchdrungen oder vom Zorn erschüttert wird.

Keine Herrschaftsform ist so gut, daß sie durch menschliche Bosheit nicht zur schlimmsten werden könnte. Keine ist aber auch so schlecht, daß ihre Mängel sich nicht durch Güte wieder ausgleichen ließen.

Einige Tyrannen wurden zu Leuchten ihres Jahrhunderts, etwa Perikles und Lorenzo der Prächtige. Einige waren von vorbildlicher Tugendhaftigkeit, so Cola di Rienzo, Savonarola, Cromwell.

77. Von den Herrschaftsformen und den Zeitaltern

Als Solon gefragt wurde, ob er den Athenern die bestmöglichen Gesetze gegeben habe, sagte er, er habe ihnen die besten Gesetze gegeben, die sie ertragen könnten.

Aristoteles sagte, selbst die beste Staatsform sei nicht unbedingt für jedes Volk die beste.

Aber der Charakter ist nicht das einzige, worauf es bei einem Volk ankommt; fast alle Völker haben im Lauf ihrer Geschichte die verschiedenen Herrschaftsformen kennengelernt. Wichtig ist es zu wissen, in welcher „Jahreszeit" der soziale Zyklus eines Volkes angelangt ist.

So, wie es im Leben des Menschen vier verschiedene Altersstufen gibt, kann man auch im Leben der Völker vier Alters- oder Entwicklungsstufen feststellen.

Das Patriarchat ist die Kindheit der Völker. (Das Matriarchat war vielleicht der vorgeburtliche Zustand, damals, zur Zeit der Höhlenmenschen.)

Das Königtum ist die Jugend der Nationen, wobei die Feudalkriege der Pubertätskrise, die absolute Monarchie der Vollkraft der Jahre, die gemäßigte Monarchie eher schon einem gesetzteren Alter entsprechen.

Die Republik ist das Alter der Geschäfte, der Sorgen, der Ermüdung und Abnutzung.

Die Tyrannei schließlich zeigt alle Züge der Vergreisung.

Dieser Vergleich von Gesellschaftsformen mit einem lebenden Körper ist selbstverständlich mit Vorsicht zu genießen. Künstelei, Nachahmung, Ehrgeiz und bewußte Fälschung spielen bei gesellschaftlichen Gruppierungen eine große Rolle. Es gibt Überschneidungen und Abweichungen vom normalen Entwicklungsweg. Die Entwicklung eines Volkes kann unterbrochen werden durch eine Invasion, durch Expansion oder durch starken Einfluß eines Nachbarvolkes. Es kann geschehen, daß ein Volk von der Barbarei unmittelbar in die Dekadenz gerät, ohne den Zustand der Reife kennenzulernen. Das ist übrigens auch bei vielen Menschen der Fall, die aus der Kindheit sofort ins Greisenalter überwechseln; die Fülle des Lebens haben sie nie erfahren.

Niemand erwartet im Winter den Gesang der Nachtigall oder reife Kirschen. Das Alter ist die Periode der Gebrechen, des Geizes, der Verhärtung, der Erschlaffung, des Eigensinns, der Geschwätzigkeit und der Manien, die Zeit der Furcht vor dem nahen Tod. Aber es gibt auch ein Alter, das erhaben ist wie ein Sonnenuntergang über dem Meer oder wie ein Schneefeld im Gebirge.

Manche Leute hegen eine philosophische Vorliebe, eine ästhetische Neigung oder eine politische Leidenschaft für eine bestimmte Regierungsform, die sie als die alleinseligmachende ansehen. Meistens sind es ernst zu nehmende Leute, und an allem, was sie sagen, ist etwas Wahres. Aber ihre Anstrengungen sind unfruchtbar, bisweilen lächerlich, manchmal sogar schädlich, dann nämlich, wenn sie nicht zur rechten Zeit kommen.

78. Von der mutigen und klugen Hinnahme

Manche Herrschaftsformen entstehen einfach — ganz gleich, was wir dagegen tun oder nicht tun. Sie entstehen, weil ihre Zeit gekommen ist und weil es in der Natur der Dinge liegt.

Wenn wir die Zusammenhänge durchschauen, können wir sie voraussehen. Wir können dann Illusionen vermeiden, die Lage richtig einschätzen und uns auf sie einstellen.

Wir lassen uns dann nicht hinreißen wie Cato, der sich die Venen öffnete, weil er die Republik nicht überleben wollte, oder wie Brutus, der seinen Vater ermordete, um die Freiheit zu retten, die ja doch schon verloren war. Das sind Zeugnisse von Verblendung, sinnlose Verbrechen, und wir werden uns hüten, sie als Heldentaten zu bezeichnen.

Wenn man eine schicksalhaft im Kommen begriffene Regierungsform bekämpft, zeugt das nicht von klarem Verstand und auch nicht unbedingt von Mut und Tapferkeit, selbst dann nicht, wenn diese Form als Tyrannei bezeichnet werden muß und wir gute Gründe haben, sie abzulehnen. Nicht diese oder jene Herrschaftsform muß uns frei machen, nicht ein bestimmtes Gefüge von Umständen und Gesetzen muß frei sein. Wir selber sind es vielmehr, die frei sein müssen. Zu diesem Zweck ist es auf jeden Fall gut, wenn wir uns innerlich frei machen von diesen Umständen und diesen Gesetzen, von dieser Herrschaftsform, von dieser Welt, was nicht bedeutet, daß wir uns absondern oder uns umbringen sollen.

Ganz würdelos ist das Verhalten derer, die zu erraten versuchen, welche Herrschaftsform morgen an die Macht kommen wird, eine Geldoligarchie oder die Diktatur des Proletariats, und dann auf das gewinnende Pferd setzen.

Und töricht ist es, eine Herrschaftsform, die nicht die unsrige ist, als Schreckgespenst oder als Paradies hinzustellen.

79. Im Angesicht der Gesetzmäßigkeiten und der Schicksalhaftigkeiten der Geschichte

Der Tyrann hat sich zu allen Zeiten als Idol der Massen hingestellt. Deshalb ist es kein Wunder, daß die Massen, wenn sie eines Tages ein Regime ihrer Wahl errichten, sich für einen Tyrannen entscheiden. Das ist kein Zufall, sondern eine logische Konsequenz der Geschichte. So sind wir nun auf den Ausgangspunkt dieses Kapitels zurückgekommen, auf Revolution und Tyrannei. Deshalb ist es an der Zeit es zu beschließen.

Als Abschluß dieses Kapitels und als Überleitung zum folgenden möchte ich eine Ansprache setzen, die ich vor etlichen Jahren gehalten habe, die jedoch nichts an Aktualität eingebüßt hat. Es war im Herbst 1944, als ich die Meinen in der Spinnstube von La Vigne Saint-Paul versammelte und mit ihnen über die Ereignisse sprach, die uns seit dem Frühjahr getrennt hatten: die Landung der Alliierten, die Befreiung von Paris, der Krieg, der noch nicht beendet war, aber seinem Ende zuging. Freudenschreie und Siegesjubel erfüllten die Straßen.

„Seit unserer letzten Versammlung hat sich im Buch der Geschichte eine neue Seite aufgetan. Wir stehen an einer Wende. Das ist einer dieser historischen Punkte, an denen man Klarheit bekommt. Wir sehen jetzt ganz klar, daß alles so trüb geblieben ist wie vorher.

Das Land ist befreit. Wie haben wir auf diese Befreiung gewartet während der vergangenen vier Jahre der Scham und der Bedrückung! Die Spuren der Anmaßung des Eroberers sind beseitigt. Die verwerfliche Militär- und Polizeidiktatur der Nationalsozialisten ist auf der ganzen Welt im Begriff zusammenzubrechen. Das Regime, das an seine Stelle treten wird, wird dagegen national sein. Es wird ebenso sicher sozialistisch sein. Notwendigerweise wird es militärisch sein. Unvermeidlich ist auch, daß es eine Polizei haben wird.

Wenn liberale Systeme einer Gewaltherrschaft mit Gewalt widerstehen wollen, dann müssen sie Gewalt anwenden und die Freiheit einschränken, die eigentlich der Sinn ihrer Existenz ist. Das kann so weit gehen, daß das Wort ‚liberal‘ nur noch ein Firmenzeichen ist. Das kann so weit gehen, daß die feindlichen Systeme einander so ähnlich werden wie ein schwarzes Pferd einem Rappen.

Die Faschisten haben sich den Sowjets entgegengestellt, weil im kommunistischen System der Staat die privaten Unternehmungen vergewaltigt, weil er alle Macht in seinen Händen zentralisiert und alle Menschen und alle Hilfsquellen des Landes in Anspruch nimmt.

Der Hurrapatriotismus, der ein Kennzeichen des Faschismus ist und die Deutschen dazu angetrieben hat, unrechtmäßigerweise in Rußland einzufallen, hat bei den Russen dieselbe patriotische Begeisterung zustande gebracht, die zwar ganz im Gegensatz steht zur Dritten Internationale, die den sowjetischen Truppen aber den notwendigen Schwung gegeben hat, die Deutschen zu vertreiben und bis in ihr eigenes Land zu verfolgen.

Die Gestapo hat ihre Denunziations- und Foltermethoden von der GPU übernommen, und unsere Polizeiapparate lernen von jener.

Die wissenschaftliche Technik der Lüge, die man Propaganda nennt, wird von allen Parteien praktiziert, und man kann schwerlich sagen, welche sie am besten beherrsche.

Dieselben Leute, die sich 1914 und 1939 darüber empörten, daß man eine offene Stadt bombardiert und unbewaffnete Bewohner massakriert hatte, erfahren jetzt allmorgendlich, daß deutsche Städte tonnenweise mit Bomben belegt werden, daß dabei Tausende unschuldiger Menschen ersticken und verbrennen, daß Krankenhäuser und Kirchen einstürzen, und sie bringen es fertig, sich ganz unverhohlen darüber zu freuen.

Ich will damit sagen, daß die unmenschlichsten Verhaltensweisen, die abscheulichsten Denkgewohnheiten von einem Regime auf das andere übergehen und daß die Ansteckung im Kampf und durch den Kampf geschieht. Es genügt, daß eine der beiden Parteien die Oberhand gewinnt, um verwerflicher zu werden als die andere.

Diejenigen, die meinen, die Entfesselung der Gewalt habe etwas Gutes an sich, weil sie den Konflikt zur Entladung bringe und die Luft reinige, irren sich sehr. Schon das Wort ‚Entfesselung‘ ist eine Täuschung. Es handelt sich eher um eine Fesselung, um eine Verkettung, denn Unrecht zieht Vergeltung an, der Sieg der einen ruft nach der Rache der anderen, Gewalt erzeugt wieder Gewalt, und so ergibt sich ein dauerndes Hin und Her, das schließlich zur Erschöpfung führt.

Seit eineinhalb Jahrhunderten reihen sich Revolutionen und Kriege aneinander, und die Schäden und Zerstörungen nehmen immer mehr zu. In dieser zutiefst gerechten Welt folgen die Wirkungen unweigerlich ihren Ursachen. Solange die Menschen kein besseres Mittel finden, sich zu bestätigen, als in ihrer Maßlosigkeit über die Stränge zu schlagen, bis sich die Maßlosigkeit der anderen ihnen in den Weg stellt und sie überwältigt, so lange werden die Fluten des Blutvergießens wie Ebbe und Flut mit der Regelmäßigkeit eines Naturgesetzes immer wieder auftreten. Jene, die meinen, eine Anhäufung von Morden und Zerstörungen sei das einzige Mittel, dem Recht und dem Frieden zum Durchbruch zu verhelfen, machen sich falsche Vorstellungen von der Gerechtigkeit des Allmächtigen. Die Wirklichkeit zeigt immer wieder das Gegenteil.

Habt ihr schon bemerkt, daß Kriege und Revolutionen bei denen, die sie inszenieren, immer wieder Enttäuschungen hervorrufen? Es ist ganz natürlich, daß die Tatsachen nie den Wunschvorstellungen entsprechen, daß die schönsten Ideen sich bei ihrer Verwirklichung in etwas ganz anderes verwandeln, denn alles Menschliche ist unvollkommen. Ihr habt etwas ganz Wichtiges übersehen, wenn ihr nicht die übernatürliche Ironie der Geschichte erkennt, durch die alle Revolutionen und Kriege stets zum Gegenteil dessen führen, was die Anführer ihren Völkern versprochen haben, um sie mitzureißen.

Die Französische Revolution sollte die Privilegien des alten Herrschaftssystems beseitigen und für alle Menschen Freiheit, Gleichheit und Brüderlichkeit bringen. Kaum zehn Jahre später mündete sie ins Kaiserreich, das alle Ungleichheiten und Zwänge des alten Systems nicht nur wiederher-stellte, sondern noch verstärkte. Zudem wurde man in eine Serie von Krie-gen verwickelt, die Europa verwüsteten und Frankreich zur Erschöpfung und zur Niederlage führten. Die Zweite und die Dritte Republik haben den Prunk der Adligen durch den Luxus der Reichen ersetzt und außerdem zwei neue Formen von Ausbeutung und Unterdrückung eingeführt: die Mechanisierung und die Kolonialisierung.

Das deutsche und das österreichische Kaiserreich haben sich 1914 in den Krieg gestürzt, weil sie sich imstande glaubten, ihre Nachbarländer in deren Unordnung zu überraschen und ihre eigene Herrschaft auszudeh-nen. Der Krieg hat sie in zwei ausgehungerte und zahlungsunfähige kleine Republiken verwandelt. Das Zarenreich hat den Krieg gesucht, weil es kein anderes Mittel mehr sah, die drohende Revolution zu verhindern. Und gerade dieser Krieg hat die Revolution zum Ausbruch gebracht und das Zarentum ausgelöscht. Die Franzosen, die Engländer, die Amerikaner haben sich am Krieg beteiligt, um die demokratischen Freiheiten zu vertei-digen und um neue Absatzmärkte für ihre Erzeugnisse zu gewinnen. Ihr Sieg hat den Aufstieg des Kommunismus, des Nationalsozialismus und des Faschismus gefördert, die allesamt diktatorische und Autarkie anstrebende Herrschaftsformen sind.

Die Beweggründe der bolschewistischen Revolution waren gerechte Ent-lohnung der Arbeit, gerechte Verteilung des Grundbesitzes, Versöhnung der Völker, Abschaffung des Militärs, ja des Staates. Was dabei herauskam, ist die erdrückendste Wirtschafts- und Militärdiktatur, die das Volk jemals hat ertragen müssen.

Das faschistische Italien hat die ganze Welt herausgefordert, indem es Addis Abeba in Besitz nahm, Albanien eroberte und die Stadt Mentone an-nektierte. Vor lauter Siegen hat es schließlich Rom verloren.

Hitler hat Danzig an sich gerissen und wird deshalb Berlin verlieren. Die-ser Krieg hat in ähnlicher Weise begonnen wie der vorhergehende und wird auch in ähnlicher Weise enden.

Wenn Engländer und Amerikaner ihre Absicht vorantreiben, Deutsch-land zu vernichten, werden sie die Russen gegen sich haben, eine noch schrecklichere Macht, die sich noch mehr gegen alles Fremde verschließt und sich ihrer Vorherrschaft noch erbitterter widersetzt.

Diese Verkettung von Absurditäten ist eine ganz logische Sache. Wie kann eine Folge von Gewalttaten und Zufällen zur Gerechtigkeit führen? Wie kann Friede in diese Welt kommen, in der ihn keiner will?

Im Krieg erstrebt man nicht den Frieden, sondern den Sieg, und das ist etwas ganz anderes. Und in Friedenszeiten ist es nicht der Friede, den man zu erhalten sucht, sondern die Ruhe, der Profit, die Bequemlichkeit. Auch das ist etwas ganz anderes, etwas, was dem Frieden strikt entgegensteht.

Sagt mir: Was machen die braven und friedlichen Bürger? Was tun sie für den Frieden?

Die braven und friedlichen Bürger gehorchen den Gesetzen ihres Landes. In einem Land, in dem die Gesetze gut sind und respektiert werden, braucht man sich nicht vor Straßenräubern und Bürgerkrieg zu fürchten. Man kann also sagen, daß man sich eine Art von Gerechtigkeit und Frieden gesichert hat.

Man tut aber gut daran, „eine Art" zu sagen, denn es handelt sich dabei mehr um einen Anschein, wenn nicht gar um eine Maske.

Friede und Gerechtigkeit im Inneren bilden einen schützenden Wall, innerhalb dessen der Betrug, das Strebertum, der Mißbrauch freien Lauf haben. Die Reichen stützen sich auf das Gesetz, um so die unverschämtesten Privilegien von Generation zu Generation weiterzuvererben. Immer neue Formen der Ausbeutung des Menschen, der Unterdrückung der einen Klasse durch die andere stützen sich ganz offen auf die Gesetze. Die Habgierigen und die Ehrgeizigen können sich Gewaltanwendung ersparen, denn es genügt für sie, sich des Gesetzes richtig zu bedienen, um ihre Gegner auszuschalten. Das sind die inneren Grenzen des Gesetzes. Man versteht sie ohne Mühe, wenn man erst einmal begriffen hat, daß das Gesetz nicht darauf abzielt, Frieden und Gerechtigkeit zu schaffen, sondern darauf, Besitz- und Herrschaftsansprüche zu sichern. Das sind zwei ganz verschiedene Dinge.

Die äußeren Grenzen des Gesetzes sind noch leichter zu erkennen, denn sie sind mit den politischen Grenzen des Staates identisch. Jenseits der Grenzen gilt fast immer ein ganz ähnliches Gesetz, wenn es auch in eine andere Machtkonstellation eingebettet sein mag. Diese Ähnlichkeit erlaubt den Reiseverkehr und den Warenaustausch. Reiseverkehr und Warenaustausch ermöglichen die Feststellung, daß Friede und Gerechtigkeit für alle Menschen gleich sind, daß sie aber nirgendwo mit den Gesetzen des Staates übereinstimmen.

Der Krieg zeigt die Unzulänglichkeit der staatlichen Gesetze, ihre Kehrseite, und er zeigt auch, daß sie keinerlei Beziehung haben zu den Gesetzen der Gerechtigkeit und des Friedens. Denn es sind ja gerade die staatlichen Gesetze, die auf einen Schlag alle braven und friedlichen Bürger in kampflüsterne Soldaten verwandeln. Dank ihrem Gehorsam gegenüber dem Gesetz, dank ihrer Unterordnung, ihrer Hingabe, ihrem Mut, ihrer Disziplin, ihrer Pünktlichkeit, ihrer Tüchtigkeit werden gutwillige Menschen in die Lage versetzt, an einem Tag mehr Tote, Ruinen und Zerstörungen zu machen als alle Missetäter der Welt in hundert Jahren!

Sobald ein Staat dem anderen den Krieg erklärt, erklärt er alle Bürger des anderen Staates zu Gesetzlosen. Jeder der beiden Staaten verpflichtet seine Untertanen dazu, die des anderen als Räuber zu betrachten und zu behan-

deln. So kommt es, daß den braven Bürgern beider Seiten eine Richter-
funktion auferlegt wird und daß sie, um diese auszuüben, gezwungen sind,
der Meinung ihrer Gegner, sie seien alle Räuber, recht zu geben.

Auf der einen wie auf der anderen Seite ist man gleichermaßen stolz darauf, die Gerechtigkeit zu verteidigen, und zwar eine dermaßen hohe
Gerechtigkeit, daß alle Scheußlichkeiten, die man zu ihrer Verteidigung
begeht, im voraus gerechtfertigt sind. Was diesen fürchterlichen Irrtum
erst ermöglicht, ist der bedingungslose Gehorsam gegenüber den staatlichen Gesetzen, ist die Verwechslung des staatlichen Gesetzes mit dem
Gesetz der Moral.

Die Moral des braven Bürgers hat nicht viel zu tun mit der Ausübung
von Tugenden und dem Gebrauch des Gewissens. Sie ist eine Anpassung
an Bequemlichkeiten, Konventionen und Bräuche. Das ist ein großer
Unterschied. Sie ist auch eine zweideutige und zweischneidige Moral, die
sich gebrauchen und mißbrauchen läßt. Deshalb hat sie mit der wahren
Moral nichts gemeinsam.

Auch ihr, meine Freunde, die ihr lernen wollt, wie man Gewaltlosigkeit
praktiziert, auch ihr müßt wissen, wem ihr euch entgegenzustellen habt.
Es sind nicht die Gewalttätigen, nicht die Boshaften und nicht die Missetäter. Es sind auch nicht die Gleichgültigen, die Skeptiker, die ausgekochten
Liederjane. Nein, meine Freunde, die größten Schwierigkeiten werden
euch die Guten machen. Sie sind es, die mit dem Gesetzbuch in der Hand
euch als Verräter anklagen, euch als Rebellen bekämpfen werden, die, bis
an die Zähne bewaffnet, euch für gefährlich erklären werden. Jawohl, sie,
die Guten, und sie werden glauben, recht zu handeln, sie werden glauben,
das Vaterland und die Ehre zu verteidigen, sie werden glauben, Gott zu
dienen.

Nicht ohne Grund werden sie euch als Störenfriede und Staatsfeinde
betrachten, denn ihr habt eine Waffe in der Hand, die alle ihre Waffen auf-
wiegt, die in der Lage ist, alles umzuwerfen, was ihnen in Friedenszeiten
Sicherheit und in Kriegszeiten den Sieg bringen kann.

Was ich euch sage, scheint eine grenzenlose Überheblichkeit zu sein
angesichts der waffenstarrenden Großmächte, die sich heute kampfbereit
gegenüberstehen, der überschäumenden Leidenschaft der Volksmassen,
der Rüstungstechnik und der Millionen von Menschen in Reih und Glied,
bewaffnet mit Kanonen und Bomben. Und wir armen kleinen Leute träumen davon, ganz allein etwas dagegen unternehmen zu können!

Denkt jedoch daran, daß all diese so übermenschlich und unmenschlich
erscheinenden Systeme, so stahlhart und uneinnehmbar sie auch aussehen
mögen, immer irgendwo ihre schwache Stelle haben, und zwar im Menschen selber, in unseresgleichen. Denn er ist es, der sie entworfen und
erbaut hat, er, der kleine Mensch mit dem wankelmütigen Herzen und

dem wirren Kopf. Wenn er sich nur einen Augenblick lang von dieser Maschine abwendet, fällt schon alles in sich zusammen.

Versucht nicht, euch in äußeren Bereichen zu engagieren und zu kämpfen. Ihr werdet nichts ausrichten, sondern höchstens mit hineingezogen werden in die Maschinerie. Wenn es euch aber gelingt, den Kopf und das Herz zu berühren, dann habt ihr auch Einfluß auf alles andere. Stellt euch vor, ihr müßtet einen riesigen Preßlufthammer anhalten. Man hat euch gesagt, ihr könntet ihn mit den Händen anhalten.

„Nun, es sind ja nur die Hände", würdet ihr vielleicht in einer Anwandlung selbstlosen und unbedachten Opfermutes sagen. Schon streckt ihr eure Hände dem niedersausenden Stahl entgegen, und im Nu hat er sie zu Brei gestampft.

Ähnlich haben sich manche gegenüber dem Preßlufthammer des Krieges verhalten. Sie hofften, mit der Zeit würde ihr Beispiel Tausende und Millionen anderer Hände dazu bewegen, die Maschine anzuhalten. Aber die zehn Tonnen Stahl, die auf den Amboß fallen, haben genügend Kraft, um alle Hände zu zermalmen, die sich ihnen entgegenstrecken.

Ich sage euch: Ihr braucht nicht einmal eure ganze Hand, um die Maschine zum Stillstand zu bringen; ein Finger genügt. Ich kann euch zu einer Kabine nebenan führen, in der ihr eine Schalttafel seht. An dieser Tafel ist ein kleiner Hebel, den ihr mit dem kleinen Finger bewegt. Eine wunderbare Stille macht sich plötzlich breit. Der Hammer ist mitten im Lauf stehengeblieben. Das ist keine Hexerei. Ihr mußtet nur wissen, wo ihr die Hand anzusetzen hattet, um den Stromkreis zu unterbrechen.

Man muß beim Gewissen ansetzen. Aber wenn jemand kein Gewissen hat?

Wer an der Heranbildung seines Gewissens arbeitet, kommt von allein an Hirn und Herz, an die Schaltstellen, und er wird sich ihrer zu bedienen wissen. Wer über ein Gewissen verfügt, kann anderen bei der Heranbildung des ihren behilflich sein, kann ihnen den Schlüssel zeigen, mit dem sie ihre Probleme lösen können.

Die großen äußeren Störungen, die man Krieg und Revolution nennt, kommen weniger vom schlechten Willen und von bösen Trieben als von einem unzulänglich erleuchteten guten Willen. Sie haben ihre Ursache in dem, was man immer gern zur Entschuldigung der eigenen Fehler heranzieht: der Unwissenheit, die von Verantwortung befreit.

Wenn man den Lauf der Dinge betrachtet, kann man sich des Eindrucks nicht erwehren, daß die Menschen, die sich in diesem Kreislauf verfangen, eingeschlafen sind.

Weckt sie auf! Und weckt zuerst euch selber auf! Die Schicksalhaftigkeiten, die scheinbar unabänderlichen Gesetzmäßigkeiten der Geschichte werden sich dann wie Alpträume in nichts auflösen."

Fünftes Kapitel: *Schicksal oder Befreiung*

1. *Die zwei Blöcke*

Nie zuvor war die Welt der Einheit so nahe und gleichzeitig so weit entfernt von der Eintracht.

Von einer Vereinigung zur anderen haben die großen Staaten sich die kleineren einverleibt oder sie in ihren Bannkreis gezogen, bis es jetzt zur gefährlichsten Form der Teilung gekommen ist, zur Teilung in zwei Blöcke.

Von zwei Bündnissen oder zwei Reichen zu sprechen wäre unzutreffend. Zwei „Blöcke", das ist der richtige Ausdruck.

Die Völker, aus denen sie bestehen, verdienen immer mehr die Bezeichnung „Masse". Sie sind wie ein schweres, unförmiges Gebilde, das die Tendenz hat, sich nach unten zu bewegen und alles zu zermalmen.

Die Führungsmächte beider Blöcke tragen nicht die Namen eines Landes, sondern werden durch Anfangsbuchstaben gekennzeichnet.

Zwei Ungeheuer, von denen jedes seine Krallen in den Bauch des anderen vergraben hat.

2. *Ähnlichkeit der Gegner*

Was an diesen erbitterten Gegnern am meisten auffällt, sind ihre Ähnlichkeiten.

Als deren erste ist ihre Unmenschlichkeit zu nennen.

Selbst die Bezeichnung „Monstrum" ist für diese Gebilde nicht mehr passend, denn ein Monstrum hat eine Unförmigkeit tierischer Art. Doch diese Gesellschaften haben sogar ihre tierische Natur verloren.

Es sind eher zwei gewaltige Maschinen, von denen die eine gegen die andere gesteuert wird. Sie sind bereit, alle Menschen und alles Menschliche niederzuwalzen.

3. *Gewalt und Lüge*

Stellen wir zunächst einmal fest, daß jeder der beiden Blöcke aus einer blutigen Revolution hervorgegangen ist.

Beide verdanken ihre Entstehung der Gewalt. Beide erhalten sich durch Gewalt und Lüge.

Gewalt und Lüge gehören zusammen. Gandhi lehrte, daß Gewaltlosigkeit und Wahrheit eine einzige Sache sind. Deshalb sind auch Gewalt und Lüge unzertrennlich. Vergewaltigen bedeutet immer auch fälschen.

Die erste der erzwungenen und gefälschten Wahrheiten beider Mächte besteht darin, die Gewalt zu leugnen, auf der sie aufgebaut sind, und sich als friedlich darzustellen.

Vielleicht rühmen sich deswegen beide, die zerstörerischste aller Bomben zu haben! Vielleicht sind sie auch deshalb so stolz auf ihre Millionenheere.

Der eine wie der andere blökt Frieden.

Doch die Drachenstimme verrät die wahre Natur des gehörnten Tiers, das im Gewande des Lammes erscheint (Offb. 13, 11).

4. Irreligiosität und Mechanik

Der eine wie der andere Block ist erwachsen aus zorniger Ablehnung der christlichen Religion, jeglicher Religion, jeglicher Weisheitslehre. Beide haben die Kirche in heimtückischer und brutaler Weise verfolgt.

Der liberale Block, der ältere von beiden, hat dann mit dem Himmel Kompromisse geschlossen und nennt sich heute „Verteidiger der christlichen Zivilisation". Ein Meisterstück der Unverfrorenheit!

Der Block der Gottlosen hat versucht, dem Beispiel zu folgen, um an Verlogenheit nicht hinter dem Rivalen zurückzustehen. Das Konkordat funktioniert bereits in einer für den Staat zufriedenstellenden Weise.

Der Materialismus ist die Staatsreligion des zweiten Blocks und die vorherrschende Glaubensrichtung des ersten Blocks.

Das Glaubensidol des Materialismus ist die „Wissenschaft". Die mit diesem Glauben verbundene Hoffnung ist die Mechanik.

Die Lösung aller menschlichen Probleme durch „Wissenschaft" und Mechanik ersetzt hier das Heil. Jeder christlichen Wahrheit wird von der „Wissenschaft" und der Mechanik eine Gegenwahrheit gegenübergestellt.

5. Heuchelei und Schamlosigkeit

Im Bereich des ersten Blocks herrscht die Lüge, die idealistische, humanitäre und moralische Lüge, die finanzielle Ausbeutung mit scheinheiliger Miene und verbindlichem Lächeln. Deshalb scheint er der weniger gefährliche von beiden zu sein. Abgesehen davon ist er durch Alter und Gewöhnung etwas nachsichtiger geworden.

Aber unzählige Scheußlichkeiten gehen auf seine Rechnung: Menschenjagden auf allen Erdteilen, nationale und koloniale Kriege, Zerstörungen, Verwüstungen, Erniedrigungen, Unterdrückungen und Korruptionen aller Art. Und das alles unter der Fahne der Zivilisation und des Fortschritts.

Der andere Block verdankt einen Teil seines Erfolgs der Bloßstellung seines Rivalen. Er stellt sich dar als Vertreter zynischen Nützlichkeitsdenkens, als amoralisch, irreligiös und gewalttätig. Deshalb macht er den Eindruck, er sei frei von Lüge und Heuchelei. Aber das ist nur eine weitere Lüge. Sein Propagandaapparat hat die Lüge zu einer exakten Wissenschaft im Dienste des Staates erhoben.

6. Vom Vater und vom Sohn

Wen wundert es, daß die beiden Blöcke Ähnlichkeiten haben, da doch der eine aus dem anderen hervorgegangen ist? Was Wunder, wenn der Sohn seinem Vater ähnlich sieht, selbst wenn sie sich hassen und miteinander streiten? Haß und Streit sind zwei weitere Ähnlichkeiten der beiden Blöcke.

Der zweite Block hat nichts Originelles an sich, nichts, was nicht schon im Inneren des ersten Blocks gedacht, ausgedrückt, ausprobiert und vorbereitet worden wäre.

Die kommunistische Lehre ist von bürgerlichen Leuten erfunden und bekannt gemacht worden. Sie ist auch irgendwie ein Wunschtraum des westlichen Kleinbürgers: eine perfekte menschliche Gesellschaft nach dem Vorbild des Ameisenstaates.

Die „Diktatur des Proletariats" ist keineswegs die Herrschaft der Proletarier, sondern vielmehr die Herrschaft der Politiker, der Polizisten, Verwaltungsbeamten, der Professoren und Techniker.

7. Auf einen Demokraten anderthalbe

Beide Herrschaftssysteme behaupten von sich, dem Willen der Mehrheit des Volkes zu entsprechen.

Dazu wäre allerdings Voraussetzung, daß die Mehrheit überhaupt einen Willen habe. Außerdem dürften jene, welche die Macht innehaben, keinerlei persönliches Interesse an der Machtausübung haben.

Aber wozu gäbe es dann Propagandaministerien, politische Erziehung und ähnliches mehr?

8. Von den drei demokratischen Gnadengaben

Jeder der beiden Blöcke behauptet, er habe Freiheit, Gleichheit und Brüderlichkeit verwirklicht, oder behauptet, er wolle sie verwirklichen. Das sind drei hochtrabende Lügen.

Was die Freiheit betrifft, genügt es festzustellen, daß beide Herrschaftsformen auf dem Prinzip der Lohnarbeit aufgebaut sind, welche die moderne Form der Sklaverei darstellt. Übersehen wir dabei einmal die Knechtschaft des Militärdienstes und die ganze gesellschaftliche Maschinerie, in die jeder aktive Bürger beider Systeme eingespannt ist.

Auch über die Gleichheit brauchen wir nicht lange zu diskutieren. Es genügt, wenn wir einmal in beiden Systemen die Lebensweise des Staatschefs mit der eines Hilfsarbeiters oder eines Arbeitslosen vergleichen.

Was die Brüderlichkeit angeht, muß man sagen, daß sie bei den Millionenmassen, die beileibe nicht eine Familie bilden, sinnlos ist.

Die Vernichtung des jeweils anderen Blocks ist das einzige, was die Individuen jedes der beiden Blöcke miteinander verbindet: eine Bruderschaft des Hasses.

9. Dialektik der Geschichte oder Verkettung der Gewalt

Als in Frankreich die Revolution ausbrach, verbündeten sich die benachbarten Monarchien gegen sie.

Die Revolution war zuerst siegreich und wurde dann besiegt. Siegreich war sie, als sie in einem Kaiserreich aufging, das sich nicht mehr wesentlich von den gegnerischen Staaten unterschied. Nach ihrer Niederlage griff sie auf die europäischen Monarchien über, die allesamt Parlamente und andere liberale Einrichtungen einführen mußten.

Auch die kommunistische Revolution wird durch Waffengewalt entweder siegen oder besiegt werden. Im letztgenannten Fall werden ihre Institutionen und Sitten schließlich in allen liberalen Republiken Fuß fassen.

Deshalb arbeitet derjenige, der sich für die bürgerliche Gesellschaftsform begeistert und einsetzt, an der Durchsetzung der anderen Gesellschaftsform. Es kommt vor, daß ein liberaler Staat, wenn er sich vom Gegner zu sehr bedroht fühlt, sich in eine Militärdiktatur verwandelt. Dann sind beide Staatsformen kaum noch voneinander zu unterscheiden. Ihr Zusammenprall wird dann um so härter sein.

10. Von der gegenseitigen Durchdringung der feindlichen Lager

In jedem der beiden Blöcke gibt es große Bevölkerungsteile, ganze Bevölkerungsschichten, ja sogar ganze Nationen, die all ihre Hoffnung auf den Sieg des gegnerischen Blocks setzen.

Im Fall einer Auseinandersetzung ist der innere Feind genauso zu fürchten wie der äußere.

11. Von der Unfähigkeit zur Einheit

Wenn einer der Blöcke den anderen besiegte, würde er sich alsbald in zwei Teile spalten, denn was jeden der beiden Blöcke zusammenhält, ist die

Feindschaft zum jeweils anderen. Keiner von beiden ist aus sich selbst heraus zur Einheit fähig.

12. Von den unbeachteten Übergängen

Man sagt: „Kommunismus ist Staatskapitalismus." Diese Formulierung ist richtig und durch Erfahrung erhärtet.

Kapitalismus ist die Konzentration von Reichtümern in den Händen einzelner. Dadurch erlangen einige wenige ungerechte Vorteile und eine gefährliche Macht über ihre Mitmenschen.

Kommunismus ist die Konzentration allen Kapitals in den Händen des Staates. Der Staat aber steht unter der Aufsicht einiger weniger Privatpersonen. Die Gefahren und Ungerechtigkeiten werden auf diese Weise nur noch größer.

Andererseits ist Kapital nie ganz privat. Sobald es in einem Unternehmen investiert ist, profitieren alle ein wenig davon, die an dem Unternehmen mitwirken. Allen entstehen daraus irgendwelche Vorteile, wenn auch in sehr unterschiedlicher Größenordnung.

Wenn das Unternehmen groß ist, wird es zu einer Verwaltungsmaschinerie, die sich gegen fast jede äußere Einmischung verschließt, ein Staat im Staate.

Und wenn der Staat das Unternehmen unterstützt oder es gar in seinen Besitz nimmt, ändert sich nichts an der Art des Geschäftsablaufs und am Schicksal der Arbeiter.

Das beweist, daß, wenn ein solcher Wechsel gewaltsam vollzogen wird und Ströme von Blut dafür vergossen werden, dieses Blut umsonst vergossen wird.

13. Lehre und Glaube? Nein: List und Macht

Es geht hier nicht, wie man oft glaubt, um zwei verschiedene Lehren, um zwei Überzeugungen oder Religionen, die sich gegenüberstehen, sondern um zwei feindliche Gruppen von hinterlistigen Machthabern, die erbittert um die Vorherrschaft ringen.

Der Konflikt ist deshalb ohne Ziel und Sinn, ohne Aussicht auf Sieg. Er ist eine blutige Absurdität.

Jeder Block sieht im anderen die Herrschaft des Bösen. Er hat dabei nicht unrecht, nur daß er dabei lediglich die eine Hälfte des Bösen sieht, während die andere Hälfte in ihm selber liegt.

Es sind zwei Aspekte des Bösen, ein und desselben Bösen, zwei Auswüchse der Sünde.

Es sind zwei Staaten, hervorgegangen aus dem Zustand der Sünde, der von den Lastern und Bosheiten der einzelnen Staatsbürger fast unabhängig ist.

Es sind zwei Arten, in die Frucht der Ausbeutung und des Machtmißbrauchs zu beißen.

14. Von der Rivalität

Die Rivalität quält sie, trennt sie, nagt an ihnen, unterminiert und vergiftet sie.

Die Rivalität ermuntert sie aber auch, schweißt sie zusammen, kräftigt und stählt sie und macht sie angriffslustig.

Rivalität scheint viele Zerstörungen anzurichten. Sie ist aber auch die Triebfeder des Geschäftslebens. Sie beschleunigt und verbessert die Produktion, vermehrt die Arbeitsleistung und die Arbeit, erhöht die Geschicklichkeit und verbessert das Werkzeug.

Rivalität drängt die exakten Wissenschaften zu nützlichen Entdeckungen und kühnen Experimenten. Sie schärft die Kritik, fördert die Verschlagenheit, macht Beweise und Ergebnisse noch präziser.

Rivalität läßt nichts ungeschoren. Sie fegt die Schwachen, Zarten und Einfältigen beiseite. Sie hält die Rivalen in ständiger, mißtrauischer Wachsamkeit, in stetiger Alarmbereitschaft.

Rivalität spielt eine Rolle im Zusammenleben der Nationen und drängt jede von ihnen, die anderen zu übertreffen. Manchmal führt sie zu Kriegen; für jene, die nicht unterliegen, sind sie Feuerprobe und Abhärtung. Nach den großen Blutverlusten schwillt der Lebensstrom von neuem und noch stärker an als zuvor.

Ganz offensichtlich trifft das auf die Nationen des einen Blocks zu, für jene, welche die Gleichheit für die Freiheit aufopfern und für das „Spiel des freien Wettbewerbs" alle Risiken in Kauf nehmen. Die Nationen des anderen Blocks jedoch wollen dem ein Ende setzen. Sie opfern lieber die Freiheit für die Gleichheit auf und das Wohl des einzelnen für das des Staates. An die Stelle des Wettkampfes setzen sie die Koordination aller Kräfte für das Gemeinwohl.

„Proletarier aller Länder, vereinigt euch!"

Vereinigt euch mit —?

Vereinigt euch für —? Oder etwa:

Vereinigt euch gegen —?

Alle Armeen der Welt sammeln sich zunächst, um sich dann zu bekriegen. Alle Banden sammeln sich zuerst, um dann auf Raub auszuziehen. Die Vereinigung für den „Klassenkampf" hat mit Liebe nichts zu tun und mit Frieden auch nicht. Das Leitmotiv für die Sammlung ist in diesem Fall die Rivalität. Nach erfolgter Revolution rivalisieren die Ehrgeizigen in der

248

neuen Umgebung, in den Geschäften wie eh und je mittels der Politik. Was ein Staat auf Kosten der individuellen Freiheit an Kraft gewinnt, wird er für den Kampf gegen die anderen Nationen aufwenden.

15. Von der Qual der Wahl

Haben wir nur die Freiheit der Wahl zwischen diesen beiden Übeln? Oder könnten wir uns auch die Freiheit nehmen, diese Wahl abzulehnen?

Ich kenne ein großes, prächtiges Haus mit Treppen aus Marmor, mit vergoldeten Decken, geschmückt mit Spiegeln und Wandbehängen. Es ist ein Spielkasino. Die Croupiers walten mit äußerster Korrektheit ihres Amtes. Der Direktor und seine Buchhalter sind bekannt für ihre Gewissenhaftigkeit und Ehrlichkeit.

Aber es ist ein Spielkasino.

Alle Personen, die den großen Saal bevölkern, sind elegant gekleidet und benehmen sich äußerst anständig. Nie kommt es dort zu anstößigen Szenen, Streitereien, Raufereien und sonstigen Grobheiten. Die Überwachung ist so streng und lückenlos, daß Diebe und Betrüger sich niemals dorthin wagen würden. Selbst die Verlierer halten sich an die stillschweigende Übereinkunft, daß man, ohne viel Aufhebens zu machen, hinausgeht, um sich anderswo das Leben zu nehmen. Dieses Haus ist für die ganze Stadt eine beachtliche Einnahmequelle.

Aber es ist ein Spielkasino.

In diesem Haus wollen wir nicht verlieren und nicht gewinnen. Wir wollen dort nicht spielen und auch nicht arbeiten. Wir wollen dort weder verwalten noch Dreck fegen. Auch die Trinkgelder am Aufzug oder an der Garderobe wollen wir nicht haben.

Warum?

Weil es ein Spielkasino ist.

Gegenüber erhebt sich ein ebenso großes, palastartiges Gebäude. Es ist ein Mustergefängnis. Es ist das sauberste und bestgeführte Gefängnis, das es gibt.

Aber wir wollen trotzdem nicht drinnen sein, weder als Gefangener noch als Wärter.

Wenn wir Gefangene sind, dann werden wir uns nicht so sehr darum bemühen, daß wir fließend Kalt- und Warmwasser in unsere Zelle bekommen. Wir werden auch keinen besonderen Wert darauf legen, auf modernsten Sprungfedermatratzen zu schlafen. Auch das delikateste Feinschmeckermenü wird uns dort nicht übermäßig beglücken.

Was werden wir uns wohl wünschen?

Eine gute Feile!

Ja, aber gerade dieser Wunsch bleibt unerfüllt. Weder Flucht noch Wahl ist hier möglich. Auch in der „freien Welt" hat man nicht die Freiheit, *nicht* zu wählen. Wer neutral bleiben will, stellt sich zwischen Hammer und Amboß.

16. Von den verschiedenen Wegen des Bösen

Gewöhnlich bezeichnet man einen Krieg, der ausgebrochen ist, als Krieg und einen Krieg, der im verborgenen schwelt, als Frieden.

Gewöhnlich sieht man einen Gegensatz zwischen der friedlichen Anwendung von Technik und Wissenschaft und ihrer Anwendung zu kriegerischen Zwecken.

Manche naiven und sentimentalen Leute wundern sich, ja empören sich darüber, daß die wunderbaren Entdeckungen des menschlichen Geistes auf diese Weise zu Mord und Zerstörung führen können. Wissenschaftler und Techniker bringt das nicht in Verlegenheit; für sie ist es kein Widerspruch, aus beiden Töpfen zu essen. Sie haben recht, sie kennen sich aus; sie wissen, daß beide denselben Inhalt haben.

Dieselbe Fabrik, die Traktoren für die Landwirtschaft herstellt, baut auch Panzerwagen. Schießpulver und Gesichtspuder können in ein und demselben Laboratorium entwickelt werden, beide in erstklassiger Qualität. Die Erkenntnisse von Psychotherapie und Psychiatrie dienen auch den psychologischen Abteilungen der Armeen und Polizeien, die sie mit Erfolg zur Volksverdummung und zur Gehirnwäsche, zur Umerziehung Andersgesinnter und zur Erpressung von Aussagen einsetzen.

Wenn der Wissenschaftler nur aus Liebe zur Wahrheit arbeitete und nicht dafür, seine Entdeckungen zu verkaufen, wäre das alles nicht möglich.

Wenn nicht Rivalität einen Wissenschaftler gegen den anderen stellte, wenn nicht ein Industrieller mit dem anderen konkurrierte, wenn nicht ein Händler dem anderen die Kunden abwürbe, wäre dieser hohe Grad an technischer Entwicklung nie erreicht worden und könnte auch in Zukunft nicht erreicht werden.

Dieselbe Rivalität, welche die Werke des sogenannten Friedens hervorbringt, kann, wenn sie auf die internationale Ebene übertragen wird, Krieg hervorbringen, der die Werke des Friedens wieder auffrißt und zerstört.

Es ist nicht möglich, Wissenschaft und Technik von ihren zerstörerischen Eigenschaften zu befreien, denn diese sind der ureigenste Ausdruck ihres Wesens.

17. Von den Folgen

Über die Wunder und die Wohltaten der Technik und der Wissenschaft kann man endlos diskutieren, und man kann sie anzweifeln. Aber es gibt etwas, das man aufrichtig anerkennen muß. Das ist ihr Meisterwerk, ihre Vollendung.

Ihr Meisterstück, ihre höchste Vollendung, das ist die Atombombe. Gestern konnte man sich noch täuschen über den Zweck des Gebäudes, heute nicht mehr. Denn über dem Portal prangt in großen Lettern: *Spaltung des Atoms.*

Nun, ihr lieben Leute! Ist das jetzt klar?

Werdet ihr immer noch versuchen, nichts zu verstehen?

Wer Augen hat, zu sehen, und einen Verstand, der sehe und lese jetzt auch die zweite, kleinere Inschrift darunter. Möge er sie mit lauter Stimme buchstabieren: *Satan.*

Das bedeutet: Gewalt und Lüge, Vater der Lüge, Menschenmörder von Anbeginn, Fürst dieser Welt.

Nach diesem Schrecken bin ich eingeschlafen, denn es war schon spät, und ich habe geträumt. Im Traum war ich in einer Eisenbahn.

Mein Nachbar sagte zu mir: „Wir sind wirklich undankbar für unsere Zeit. Durch Gewohnheit sind wir blind geworden und haben es verlernt, uns zu wundern. Was wir hier erleben, ist wirklich ein Wunder. Selbst in den alten Legenden findet man kein größeres Wunderding als dieses. Auch nicht in der Geschichte von Merlin dem Zauberer. Sehen Sie diesen Zug. Er ist hundertmal, nein, tausendmal schneller als das beste Rennpferd. Und wir sitzen dabei ganz ruhig in unseren Polstern. Der eine raucht, der andere liest die Zeitung, einer verzehrt ein Würstchen, einer schläft mit einem Taschentuch vor den Augen. Währenddessen ziehen uns hunderttausend Rennpferde wie ein Wirbelsturm übers Land."

In der Tat, die Telegraphenmasten peitschten über den Himmel, die Landschaft raste vorbei, wir flitzten durch einen Bahnhof, ein Tunnel verschluckte uns und spuckte uns wieder aus.

Die Fahrt glich immer mehr einem Sturz. In den Gängen munkelte man, die Mechaniker seien verrückt geworden, sie hätten nur gelernt, die Kessel einzuheizen, könnten aber nicht die Bremsen bedienen . . .

Eine große Angst schnürte mir die Kehle zu, so daß ich erwachte. Ich seufzte vor Erleichterung, denn, so fühlte ich, um ein Haar hätte sich eine Katastrophe ereignet. Wer weiß, ob ich dann jemals wieder erwacht wäre . . .

Aber bin ich denn wirklich wach? Ganz sicher bin ich mir nicht, ob ich jetzt wirklich die Feder in der Hand halte, die diese Worte niederschreibt. Vielleicht ist gerade das der Traum, während ich in Wirklichkeit in dem Zug sitze, der weiter und weiter rast, und das Ende der Geleise auf uns zustürzt.

18. Vom Schicksal

Ungerechtes Schicksal, blindes Fatum! Es ist überflüssig, es blind oder ungerecht zu nennen. Genauso überflüssig wie die Behauptung, der Kreis sei rund, der Schatten dunkel, der Tod schrecklich. Es ist unnütz, sich gegen die Entscheidungen des Schicksals aufzulehnen; sie sind unabwendbar. Unnütz, darüber zu diskutieren. Die alten Legenden und die Märchen zeigen uns, daß man seinem Schicksal gerade dann in die Arme läuft, wenn man versucht, ihm auszuweichen.

Östlicher Fatalismus — jeder weiß, was das heißt. Es ist ein religiöser Irrtum oder, besser gesagt, eine abergläubische Verrücktheit, eine Verkümmerung des Willens und der Intelligenz. Sobald der Unglückliche eine Gefahr sieht, sagt er: „So steht es geschrieben, das ist mein Schicksal." Und das Unheil kommt dann auch wirklich, und es kommt um so gründlicher, als er nichts tut, um sich dagegen zu wehren, und nichts getan hat, um es zu vermeiden.

Sprechen wir jetzt einmal über etwas, worüber man sonst nicht spricht: über den westlichen Fatalismus.

Wie zu erwarten war, ist er genau das Gegenteil des erstgenannten. Er ist ein tätiger, erfinderischer, ja kämpferischer Fatalismus.

So, wie der eine passiv bleibt und offenen Auges, wie vom Schreck gebannt, ins Leere starrt, so bietet der andere all seine Kräfte und seine Intelligenz auf, müht sich ab und richtet seine Aufmerksamkeit unbeirrbar auf seine Tätigkeit.

Und wenn man ihn am Ärmel zieht und ihm sagt: „Sei vorsichtig, mein Freund, wag dich nicht so weit vor, solange du nicht weißt, was vor dir liegt", dann wird er einen wütend anfahren: „Laß mich in Ruhe, ich hab' es eilig! Siehst du nicht, daß ich arbeite! Ich habe keine Zeit, deine Geschichten anzuhören!"

Wenn man ihm aber zeigt, daß er zwei Schritte vor dem Abgrund steht, dann wird er antworten: „Ah, tatsächlich! Aber es gibt kein Zurück."

19. Erfahrungsbeweis des Schicksals

Der Fatalismus ist ein Irrtum, obwohl die Ereignisse ihn immer wieder bestätigen.

Der Fatalist, derjenige, der an die Unabänderlichkeit seines Geschicks glaubt, entgeht ihm nicht, ganz gleich, ob er nicht tut, was er tun soll, oder ob er tut, was er nicht tun soll. Er wird immer in sein Verderben rennen.

20. Logik und Mechanik des Schicksals

Was wollen Sie? Man kann doch nicht einfach die Bombe nicht erfinden! Wenn man alles erfunden hat, sogar die Denkmaschine, dann kann man nicht verhindern, daß man auch die Atombombe erfindet.

Und wenn man sie erfunden hat, dann kommt man nicht darum herum, die Erfindung an die Regierung zu verkaufen, damit sie das Vaterland schützen kann!

Und dann ist es auch unvermeidlich, sie an den Gegner zu verkaufen, damit die Wissenschaft zu ihrem Recht kommt, das ja universal ist.

Man kann es sich schließlich nicht erlauben, weniger zu haben als der Gegner.

Außerdem: Je mehr Bomben man hat, desto mehr Sicherheit hat man. Wenn der Gegner weiß, daß wir so viele haben, wird er sich die Sache überlegen. (Sicher wird er sich's überlegen. Aber was wird er überlegen? Vielleicht, wie er uns seine Bombe zuerst schicken kann, um uns mit einem Schlag zu vernichten? Es kann auch sein, daß die Explosion der Überlegung vorausgeht. Das spart Zeit.)

Wir bauen unsere Friedenssicherung auf das Gleichgewicht des Schreckens. Aber unter den verschiedenen Kriegsursachen gibt es kaum eine stärkere als den Schrecken.

Aber was soll's? Es gibt nun einmal kein Zurück. So fabriziert jeder gewissenhaft seinen eigenen Untergang.

21. Von den Ursprüngen der abendländischen Tragödie

Westlicher Fatalismus ist ein Begriff, der uns eigentlich nicht überraschen sollte. Die Griechen haben ihn erfunden, und sie sind die Väter und Gründer der westlichen Welt.

Die typische griechische Tragödie zeigt den Helden, der vom Schicksal geschlagen wird.

Das Eigentümliche dieses Helden ist, daß er sein Schicksal schon in sich trägt.

Es verdammt ihn schon im voraus, ehe er irgendeinen Fehler begangen hat. Es verdammt ihn, nicht weil er schuldig ist, sondern weil er ein Held ist. Es verdammt ihn eher für seine Tugenden als für sein Verbrechen.

Und dann zwingt es ihn, durch seine Tugenden sein Verbrechen zu begehen. Er begeht es, ohne es zu wissen und zu wollen. Dieses Verbrechen rechtfertigt dann seine schicksalhafte Strafe.

Ödipus tötet seinen Vater, aber er weiß nicht, daß es sein Vater ist. Er heiratet dessen Frau, seine Mutter, und wird König. Aber er weiß nicht, daß es seine Mutter ist.

Die Pest bricht aus in der Stadt des Ödipus, und man erfährt, daß der

Zorn der Götter von einer zweifachen Gotteslästerung herrührt. Als König und oberster Richter sucht Ödipus den Verbrecher, aber ohne es zu wissen, ist er selber der Verbrecher. Der Schrecken der Katastrophe liegt immer zur Hälfte in den Großtaten des Helden.

Wenn die vorausgesagte Katastrophe naht, man aber nicht weiß, wann, warum und wie sie eintreten wird, versucht man ihr zu entfliehen und stürzt sich in ein gewagtes Abenteuer, das die Katastrophe gerade zu ihrer festgesetzten Stunde herbeiführt und ihre Form bestimmt. Ihre Begründung hat sie ja ohnehin schon.

Der Mensch des Westens, der weiße Mann, ist nicht immer besonders schön. Er hat eine Krawatte, einen kleinen Schnurrbart und einen Kugelschreiber.

Manchmal ist er blaß, manchmal pausbäckig. Aber täuschen Sie sich nicht: Er ist ein Held.

Er ist Herakles mit seinen Arbeiten und seinen Ungeheuern, er ist Dädalus mit seinen automatischen Statuen, seinen angeklebten Flügeln und seinem Labyrinth, er ist Prometheus mit seinem Feuer und seiner Kette.

Er ist zu Taten fähig, die alle anderen Völker nur ihren Göttern zutrauten.

Das Wunder hat er zu einer alltäglichen Sache gemacht. Er kann sich mit Blitzesschnelle von einem Ende der Erde zum anderen bewegen. Auf stählernen Flügeln erhebt er sich zum Himmel. Er baut sich Städte, die über das Wasser gleiten. Wie Orpheus in die Hölle hinabgestiegen ist, so steigt er hinauf zum Mond, zur himmlischen Hölle.

Welche Rasse kann ihm widerstehen? Alle sind durch seine Kraft unterworfen oder durch seine Künste verführt worden.

Die Natur hat er zu seinem Lasttier gemacht und vor seinen Karren gespannt; manchmal steckt er sie auch auf seinen Bratspieß.

Diese Aufzählung seiner Triumphe scheint nicht mehr ganz zeitgemäß zu sein, da er in Asien und Afrika und in anderen Weltteilen aus seinen Machtpositionen vertrieben worden ist. Aber seine Niederlage ist nur äußerlich, denn man hat ihn mit seinen eigenen Waffen geschlagen, man hält ihm die Argumente vor, die er geliefert hat. Je mehr man ihn haßt, desto weniger kann man sich von ihm lösen. Je mehr man ihn ablehnt, desto mehr ahmt man ihn nach. Je mehr man sich seiner entledigt, desto ähnlicher wird man ihm. Was die Niederschlagung des Boxeraufstands nicht vollbrachte: den Fernen Osten zu verwestlichen, das besorgt die Volksrepublik China aufs gründlichste. Japan ist längst soweit; hier hatte die Verwestlichung schon vor dem Russisch-Japanischen Krieg eingesetzt. Was die britische Herrschaft in Indien während eineinhalb Jahrhunderten nicht vermochte, das vollbringt die unabhängige indische Regierung in wenigen Jahrzehnten. Von Indochina bis Marokko erleben wir das gleiche Schauspiel: Das Vordringen des Westens, das mit der Unterwerfung und Unterdrückung der Völker begonnen hatte, vollendet sich nach dem Rückzug der Besatzer ohne jeden Widerstand.

22. Vom Schicksal und von der Sünde

Doch des Helden Stunde kommt; die Stunde des Verhängnisses wird nicht lange auf sich warten lassen.

Wenn er niemanden findet, der ihn schlägt, wird er sich die Augen ausreißen, wird er sich selber zerreißen wie viele Helden, deren Gerechtigkeitseifer stärker ist als ihre Liebe zum Leben. Er wird sowohl in seinen Verbrechen als auch in seiner Bestrafung das Urteil vollstrecken, das er im voraus unterzeichnet hat, das ihm von Anfang an auferlegt ist: die Erbverdammnis.

Wenn wir diese Erbverdammnis mit der Erbsünde in Zusammenhang bringen, dann wirft das ein erhellendes Licht auf das, was den Sehern der Antike nur als Schrecken, Entsetzen und rätselhafte Finsternis erscheinen konnte, als Tragödie.

Denn auch die Sünde, die Erbsünde ist gleichzeitig Verbrechen, Irrtum und Unglück. Sie lastet als Schicksal auf der ganzen Menschheit.

23. Von der Verdammnis des Helden

Wenn der Held wegen seiner Größe zum Fall bestimmt ist, dann deshalb, weil seine Größe in Zusammenhang steht mit der leuchtenden Gestalt, die an seinem ersten Fall beteiligt war: mit Luzifer.

Der schreckliche Glanz des Helden besteht darin, daß er zur Hälfte Gott ist, was seine menschliche Natur maßlos aufbläht, seine göttliche Natur aber lähmt. Daraus ergibt sich ein unmögliches Gespann, das sich früher oder später selbst zerschmettern muß.

„Ihr werdet sein wie Gott", so lautete die Verheißung. Der Held ist also nicht das Sprachrohr Gottes, nicht der Diener Gottes, er ist der Halbgott, der sich selber dient, sich selber zum Ausdruck bringt und sich selber ehrt. Er opfert seinem eigenen Ruhm. Notfalls stiehlt er sich das Feuer des Himmels, damit die Menschen ihn verehren.

Er ist sehr erfinderisch und freigebig. Seine stärkste Tugend ist der Mut. Der Mut ist die Substanz all seiner anderen Tugenden.

Aber wir wissen, daß die Erbsünde nichts zu tun hat mit dem, was wir Moral nennen. Die größten Tugenden sind durchaus mit der Erbsünde vereinbar. So werden die großen Tugenden zur Kraft der Sünde.

Es sind tragische, gewalttätige, zerstörerische Tugenden. Verhängnisvolle Tugenden.

24. Definition des weißen Mannes

Wenn wir den weißen Mann zu definieren hätten (dessen Bildnis wir vorhin zu zeichnen versuchten), müßten wir sagen: Er ist der heidnische Held, der ein wenig getauft ist. Das kompliziert sein Schicksal und macht seine Tragödie noch tragischer.

Er hat diese Taufe sehr früh empfangen. Er hatte damals keine Möglichkeit, sich ihrer bewußt zu werden. Seitdem lebt er so, als habe er sie nicht empfangen.

Wenn man von einigen Formeln und Gesten absieht, gibt es nichts in seinem Verhalten, in seinen Gefühlen, Wünschen und Gedanken, auch nichts in der Zivilisation, die er hervorgebracht hat, was ihn von den Ungetauften sichtbar unterscheiden würde.

Aber diese Taufe, dieses göttliche Siegel, das seinem Wesen aufgeprägt ist, kann nicht wirkungslos bleiben. Sie zwingt ihm die Wahl auf, sich zu retten oder doppelt schuldig zu werden.

25. Von der Umkehr und von der Rückkehr

Nachdem wir so viel vom Bösen gesprochen haben, ist es an der Zeit, auch von der Heilung zu sprechen.

Im Alten Testament wird die Frage nach der menschlichen Bestimmung schon von den ersten Seiten an immer im Zusammenhang mit der Sünde behandelt, und die ganze Menschheitsgeschichte einschließlich jener des Alten Bundes ist davon geprägt. So ist es kein Wunder, wenn wir im Neuen Testament schon von den ersten Seiten an eine Antwort auf diese Fragen finden.

Womit beginnt das Neue Testament oder die Frohbotschaft? Mit der Predigt Johannes' des Täufers.

Und was lehrt die Stimme des Rufers in der Wüste (in der Wüste, nicht in der Stadt, auch nicht in der heiligen Stadt Jerusalem; in der Wüste, die das Gegenteil der Stadt ist)?

„Bekehrt euch!" ruft sie. Und das ist die Antwort auf die Frage, die seit dem Anfang der Geschichte besteht.

Das Wort bedeutet sowohl im Lateinischen wie im Griechischen „Umkehr", und zwar genau in der Bedeutung einer Bewegung von außen nach innen. Das entsprechende hebräische Wort fügt dem noch die Bedeutung einer Rückkehr hinzu.

Und die Stimme des Rufers erklärt: „Jeder Berg soll abgetragen, jedes Tal soll aufgefüllt werden" (Lk. 3, 5).

Und eine andere Stimme sagt: „Die Mächtigen hat er von ihrem Thron gestürzt, und die Demütigen hat er erhöht" (Lk. 1, 52).

Eines der bedeutendsten Motive der evangelischen Botschaft heißt: „Die Ersten werden die Letzten sein."

Dann werden die Seligpreisungen verkündet:
Selig sind die Armen.
Selig sind die Sanftmütigen.
Selig sind die Weinenden.
Selig sind, die nach Gerechtigkeit hungern.
Selig sind die Barmherzigen.
Selig sind, die reinen Herzens sind.
Selig sind die Friedfertigen.
Selig sind die Verfolgten.

Vor allem ist da aber die lebendige Seligpreisung, die Geschichte von Jesus, dem Sohn des Allmächtigen, von Gott selber, der im Stroh zwischen Ochs und Esel geboren wird und am Kreuz zwischen zwei Bösewichtern stirbt.

Das soll bedeuten, daß innen wie außen alles umgekehrt werden soll.

Das ist der Preis der Taufe, des Bades, das die Verunreinigung der Erbsünde abwäscht.

„Wahrlich, wahrlich, ich sage dir, wer nicht aus Wasser und Geist wiedergeboren wird, kann nicht in das Reich Gottes eintreten" (Joh. 3, 5).

26. Vom Himmelreich

Belohnung der Guten.
Vergeltung der Unterdrückten.
Trost der Unglücklichen.

Das Reich, welches das Evangelium verkündet, ist das Paradies, in das man nach seligem Tod eintritt. Es auf die Erde bringen zu wollen ist unmöglich.

Warum unmöglich?
Wegen der Erbsünde.
Aber wenn die Taufe uns doch davon befreit hat?

Wenn es wirklich unmöglich ist, warum hat man uns dann gelehrt zu beten: „Dein Reich komme, dein Wille geschehe wie im Himmel so auf Erden"?

Man betet nicht darum, daß das Feuer uns erfrische oder daß die Sonne auch bei Nacht scheine oder um andere unmögliche Dinge. Wenn wir beten, daß sein Reich komme, dann deshalb, weil wir glauben, daß es wirklich kommen kann und kommen soll.

Ich würde sogar sagen, daß, wenn es nicht kommt, es nur deshalb nicht kommt, weil wir nicht genug darum beten und nicht genug daran glauben.

Wir geben uns den Anschein, es zu wünschen, indem wir beten, aber in Wirklichkeit wollen wir es gar nicht.

Es stimmt, daß Christus gesagt hat: „Mein Reich ist nicht von dieser Welt."

„Diese Welt" ist in der Tat dieselbe, von der er sagt: „Diese Welt haßt mich, weil ich bezeuge, daß ihre Werke böse sind."

„Diese Welt" ist jene, deren Fürst der Teufel ist.

Die Menschen, die das Reich Gottes ablehnen, sind dieselben, die dem Reich des Cäsar oder der Republik unter der phrygischen Mütze des Jakobinertums oder dem Obersten Sowjet den Vorzug geben.

Aber es heißt: „Selig sind die Armen im Geiste, denn das Himmelreich ist ihrer."

Und es wird sowohl in der Gegenwartsform als auch in der Zukunftsform gesprochen. (Bei der ersten und der achten Seligpreisung steht die Verheißung in der Gegenwart, bei den übrigen in der Zukunft.)

„Das Himmelreich ist in eurem Herzen."

In seiner ganzen Fülle kann es nur regieren über Leben, das über Zeit und Raum steht, über das ewige Leben. Aber das ewige Leben ist nicht nur zukünftig; es umfaßt alle Zeiten und ist außerhalb der Zeit. Es ist also auch gegenwärtig.

„Wo zwei oder drei in meinem Namen beisammen sind, da bin ich mitten unter ihnen."

„Wo Liebe und Barmherzigkeit sind, da ist auch Gott."

Wo Gott ist, wo er bei den irdischen Menschen ist, da ist das Paradies, da blüht ein Garten. Dieser Garten ist den fleischlichen Augen nicht sichtbar.

„Seht, wie sie einander lieben", sagten die Heiden angesichts der ersten Christengemeinden. Wir erfahren aus der Apostelgeschichte, daß sie alle ihre Güter zusammentaten und eines Herzens waren.

Wenn der Heide unbewußt am „Prunk und an den Werken Satans" teilnimmt, wenn er sich vom Wissen um die äußeren Erscheinungen und von den Spitzfindigkeiten der Vertreter des „Zeitgeistes" blenden läßt, wenn er „Notwendigkeiten" erliegt – dann ist das die Schuld Adams. Wenn Christen sich genauso verhalten, dann ist das ihre eigene Schuld.

27. Von der irdischen Hölle

Wenn eine Welt, in der die Christen die Mehrzahl bilden, keine Welt des Friedens ist, wenn ich um sie herum keinen blühenden Garten sehe, dann zweifle ich an ihrem Glauben!

Aber wenn um sie herum eine irdische Hölle ist, was dann? Ja, dann haben sie diese selber gemacht!

28. Von der Verleugnung

Ach, wenn sie doch um Gottes Willen nur Heiden wären! Für die Allgemeinheit wäre das besser und für sie selber auch.

Ich habe Heiden gesehen, die Ehrfurcht hatten vor einem Insekt und vor einer Schlange. Sie fühlten in diesen Wesen, wie auch sonst um sich herum, erschauernd die Gegenwart Gottes.

Ich habe Heiden gesehen, die sich vor einem Baum verneigten, in dem ganz offensichtlich eine Seele wohnte.

Ich habe Heiden gesehen, die sich scheuten, ihre Füße den Flammen entgegenzuhalten, um das Feuer nicht zu beleidigen.

Ich habe Heiden gesehen, die ihren Gast mit der einzigen Schale Reis beehrten, die in ihrem Haus war, weil Gott selbst sie in der Verkleidung eines armen Menschen besuchte, so, wie er es immer zu tun pflegt.

Ach, wenn sie doch nur Heiden wären, diese Leute, denen nichts zu schmutzig und zu stinkend ist, als daß sie nicht ihre Nase hineinsteckten, denen nichts so heilig ist, daß sie davon Abstand hielten. Sie, die alles betasten und berühren müssen, die in allem herumwühlen müssen, die alles auseinandernehmen und untersuchen müssen, die alles erniedrigen und entwürdigen müssen, die alles, die Menschen und die Dinge, zu ihrem Nutzen zu verwenden suchen, die auf dem Mond herumtrampeln und Mikroben sezieren, die alles zerstören!

Wie soll ich sie nennen, diese Leute? Christen? Nein! Heiden? Nein! Verräter, Abtrünnige!

29. Vom Werk der Spaltung

Aus lauter frivoler Neugier, aus Gewinnsucht, Spielleidenschaft und Herrschsucht haben sie sich jetzt auch an dem kleinsten Baustein der Schöpfung vergriffen, der seiner Definition nach unteilbar ist: am Atom. Sie haben es fertiggebracht, auch das kaputtzuschlagen.

Und nun ist ihre schöne Materie, die sie doch so sehr anbeten, wie ein Damenstrumpf, an dem die Maschen laufen.

Der Herr lacht und sagt: „Ich will sehen, wie sie enden. Sie haben eine Grube gegraben, um selber hineinzufallen."

30. Von der Belohnung

Hütet ihn gut, euren Schatz, haltet ihn in Ehren! Ihr habt sie erfunden, ihr habt sie fabriziert, ihr habt sie euch verdient, eure Bombe!

„Wo euer Schatz ist, da wird auch euer Herz sein!"
Ihr glaubt an sie. Möge sie euch jetzt trösten, möge sie euch stärken, möge sie euch beschützen!

Ihr habt euch vor eurem Götzen in den Staub geworfen, vor eurem Götzen des Wissens ohne Weisheit, vor eurem Götzen der Gerechtigkeit ohne Liebe. Sie haben euch ihre Belohnung gegeben!

Ihr galanten Verteidiger des Vaterlandes, ihr mutigen und untadeligen Ritter habt nun die Mittel in der Hand, feindliche Völker in Massen zu vernichten, ohne sie zu sehen und ohne von ihnen gesehen zu werden. Wir sind euch unendliche Anerkennung schuldig dafür, daß ihr uns auf diese Weise verteidigt.

Zumindest sind wir euch Vertrauen schuldig, nicht wahr? Wir verdanken euch unsere Sicherheit hinter diesem Gebirge von Kriegsmaschinen, das ihr aus Liebe zu uns so sorgsam aufgehäuft habt!

Einer von euch hat uns zwar erklärt, unser Land sei gegen einen Angriff dieser Art schutzlos. Aber er garantiert uns, daß, wenn wir alle tot sind, ein automatischer Gegenschlag unserem Feind dasselbe Schicksal bereiten wird.

„Aber nein", sagen die Wirtschaftsfachleute mit wissender Miene, „wir haben all diese Bomben nur, damit wir sie nicht brauchen. Der Schrecken und die Angst allein sollen genügen, uns alle Feinde vom Leib zu halten."

Und damit wollt ihr uns beruhigen?

Wenn wir beruhigt sind, wird der Feind auch vor uns beruhigt sein. Diese Ruhe könnten wir ohne die Bombe billiger haben.

O ihr Wirtschaftsfachleute, all eure Anstrengungen, all eure Ausgaben laufen demnach ganz bewußt auf die Überflüssigkeit eurer Erzeugnisse hinaus!

An dieser idiotischen Geschichte könnte sogar etwas Wahres sein in dem Sinne, daß man mit der Atombombe auch ohne ihre kriegerische Anwendung alles zerstören könnte.

Die Versuche, die man mit ihr in Wüsten, Polargebieten und auf einsamen Inseln macht, können ausreichen, um die Erde für kommende Generationen unbewohnbar zu machen. Sie können die Sonneneinstrahlung vermindern, die Luft verpesten, Regen, Gewässer und Pflanzen vergiften. Der mangelhaft vergrabene Müll der Atomkraftwerke kann das Seine dazu beitragen. Das ist ein Krieg, den man nicht gegen einen Feind führt, sondern gegen seine eigenen Kinder.

Die „friedlichen" Tätigkeiten des Menschen sind zweifellos fast genauso schädlich wie seine kriegerischen Unternehmungen. Es würde schon genügen, daß weiterhin friedliche atomgetriebene Großtanker und Großfrachter gebaut werden und sieben von ihnen untergehen – so viele Schiffbrüche gibt es im Durchschnitt alljährlich –, um alle Weltmeere zu vergiften.

Es geht in Wirklichkeit gar nicht darum, zu wissen, welches der gute und welches der böse Gebrauch der Maschine oder der Kernspaltung sei. Wenn man klare, deutliche und unkomplizierte Vorstellungen von Gut und Böse hat, gibt es da gar kein Problem. Es kommt darauf an, zu wissen, daß Maschine und Kernspaltung Auswirkungen eines bösen Gebrauchs der Intelligenz sind – eine geistige Perversion, eine Sünde wider den Geist, für die es keine Vergebung gibt und die den Tod herbeiführt.

31. Dreimal sterben

Im Atomkrieg sterben ist ein dreifacher Tod. Man stirbt mit seinen Nachkommen, man stirbt mit der ganzen Natur, man stirbt schließlich auch mit seiner Seele, denn man ist Opfer eines Verbrechens, an dem man selber mitgewirkt hat. Außerdem stirbt man im Atomkrieg vergebens, denn das, wofür man sein Leben hingibt, stirbt gleichzeitig.

32. Zweifelhaftes Weiß

O weißer Mann, wenn du doch nur ein Heide wärst, wenn du doch nur ein Wilder wärst!

Denn ein Held wie Achilles oder Artus, wie Perseus oder Lanzelot, wie Odysseus oder Parzival, so beladen er auch mit Morden, Wahnsinnstaten und frevelhaften Liebesabenteuern sein mag – von drei Dingen ist er mit Sicherheit frei: von Feigheit, von Lüge, von Geiz.

Er ist zu allem fähig, um zu zeigen, daß er sich vor nichts fürchtet. Wie alle Unerschrockenen ist er eher freimütig und anmaßend als heuchlerisch, eher verschwenderisch als kleinlich. Das ist sein Fehler und sein Unglück. Aber das ist auch seine Schönheit im Unglück!

Aber du, du bist feige, verschlagen und berechnend. Was dich zur Suche nach der absoluten Waffe geführt hat, das ist die boshafte Treulosigkeit des Feiglings. Du verkrüppelter Held, du geiziger Ritter, du mißratener Christ! Das ist deine besondere Häßlichkeit.

33. Von der Gerechtigkeit Gottes

Wir glauben nicht an das blinde Schicksal. Wir glauben an Gottes Gerechtigkeit und an das Schicksal, das von der schuldhaften Blindheit, von der Verblendung ausgeht.

Wie dient man Gottes Gerechtigkeit? Man dient ihr, indem man sie leidenschaftlich verficht und auch sich selber nach ihr richtet.

Jeder erntet, was er gesät hat. Durch Gottes Gnade wird er hundertfach ernten. Es liegt am Sämann, den richtigen Samen zu erkennen. Der Same selber irrt sich nicht; er wächst immer nach seiner eigenen Art.

Jeder wird gemessen mit dem Maß, dessen er sich selber bedient.

Wer sich an seinen Körper bindet, wird dorthin gehen, wo die Körper hingehen: unter die Erde.

Wer sein Geld und seine Schätze liebt, sperrt seine Liebe in das Gefängnis seines Tresors.

Wer das Schwert gebraucht, wird durch das Schwert umkommen.

Wer andere Menschen wie Sklaven hält, wird am anderen Ende der Kette selber ein Sklave sein.

Wer Götzen anbetet, wird ihnen schließlich immer ähnlicher.

Wer die Erlösung durch die Maschinen sucht, wird sich selber in ihrem Räderwerk verfangen.

Wer die Einheit des Atoms zerstört, wird selber seine Einheit verlieren.

34. Vom Zeichen des Feigenbaumes

Wir glauben an Gottes Gerechtigkeit und auch an Gottes Erbarmen. Vielleicht ist das gar nicht das Ende? Vielleicht finden sich noch zehn Gerechte in Sodom? Vielleicht ist der Abfall von Gott noch nicht vollständig?

Und selbst wenn durch das Unrecht der Menschen die Kräfte des Himmels erschüttert werden, selbst wenn die Zeichen des nahenden Endes über dem Horizont stehen, ist dieses Ende vielleicht ein Neuanfang, denn es steht geschrieben: „Wenn aber dies zu geschehen beginnt, dann schauet auf und erhebt eure Häupter; denn es naht eure Befreiung."

Ferner heißt es in der Schrift: „Vom Feigenbaum aber lernt das Gleichnis: Wenn sein Zweig schon saftig wird und die Blätter heraustreibt, dann erkennt ihr, daß der Sommer nahe ist."

Nun, wir glauben dieses kräftige grünende Sprießen gesehen zu haben, und wir können nicht weiterhin den Kopf hängen lassen.

Unsere Hoffnung gründet auf der schicksalhaften Wechselbeziehung zwischen den zwei größten Entdeckungen unseres Jahrhunderts.

„Gott spricht: Siehe, ich zeige dir dein Leben und deinen Tod."

Die zwei größten Entdeckungen des Jahrhunderts sind die Atombombe und die Gewaltlosigkeit.

35. Von zwei kosmischen Mächten

Es ist kein Zufall, daß diese Entdeckungen gleichzeitig in räumlich und geistig entgegengesetzten Gebieten gemacht worden sind: Endpunkte der Geschichtsdialektik, die weder von Hegel noch von Marx vorausgesehen worden sind; kosmische Kräfte, die seit Anbeginn der Welt wirksam sind. Die Vergewaltigung des Atoms reicht zurück bis zum Sturz der bösen Engel, bis zum Sündenfall unserer Stammeltern. Die Gewaltlosigkeit war schon da, ehe Himmel und Erde entstanden, als die Weisheit „spielte vor Gott von Anbeginn".

36. Entdeckung der Gewaltlosigkeit

Wenn wir von der Gewaltlosigkeit als einer Entdeckung dieses Jahrhunderts sprechen, so meinen wir damit nicht, daß ein neuer geistiger Wert oder eine neue religiöse Idee offenbart worden wäre. Wir meinen damit vielmehr, daß eine revolutionäre erneuernde Kraft in die Geschichte der Völker eingetreten ist.

Romain Rolland sagt in seinem Vorwort zu der französischen Ausgabe von Gandhis *Jung-Indien*: „Ich habe aus der Tiefe des Ostens jene Woge aufsteigen sehen, die nicht zur Ruhe kommen wird, ehe sie die ganze Welt überflutet hat."

Das ist die Entdeckung, die dieses Jahrhundert zu machen sich anschickt, weil es einen Ausweg suchen muß aus der Sackgasse, in die es geraten ist.

37. Moderne Wissenschaft und Gewaltlosigkeit

Einstein sagte einmal: „Ein großer Gelehrter? Nein, ich bin ein kleiner Gelehrter. Mein Wissen und meine Entdeckungen werden, so fürchte ich, nur wenig zum Wohl der Menschen beitragen können. Es gibt nur einen großen Gelehrten in diesem Jahrhundert, das ist Gandhi."

Das zeigt, daß die Konfrontation der beiden großen Entdeckungen sich sogar denen aufdrängt, die deren Gegensätzlichkeit nicht begreifen.

Es ist verlockend, dem Wort Einsteins über Gandhi das Wort Gandhis über die Gewaltlosigkeit zur Seite zu stellen: „Die alten Ridschi, die sie entdeckt haben, waren größere Wissenschaftler als Faraday und Papin."

38. Von der Neuheit der Gewaltlosigkeit

„Aber worin besteht denn eigentlich diese Entdeckung, was ist das Neue an dieser Neuigkeit? Was kann dieser Hindu uns lehren, uns, die wir das Evangelium haben?" So fragte mich ein Freund, ein ernster, aktiver, Wohltätigkeit übender Katholik.

„Und was steht im Evangelium über die Gewaltlosigkeit?" erwiderte ich.

„Wer dich auf die rechte Wange schlägt, dem halte auch die andere hin."

„Das haben Sie sehr gut gesagt und ganz richtig gelesen. Aber eine Frage: Haben Sie es schon gemacht?"

Überrascht zögerte er einen Augenblick und sagte dann: „Hm ... Ehrlich gestanden: noch nie."

„Sie sind Christ und haben immer unter Christen gelebt. Haben Sie jemals gesehen, daß jemand so etwas getan hat?"

„Nein, noch nie."

„Warum wohl?"

Weil er keine Antwort gab, gab ich sie für ihn: „Weil es unmöglich ist. Es wäre lächerlich ... Es wäre sogar irgendwie ... ehrenrührig."

Er stimmte zu.

Ich schrie: „Ah, ihr Christen, da sieht man euren Glauben, der doch angeblich Berge versetzen soll! Christus ist also gekommen, um uns Dinge beizubringen, die unmöglich, lächerlich und ehrenrührig sind!"

Doch ein Hindu, der dieselben Worte im selben Buch las, beschloß: „Also, das machen wir!"

Das ist das Neue an dieser Neuigkeit. Er sagte einfach: „Versuchen wir es!" Und er setzte sein Leben aufs Spiel und das seines ganzen Volkes.

Und das ist die Entdeckung: Es wurde ein schlagender Erfolg vor den Augen einer erstaunten Welt.

Aber durch eine erschreckende Gerechtigkeit des Schicksals sah sich dieser Hindu welchen Gegnern und Verfolgern gegenüber? Den Christen.

Dieser Hindu hatte gelernt, daß man seine Feinde lieben soll.

Der größte Liebesdienst, den er ihnen leisten wollte und den er etlichen von ihnen tatsächlich leistete, bestand darin, sie zu bekehren.

Nicht etwa, daß er sie zum Übertritt zum Hinduismus bewegte. Nein, er bekehrte sie zu ihrer eigenen Religion.

Er zeigte ihnen, daß es nicht genügt, „Herr, Herr!" zu sagen und getauft zu sein. Nein, man muß bekehrt, das heißt umgekehrt und umgewandelt, sein. Man muß von Grund auf alle seine Verhaltensweisen, all sein Denken und Fühlen abkehren von dem, was Christus „diese Welt" nennt.

39. Vom hohen Alter der Gewaltlosigkeit

„Die Gewaltlosigkeit ist alt wie die Gebirge", sagte Gandhi.

Sie ist im Evangelium gelehrt worden mit einer Klarheit und mit einer Kraft, die nichts zu wünschen übriglassen; aus dieser Quelle hat Gandhi geschöpft.

Fünf Jahrhunderte vor Jesus wurde sie gepredigt von Buddha, der hinzufügte: „So lautet das alte Gesetz."

Sie ist in den Büchern des chinesischen Tao niedergeschrieben.

Die Ridschi der Veden kennen sie.

Sie erscheint in der Bibel schon im ersten Buch Mose, in der Geschichte von Joseph und seinen Brüdern.

Gandhi hat also gar keine neue Entdeckung gemacht. Die Gewaltlosigkeit ist zu allen Zeiten bekannt gewesen und gelehrt worden, wenn auch mit einer gewissen Zurückhaltung, was sicher darauf zurückzuführen ist, daß sie einen hohen Grad an Heiligkeit verlangt. Jesus fordert von den Seinen, daß sie im Unterschied zu den Heiden jene lieben und segnen, die sie hassen und verfolgen. Und er schließt: „Seid also vollkommen, wie euer himmlischer Vater vollkommen ist" (Mt. 5, 48).

Was neu ist und zugleich von unerhörter Kühnheit, das ist die praktische Anwendung dieses Grundsatzes innerer Vervollkommnung auf alle Ebenen des Lebens und auf das Leben aller Menschen, auf das Tun und Lassen eines Volkes, auf das Streben nach Freiheit, auf die Machtausübung, auf das Rechtswesen, auf Diplomatie, Politik und Wirtschaft, auf Erziehung und Medizin, auf die Ernährungsweise, auf Familien- und Alltagsleben.

40. Vom reinen Helden

War Gandhi ein Heiliger? War er ein Weiser? Solche Fragen werden oft gestellt. Wie man darauf auch antworten mag, es ist schon ungewöhnlich, daß sie überhaupt gestellt werden, denn Gandhi tritt ja zunächst als Menschenführer und Unruhestifter vom Schlage eines Garibaldi oder eines Bolívar auf, und über solche Personen stellt man sich im allgemeinen keine derartigen Fragen.

Gandhi hat sich stets energisch dagegen gewehrt, als Heiliger betrachtet zu werden. Und er hat sich mit Erfolg gewehrt, was viel heißen will in einem Land, in dem schon der unbedeutendste Fakir an der Straßenecke seine Verehrer findet. Er sagte von sich selber immer, daß er nie direkt inspiriert worden sei. Man hat auch nie von ihm gehört, daß er Aussätzige geheilt habe oder auf dem Wasser gewandelt sei. Sein Mitleid war tief und lebhaft. Seine Ansichten über Religion waren einfach und gesund, beinahe möchte ich sagen: naiv. Er war kein Priester und kein Guru. Er war einfach ein frommer und demütiger Mensch.

War er ein Weiser?

Er war gerecht und gewissenhaft, auch bedächtig und maßvoll, uneigennützig, heiter und wohlwollend, all das und noch mehr. Aber was war das für ein orientalischer Weiser, der sich in die Politik einmischte, der die Sorgen, die Enttäuschungen, die unvermeidlichen Beschmutzungen in Kauf nahm, statt für sich zu bleiben?

Um Gandhi richtig einzuordnen, muß man, wie mir scheint, in ihm den reinen Helden sehen.

Wir haben vom heidnischen Helden gesprochen, der ein unreiner Held ist, vom Kriegshelden und vom tragischen Helden, die späte und entartete Gestalten des reinen Helden sind.

Um den Helden in seiner ursprünglichen Reinheit wiederzufinden, müssen wir uns in die Frühzeit des Menschenopfers zurückversetzen.

Wir denken mit Schrecken an diese Frühzeit zurück, vergessen aber dabei, daß sich seither nichts geändert hat, es sei denn zum Schlimmeren. Denn Blutbäder und Menschenopfer gibt es nach wie vor, und eingedenk der früheren sakralen Bedeutung, die sie verloren haben, nennen wir sie auch weiterhin so. Nur bringen wir sie heute nicht mehr Gott dar.

Die Gründe des zivilisierten Menschen, der sich solchen Praktiken hingibt, sind zweifellos zu kompliziert, um erkannt zu werden. Aber der Beweggrund des Primitiven ist einfach und klar: Wenn Gott das Grundgesetz des Seins und das erste Seiende ist, wenn wir ihm alle Güter verdanken, dann ist es das Mindeste, daß wir es ihm mit dem Ersten und Besten von allem vergelten: den Erstlingsfrüchten.

Und die Erstlingsfrucht unseres Hauses ist der Erstgeborene, die des Königreichs der Königssohn.

Der Schönste, der Edelste, der mit Ehrenbezeigungen und allen Zärtlichkeiten erzogene Prinz, ist dem Altar geweiht und dem Messer. Das ist der reine Held.

Das Opfer ist der Gipfel und die Krönung seines Lebens. Freudig weiht er sich ihm zwischen Blumen, Hymnen und Weihrauch. Er vertritt in allem den Menschen vor Gott, selber fast ein Gott unter den Menschen.

Das Menschenopfer war allgemein verbreitet. Hierzulande bedurfte es der strengen Dekrete des Kaisers Claudius, um es abzuschaffen. Bei den Ureinwohnern Amerikas überdauerte es bis in die Neuzeit hinein.

Als Gott von Abraham den ältesten Sohn fordert, den Sohn der Verheißung, versteht Abraham sofort, um was es geht, denn der Brauch, die Erstlingsgeburt zu opfern, ist in der Gegend wohlbekannt. Die biblische Erzählung markiert das Ende dieses Brauchs. Die Lehre, die daraus hervorgeht, besteht darin, daß die Absicht, die Bereitschaft zum Opfer genügt; die Durchführung ist überflüssig. Doch die Bereitschaft wird verlangt.

Ich wage zu behaupten, daß das Menschenopfer in diesem Sinne das einzig wahre und gültige Opfer ist und daß alle anderen Opfer Ersatz sind. Ein sumerisch-assyrisches Textfragment aus dem ersten vorchristlichen Jahrtausend sagt: „Das Haupt des Lammes tritt an die Stelle des Menschenhauptes, das Herz des Lammes an die Stelle des Menschenherzens."

Das Menschenopfer ist bis zum heutigen Tag in Kraft, und die heilige Messe ist ein solches, denn in der Fülle der Zeit ist der Menschensohn gekommen, eine Sache, die „von Anbeginn verborgen" war, zu entschleiern, indem er das Menschenherz an die Stelle des Herzens des Lammes setzte.

Manchmal wurde auch ein Mensch zum Ersatzopfer. So trat der Kriegsgefangene, vorzugsweise schön und von edler Abkunft, an die Stelle eines Sohnes des eigenen Volkes. Daher auch das Wort Hostie, das sich von dem lateinischen Wort *hostis* ableitet; *hostis* heißt Feind und Fremder.

Das unfreiwillige Opfer, das auf dem Altar die Stelle des wahren Helden, des freiwillig sich Opfernden, einnimmt, wird zu Unrecht Held genannt. Gleiches gilt für den Krieger, der zum Wohl der Allgemeinheit sein Leben opfert, wie er auf den Kriegerdenkmälern dargestellt wird. Ein Krieger ist bestenfalls als Toter ein Held. Solange er lebt, ist er ein sehr unreiner Held, so tapfer er auch sein mag. Schließlich zieht man in den Krieg, um zu töten, nicht um selber den Tod zu suchen; man bemüht sich vielmehr nach Kräften, ihn zu vermeiden. Der Krieger ist Held und Henker zugleich.

Obwohl er Verheerungen anrichtet und Menschen tötet, wird der Krieger von den Menschen geehrt. Der ehrliche Kaufmann hingegen, der so viele Annehmlichkeiten verschafft und immer freundlich lächelt, wird nie die Bewunderung der Massen erringen, wird nie die Dichter und die Frauen begeistern.

In dieser Undankbarkeit liegt eine tiefgründige Gerechtigkeit, die den Verstand übersteigt. Diese Gerechtigkeit leitet sich ab von der Erbsünde und von der Frucht, auf die sie zielte. Denn der Kaufmann ißt von dieser Frucht und lebt davon, während der Krieger in sie hineinbeißt, sie aber sogleich wieder ausspuckt.

Der Krieg entreißt die Menschen ihren schmutzigen Geschäften, ihren erbärmlichen Sorgen, ihren oberflächlichen Vergnügungen und ihren kleinen, eigennützigen Berechnungen. Er stellt die Seele vor die Wirklichkeit von Leben und Tod, vor das Rätsel des Schicksals. Wie viele Gewissen sind durch die Schrecken des Krieges wieder erwacht, die durch nichts anderes mehr berührt werden konnten! Das ist auch die Erklärung dafür, daß keine Religion den Krieg bedingungslos verdammt hat, daß er nicht nur besungen und gerechtfertigt, sondern auch für heilig gehalten und gesegnet wurde.

Gandhi, der im Gefängnis das *Mahabharata* gelesen hatte, sagte mir eines Tages: „Zwei Schlußfolgerungen ergeben sich aus dieser wunderbaren Dichtung: auf der einen Seite die Verherrlichung des Helden, auf der anderen Seite der Beweis für die völlige Sinnlosigkeit des Krieges." Tatsächlich findet man hier schon auf den ersten Seiten die idealen Voraussetzungen für den heldenhaften Krieg. Es ist ein Krieg, der aus nichts entsteht, aus einer mehr oder weniger eingebildeten Beleidigung zwischen Verwandten. Das Ergebnis ist die sinnlose gegenseitige Ausrottung beider Parteien. Trotzdem finden die Helden dabei Gelegenheit, das zum Ausdruck zu bringen, wofür sie geboren sind, und das wiegt so manches in bedeutungsloser Bequemlichkeit verbrachtes Jahr auf.

41. Von der Ehre

So, wie Weisheit und Heiligkeit verschiedene Formen der Vollkommenheit sind, die sich nicht in jeder Beziehung decken, die weder denselben Sinn noch dieselbe Farbe haben und die es auseinanderzuhalten gilt, obwohl sie sich in der Wirklichkeit miteinander verbinden und ihre Vollendung erst im Zusammenwirken finden – ebenso muß man von beiden die Ehre unterscheiden, die Erbteil und inneres Gesetz des Helden ist.

Der Held ist ein dritter Typ des geistigen Menschen, der einfachste, so einfach wie der Instinkt. Ehre ist Moral im ursprünglichen, wilden Zustand.

Befreit von den abergläubischen Mißbildungen, die ihr von Legende und Geschichte oft hinzugefügt worden sind, ist diese ursprüngliche Moral sehr edel und gesund. Ihre Grundlagen sind Selbstachtung und Selbstaufopferung, ihre Irrwege Hochmut oder Unkenntnis der eigenen Grenzen und Vergewaltigung oder Aufopferung anderer.

Die eine der beiden Forderungen dieses Moralsystems besteht darin, daß jede Tugend ein Sieg über die Angst sei und daß jede Gelegenheit gut sei, diesen Sieg über sich selber offenkundig zu machen.

Es ist etwas Seltsames, dieses Aufsprudeln des Lebens, das man Tapferkeit nennt, diese Macht, über sich selbst hinauszuwachsen, sich selbst über Bord zu werfen, diese Freiheit, sich mehr um seine Selbstüberwindung zu bemühen als um seine Selbsterhaltung.

Dieses Zeugnis ist von metaphysischer Tragweite. Der Held bezeugt durch sein Leben und Sterben, daß es etwas gibt, was größer ist als er, und daß er für dieses Größere da ist. Wenn er bereit ist zu sterben, und das sogar ohne Zögern, von einem Augenblick zum anderen, so bedeutet dies, daß er weiß, daß das Leben an sich nicht sterben kann; er weiß, daß das Leben nicht stirbt, wenn der Körper stirbt, daß das Leben nur sein bisheriges Kleid ablegt, um statt dessen ein neues, lichtvolleres anzuziehen. Dies entspricht der Lehre der Bhagavadgita, und sie lehrt dies gerade für den Helden.

Die andere Forderung des Systems ist die Schönheit der Ehre. Hier wird die Schönheit zur Tugend, zum Abglanz der Wahrheit, zum äußeren Ausdruck von etwas Innerem. Am Helden ist alles großartig und dramatisch. Die Selbstaufopferung muß vollkommen sein, makellos und mit Blumen geschmückt. Die Schönheit gilt indessen nur der Opfertat, nicht der Person. Der Held verschwindet hinter seinem Ruhm wie der Priester unter seinem goldenen Meßgewand. So versteht sich auch, daß der Held keine Beleidigungen und Erniedrigungen hinnehmen kann und darf, können sie doch die Reinheit seiner Botschaft, die zu vermitteln er berufen ist, beeinträchtigen. Andererseits kann der Held es ablehnen, von anderen Hilfe anzunehmen, zu schweigen, sich zurückzuziehen, zu klagen, Kompromisse zu schließen und, insbesondere, den eigenen Nutzen zu suchen.

In diesem letzten Punkt schwimmt der Held gegen den Strom wie der Bekehrte, wie der Heilige, denn das angebotene Opfer ist genau das Gegenteil der verzehrten Frucht. Die Ablehnung der Nutznießung ist daher ein Zeichen der Erlösung.

Die einzige Leidenschaft des Helden ist die Gerechtigkeit. Sie entspringt seiner Selbstachtung, die mit der Achtung vor dem anderen verbunden ist. Man nennt diese Haltung Würde; sie hat nichts mit Hochmut zu tun. Auf den Helden als Verfechter der Gerechtigkeit bezieht sich die Seligpreisung: „Selig sind, die hungern und dürsten nach Gerechtigkeit, denn sie werden gesättigt werden." Für den Helden ist Gerechtigkeit nicht die Anwendung von geschriebenen Gesetzen oder angelernter Moral. Sie ist für ihn ein vitales Befürfnis wie der Hunger und der Durst. Frei von Begehrlichkeit und also auch von Verwirrung, geduldig in Widrigkeiten, Leiden und Drangsal, gleichmütig in Glück und Unglück, erduldet der Held alles außer Verstößen gegen Recht und Billigkeit. Sie versetzen ihn in Empörung, in „gerechten Zorn", der keine Sünde ist, sondern göttliche Eingebung. Dieser Zorn verwandelt das Opferlamm in einen brüllenden Löwen, in einen schwertbewehrten Erzengel.

So jedenfalls erscheint es dieser aufrechten, schlichten, arglosen Seele. Doch etwas ist aus dem Lot geraten, etwas hat sich verwirrt und verfälscht. Was?

Der Held hat sich den falschen Feind ausgesucht.

42. Vom Irrtum des Helden

Mohammed sprach am Tag nach seinem Sieg: „Jetzt ist der heilige Krieg beendet, wenigstens der kleine heilige Krieg, denn den großen, wahren Krieg muß jeder in seinem Inneren führen, ohne Haß auf Menschen und ohne Blutvergießen."

Ein großes Wort. Nur schade, daß der Prophet-Held daraus nicht den Gipfel seiner Lehre gemacht hat, schade, daß in seinem Leben und in dem seiner Anhänger der kleine heilige Krieg mehr Raum eingenommen hat als der große, der falsche mehr als der wahre.

Der Irrtum des Helden besteht darin, zu glauben, er greife das Böse an, wenn er die Bösen angreift, und habe das Böse besiegt, wenn er einige böse Menschen getötet hat. Ein anderer Irrtum besteht darin, daß er seinen Feind für einen Bösen und für eine Verkörperung des Bösen hält, was höchstens zur Hälfte wahr sein kann, eher aber beinahe falsch ist.

43. *Vom Sturz des Engels*

Die innere Einstellung des Helden ändert sich nicht, wenn die Hand des Opferpriesters durch die Hand des Henkers ersetzt wird. Das Opfer wird dann zu einem Akt der Sühne statt zu einem Akt der Verherrlichung und bedeutet eine Rückkehr zu den Riten der Frühzeit. Der Kreuzestod des vollkommenen Helden, Jesu Christi, beweist es; jedes Martyrium ist Teilhabe daran und tritt das legitime Erbe des überlieferten Heldentums an.

Aber wenn das Opfer durch den Kampf ersetzt wird, ändert sich, ja verkehrt sich alles, selbst wenn der Kampf gerechtfertigt, wenn dessen Verlauf durch strengste Vorschriften geregelt ist. Kampf mit gleichen Waffen, auf geschlossenem Feld, auf ebenem Gelände. Höflichkeit und Achtung vor dem Feind, Verzicht darauf, bei Lebensgefahr zur List zu greifen oder auch nur aus einer günstigen Fügung Vorteile zu ziehen. Das verlangt höchste Beherrschung von Zorn und Angst, vertreibt Haß und Niedertracht und macht aus dem Kampf die edelste aller Künste und das schönste aller Spiele.

Trotzdem bleibt eine tiefe Kluft zwischen religiöser Handlung und Spiel, und sei es auch der schönsten eines, zwischen Selbsthingabe und Hinrichtung.

Der ganze Apparat ritterlicher Höflichkeit ist falsch. Er hat das Künstliche eines Spiels an sich, eines Spiels, bei dem es auf Kraft und Geschicklichkeit ankommt, eines Spiels mit Leben und Tod, eines verbotenen Spiels. Zwar erspart man dem Gegner erniedrigende Beschimpfungen; man sollte sich jedoch nicht darüber hinwegtäuschen, daß es schon ein recht bedauerlicher und im übrigen sehr grober Mangel an Achtung ist, wenn man ihm ein Stück Eisen zwischen die Rippen stößt oder ihm eine Pistolenladung ins Gesicht schießt.

Die religiösen Rechtfertigungen des Krieges haben einen starken heidnischen und barbarischen Beigeschmack.

Die Blutbäder Josuas, die Taten von Mohammeds Reiterscharen, die Schlacht der Bhagavadgita sind vor allem Lehren durch Bilder. Das Epos klingt immer erhaben und großartig, der Krieg aber ist ein erbärmliches Geschehen.

Bildlich betrachtet ist der Krieg ein Gleichnis für den weltweiten Kampf zwischen Gut und Böse. Aber als Realität im Leben der Völker ist sein Schrecken zu brutal, um belehrend zu sein. Er ist ein mit Blut gemaltes Gemälde.

Die finanziellen Rechtfertigungen des Krieges sind falsch. Phrasen wie „Gott will es!" und „Gott mit uns!" sind von den Tatsachen Lügen gestraft worden, denn Gott liebt es keineswegs, daß man so über seinen Willen verfügt und seine Gunst beansprucht.

Gott hat seinen Willen durch absolute Gebote zum Ausdruck gebracht. Wer das Schwert ergreift, um Gottes Willen zu tun, sollte sich an das Gebot „Du sollst nicht töten" erinnern.

Der Mensch, der sich mit der „göttlichen Gerechtigkeit" bewaffnet auf einen anderen Menschen stürzt, um ihn zu töten, hat diesen im vorhinein als böse wie das Böse selbst und als todeswürdig verurteilt, aber er vergißt, daß geschrieben steht: „Richtet nicht, damit ihr nicht gerichtet werdet."
Auch steht geschrieben: „Liebe deinen Nächsten wie dich selbst." Ferner: „Alles, was ihr wollt, daß euch die Leute tun, das sollt auch ihr ihnen tun."
Wenn sich der Wille Gottes einmal geändert hat, wenn er dir durch eine besondere Eingebung befohlen hat, ausnahmsweise das Gegenteil seiner absoluten Gebote zu tun, dann ist das eine unerhörte Sache, für die du uns einen unwiderleglichen Beweis zu liefern hast.

Auf Schlachtfeldern und in eroberten Städten haben sich zu allen Zeiten alle nur denkbaren Scheußlichkeiten zugetragen, selbst in den heroischen Zeiten unter dem Banner edelster Beweggründe. Man könnte sogar sagen: Je gerechter die Sache, desto mehr Schandtaten werden in ihrem Namen begangen.
Außerdem ist es ein leichtes, wenn man einmal einen Krieg gerechtfertigt hat, auch alle anderen Kriege zu rechtfertigen.
Wenn der heilige Krieg gerechtfertigt ist, ist es keine Schwierigkeit, irgendeinen Raubzug heiligzusprechen, da ja der Wille Gottes ein zu großes Geheimnis ist, als daß er sich für die Diskussion eignete.
Wenn der Zivilisationskrieg gerechtfertigt ist, dann ist die Aufgabe, die ganze Welt mit Gewehrschüssen zu zivilisieren, noch längst nicht vollendet.
Wenn der Verteidigungskrieg gerechtfertigt ist, dann müßt ihr sofort euren Nachbarn angreifen, weil er eine Bedrohung eurer Grenzen darstellt. Ihr werdet euch auf diese Weise ein Territorium zulegen, das euch als Schutzwall und Vorfeld dient. Wenn mit der Zeit das eroberte Land euer eigenes geworden ist, dann braucht ihr weitere Gebiete, um eure Verteidigungsstellungen besser verteidigen zu können. Und je länger die Grenzen sind, die ihr zu verteidigen habt, desto zahlreicher werden auch die Feinde sein, die euch bedrohen und deren Angriffen ihr zuvorkommen müßt.
Nun sind wir weit entfernt vom heiligen Krieg und vom Heldenepos, nun haben wir es mit der Geschichte zu tun. Es wird von einem Räuber berichtet, der Alexander dem Großen vorgeführt wurde, um von ihm abgeurteilt zu werden. Alexander fragte ihn: „Warum gibst du dich diesem traurigen Handwerk hin?" Der Räuber antwortete: „Ich mache es, um mein armseliges Leben zu erhalten. Aber du, der du alles hast, was du brauchst, warum tust du es?"

271

Diese Verwechslung von Räuberei im großen mit Gralssuche, dieses Schaukelspiel zwischen Kreuz-Ausfuhr und Gold-Einfuhr bei der spanischen Conquista, zwischen den unsterblichen Prinzipien der Französischen Revolution und den Erdöl-, Baumwoll- und Kautschuk-Interessen, diese Taschenspielertricks mit Ehre und Vorteilen passen besser als alles andere auf das, was Aristoteles als „diese Art naturgemäßer Berechnung, die ein Teil der Wirtschaft ist" bezeichnet (*Politeia* I, 5). Es handelt sich dabei um nichts anderes als um die Wissenschaft von Gut und Böse; ihre Lehrsätze bilden eine Kette, deren letztes Glied der Tod ist.

44. Große Schande und Rückkehr des Helden

Ich erinnere mich noch gut an den Tag der Befreiung von der deutschen Besatzungsmacht. Es war in Paris. An einer Wand am Boulevard Saint-Michel sah ich zwischen verschiedenen Lothringer Kreuzen und Aufschriften wie „Pétain an den Galgen!" auch die Worte: „Hoch lebe das amerikanische Material!" Ich dachte bei mir: ‚Was für eine schändliche Zeit!'

Vor den Massen- und Materialschlachten, vor Kriegen, die aus Säuberungsaktionen und industriellen Zerstörungsunternehmen bestehen, verliert die jahrhundertealte Lüge ihre Verführungskraft, verblaßt das Heldenpathos früherer Zeiten, fällt die heroische Aufgeblasenheit in sich zusammen wie ein geplatzter Luftballon.

In dieser Zeit nun, da die Gewalt sich ohne Glorienschein zeigt, weil sie Maske und Schleier von sich geworfen hat, und ihre obszöne Häßlichkeit allen Augen darbietet, in dieser Zeit mußte einer kommen, der das Wesen der Ehre rettete, indem er sie von jeder Gewalttätigkeit befreite, einer, der Zeugnis ablegte von der Güte Gottes, vom Wert des Menschen, von der Macht der Gerechtigkeit, die sich in der Gewaltlosigkeit, in der Selbstaufopferung kundtut, um den Ungeheuern dieser Zeit die reine Gestalt des ursprünglichen Helden gegenüberzustellen.

45. Von den drei historischen Wundern

Es gibt nicht viele von diesen makellosen Helden, die kein Blut vergossen haben, die kein anderes Blut vergossen haben als ihr eigenes.

Gandhi hat ein Werk vollbracht, das den Werken der größten Eroberer, Herrscher und Gesetzgeber der Welt an Bedeutung ebenbürtig, an Reinheit und Seelenadel indes weit überlegen ist.

Er ist zu seiner Zeit gekommen, er hat seine Zeit geprägt, er hat in den Lauf der Geschichte eingegriffen. Er ist nicht ihrem Lauf gefolgt. Dies haben ihm manche zum Vorwurf gemacht; andere haben ihn dafür entschuldigt. Er ist dafür zu preisen.

Einer seiner Gegner sagte ihm um 1934: „Noch nie in der Geschichte hat sich ein Volk von seinen Unterdrückern befreit, ohne Waffen zu gebrauchen." – „Dann werden wir eben eine neue Geschichte schreiben", antwortete Gandhi in aller Einfachheit. Zwölf Jahre später war ein neues Kapitel der Geschichte entstanden und geschrieben.

Von Gandhi stammt auch der Satz: „Wenn man glaubt, daß etwas, was noch nie getan worden ist, nie getan werden könne, dann beleidigt man die Würde des Menschen."

An anderer Stelle schreibt er: „Die Geschichte beschreibt mit gewissenhafter Genauigkeit, wie die Könige lebten und wie sie sich gegenseitig töteten. Wenn jedoch in der Welt nichts anderes geschehen wäre als das, dann gäbe es die Menschheit längst nicht mehr." Und: „Die Geschichte ist eine Liste von Unterbrechungen im natürlichen Ablauf des Weltgeschehens."

Es ist wahr, Gandhi hat keine Aussätzigen geheilt und ist auch nicht auf dem Wasser gewandelt. Aber wenn man unter Wundern eine außergewöhnliche Tatsache versteht, die das Wirken Gottes durch einen Menschen zeigt, dann muß man ihm drei Wunder zurechnen, drei geschichtliche Wunder, und diese drei Wunder machen Gandhis Lebenswerk aus:
eine nationale Befreiung ohne Blutvergießen;
eine soziale Revolution ohne Aufstand,
die Beendigung eines Krieges.

46. Von einer nationalen Befreiung

„Denkt der kleine Hindu vielleicht, er könne mit Fasten die Engländer erweichen?" sagten gestern die klugen Leute und lachten.

Ein Inder sagte mir 1932: „Die Engländer und Indien verlassen? Eher verlassen sie ihre Insel!"

Jetzt sagen dieselben klugen Leute: „Sie sind abgezogen? Nun, was ist daran erstaunlich? Sie sind abgezogen, weil es für sie zweckmäßig war. Sie hatten das Land nur zu kommerziellen Zwecken besetzt. Sie waren ja sowieso nur eine Handvoll Leute, die ein riesiges Volk unter ihrem Joch zu halten versuchten. Gandhis Fastenaktionen haben da keine Rolle gespielt. Das ist es nicht, was sie aus der Fassung gebracht hat. Dann schon eher die Unruhen und Sabotagen, während er im Gefängnis war. Und außerdem: Ist Indien jetzt wirklich frei, nachdem die Engländer weg sind?" Und sie lachen immer noch, denn sie sind immer geneigt zu lachen, diese klugen Leute!

Ja, die Befreiung Indiens war eine Täuschung. Sie hat kein wirkliches Problem gelöst. Sie hat die eigentlichen Probleme erst bewußt gemacht. Aber ist England, ist Frankreich denn wirklich frei? Gandhi war der letzte, der sich hierüber Illusionen gemacht hätte. Niemand wußte besser, daß wahre Freiheit nur in der Selbstbemeisterung liegt. Dadurch wird nämlich das Problem von der gesellschaftlichen auf die geistige Ebene gehoben. Politische Freiheit und nationale Unabhängigkeit sind keine Werte an sich. Was wirklich zählt, ist die Freiheit jedes einzelnen Menschen in seinem Gewissen. Das Gute, das von einer Tat zu erwarten ist, besteht darin, daß sie in guter Weise getan wird. An die „Frucht der Tat" soll man sein Herz nicht hängen; so lehrt es die Bhagavadgita. Und der Prediger sagt: „Alles, was deine Hand zu tun findet, das tue, solange du es vermagst." Das Ergebnis ist in Gottes Hand.

Ja, die Engländer haben Indien verlassen, weil es vorteilhaft für sie war. Sogar wirtschaftlich war es vorteilhaft für sie. Aber Gandhi hat erst die Bedingungen geschaffen, die es für sie vorteilhaft werden ließ, sich zurückzuziehen. Man ist nur unabhängig, wenn man selber herstellen kann, was man braucht. Deshalb ging es Gandhi nicht darum, gegen die Besatzung zu protestieren, sondern darum, ohne die Besatzung auszukommen. Sobald der Ausgebeutete aufhört, sich zum Gehilfen seines Ausbeuters zu machen, hört das Geschäft auf, sich zu rentieren; dann muß der Laden geschlossen werden.

Aber das Kaiserreich Indien war mehr als ein Krämerladen. Und die Engländer, eines der stolzesten Völker, haben nicht ohne Schmerz darauf verzichtet. Daß sie sich zurückgezogen haben, liegt daran, daß sie dazu gezwungen wurden. Durch welchen Zwang? Das ist es, was näher erklärt werden muß.

Die Engländer sind keineswegs als Besiegte weggegangen. Sie sind weggegangen nach einem großen und schwierigen Sieg. Sie haben sich zurückgezogen mit all ihren Truppen, mit allen Waffen und ohne Kampf. Dieser Rückzug war keine Niederlage und keine Flucht, sondern ein notwendiger Verzicht, der ihnen zur Ehre gereicht. Sie war der edelste Akt der englischen Geschichte.

Eine Nation, die eine andere unterdrückt, sollte sich immer zurückziehen. Das ist das Beste und Ehrenhafteste, was sie tun kann. Allerdings muß sie auch begreifen, worin ihre Ehre liegt, denn sie ist stets versucht, sie im Bösen fortwirken zu lassen.

Auch darin liegt das Verdienst Gandhis, den Engländern vor Augen geführt zu haben, daß sie sich in Indien nicht halten könnten, ohne das Gesicht zu verlieren.

Und das ist die Macht der Gewaltlosigkeit: Sie zwingt zum Nachdenken und zur Einsicht. Deshalb nennt man sie Satyagraha oder Kraft der Wahrheit.

47. Von Satyagraha

„Eine einzige Verweigerung heilt sechsunddreißig Krankheiten", sagt ein indisches Sprichwort. Plutarch sagte: „Die Bewohner Asiens sind in Knechtschaft gefallen, weil sie ein bestimmtes Wort aus einer Silbe, das Wort ,nein', nicht aussprechen konnten." Und Mirabeau machte die Feststellung: „Das Volk brauchte nichts anderes zu tun, als die Arme zu kreuzen, um furchterregend zu sein."

Diese furchterregende Revolution, die darin besteht, einfach die Arme zu kreuzen, heißt Satyagraha.

Wenn das herrschende System seine Vertrauenswürdigkeit verloren hat, sei es durch die Auferlegung ungerechter Gesetze, sei es durch den Bruch seiner eigenen Gesetze, ist die Zeit gekommen zu zeigen, daß es keine Existenzberechtigung mehr hat.

Wir nehmen den Dienst erst wieder auf, wenn er sinnvoll geworden ist.

Satyagraha beginnt im allgemeinen mit einem Hartal, einem nationalen Tag des Fastens, der Trauer, des Gebets und der Besinnung. Damit wird die direkte Aktion eingeleitet: die Aktion des Nein-Sagens und des Nein-Tuns, jawohl: des Nein-Tuns.

Dann beginnt der Generalstreik der Bürger. Nicht nur die Arbeiter verlassen die Fabrik und die Angestellten die Büros; auch die Justizbeamten verlassen das Gericht, die Lehrer die Schulen, die Kaufleute ihre Geschäfte. Alles macht zu, alles bleibt stehen. Rücktritte finden immer häufiger statt.

Unterdessen einigen sich Bauern und Städter über die Lebensmittelversorgung. Die Familien gruppieren sich, um ihre Kinder zu unterrichten. Prozeßgegner suchen ein Schiedsgericht, das sie aussöhnt. Es wird immer klarer, daß wir notfalls ohne die Regierung auskommen können, die Regierung aber nicht ohne uns.

Wenn sich die Auseinandersetzungen in die Länge ziehen, kann man noch weiter gehen: indem man das Gesetz bewußt übertritt, den zivilen Ungehorsam praktiziert. Ungehorsam, aber zivil, das heißt in diesem Fall: diszipliniert und verantwortungsbewußt. Man vermeidet dabei jede Beeinträchtigung von Leben, Eigentum, Ehre und Ruhe anderer Menschen einschließlich der Gegner und Verfolger; diese sollen ungehindert ihre Tätigkeiten beziehungsweise ihre Verfolgungen ausüben können.

Man kann dabei ein Gesetz übertreten, das man als ungerecht oder entwürdigend ansieht, oder auch irgendein anderes Gesetz brechen, das nicht moralisches Gesetz ist.

Zum Beispiel steht irgendwo ein Schild mit der Aufschrift „Durchgang verboten". Es ist nicht unmoralisch, hier durchzugehen; also gehen wir hier durch, massenweise, und blockieren den Durchgang.

Es ist verboten, auf den Straßenbahnschienen zu sitzen, auch wenn es nicht auf einem Schild steht. Also setzen wir uns auf die Schienen der Straßenbahn oder legen wir uns auf die Schienen und bleiben drei Tage dort. Auch am Gefängnistor steht vermutlich nicht „Betreten verboten". Also lassen wir uns davor nieder. Wenn man uns vertreiben will, sagen wir, daß wir gern hier sind, aber noch lieber im Inneren wären.

Es geht darum, mit allen Mitteln, die einem ehrenhaften Menschen erlaubt sind, zu erreichen, daß wir geschlagen oder ins Gefängnis geworfen werden. Möglichst massenhaft, möglichst viele zugleich. Das Strafgesetz baut auf die Furcht vor Strafen. Es ist auf Leute zugeschnitten, die fliehen und sich verstecken. Gegen solche, die den Polizeiknüppeln entgegendrängen, die sich den Kerkermeistern und Henkern anbieten, ist es unwirksam und bringt die Ordnungshüter in Verlegenheit.

Aber was ist das für ein Lärm? Der Ortskommandant ist rot vor Zorn. Wieder dieser Gandhi, dieser Halbaffe, dieser Eingeborene! Ins Loch mit ihm – und dann ist Ruhe!

Das ist schnell getan. So schnell, wie ein Fisch nach einem Wurm schnappt und dann merkt, daß er einen Haken verschluckt hat. Manchmal vergreift sich die Staatsgewalt an einem harmlosen, wehrlosen Bürger, der ganz so aussieht wie ein Wurm.

Acht Tage später hält eine spiegelblanke Limousine vor dem Gefängnistor. Herr Gandhi – ja, er ist inzwischen ein Herr geworden – steigt ein und wird zur Residenz des Vizekönigs gebracht. Man empfängt ihn im Palast, um mit ihm über eine Rückkehr zum normalen Leben zu verhandeln. Seine Bedingungen sind dieselben, die er schon vor seiner Gefangennahme festgelegt hatte. Sie erscheinen bescheiden, gemessen am Ausmaß des Aufruhrs, der durch seine Einkerkerung entstanden war und der alle Welt, und nicht zuletzt ihn selbst, in Erstaunen gesetzt hatte. Man wäre bereit gewesen, ihm mehr zuzugestehen. Aber er lehnt es ab, aus günstigen Umständen oder aus einer augenblicklichen Stimmung des Gegners Vorteile zu ziehen. Er weicht nicht zurück, ehe er das Geforderte erhalten hat. Aber er erhöht auch nicht deswegen seine Forderung, weil die Widerstände nachgelassen haben.

So geht sein Weg von Gefängnis zu Gefängnis – bis zur Befreiung.

48. Von einer sozialen Revolution

Die Befreiung der Parias ist von noch wesentlich größerer Bedeutung. Ihr Gelingen ist noch erstaunlicher, noch wunderbarer im eigentlichen Sinn des Wortes.

Daß man im Westen und in der ganzen übrigen Welt weniger darüber erstaunt ist, liegt daran, daß nur der die Eigenart und die Tragweite des Problems begreifen kann, der mit dem Gesetz des Manu vertraut ist und die Sitten, die religiösen Gebote und die Rituale Indiens kennt.

Ein verbreiteter Irrtum besteht darin, sich das Kastenwesen der Hindus als ein System sozialer Klassen vorzustellen und das Problem in einer ungerechten Güterverteilung zu sehen. Wirtschaftliche Faktoren haben jedoch fast nichts mit der Sache zu tun. Einige Autoren versteigen sich in ihrer Unkenntnis sogar so weit, daß sie die Erniedrigung der Parias als Folge eines Rassenkonflikts darstellen.

Ein Paria ist weder mit den Sklaven des Altertums noch mit den Negern in Nordamerika, noch mit den Leibeigenen des europäischen Mittelalters, noch mit den Proletariern des Industriezeitalters zu vergleichen. Sie sind Exkommunizierte, Opfer eines religiösen Fluchs, eines Tabus, das zu allem Unglück auch noch erblich ist.

Ihre Verwerfung stützt sich voll und ganz auf das Gesetz des Manu, welches das tägliche Leben und die Familiensitten regelt. Es handelt sich also nicht um ein soziales Problem, sondern um die sozialen Auswirkungen einer religiösen Überzeugung. Und Gandhi, der seine Aufgabe gerade darin sah, die sozialen Probleme durch Lösungen zu überwinden, die sich aus den Wahrheiten der Religion ergaben, mußte diesem sakrosankten Ungeheuer begegnen und sich mit ihm messen.

Er setzte dabei weit mehr als sein Leben aufs Spiel. Er riskierte, selber Opfer dieses Fluchs zu werden. Damit wären alle Bindungen zu seinen nächsten Angehörigen, zu seinen Freunden und zu seinem Volk zerschnitten gewesen. Daß nicht ein einziges Gremium von Priesterfürsten und Schriftgelehrten sich versammelt hat, um ihn zu verdammen, das ist ein weiteres Wunder!

Eine Besonderheit ist auch, daß dieser in seiner Art einmalige Patriot an den Feinden seines Vaterlandes weit weniger Anstoß genommen hat als an seinen Mitbürgern. Dieser Hindu, der bis zum letzten Atemzug Rama treu geblieben ist, hat sich nie die geringste Kritik erlaubt an dem, was Christen und Muselmanen heilig ist. Aber er hat nie aufgehört, die abergläubischen Vorstellungen, die Schandflecken und Laster anzuprangern, die seine eigene brahmanische Religion verunzieren. Mit jeder Kritik muß man bei sich selbst anfangen. Das ist die erste Regel der gewaltlosen Gerechtigkeit.

Diese Forderung erklärt die notwendige Verbindung der nationalen Befreiung mit der Befreiung der Parias, wobei der letztgenannten sogar der Vorrang zu geben ist. Habe ich mich deutlich ausgedrückt? „Vergib uns unsere Schuld, wie auch wir vergeben unseren Schuldigern", heißt es im Gebet des Herrn. Habe ich mich wenigstens gegenüber jenen deutlich ausgedrückt, die täglich dieses Gebet sprechen? Wir werden so gerichtet werden, wie wir andere richten. Wir verdienen so behandelt zu werden, wie wir andere behandeln.

Deshalb müssen wir, ehe wir uns darüber beklagen, daß wir von anderen mit Füßen getreten werden, uns fragen, ob wir mit unseren Brüdern nicht ähnliches tun. Seht, wir Inder sind die Parias der ganzen Welt geworden. Und das geschieht uns ganz zu Recht, solange es bei uns noch Parias gibt! Suchen wir nicht die Ursache unseres Elends in der Bosheit unserer Feinde. Klagen wir uns selber an. Wir sind die Ursache!

49. Von der revolutionären Einzigartigkeit

Mit ihrer Zerstörungs- und Erneuerungswut scheinen alle Revolutionen nach demselben Modell abzulaufen. Ob es die der römischen Plebejer oder die des Volkes von London ist, die der Maillotins in Paris oder die der Ciompi in Florenz, die von Kroton im 3. vorchristlichen oder die der Kubaner im 20. nachchristlichen Jahrhundert – sie wiederholen sich sowohl in ihrem Triumph als auch in ihrer alles zermalmenden Rücksichtslosigkeit.

Allein Gandhis Revolution brachte etwas Neues. Sie gebrauchte nicht dieselben Mittel und hatte nicht dieselben Triebkräfte. Und vor allem verlief sie ohne Blutvergießen. Das ist das Ungewöhnlichste.

Ohne Revolte? Ja, auch ohne Revolte.

Ohne Haß, ohne Racheakte, ohne Erschießungen, ohne Verfolgungen? Ja, ohne das alles!

50. Revolution in Gegenrichtung

Man hat nie davon gehört, daß die Parias einen Aufstand versucht hätten.

Der unbegreifliche Fluch, der seit Jahrtausenden auf ihnen lastete, hatte sie gleichsam verhext. In ihrer Ausgestoßenheit hatten sie eine Art Gegenzivilisation, Gegenmoral und Gegenreligion gebildet; Hexensabbat und schwarze Messen bei uns können davon eine gewisse Vorstellung geben. Um zu erreichen, daß ihnen Gerechtigkeit geschehe, hat Gandhi sich nicht auf ihren Zorn und ihre Rachsucht gestützt. Vielmehr hat er den Privilegierten Scham beigebracht über ihre Hartherzigkeit und ihre erniedrigende, mörderische Gleichgültigkeit. Großzügige Männer und Frauen aller Kasten haben an der Befreiung der Unberührbaren mitgearbeitet und dabei ihre gesellschaftliche Stellung aufs Spiel gesetzt. Brahmanen und Fürstensöhne schufen für sie Schulen, Krankenhäuser und eigene Dörfer. Dann wandten sie sich der schwierigsten Aufgabe zu: ihrer Aufnahme in die Gemeindeschulen, in die öffentlichen Krankenhäuser, in die Dörfer der Dorfbewohner.

Der letzte Schritt war ihre Einführung in den Tempel und ins Allerheiligste; damit sollte die Aufhebung der Unberührbarkeit ihre endgültige Bestätigung finden.

Während anderswo Revolutionen meistens mit religiösen Verfolgungen verbunden sind, vollendet sich diese in einer Rückkehr derer, die Unberührbare hießen, zu Gott. Von diesem Zeitpunkt an nennen sie sich „Harijans", das heißt Gotteskinder.

51. Vom höchsten Werk

Das dritte Wunder ist nicht nur ein seltenes und schönes Ereignis, sondern etwas, wofür es meines Wissens in der Geschichte kein Beispiel gibt (außer vielleicht Nikolaus von der Flüe).

Ich will nur wenig dazu bemerken, denn es wäre zuviel zu sagen; alles, was in diesem Buch steht, könnte als Kommentar dazu dienen. Der Leser möge selber die Lücken ausfüllen, abwägen, bedenken.

Die „neue Geschichte" lehrt folgendes: Zwei Bevölkerungsgruppen, Hindus und Muselmanen, die seit tausend Jahren unfreiwillig durcheinandergemischt dasselbe Land bewohnen, glühend vor tiefem, innerstem, kurz: religiösem Haß, sind mit einemmal befreit von einem gemeinsamen Unterdrücker, der sie gegeneinander auszuspielen pflegte und sie gleichzeitig geknebelt hielt.

Jetzt haben sie endlich die Freiheit, nach Herzenslust einander abzuschlachten und zu zerstückeln. Sie zögern nicht, von dieser Freiheit Gebrauch zu machen. Doch plötzlich halten sie inne, weil ein einzelner Mensch gesagt hat: „Ich gebe mein Leben, ich biete es an als Opfer für euren Frieden. Ich werde keine Nahrung mehr zu mir nehmen, ehe ihr Frieden geschlossen habt. Von jetzt an warte ich, leide ich, bete ich!"

Und dieses eine Leben ist so beladen mit Verdiensten, so kindlich geliebt und hoch verehrt von den Völkern Indiens, daß es als Gegengewicht dient gegen diesen jahrhundertealten Haß der Massen.

Und der Friede wird geschlossen.

52. Von der Kraft der Gerechtigkeit, auch Gewaltlosigkeit genannt

Der gewöhnliche Held verteidigt die Gerechtigkeit mit der Kraft seines Körpers.

Der reine Held verteidigt die Gerechtigkeit mit der Kraft der Gerechtigkeit.

„Kraft der Gerechtigkeit", das ist die korrekte Definition von Gewaltlosigkeit.

53. Von der Gerechtigkeit oder der tätigen Vernunft

Ist es notwendig zu erklären, was Gerechtigkeit ist? Selbst der Dümmste, wenn er verleumdet oder mißbraucht wird, gibt durch seinen Ärger zu erkennen, daß er weiß, was Gerechtigkeit ist.

Die Sache ist in der Tat so einfach und klar wie die Rechnung, daß zwei und zwei vier ist. Damit zwei und zwei vier ist, muß indessen eins gleich eins sein.

Einheit und Gleichheit sind gemeinsame Grundlagen der moralischen und der mathematischen Wahrheiten. Gerade Linie und Geradheit sind parallele Begriffe.

Daß eins gleich eins ist, ist für niemanden ein Problem. Wenn ich aber dieser eine bin?

Sobald diese riesige Einheit ins Spiel kommt, verwirrt sich die Rechnung.

Damit ich im Denken und im Handeln weiterhin bekennen kann, daß eins gleich eins ist, muß ich meine Natur bezwingen.

Aber wenn gerade das einer der Grundsätze der Gerechtigkeit ist, daß zwischen mir und jedem anderen kein Unterschied gemacht werden darf, und wenn ich mich zwingen muß, Gerechtigkeit zu üben, dann ergibt sich daraus, daß ich auch die anderen zwingen muß, sie zu üben.

So erklärt sich, daß Gerechtigkeit fast nie ohne Zwang zu erreichen ist.

Gerechtigkeit ist die Substanz aller Tugenden. Jede Tugend wird ohne Gerechtigkeit zur Untugend, zum Irrtum. Zum Beispiel: Liebe ohne Gerechtigkeit, Mut ohne Gerechtigkeit.

Gerechtigkeit ist die Substanz aller Pflichten. Es ist gerecht, wenn man seine staatsbürgerlichen Pflichten erfüllt. Aber die erste Pflicht ist, sich zu fragen, ob unser Staat selber gerechtfertigt ist. Wir haben die Pflicht, unseren Vorgesetzten zu gehorchen, vorausgesetzt, daß ihre Autorität legitim ist. Aber auch das befreit uns noch nicht von der Pflicht, uns zu fragen, ob die Anordnungen, die sie uns geben, gerechtfertigt sind. Es ist Pflicht, sich dem Gesetz des Landes zu unterwerfen, in dem man lebt. Zuerst aber muß man sich fragen, ob dieses Gesetz gerecht ist. Es ist immerhin möglich, daß es uns von einem Tyrannen oder einem Eroberer, einem Hochstapler oder einem Halsabschneider auferlegt worden ist oder daß es auf uralten Irrtümern oder auf Aberglauben beruht. In all solchen Fällen kann es sein, daß die erste Pflicht darin besteht, offen den Gehorsam zu verweigern oder sich in anderer Weise dem Gesetz entgegenzustellen.

Wie dem auch sei, unsere erste Pflicht besteht darin, Gerechtigkeit zu üben. Und die zweite Pflicht ist, nicht zu dulden, daß man sie mißachtet.

Wer Zeuge eines Unrechts wird und den Kopf abwendet unter dem Vorwand, daß die Sache ihn nichts angehe oder daß man Diskretion üben müsse, ist ein Feigling. Sein Sich-Heraushalten macht ihn keineswegs zu einem Unbeteiligten, sondern zum Komplizen des Unrechts.

Das ist der Grund, warum das Leben ein ständiger Kampf und der heilige Krieg eine hohe Pflicht des Menschen ist.

54. Von den zwei Kräften

Die Gerechtigkeit wird gern dargestellt als eine Frau mit einer Waage in der linken und mit einem Schwert in der rechten Hand. Gerechtigkeit ohne Kraft ist keine Gerechtigkeit.

Aber um welche Kraft handelt es sich? Gibt es nur eine?

„Es gibt zwei Kräfte auf der Welt, die Kraft des Schwertes und die Kraft des Geistes. Die Kraft des Geistes wird schließlich immer die Kraft des Schwertes besiegen." Wenn Sie glauben, dieses Wort stamme vom heiligen Franz von Assisi oder von Ramakrischna, dann täuschen Sie sich. Es stammt von Napoleon. Den Beweis dafür hat ein anderer erbracht, ein Held, der sich nicht mit dem Blut seiner Brüder befleckt hat. Satyagraha heißt auch Kraft des Geistes.

55. Einfache Fragen

Ja, aber kann man durch die Kraft des Geistes den Dieb daran hindern, ins Haus einzudringen?

Kann man mit der Kraft des Geistes einen Rohling daran hindern, ein wehrloses Kind oder ein unschuldiges Tier zu mißhandeln?

Kann man mit der Kraft des Geistes einen Eroberer zurückschlagen oder einen Despoten stürzen?

Und wenn man Sie nachts auf der Straße überfällt, verteidigen Sie sich dann mit der Kraft des Geistes?

Versuchen wir nicht voreilig auf alle Fragen eine fertige Antwort zu geben, und hüten wir uns vor verantwortungslosen Antworten.

56. Vom großen, unbeachteten Skandal

Betrachten wir erst einmal, wohin es führt, wenn wir hartnäckig darauf bestehen, so zu antworten, wie man es jahrhundertelang gemacht hat, als man daran festhielt, daß es gegen das Unrecht kein anderes Mittel gebe als Furcht und Gewalt.

Das zwingt uns dazu, einen jahrtausendealten Skandal hinzunehmen, den wir nur aus Gewohnheit nicht mehr erkennen. Er besteht darin, daß die Tugend der Tugenden, die Pflicht der Pflichten: die Gerechtigkeit, blutiger, grausamer und verderbenbringender geworden ist als die wildesten

Leidenschaften und die größten Barbareien; daß kein Verbrechen so viele Opfer fordert und so viele Schäden anrichtet wie sie.

Wenn diese Behauptung Sie in Erstaunen versetzt, dann gehen Sie einmal in ein historisches Museum und betrachten Sie in der Folterkammer gründlich die Zangen, Haken, Stricke, Fesseln, Ketten, das Rad, das Brenneisen, den Knebel, die Daumen- und Beinschrauben, den Brühkessel, den Scheiterhaufen, den Galgen und, was die menschliche Justiz noch schrecklicher bloßstellt, das Kreuz! Sehen Sie sich die Gitter an, die Verliese, in denen Menschen lebend begraben wurden.

Bewundern Sie den genialen Einfallsreichtum gewissenhafter Henker und gelehrter Richter, der fruchtbarer ist als jener der Dichter und der Verliebten.

Beachten Sie den großen Unterschied zwischen dem gewöhnlichen Messerstich eines Mörders und den maßgerecht und kunstvoll erzeugten Wunden, die alle zur Befriedigung der Gerechtigkeit dienten.

Ach, welche Kunstwerke der Wissenschaft von Gut und Böse! Die ganze Bosheit der Guten, die lange Zeit zurückgehalten und aufgespeichert wurde, findet ihren vollkommenen Ausdruck in den Hinrichtungsgeräten der Justiz.

57. Von der Handhabung des Gesetzes

Welch ein auserlesenes Werkzeug ist der Justizapparat für das Profitdenken und für das Machtstreben!

Was für alberne Dummköpfe sind doch diese Spitzbuben, die das Stehlen für ein Handwerk halten, während es doch in Wirklichkeit eine geistige Übung ist!

Im Handumdrehen rafft man mit einem guten Prozeß risikolos Ländereien, Schlösser, Bergwerke und Kapitalien zusammen.

Um seinem Nächsten die Hände zu binden, während man ihm auf den Kopf schlägt, gibt es nichts Besseres als das Rechtswesen.

Die Gesetze sind die Schlüssel und die Hebel von Macht und Reichtum. Wer sich ihrer zu bedienen weiß, ist über jeden Tadel erhaben. Er hält das Heft in der Hand.

58. Warnung vor den Tugenden!

Alle Moralprediger warnen uns vor dem Laster. Aber wer schützt uns vor euren Tugenden, ihr guten Leute, die ihr so gut mit Gütern ausgestattet seid?

Es waren nicht die Diebe und die Mörder, es waren nicht die Wüstlinge und die Säufer, nicht die Huren und die Kuppler, die Jesus Christus gehaßt und verurteilt haben.

Es waren nicht die Diebe, die Mörder, die Wüstlinge, die Säufer, die Huren, die Kuppler, die Jesus Christus verurteilt und verflucht hat.

Was sagte er zu dem Sünder? Er heilte ihn und sagte zu ihm: „Geh hin und sündige nicht mehr, damit dir nicht Schlimmeres widerfahre."

Jene, die er verurteilte und mit Mahnungen, Drohungen und Verwünschungen überschüttete, das waren die Pharisäer, die durch das Gesetz Gerechtfertigten. Für sie gibt es keine Vergebung aus dem einfachen Grund, weil sie nicht um Vergebung bitten werden.

Wer hat Jesus verurteilt und hingerichtet, wenn es nicht angesehene, gutgestellte Bürger waren? Waren es nicht Ratsherren, Richter, Priester, der Statthalter, der König, Soldaten und andere Diener des Gesetzes?

59. Rechenaufgabe

Kommen wir auf das Rechnen zurück, auf: Zwei und zwei ist vier.

Allerdings habe ich in der Schule gelernt, daß man Möhren nicht mit Kohlköpfen multiplizieren darf.

Zwei Gabeln plus drei Elefanten, wieviel Lokomotiven gibt das?

Und jetzt sagen Sie mir: Ein gestohlener Schinken und ein Faustschlag des plötzlich aufgetauchten Metzgers in den Magen des Diebes, wieviel Jahre Gefängnis gibt das?

Und noch etwas, da Sie ja so stark im Rechnen sind: Man hat einen Menschen gefangen, der einen anderen getötet hat.

Was wird man mit ihm machen?

Man wird ihm den Hals abschneiden.

60. Die Ergänzung des Gesetzes

„Mit einer bösen Tat hält man das Böse nicht auf, aber mit einer guten Tat hält man es auf. So lautet das alte Gesetz", sagt Buddha.

„Zum Wohl der Welt einen Menschen töten, das dient nicht dem Wohl der Welt. Sich selber zum Opfer darbieten für das Wohl der Welt, das ist eine gute Tat", sagt Mo Tzu.

Und Gandhi: „Wir müssen uns selber opfern. Andere töten ist feige. Wen glauben wir durch Mord zu befreien?"

Wenn jemand etwas Böses sieht, fragt er sich dann: Welches Böse muß dem Übeltäter angetan werden? Oder fragt er sich: Was für eine gute Tat muß einer solchen Untat entgegengesetzt werden?

Und da Gerechtigkeit eine Gleichheit des Maßes erfordert: Welche gute Tat kommt einer solchen bösen Tat gleich?

Herr, mach mich zu einem Werkzeug deines Friedens,
damit ich Liebe setze, wo Haß ist,
Einigkeit setze, wo Zwietracht ist,
Vergehung setze, wo Kränkung ist,
Hoffnung setze, wo Verzweiflung ist,
Glauben setze, wo Zweifel ist,
Licht setze, wo Finsternis ist,
Freude setze, wo Trauer ist.

So betete Franz von Assisi.

„Wenn ihr die liebt, die euch lieben, wo ist da ein Verdienst? Auch die Sünder lieben die, von denen sie geliebt werden."

„Wenn ihr denen wohltut, die euch Wohltaten erweisen, wo ist da ein Verdienst? Auch die Sünder tun das."

„Liebt eure Feinde, tut Gutes und erwartet nicht, etwas zurückzubekommen" (Lk. 6).

„Es ist schon eintausendachthundert Jahre her, daß dieses Neue Testament geschrieben worden ist", erklärt Henry David Thoreau. „Wo aber ist der Gesetzgeber, der genügend Weisheit und Geschick hat, um das Licht auszunutzen, das es auf Wissenschaft und Gesetzgebung wirft?"

61. Gerechtigkeit und Krieg oder Verbrechen der Tugend

Jene, die Kriege vorbereiten und führen, sind keine Diebe und Mörder, keine Wüstlinge und Säufer, keine Huren und Kuppler. Diese hätten nicht die nötigen Tugenden dazu.

Man sagt, daß die besten Räuber schlechte Soldaten abgeben.

Mit Fehlern, Schwächen und Lastern kann man nicht derartige Schäden anrichten.

Mit Zorn, Haß und Mißgunst bringt man keinen Krieg zustande. Vielmehr braucht man dazu starke Tugenden und ein lebendiges Rechtsgefühl. Gerade die zornige Überzeugung, im Recht zu sein, macht den Krieg verbissen, wild und zerstörerisch.

Man braucht viel Mut, Hingabe, Disziplin, Methode, Wissen, Eifer, Geschicklichkeit, schnelles Reagieren, Ausdauer, Geduld, Klugheit, Kühnheit, Treue und Einfallsreichtum, um so großartige Verheerungen hervorzubringen.

62. Der Stachel der Sünde ist der Tod

Vertragseifer, Bündnistreue, Treue zu gegebenen Versprechen, die Logik der Wissenschaft von Gut und Böse, Spekulationen über Interessen und Ansehen, über Pflichten und Rechte machen den Krieg unvermeidlich.

Das Herumstochern in den Atomen, das Erforschen des Weltraums, große Entdeckungen, die nach langen, geduldigen Forschungen gemacht worden sind, das alles hat die Auswirkungen des unvermeidlichen Kriegs grenzenlos und irreparabel gemacht. Alle Rechtfertigungen der Gewaltanwendung münden schließlich in den Tod.

63. Hoffnungsbekenntnis

Seht her! Der Mandelbaum, der gerade noch starr und grau war wie Eisen, hat Blüten hervorgebracht, viele Blüten. Die Knospen sind aufgebrochen und leuchten grün und rosa.

Ah, mein Menschenbruder, schau schnell den Himmel an, solange er noch blau ist, berühre schnell mit deiner Hand die Erde, bevor sie geschmolzen sein wird! Schnell, bevor diese tüchtigen, gescheiten, fleißigen Leute ihre Pflicht ganz erfüllt haben, bevor sie ihren guten Willen und ihre Fähigkeiten voll zur Anwendung gebracht, ihre Forschungen und Unternehmungen zu Ende geführt haben.

Aber solange es noch einen Feigenbaum gibt, der eine Knospe hervorbringt, kannst du noch hoffen.

64. Glaubensbekenntnis

Die Gewaltlosigkeit beruht auf zwei Glaubensbekenntnissen: dem Bekenntnis des Glaubens an Gott und dem Bekenntnis des Glaubens an den Menschen.

Dieses Bekenntnis des Glaubens an Gott kann man so formulieren: Gott ist vollkommen gerecht und zugleich allmächtig.

Folglich gibt es eine Macht der Gerechtigkeit. Diese Macht ist die Gewaltlosigkeit. Sie ist die Macht Gottes. Doch obwohl er allmächtig ist, zwingt Gott niemanden, ihn zu lieben und das Gute zu tun. Folglich soll auch ich niemanden zwingen.

Wer Gewaltlosigkeit üben will, hat nicht die Aufgabe, seine Kräfte und Fähigkeiten, seine Tugenden und Talente, seinen Intellekt und sein Wissen zu entwickeln. Er muß sich nicht „als Persönlichkeit bestätigen", wie man heute sagt, und auch nicht seine Ansichten untermauern.

Er bemüht sich im Gegenteil, sich seiner selbst zu entleeren und sich zu einem Kanal zu machen, durch den die Kraft der Gerechtigkeit hindurchströmen kann. Wenn er seine Kräfte darauf verwendet, die Deiche instand zu halten, genügt das schon völlig. Wenn ich zur Verteidigung einer gerechten Sache rohe Kraft anwende, dieselbe Kraft, die die Bösen für ihre

Sache einsetzen, dann tue ich das, weil ich nicht weiß, daß es eine andere Kraft gibt, die aus der Gerechtigkeit selber kommt und ihr entspricht. Durch diese Unkenntnis stelle ich mein eigenes Tun in Frage und mache mich unglaubwürdig.

Gandhi sagt: „Es ist edel, sein Hab und Gut, seine Ehre, seine Religion mit dem Schwert zu verteidigen; aber viel edler noch ist es, dies zu tun, ohne dem Angreifer Böses zuzufügen. [. . .] Feige, widernatürlich und verbrecherisch ist es, sie dem Gewalttäter auszuliefern."

Wenn es nur die Wahl gibt zwischen Gewalt und Feigheit, dann ist die Gewalt besser.

Aber man muß alles tun, um aus diesem falschen Dilemma herauszukommen. Es schadet beiden Seiten und führt zu jenen Verkettungen, aus denen unsere Welt und das Verhängnis der vier Geißeln gemacht sind.

Die brutalen Mittel, von denen Schmerz, Trübsal und Tod ausgehen, kann man niemals als neutral ansehen. Sie sind durch und durch schlecht. Daß sie das kleinere Übel seien, muß erst bewiesen werden. Wenn es jedoch die Regel der Gerechtigkeit ist, ein Übel mit einem gleichen Übel zu beantworten, wie kann man dann die Ansicht vertreten, daß es das kleinere Übel sei? Bleibt hinzuzufügen, daß die brutalen Mittel von Natur aus unberechenbar sind, daß sie mit Erregung und Übertreibung verbunden sind; man macht sich schuldig, das Unvorhersehbare nicht in Betracht gezogen zu haben.

Drohung und Einschüchterung sind von derselben Art. List und Täuschungsmanöver gehören zu einer niedrigeren Art. Verführung und Bestechung sehen harmloser aus, sind aber in Wirklichkeit noch schlimmer, noch schändlicher, so gut die Absichten und so heilig die Ziele auch sein mögen.

Wenn man zu schlechten Mitteln greift, widersteht man nicht dem Bösen, sondern trägt dazu bei und verstärkt es. Und man trägt zum Verhängnis der Geißeln bei: Wenn ich einem Ungerechten mit denselben Mitteln entgegentrete, die er gebraucht, dann mache ich mich ihm gleich und kann von Gott nicht erwarten, daß er „meine Sache gegen ein unheiliges Volk" führe, daß er mich „vom frevelhaften, falschen Menschen" rette, wie der Psalmist singt. Wenn ich mich als Verteidiger der Gerechtigkeit ausgebe und zweifelhafte Mittel gebrauche, dann füge ich zur Ungerechtigkeit noch den Betrug.

Die Ansicht, daß der Zweck die Mittel heilige, wurde von Gandhi bedingungslos abgelehnt; das ist einer der wesentlichen Punkte seiner Lehre. Zwischen Zweck und Mitteln besteht dasselbe Verhältnis wie zwischen Samenkorn und Baum. So, wie man noch nie gesehen hat, daß Brombeerranken Weintrauben hervorbringen, so kann man auch nicht erwarten, daß schlechte Mittel zu guten Ergebnissen führen.

Wenn ich die Gerechtigkeit verteidige, muß ich das Schwert der Gerechtigkeit ergreifen. Aber was ist das für eine Waffe, wie wird sie gehandhabt, wie führt sie zum Sieg? Hier tritt das Bekenntnis des Glaubens an den Menschen auf den Plan.

Dieses andere Glaubensbekenntnis hängt von dem erstgenannten ab, wie der Mensch von seinem Schöpfer abhängt, dessen Bild und Gleichnis er unbewußt in sich trägt.

Er hat also die Wahrheit unbewußt in sich selber und ist deshalb für die Wahrheit zugänglich.

Zwei und zwei ist vier, für den Franzosen wie für den Bantu, für den Papua wie für den Chinesen, für den Bösen wie für den Guten, für den Feind wie für den Freund.

Wenn die Gerechtigkeit meiner Sache so klar ist wie die Rechnung, daß zwei und zwei vier ist, dann sollte es möglich sein, meinen Feind dazu zu bringen, das anzuerkennen.

Hier stellt Gandhi nun eine Behauptung auf, die man als abenteuerlich und naiv bezeichnen könnte, wüßte man nicht, daß sie auf einem halben Jahrhundert praktischer Erfahrung beruht: „Ein Mensch, der vor sich selber bekennen muß, daß er unrecht hat, kann den Kampf nicht fortsetzen."

Daraus ergibt sich, daß mein Feind, dieser Bösewicht, dieser Rohling, dieser lasterhafte Kerl, dieser ehrgeizige Streber, dieser Geizhals, dieser Sadist, dieser kalte Rechner, dieser Verräter, dieser raffinierte Rechtsverdreher, dieser Tyrann, dieser Flegel, dieser Schurke, einfach ein Mensch ist, der sich irrt.

Aus dieser Gewißheit ergeben sich drei Folgerungen.

Die erste ist, daß ich meinen Feind von seinem Irrtum befreien muß. So beende ich den Kampf und tue etwas für mich selber, aber auch für meinen Feind, denn sein Irrtum hat für ihn nichts Gutes.

Die zweite ist, daß Verachtung und Haß hier unangebracht sind.

Die dritte Folgerung besteht darin, daß der Konflikt zwischen mir und meinem Feind eine Beziehung geschaffen hat, die Ähnlichkeit hat mit der Beziehung des Arztes zu seinem Patienten, des Vaters zu seinem Kind. Das bringt mich auf Anhieb in eine überlegene Situation, auch wenn ich selber das Opfer bin, das mit Füßen getreten wird. Allerdings entsteht daraus für mich keinerlei Anspruch irgendwelcher Art; weder ein guter Arzt noch ein guter Vater denkt an solche Dummheiten.

65. Angriffsziel der Gewaltlosigkeit

Wo soll ich den Gegner schlagen?
In der Mitte.

Was heißt das? Auf den Kopf?
Nein.
Auf die Brust?
Nein.
In den Bauch?
Nein.
Wo dann?
In der Mitte: in seinem Gewissen.

66. Prüfstein der Gewaltlosigkeit

An was erkennt man den Gewaltlosen?
Vielleicht daran, daß er sanft, liebenswürdig, freundlich, nachsichtig, geduldig, nachgiebig, heiter ist, daß er lächelt und segnet?
Nein, das gilt alles auch für den Heuchler.
Daß er ruhig, entspannt, gelöst und gleichmütig ist?
So verhält sich auch der Gleichgültige.
Daß er sich beherrscht und seinen Zorn zu zügeln versteht?
Ein höflicher Weltmann tut das gleichfalls.
Der Gewaltlose ist einer, der seine ganze Taktik darauf ausrichtet, die Dinge klarzustellen, und auf das Gewissen zielt.
Erst in einem Konflikt erkennt man den Gewaltlosen, kann man doch von Gewaltlosigkeit nur dort sprechen, wo es natürlich und vielleicht sogar berechtigt wäre, Gewalt anzuwenden, und nur dann, wenn sie die Probleme löst, die normalerweise mit Gewalt angegangen werden. Im Konflikt versucht der Gewaltlose nicht, dem Zorn seines Gegners auszuweichen, sein Mitleid zu erregen, ihn zu überlisten; er trachtet vielmehr danach, in aller Klarheit Übereinstimmung zu erzielen.
Um dieses Ziel zu erreichen, können, je nach Situation, rauhe Worte genauso dienlich sein wie sanfte, kann man mit heftigen Gesten, die verblüffen, mit sarkastischen Äußerungen, die aufrütteln, genauso aufwarten wie mit Flüchen, die warnen, und, im äußersten Fall, sogar mit Schlägen. Ja, auch mit Schlägen, vorausgesetzt, sie sind so frei von Gewalt wie die von einem Chirurgen zum Zweck der Heilung durchgeführte Amputation eines Gliedes.

67. Von der Feindesliebe

Was heißt Feindesliebe?
Daß ich zum Feind sage: „Ich liebe dich, ich liebe dich, komm und laß dich umarmen"?

288

Daß ich in meinem Bett von ihm träume wie die Braut von ihrem Bräutigam?

Daß ich ihm Blumensträuße schicke oder Bonbons? Jemanden lieben heißt: ihm Gutes wünschen und ihm Gutes tun. Die erste und wichtigste gute Tat, die ich dem Feind zu erweisen habe, ist die, ihn von seiner Feindschaft zu befreien.

Aber die richtige Barmherzigkeit verlangt, daß man bei sich selber anfängt. Ich muß mich also selber von allem Übelwollen gegen ihn befreien. Das verlangt viel Mut, eine Umkehr und Selbstüberwindung, denn wir hängen an dem, was wir hassen, mindestens genauso wie an dem, was wir lieben, an unseren Leiden ebenso wie an unseren Freuden.

Aber was für eine Belohnung, was für ein Sieg, wenn am Ende ihrer Leiden die ehemaligen Feinde sich die Hände reichen und mit Tränen einander in die Augen schauen! Ich glaube, daß weder die Liebe den Verliebten noch die Freundschaft den Freunden ein solch tiefes, starkes und zartes Glücksgefühl schenken kann.

68. Von der Gewaltlosigkeit, von der Liebe und von der Barmherzigkeit

Da wir von Feindesliebe gesprochen haben, müssen wir den Zusammenhang von Gewaltlosigkeit und Liebe etwas beleuchten. Wir hätten auch damit anfangen können.

Gandhi bezeichnete die Gewaltlosigkeit oft als gleichbedeutend mit Liebe. In meinem Buch *Pilgerschaft zu den Quellen* [erschienen 1951 im Schwann Verlag, Düsseldorf, vergriffen; Anm. d. Ü.] habe ich gesagt: „Die Gewaltlosigkeit, so, wie Gandhi sie praktiziert und lehrt, unterscheidet sich in keiner Weise von der christlichen Barmherzigkeit." In *Vinôbâ ou le Nouveau Pèlerinage* bin ich noch einmal auf diesen Punkt eingegangen. Ich glaube, daß man in so wesentlichen Dingen genau sein muß. Das Unbestimmte und Verschwommene verführt oft zu Fehlinterpretationen, die alles verwirren und verwässern.

Es handelt sich da um zwei ganz verschiedene Dinge. Ich sage nicht, daß sie entgegengesetzt oder getrennt sind; aber in ihrem inneren Wesen sind sie verschieden. Eigentlich sind es sogar drei Dinge, und glücklicherweise haben wir auch drei Worte, um sie zu bezeichnen: Liebe, Barmherzigkeit, Gewaltlosigkeit.

Um den Unterschied zwischen Gewaltlosigkeit und Liebe zu erhellen, genügt die Erfahrung, daß die natürliche Liebe fast immer mit Gewalt und Haß verbunden ist. Vor allem Haß gehört zur Liebe, weil dies die zwei Pole ein und derselben Gemütsbewegung sind.

Wenn Sie einen Menschen lieben, werden Sie unvermeidlicherweise alle die hassen, die ihm Böses wollen. Jede Liebe hat ihre Kehrseite des Hasses.

Das ist der Stoff vieler Romane und Dramen und der Grund, weshalb diese Leidenschaft so leicht zu Verbrechen und Selbstmord führt. Jeder feste Gegenstand, der von einer Lichtquelle beleuchtet wird, hat eine dunkle Hälfte. So wirft auch jede Liebe einen Schatten des Hasses. Schwierig ist es zu beurteilen, ob Schatten und Lichtwirkung genau gleich sind. Meistens ist die schattige Rückseite etwas größer als die Lichtseite. Manchmal berührt der Strahl der Liebe nur einen Punkt, während der Schattenkegel fast alles bis zum Horizont bedeckt.

Das wird noch deutlicher, wenn die Liebe mit Eifersucht verbunden ist. Dann haßt man nicht nur diejenigen, welche die geliebte Person hassen, sondern auch diejenigen, die sie lieben. Das kann so weit gehen, daß man auch die geliebte Person haßt, weil sie die anderen nicht genug haßt.

Aber nicht nur die leidenschaftlichen und dramatischen Formen der Liebe haben ihre Kehrseite. Auch die schlichte Anhänglichkeit gegenüber Nahestehenden, so lau und mittelmäßig sie sein mag, hat ihre Kehrseite. Diese besteht nicht aus Haß, kann aber dessen tödliche Auswirkungen haben. Ich meine die Gleichgültigkeit.

Gleichgültigkeit ist immer etwas sehr Oberflächliches. Wenn der Gleichgültige uns versehentlich auf die Füße tritt, wenn er uns, ohne es zu merken, den Weg versperrt, wenn er unwissentlich unsere Vorhaben durchkreuzt, dann brechen wir in ein Wutgeheul aus und verfluchen ihn. Die Gleichgültigkeit ist eine dünne Decke, die über Abgründe des Hasses gebreitet ist. Auch bringt sie mehr Leid und Tod über die Menschen als der Haß, fügt sie sich widerstandslos jedem Unrecht und jeder Bosheit.

Deshalb kann man Gewaltlosigkeit nicht mit Liebe gleichsetzen. Gewaltlosigkeit ergibt sich auch nicht notwendigerweise aus der Liebe. Sie hat eine andere Quelle.

Gewaltlosigkeit entsteht aus etwas, was der natürlichen Liebe sogar oft entgegensteht: aus Gerechtigkeit und Achtung. Deshalb leiten sich ihre Grundsätze von der Moral und vom Ehrbegriff des Heldentums ab.

Hier stellen sich zwei Fragen von großer Bedeutung: Gibt es eine Liebe ohne Kehrseite des Hasses? Kann man Liebe und Gerechtigkeit miteinander in Einklang bringen?

69. Von der Barmherzigkeit

Es gibt eine Liebe ohne Kehrseite des Hasses. Diese Form der Liebe nennt man Nächstenliebe oder Barmherzigkeit. Als deren Merkmal schlechthin könnte man es bezeichnen, daß sie sich von jeder Form natürlicher Liebe unterscheidet.

Ein anderes Kennzeichen der Barmherzigkeit ist es, daß sie kein Gefühlserlebnis ist, daß sie nicht den unberechenbaren Schwankungen des Gefühlslebens unterliegt. Wenn die Barmherzigkeit einfach ein Gefühl wäre, dann könnte sie nicht Gegenstand eines Gebotes sein. Aber sie macht den zweiten Teil des „größten Gebotes" aus, „an dem das ganze Gesetz und die Propheten hängen".

Es ist unsinnig, zu jemandem „Sei traurig" oder „Freu dich" zu sagen, wenn man damit nicht die Absicht verfolgt, mahnend oder ermunternd zu wirken. Ebenso absurd ist die Aufforderung: „Fühl! Ich befehle es dir!" Wenn es also ein Gebot gibt, das heißt: „Du sollst deinen Nächsten lieben", dann muß diese Liebe logischerweise ein Willensakt sein und eine Tugend. Für den Menschen ist diese Tugend von Natur aus schwierig, ja beinah unmöglich. Sie ist gleichzeitig Gnade, eine gewissermaßen übernatürliche Tugend, die aus der Gotteserkenntnis erwächst. Theologisch gesprochen ist sie eine der drei göttlichen Tugenden.

Die Barmherzigkeit ist eigentlich eine „bekehrte" Liebe. Bekehrung heißt Umkehr, Verwandlung.

„Was?" sagen manche Leute. „Ist lieben nicht das Einfachste, was es gibt?" Ja, einfach schon. „Liebe deinen Nächsten wie dich selbst" – das ist einfach zu sagen und zu verstehen.

Einfach heißt aber nicht leicht. Für jene, die durch die Weisheit der Schlange kompliziert geworden sind, ist das Einfachste das Schwierigste.

„Wer ist mein Nächster?" fragt der Gesetzeslehrer. Die Antwort ist sehr einfach: „Irgend jemand, zum Beispiel der dort."

Und jetzt liebe ihn, wenn du kannst!

Nein, leicht ist das nicht, ganz bestimmt nicht! Er hat nicht immer ein schönes Gesicht, dieser Nächste. Ja, ich weiß aus Erfahrung, oft ist er sogar ein ausgesprochen widerwärtiger Kerl.

Und wenn es wegen des schönen Gesichts ist, wegen der schönen Augen, wegen der hübschen Locken und des erdbeerfarbenen Mundes, daß ich das Mädchen liebe, das auch mein Nächster ist, ist das dann reine Barmherzigkeit? Starke Zweifel an der Selbstlosigkeit der Sache kommen da auf.

Ich meine, die Barmherzigkeit ist dort rein, wo sie schwierig ist und sich mit dem Nächsten befaßt, der mir nichts bedeutet, der mir nicht gefällt und der nichts hat, um sich mir erkenntlich zu zeigen.

Aus diesem Grund und nicht in sozialreformerischer Absicht wendet sich der Heilige an den Armen und bedient ihn zuerst. Aus diesem Grund und nicht, um ferne Länder für die Kirche zu erobern, verläßt der Missionar seine Heimat und seine Angehörigen und eilt dem Tataren und dem Zulu zu Hilfe. Denn um den Nächsten zu lieben, müssen wir aufhören, unsere Angehörigen mit Aufmerksamkeitserweisen zu erdrücken.

„Verbrenne, was du verehrt hast, und verehre, was du verbrannt hast" – dieses Wort des heiligen Remigius an Chlodwig ist das Wort der Heiligen an alle Bekehrten. Verlasse dein Haus und deine Angehörigen, verlasse dich selbst und folge mir – das ist der Aufruf zur Barmherzigkeit. Deshalb leuchtet sie wie eine Brandfackel, die in diese Welt geworfen wurde, deshalb ist sie den ehrsamen Leuten und den braven kleinen Familien ein Ärgernis, all jenen, die so ruhig schliefen, so weit entfernt von allen Sorgen, besonders von den Sorgen um die Nöte des Nächsten!

Nächstenliebe heißt einfach: Liebe diejenigen, die du nicht magst! Tatsächlich ist nichts so einfach und klar wie dies. Um diesen Preis wird deine Liebe frei von jener Kehrseite des Hasses, von jenem Makel der Gleichgültigkeit sein.

70. Von der Liebe und von der Gerechtigkeit

Wie kann man nun Liebe und Gerechtigkeit miteinander in Einklang bringen? Hat man ein Recht zu lieben?

Antworten wir nicht zu schnell und nicht leichtfertig. Die Frage hat Gewicht und kann nicht mit einem Wort beantwortet werden. Es ist eine jahrtausendealte Frage, mit der sich jeder Liebende und jeder ehrliche Mensch früher oder später auseinandersetzen muß.

Die Gerechtigkeit ist eine Mathematik des Handelns. Doch wer liebt, mißt nicht und rechnet nicht.

Lieben bedeutet sich vereinen. Aber die Gerechtigkeit unterscheidet und trennt Gut von Böse und folglich auch den Guten vom Bösen, sie kämpft und zerschneidet.

Paulus sagt: „Die Liebe erträgt alles, verzeiht alles, betrachtet nicht das Böse." Aber eine Gerechtigkeit, die jedes Unrecht duldete, die den Bösen ihre Untaten im voraus vergäbe, die vor dem Unrecht die Augen verschlösse, wäre keine Gerechtigkeit mehr, sondern Liebedienerei und Mittäterschaft.

Es gibt viele wichtige Augenblicke im Leben, in denen wir uns fragen: Soll ich der Gerechtigkeit folgen oder der Liebe? Entscheiden müssen wir uns, und je nachdem wir uns entschieden haben, werden wir durchgreifen oder vergeben, die Augen öffnen oder verschließen, umarmen oder zurückstoßen.

Die Barmherzigkeit, wie wir sie definiert haben: als eine „bekehrte" Liebe, trägt auch ein Element der Gerechtigkeit in sich. Da, wo die Gerechtigkeit sagt: „Ich oder ein anderer, das ist kein Unterschied", da besteht die Barmherzigkeit darauf, den Nächsten zu lieben wie sich selbst. In diesem wichtigen Punkt sprechen beide Tugenden dieselbe Sprache.

In anderen Punkten vermissen wir die Übereinstimmung. Das Evangelium gibt auf die jahrtausendealte Frage seine eigene Antwort. Von seinen aufregendsten und schockierendsten Stellen – dem Gleichnis von den

Arbeitern im Weinberg, dem Gleichnis vom ungetreuen Verwalter, der Bergpredigt und schließlich der Leidensgeschichte – könnte man sogar sagen, daß sie die Forderungen der Barmherzigkeit an die Gerechtigkeit formulieren.

Gerechtigkeit und Gesetz lassen sich indessen nicht abschaffen. Gerechtigkeit und Liebe müssen miteinander versöhnt werden. Der Schlüssel zu dieser Versöhnung ist die Gewaltlosigkeit.

Wenn Sie wollen, daß die natürliche Tugend der Gerechtigkeit und die übernatürliche Tugend der Liebe nicht miteinander in Konflikt geraten, daß sie sich nicht miteinander vermischen und sich nicht gegenseitig aufheben, dann muß man sie von dem befreien, was sie mit ihrem Gegenteil gemeinsam haben.

Und was haben Liebe und Gerechtigkeit mit ihrem jeweiligen Gegenteil, mit Haß und Ungerechtigkeit, gemeinsam? Die Gewalt!

Nehmen wir sie weg, ist die Versöhnung da. Lassen wir sie, wird alles widersprüchlich und verwirrend bleiben, trotz guten Willens und großer Tugendhaftigkeit. Dann müssen Sie zwischen Liebe und Gerechtigkeit wählen, und vor lauter Verlegenheit werden Sie sich vielleicht für keine von beiden entscheiden.

71. Von der taktischen Regel

Die taktische Regel der Gewaltlosigkeit wird im Evangelium (Mt. 5, Lk. 6) mit einer Deutlichkeit beschrieben, die nichts zu wünschen übrigläßt: „Wer dich auf die rechte Wange schlägt, dem halte auch die andere hin, und dem, der dich vor Gericht bringen und deinen Rock nehmen will, dem laß auch den Mantel. Und wer dich nötigt, eine Meile weit zu gehen, mit dem geh zwei."

Was will diese Regel? Sie will den Feind dazu führen, doppelt soviel Schaden anzurichten, wie er vorhatte, und das mit einer enttäuschenden Leichtigkeit.

Warum?

Damit er ins Leere fällt und dadurch Klarheit bekommt. Einer, der sich darauf vorbereitet hat, gegen ein Hindernis anzurennen, und keines findet, stürzt ins Leere und hält inne. Er wird notwendigerweise auf sich selbst zurückgeworfen und muß nachdenken.

So brutal und von Leidenschaften verblendet der Angreifer auch sein mag, er ist ein Mensch, und der Geist der Gerechtigkeit wohnt in ihm, ob er will oder nicht. Wenn er dich zu Unrecht schlägt, weiß er sehr wohl, was er verdient, und erwartet es auch. Doch anstatt ihm Gleiches mit Gleichem zu vergelten, versuchst du ihn dazu zu verleiten, dir auch noch das aufzuladen, was er eigentlich selber erleiden müßte. Es kann dann gar nicht anders sein, als daß früher oder später in seiner finsteren Seele etwas aus dem Gleichgewicht gerät.

72. Von den Unsicherheiten und den Gefahren

Ja, aber was ist, wenn der Idiot, anstatt mir einfach eine zweite Ohrfeige zu geben, mir gleich hundert Stück verabfolgt, ehe er merkt, daß er so nicht weitermachen kann?

Oder wenn ihm erst die Augen aufgehen, nachdem er mir mit dem Vorschlaghammer einen Schlag auf den Schädel versetzt hat?

Oder wenn der andere statt der acht Tage, die ich fasten wollte, um ihn zu erweichen, acht Monate braucht, um zur Vernunft zu kommen?

Was dann?

Ja, mein Freund, das ist möglich. Das Geringste, was Ihnen passieren kann, ist, daß Sie viel leiden müssen.

Aber wenn Sie Wagnis, Leid und Tod vermeiden wollen, dann sind sie weder für die Gewalt noch für die Gewaltlosigkeit zu gebrauchen. Dann ist es das beste, wenn Sie Ihre Pantoffeln anziehen und in Ihrem Zimmer bleiben, bis Ihnen Grippe, Atomspaltung oder Altersschwäche zeigen, was Ihre Vorsicht wert war.

73. Von einer unglaublichen Anmaßung

Also, wenn ich recht verstehe, ist die Gewaltlosigkeit eine Art und Weise, den Gegner zum Nachdenken zu zwingen, ihm die Nase in seinen eigenen Dreck zu stecken, ihm sein Unrecht vor Augen zu halten, bis ihm die Wahrheit bewußt wird.

Und das nennen Sie gewaltlos?

Ich finde das unglaublich anmaßend. Denn wenn ich recht verstehe, sind Sie es, der die Wahrheit besitzt. Sie ist Ihr Eigentum, Ihr Jagdrevier, Ihr Geschäft!

Und die anderen, die sich in der Finsternis der Sünde befinden, die lassen Sie erst in Ruhe, wenn sie amen gesagt haben!

Das ist ein wuchtiges Argument. Aber es kann entkräftet werden. Genau so sieht nämlich die Haltung der Gewalttätigen aus. Sie haben immer in allem recht, während ihre Gegner immer vollkommen und in jeder Beziehung Unrecht haben, lächerlich und verrückt sind.

Alle, die sich streiten, erklären das und noch viel mehr. Jeder erklärt sich, und keiner hört zu. Ob das nun zwei streitsüchtige Weiber sind, die sich vor der Tür gegenseitig mit dem Besen traktieren, oder zwei Staaten, die auf diplomatischem Wege miteinander verkehren, ist ganz gleich.

Gandhi verlangte von den Seinen vor jeder Aktion, sich selber zu fragen und zu erforschen, was ihr eigener Schuldanteil in dem sich anbahnenden Konflikt sein könne.

Als zweites forderte er von ihnen, vor ihren Gegnern ihre Schuld zu bekennen.

Als drittes verlangte er von ihnen, Wiedergutmachung anzubieten und öffentlich Buße zu tun.

Schließlich stellte er an sie die Forderung, die Schläge, Beschimpfungen und Verluste, die sie möglicherweise treffen würden, als nicht so ungerecht anzusehen, wie es schiene, und sie zu ertragen als Sühne für die Sünden der Welt, zu der sie gehörten, und für die Sünden ihrer Gegner, für die sie sich mitverantwortlich zu fühlen hätten.

Selbst wenn sich unser Schuldanteil nur wie ein Strohhalm ausnimmt und der unseres Feindes wie ein Berg, so müssen wir doch diesen Strohhalm ans Licht ziehen und ihn im Feuer verbrennen, bevor wir das Recht haben, uns mit dem Berg zu beschäftigen.

Sie sagen, es sei Wahnsinn, einem anderen den Stock in die Hand zu geben, mit dem er sie schlagen könne. Der Feind kenne Ihren Fehler ja gar nicht; man sehe das daran, daß er Sie aller möglichen Dinge wegen anklage, nur nicht deswegen!

(Ja, das gibt Ihnen den doppelten Vorteil, daß Ihre Schandtaten verborgen bleiben und daß Sie auf die Anklagen mit der vornehmen Entrüstung des Schuldlosen, antworten können.)

Nun, Ihr Feind weiß tatsächlich nichts davon. Aber er weiß, daß er nichts weiß!

Solange Sie Ihren Fehler verbergen, den Ihr Feind nicht entdeckt und nicht erraten hat und dessen Bekenntnis ihn in Erstaunen versetzen würde, so lange werden Sie auf Ihre Anklage keine andere Antwort erhalten als: Und Sie?

Ihr Bekenntnis indessen wird ihn zu sich selber zurückführen.

74. Von der Gewaltlosigkeit im Irrtum

Wie verhält es sich nun aber mit einem Gewaltlosen, der sich irrt? Mit einem Unglücklichen, der mit heldenhaftem Mut für ein eingebildetes Recht oder für eine falsche Idee eintritt?

Es gibt ja diese Fanatiker, die bereit sind, für irgendeine abartige fixe Idee zu sterben.

Wenn schon jemand fanatisch ist, ist es doch immerhin besser, wenn er es auf gewaltlose Weise ist und nur sich selber schadet, als wenn er seinen Zorn an anderen ausläßt. Mit Irrtümern, denen auch ein ernsthafter, gesunder Geist verfallen kann, hat man in der praktischen Gewaltlosigkeit schon Erfahrungen gemacht. Es hat sich immer gezeigt, daß sich in Fasten, Leiden, geduldigem Warten, wiederholtem Scheitern dem Gewaltlosen jene Wahrheit aufdrängt, die er durch sein Zeugnis dem Gegner aufdrängen wollte, die er aber selber nicht kannte.

Mit anderen Worten: Man darf sich nicht der Gewaltlosigkeit bedienen, um den Gegner zu besiegen, denn die Gewaltlosigkeit gibt stets der Vernunft recht.

75. Vom Mißbrauch der Gewaltlosigkeit

Ist es möglich, die Gewaltlosigkeit bewußt zu mißbrauchen?

Wer etwas mißbraucht, sucht im allgemeinen seinen Vorteil oder sein Vergnügen. Aber die Gewaltlosigkeit bietet nichts derartiges. Deshalb ist ein solcher Mißbrauch unwahrscheinlich.

Es gibt jedoch etwas Ähnliches; man bezeichnet es als seelische Erpressung. Sie wird recht häufig zwischen Eltern und Kindern sowie zwischen Verliebten praktiziert. Dabei wird auf die Schwächen der Anhänglichkeit, nicht auf die Kraft der Gerechtigkeit und des Gewissens abgehoben. Eine solche seelische Erpressung speist sich aus krankhafter Quelle. Sie ist nicht imstande, einen engen Kreis, wo sie nur eine Gemeinheit neben anderen ist, zu sprengen.

Wenn man Gewaltlosigkeit als die Kraft der Wahrheit betrachtet, muß ihre Spitze in dem Maße stumpf werden, wie ihr die Wahrheit abgeht; die ihr eigene Hebelwirkung geht dann verloren. Ein Mißbrauch ist deshalb fast unmöglich. Bei der Gewalt hingegen ist zwischen Gebrauch und Mißbrauch kaum zu unterscheiden, wenn es um Konflikte oder um Strafen für andere geht.

76. Von einer verwerflichen Bescheidenheit

„Das ist ja alles schön und gut – aber wir sind keine Heiligen", sagen viele Leute mit einer verwerflichen Bescheidenheit.

Was sagte dieser Gandhi von sich selbst? Er sagte: „Ich bin ein Mensch wie jeder andere." Man sieht da die Demut des Heiligen und die Bescheidenheit des Weisen. Aber selbst Demut und Bescheidenheit hätten Gandhi nicht dazu bewegen können, etwas zu sagen, was er für unwahr gehalten hätte.

Und in gewissem Sinn stimmt es auch, was er sagte. Er war weder besonders intelligent noch besonders gebildet, weder besonders kultiviert noch besonders beredt, weder künstlerisch begabt noch vom Himmel inspiriert; auch war er gewiß nicht von berückender Schönheit.

Aber gerade die Tatsache, daß er „wie jeder andere" war, ist eine der eindrucksvollsten Lektionen, die er uns gegeben hat. Denn wenn er, obwohl ein Mensch wie wir alle, so große Dinge vollbracht hat, dann können wir unsere Untätigkeit nicht mit unserer Mittelmäßigkeit entschuldigen; das wäre zu billig. Es geht nicht darum, ein Heiliger zu sein. Es geht darum, ein Mensch zu sein. Es geht darum, zu leben und zu überleben. Es geht darum, nicht mit Körper und Seele verschlungen zu werden. Die Gewaltlosigkeit führt uns zu Anstrengungen und Opfern, aber Gewalt und Feigheit stoßen uns in den Abgrund.

77. Von der Fähigkeit der Europäer

Sind die Europäer für die Gewaltlosigkeit geeignet? Haben sie nicht von Natur aus und von ihrer Tradition her eine Abneigung dagegen?

Manche Völker sind für diese Handlungsweise mehr begabt und besser vorbereitet. Nach den Hindus sind vielleicht die Neger berufen, hier eine Vorrangstellung einzunehmen, und zwar aufgrund ihrer Natürlichkeit, deretwegen sie von anderen Rassen versklavt und verachtet wurden. Vielleicht sind sie jene „Letzten, die die Ersten sein werden", jener von den Bauleuten verworfene Stein, der zum Eckstein werden soll. Sie haben in Ghana und in den USA gezeigt, daß die Lehre Gandhis in ihr Herz gedrungen ist.

In Zentralafrika gibt es eine Prophezeiung, die etwa so lautet: „Im Anfang waren wir da. Wir sind es, welche die Türen geöffnet haben. Dann sind hellhäutigere Menschen gekommen, die uns überwältigt haben, die uns haben arbeiten lassen, uns aber nicht verachtet haben. Und dann sind sie umgekommen. Dann sind noch hellhäutigere Menschen gekommen, die uns unterdrückt und verachtet haben. Auch sie werden umkommen. Wir werden die Letzten sein und die Türen schließen."

Ich frage mich: Sind die Europäer den Hindus und den Negern wirklich so unterlegen? Sind sie so töricht, daß sie nicht verstehen können oder wollen, was doch unübersehbar ist? Daß sie einen mutigen und vernünftigen Vorschlag nicht annehmen?

Kein Volk fühlt sich in seiner Masse zur Gewaltlosigkeit hingezogen. Wenn ein Volk die Wahl hat zwischen guten und schlechten Waffen, wird es sich ohne Zögern für die schlechten entscheiden.

Daß die Inder so massenhaft Gandhi nachgefolgt sind, liegt daran, daß sie keine andere Wahl hatten. Sie standen armselig und waffenlos einem mächtigen, hervorragend bewaffneten und disziplinierten Reich gegenüber.

Aber heute befindet sich der Westen selber in einer solchen Lage, wenn er sich dessen auch noch nicht ganz bewußt geworden ist. Denn die Überbewaffnung, die ein solches Ausmaß erreicht hat, daß man nicht mehr wagt, daran zu rühren, schafft eine Situation, die der völligen Waffenlosigkeit sehr ähnlich ist.

Die Vertreter eines fortschrittlichen, modernen Verteidigungssystems sind in Wirklichkeit rückständige Denker, die geistig noch in den Zeiten Königin Viktorias oder Napoleons leben.

78. Von der Fähigkeit der Militärs

Heute [1959; Anm. d. Ü.] erlebt man es sogar, in England nämlich, daß ein hochdekorierter Major einen Plan zur gewaltlosen Landesverteidigung ausarbeitet und veröffentlicht („National Defence in Nuclear Age" von King Hall).

Bisher war die Gewaltlosigkeit eine Prophetensache, um die es ziemlich schlecht bestellt war. Aber da nun die Militärs die Sache in die Hand nehmen, wird bald ein anderer Wind blasen.

Doch Spaß beiseite. Es ist nicht das erstemal, daß Krieger daran mitwirken. Wer die vorangegangenen Seiten über den Helden gelesen hat, den wird das nicht wundern. Jeder, der edlen Blutes und edlen Herzens ist, muß anerkennen, daß für Heldentugenden in den abscheulichen, mechanisierten Massentötungen von heute kein Platz ist, und muß als Krieger den modernen Krieg ablehnen. In der Gewaltlosigkeit dagegen wird sein Mut Nahrung finden, wird er seinen Durst nach Ehre stillen können.

Es fehlt nicht an Beispielen von bekehrten Kriegern, angefangen von Kaiser Aschoka bis zum heiligen Martin von Tours, welche die Waffen des Todes mit den Waffen des Lebens vertauschten. In unserer heutigen Zeit aber gibt es kaum ein bewundernswerteres Beispiel als jenen General Rondon, ein wahrer brasilianischer Nationalheld, der die Indianer des Hinterlandes befriedete und dessen Wahlspruch lautete: „Lieber getötet werden als töten."

Gandhi hatte keinen glühenderen Anhänger als einen großen Anführer der kriegerischen Bergstämme des Nordwestens namens Abdul Ghaffar Khan, der zudem auch noch ein Moslem war. Die Sikhs, bei denen sich das Kriegshandwerk seit unvordenklichen Zeiten vom Vater auf den Sohn vererbt hat, setzten sich massenhaft für Gandhis Revolution ein. An den historischen Tagen des gewaltlosen Aufstandes in Bombay marschierten sie in geordneten Marschkolonnen durch die Stadt, in voller Tracht, den Turban um den Kopf gebunden, die Waffen weggesteckt, die entblößte Brust von Tapferkeitsauszeichnungen übersät. Fügen wir noch hinzu, daß Vinoba Bhave in Indien eine wirklich gewaltlose Armee von siebzigtausend Mann aufstellen will.

Die Gewaltlosigkeit hat auch im Westen eine lange Geschichte. Auch hier hat sie ihre Apostel, ihre Helden, ihre Theoretiker, ihre Dichter und ihre Revolutionäre hervorgebracht. Auch hier hat sie ihre Siege errungen, die zwar weniger berühmt wurden als Gandhis Sieg in Indien, jedoch bedeutend genug sind, um zum Nachdenken anzuregen und uns Hoffnung zu geben.

79. Die Charta der Gewaltlosigkeit

Das Evangelium ist die Charta der abendländischen Gewaltlosigkeit.

„Selig sind die Sanftmütigen, denn sie werden das Land besitzen . . .“

„Liebet eure Feinde, segnet, die euch fluchen . . .“

„Wer dich auf die rechte Wange schlägt, dem halte auch die andere hin, und dem, der dich vor Gericht bringen und deinen Rock nehmen will, dem laß auch den Mantel . . .“

„Tu dein Schwert an seinen Platz. Denn alle, die zum Schwert greifen, werden durch das Schwert umkommen . . .“

So lauten die Artikel der Charta. Sie werden nicht weiter erklärt, denn jenen, die Ohren haben zu hören, genügen sie so. Ihr Kommentar ist die Tat, vor allem die größte aller Taten: das Leiden Christi.

Ein Christ, der die in diesen Artikeln enthaltene Lehre der Gewaltlosigkeit ablehnt, vernachlässigt, vergißt, der nimmt dem Feuer, das Jesus auf die Erde geworfen hat, seine Flamme, nimmt dem Schwert, das er gebracht hat, seine Spitze und dem Salz seine Würze.

80. Die Gewaltlosigkeit, Waffe der Märtyrer

Die Taten der ersten Christen sind für uns seit unserer Kindheit eher Gegenstand der Verehrung als Anlaß zum kritischen Nachdenken.

Wenn wir indessen die Standhaftigkeit der frühen Christen als Methode betrachten, müssen wir sie in eine Kategorie von Verhaltensweisen einordnen, die von Thoreau und Gandhi als „ziviler Ungehorsam“ bezeichnet worden sind. Ihr Verhalten gipfelte in der Weigerung, den Göttern zu opfern. Dazu kamen im allgemeinen weitere Weigerungen: die Weigerung, die Gerichte anzurufen, die Weigerung, sich vor Gericht zu verteidigen, die Ablehnung persönlichen Eigentums, die Weigerung, Waffen zu tragen und Machtstellungen anzunehmen.

Dadurch hatten sie sich die Feindschaft der ganzen damaligen zivilisierten Welt zugezogen; auch so große Geister wie Tacitus, Mark Aurel und Plotin machten dabei keine Ausnahme. Vom Gesichtspunkt der weltlichen Klugheit aus mußte die Verweigerung des Götzendienstes auch vollkommen unsinnig erscheinen. Vor einem Götzenbild aus Holz, Metall oder Stein unter Zwang etwas Weihrauch zu verbrennen war eine wertlose und nichtige Geste, die aber dennoch geeignet war, die feindseligen Volksmassen zu beruhigen. Wie unsinnig, ja verrückt mußte es erscheinen, diese Geste zu verweigern, wenn damit die Gemeinde der Gefahr ausgesetzt wurde, nach und nach ihre besten Köpfe zu verlieren, so daß die ohnehin kleine Schar der Träger eines unendlich kostbaren Erbes noch weiter gelichtet würde. Doch hier wie in anderen Fällen war die mondäne Klugheit ungenügend. Sie war zu dünkelhaft und zu beschränkt, um die Wirklichkeit in ihrer ganzen Tiefe zu begreifen und wenigstens die Ereignisse der nächsten Zukunft vorauszusehen. Nur der zivile Ungehorsam erwies sich als zukunftgerichtet. Die Gewaltlosigkeit trug den Sieg davon, weil ihre Vorkämpfer eines Sinnes waren, weil sie durchdrungen waren von ihrem Glauben und ihrem Sendungsauftrag, weil sie strengste Disziplin hielten und sich der praktischen wie der sozialen Folgen ihres Verhaltens bewußt waren. So gelang es ihnen, die ganze antike Welt aus den Angeln zu heben und die siegreich vordringenden Barbarenvölker zu gewinnen.

81. Attila vor den Löwen und den Wölfen der Gewaltlosigkeit

Viele Wogen barbarischer Völkerschaften hatten schon die Grenzen des Römischen Reiches überflutet, als der Sturm kam, der sie alle vor sich hergetrieben hatte: Attila mit seinen unübersehbaren Reiterscharen. Nichts konnte ihn aufhalten. Man sagte: Wo er durchgezogen ist, wächst kein Gras mehr.

Aber die „Geißel Gottes" kam zweimal mit der Gewaltlosigkeit in Berührung. Beim zweitenmal zerbrach sie.

Das erstemal geschah es in der Stadt Troyes, deren Befestigungsanlagen schon überwunden waren. Die Stadt schien entvölkert. Attila drang in die Kirche ein, in der die verzweifelten Bewohner Zuflucht gesucht hatten. Das ganze Volk war versammelt um seinen Bischof, den heiligen Lupus [zu deutsch: Wolf; Anm. d. Ü.], und blickte gebannt auf die Hostie, die der Priester gerade in die Höhe hielt. Die Stille brachte den Eroberer aus der Fassung. Er kehrte um, rief seine Leute zusammen und verließ die Stadt, ohne sie zu plündern.

Im darauffolgenden Jahr fiel er in Italien ein und führte sein Heer in Richtung Rom. In jugendlichem Alter hatte er in dieser Stadt einige Zeit als Geisel verbringen müssen. Nun gedachte er die Rechnung zu begleichen und Rache zu üben. Sein verletzter Stolz drängte ihn. Ein Fluß versperrte den Weg. Bald hatte man eine Furt entdeckt. Schon wollte Attila sein Pferd ins Wasser treiben. Da sah er, daß ihm auf der anderen Seite eine Kolonne entgegenzog, ohne Lanzen und Schwerter, nur mit einem Kruzifix. An der

Spitze der singenden Prozession ritt, mit der Tiara gekrönt, Papst Leo [zu deutsch: Löwe; Anm. d. Ü.] der Große. Der Barbare verlor die Beherrschung, riß sein Pferd herum und zog von dannen mitsamt seinem Heer. Nie kam er wieder.

82. Die Gewaltlosigkeit, Fundament der Kirche

Als die Kirche eine feste und selbständige Organisation geworden war, als ihr jedermann ohne Gefahr und Schwierigkeiten beitreten konnte, trat auch der Geist der Welt in sie ein. Der „Fürst dieser Welt" bekam seine Chance. Die Kirche handelte und verhandelte mit den weltlichen Mächten, die sie mehr oder weniger christianisiert hatte, und wurde diesen schließlich immer ähnlicher. So schmolzen evangelische Armut und Gewaltlosigkeit dahin, denn beide können ohne einander nicht sein. Ebenso wurde die Prophetengabe, wurden Heilungen, Wunder und andere übernatürliche Gnaden immer seltener. Dafür gab es nun päpstliche Armeen, päpstliche Gefängnisse, Kreuzzüge, Scheiterhaufen, Religionskriege. Man fand Rechtfertigungen für nationale und koloniale Kriege, für Ausbeutung und Unterdrückung verschiedenster Art. Wir können diese Tatsachen nicht leugnen, wir haben nicht die Absicht, sie zu entschuldigen, wir wollen auch nicht anklagen oder richten.

Wir sind der Ansicht, daß es sich hier um geschichtlich bedingte Erscheinungen handelt. Die wahre Lehre der Kirche ist und bleibt der Friedfertigkeit verpflichtet; sie steht über jeglichen Rassen-, Völker- und Klassenschranken, bezeigt Ehrfurcht vor der Natur und vor dem Menschen und huldigt der Mäßigung.

Der innere Aufbau der Kirche entspricht dieser Lehre. Keines ihrer Ämter ist mit Waffengewalt zu erlangen, und ihre Autorität beruht nicht auf Zwang. Der höchste Titel, den sie zu vergeben hat, ist „Papa", was aus dem Lateinischen kommt und soviel wie Vater heißt. In dieser kindlich-vertraulichen Bezeichnung des Oberhaupts unterscheidet sie sich von allen Monarchien und Republiken. Die unermeßlichen Reichtümer, die sie in Händen hält, sind ihr größtenteils durch Abgaben zugeflossen, die den Steuern entsprechen, wie sie alle Staatswesen ihren Bürgern abzuverlangen pflegen. Aber auch hier ist noch ein Unterschied, denn in allen Regierungsformen beruht die Steuereintreibung auf Furcht vor Strafe, während die Kirche, trotz all ihres Glanzes, ein Bettler geblieben ist.

83. Heilige und Sektierer

Der Mangel an evangelischen Tugenden bei der großen Masse der Christen war oft die Ursache von Protesten, Reformbestrebungen und Erweckungsbewegungen. Durch alle Jahrhunderte hindurch gab es zwei Sorten von

Menschen, deren Leben die Geschichte der Gewaltlosigkeit im Abendland ausmacht: Reformatoren und Sektengründer. Ihre Bestrebungen sind einander verwandt und doch auch gegensätzlich. Die einen waren bemüht, die Kirche von innen her zu erneuern und zu beleben, gründeten Orden, karitative Einrichtungen, Schulen der Geistigkeit. Die anderen revoltierten oder wurden ausgestoßen und versuchten dann eine neue Kirche nach dem Vorbild der ersten Christengemeinden zu gründen.

Viele Heilige, die Gott mehr gehorchten als den Menschen, wurden als Ketzer oder Rebellen verfolgt und hingerichtet, nach ihrem Tod aber heiliggesprochen. Und manche Häretiker besaßen großen Seelenadel, Eifer, Reinheit, Barmherzigkeit und Gnadengaben, die im allgemeinen nur den Heiligen gegeben sind.

Die bekannteste Sekte des Mittelalters waren die Albigenser, die sich selber Katharer nannten, was soviel heißt wie „die Reinen". Sie strebten nach Reinheit und Gewaltlosigkeit. Mit Feuer und Schwert wurden sie ausgerottet in einem grausamen Krieg, der auch die liebenswerte provenzalische Kultur zum Opfer gefallen ist. Man könnte diese Tragödie als eine totale Niederlage der Gewaltlosigkeit betrachten. Aber zwei Feststellungen widersprechen dieser Ansicht. Erstens handelte es sich nicht um einen gewaltlosen Widerstand, der mit brutaler Gewalt unterdrückt worden wäre, sondern um einen Krieg, in dem beide Seiten Gewalt übten. Zweitens gab es bei den Albigensern zwei Klassen von Menschen, die sich zu ihrem eigenen Unglück allzusehr voneinander getrennt hatten. Auf der einen Seite war die kleine Gruppe der „Reinen" oder „Vollkommenen", auf der anderen Seite war die große Herde derer, die jene der Kirche abspenstig gemacht, jedoch nicht für würdig befunden hatten, in die neue Gemeinschaft aufgenommen zu werden. Mit ihren überspannten Reinheitsforderungen und ihrer Ablehnung all dessen, was Natur und Fleisch ist, konnten die „Vollkommenen" dem Volk keinen Halt geben; so wurde es mutlos und verzweifelt. Nicht die Gewaltlosigkeit der Katharer, sondern die Gewalttätigkeit und die Unreinheit ihrer Anführer waren es, die der ganzen Gemeinschaft zum Verderben wurden.

Später kam dann die Renaissance, die Wiederbelebung heidnischer Gottheiten, dann die Reformation und die Religionskriege. Man stritt sich darüber, welches die besseren Christen seien, und es schien, daß dies auf jene zutreffe, welche die anderen töteten. Sodann tauchten Sekten auf, welche die Reformation zu reformieren gedachten, und Heilige, die antraten, den Pforten der Hölle den Durchbruch zu verwehren.

Da waren die Hutterer in der Schweiz und in Deutschland, die Duchoborzen in Rußland, die Mormonen, die Mennoniten und die Amischen. Sie alle suchten und fanden in Amerika Schutz vor ihren Verfolgern. Dort leben sie noch heute in geschlossenen, brüderlichen, friedlichen Gemeinschaften. Jetzt gibt es bei uns die Zeugen Jehovas, die Adventisten, die Kirche des Reiches Gottes.

Ein besonderer Platz muß den Quäkern eingeräumt werden. Ihre Art und Weise, im christlichen Abendland zu predigen, und die Drangsale, denen sie ausgesetzt waren, haben vieles gemeinsam mit dem Auftreten der ersten Christen in den jüdischen Synagogen und in der damaligen heidnischen Welt. Einer von ihnen war William Penn. Sein Abenteuer im Land der Wälder, das heute noch seinen Namen trägt, zeigte der Welt, daß es möglich ist, mit wilden Volksstämmen Beziehungen anzuknüpfen, ohne sie zu versklaven, zu korrumpieren oder scharenweise abzuschlachten, wie es zu jener Zeit unter dem Deckmantel der Verkündigung des Christentums und der Verbreitung der Zivilisation weithin geschah.

Für die Möglichkeit eines vertrauensvollen, gewaltfreien Zusammenlebens mit den „Wilden" haben auch die Jesuiten in Paraguay einen überwältigenden Beweis erbracht. Ihr Experiment war noch vielseitiger und dauerhafter. In großen Reservaten, den „Reduktionen", boten sie den Indianern Schutz vor Ausbeutung und Sklaverei und leiteten sie dann zu gemeinsamer Arbeit an, deren Ertrag allen Bewohnern der Schutzgebiete in gleicher Weise zugute kam. Es bildete sich eine Art von Gütergemeinschaft, die sowohl Konsumgüter als auch Produktionsmittel umfaßte. Die Organisation war demokratisch, die Eingeborenen wählten ihre Führer selbst. Hier wurde für einige Zeit die bäuerliche und handwerkliche Selbstverwaltung realisiert, wie sie Gandhi für die Zukunft Indiens vorgesehen hatte und an deren Verwirklichung Vinoba Bhave heute arbeitet.

84. Die revolutionäre Gewaltlosigkeit im 19. Jahrhundert

Mit dem 19. Jahrhundert begann die Zeit der heiligen Kriege der sozialen Revolution. Man tötete sich jetzt nicht mehr im Namen der christlichen Barmherzigkeit oder um der größeren Ehre Gottes willen, sondern in der Absicht, das Wohl der Menschheit zu befördern. Einige wenige Außenseiter allerdings kamen auf den Gedanken, daß es zur Erreichung eines so erstrebenswerten Ziels andere Mittel geben müsse als Intrigen, Verschwörungen, Staatsstreiche, Mord und Terror. Sie glaubten, daß man, um Gerechtigkeit und Frieden zu verwirklichen, gerechte und friedliche Wege gehen müsse, selbst wenn man auf ihnen nur langsam und mühselig vorwärts käme. Dabei ergab es sich jedoch, daß diese Wege aufgrund ihrer Folgerichtigkeit oft schneller und sicherer zum Ziel führten.

Die Lehre vom zivilen Ungehorsam wurde geboren. Ihre großen westlichen Vertreter waren Henry David Thoreau in Amerika, Tolstoi in Rußland und John Ruskin in England. Auch Gandhi schöpfte aus diesen drei

Quellen; sie waren neben dem Evangelium und der Bhagavadgita seine bedeutendsten Lehrmeister.

Thoreau hatte sich gründlich mit La Boéties Schrift *Über freiwillige Knechtschaft* befaßt und darin den Ansatzpunkt für die direkte gewaltlose Aktion entdeckt. La Boétie drückt in dieser Abhandlung seine Verwunderung darüber aus, daß der Mensch, im Gegensatz zu den unvernünftigen Tieren, sich eifrig und bereitwillig selber unterjocht. In der Tat haben die Unterdrücker immer nur so viel Macht, wie die Unterdrückten ihnen zugestehen. Ein Tyrann vermag nichts aus sich selber. Seine Untertanen geben ihm Macht durch den Glauben an seine Macht.

Thoreau folgerte daraus, daß der Bürger, der den Gesetzen gehorcht, ohne über ihren Sinn nachzudenken, nur die Hälfte seiner Pflicht, manchmal sogar das Gegenteil seiner Pflicht tut. Jedesmal wenn das Gesetz der Gerechtigkeit entgegensteht, jedesmal wenn ein Führer zum Despoten wird, macht der Bürger sich mitschuldig. Deshalb ist es für sein persönliches Wohl und für das Gemeinwohl notwendig, daß er auch den „zivilen Ungehorsam" erlernt.

Dieses Verhalten vermag gewaltige Kräfte zu entfalten, vorausgesetzt allerdings, daß es von einer ausreichend großen Anzahl Gleichgesinnter mutig und konsequent eingehalten wird. Dann kann man mit ihr eine unterdrückte Nation von der Fremdherrschaft befreien, eine Armee besiegen, ohne Blut zu vergießen, eine benachteiligte Gesellschaftsklasse zur Gleichberechtigung bringen, ohne Straßenkämpfe zu führen, sich einer totalitären Regierung entledigen, ohne andere Leute an die Laternenpfähle zu hängen, kapitalistische Ausbeutung verhindern und Kriege beenden, wie Gandhi und andere es noch beweisen sollten.

85. Schach dem Kaiser in Ungarn, revolutionärer Trauerzug in Polen und Christus in den Anden

In der zweiten Hälfte des vorigen Jahrhunderts stand Ungarn unter österreichischer Herrschaft. Die Ungarn beschlossen aber, sich der Bevormundung seitens der Wiener Regierung zu entziehen. Sie sorgten selber in geordneter Weise für das Schulwesen, für die Gerichtsbarkeit, für die industrielle und die landwirtschaftliche Produktion; gleichzeitig weigerten sie sich, österreichische Waren zu kaufen und Steuern zu zahlen. Wien antwortete mit Beschlagnahmungen und anderen Zwangsmaßregeln, doch entstanden dadurch mehr Kosten als Einnahmen.

Polizei und Gerichte konnten die Arbeit nicht mehr bewältigen, die Gefängnisse waren überfüllt. Daraufhin wurden im ganzen Land Truppen einquartiert, um die Menschen einzuschüchtern. Offiziere und Mannschaften wurden zwar von den Ungarn beherbergt und ernährt, aber man sprach nicht mit ihnen. Als auch dieses Mittel nicht half, führte der Kaiser in Ungarn die allgemeine Wehrpflicht ein, scheiterte damit jedoch an der geschlossenen Weigerung des ungarischen Volkes. 1857, nach fünfjährigem Kampf, hatten die Ungarn ihr Ziel erreicht: Sie bekamen eine eigene Verfassung.

Zur gleichen Zeit etwa stand Polen unter russischem Joch. Vergeblich hatte man den Zaren gebeten, dem polnischen Volk ein eigenes Parlament zuzugestehen. Der Aufstand, der daraufhin stattfand, war wohl einer der seltsamsten, die es je gegeben hat.

Anlaß war das Begräbnis eines für seine Vaterlandsliebe bekannten Dichters. Der Zug der Trauernden, die dem Sarg folgten, schien kein Ende nehmen zu wollen. Die Polizei wurde unruhig und befahl der Menge, sich zu zerstreuen. Vergeblich, der Zug bewegte sich weiter durch die Straßen. Schließlich sprengte eine Abteilung Kavallerie in den Menschenstrom, um ihn gewaltsam auseinanderzutreiben. Es gab Tote und Verletzte. Aber die Menschen formierten sich von neuem, und der Zug marschierte bis zum Abend. Und allen Toten dieses Tages wurde ein ebenso feierliches Begräbnis zuteil. Die ganze Nation erlegte sich eine einjährige Trauerzeit auf. Das Ergebnis: Die Polen bekamen vom Zaren ihr eigenes Parlament.

Und der Gegenbeweis: Drei Jahre später unternahmen die Polen einen bewaffneten Aufstand. Den Russen war nichts willkommener als dies – sie schlugen ihn nieder.

Die Beziehungen zwischen Argentinien und Chile waren aufs äußerste gespannt. Hoch oben in den Anden marschierten die Truppen beider Staaten einander entgegen. Jedem der beiden Heere schritt ein Bischof voran. Als sich die beiden Bischöfe begegneten, gaben sie sich unter den Augen der Soldaten den Friedenskuß. Statt gegeneinander Krieg zu führen, wurde nun ein Pakt immerwährender Freundschaft zwischen beiden Nationen geschlossen. Zur Erinnerung an jenes Ereignis im Jahr 1902 steht auf diesem Gebirgspaß heute eine Christusstatue.

86. Die Gegenwart und die Zukunft der Gewaltlosigkeit

Ein Gegenstück zu den Weltkriegen des 20. Jahrhunderts ist die Heldentat Gandhis.

Wer Ohren hat zu hören, der höre. Wer nicht von Angst und Lärm betäubt, wer nicht geblendet ist von Gier und Haß, möge die Bedeutung dieser Parallele begreifen. Und sage niemand, es gebe keine Vorsehung, und die Welt sei absurd.

Hat auch das Abendland, der Westen in diesem Jahrhundert einige gewaltlose Großtaten zu verzeichnen?

Die Befreiung Irlands verlief ungefähr im gleichen Zeitraum wie jene Indiens. Im großen und ganzen war es ein äußerst blutiger Kampf. Einige edle Taten jedoch stechen von diesem grausamen Hintergrund ab. Die bekannteste ist die des jungen Bürgermeisters von Cork, der sich im Gefängnis zu Tode fastete, um die irische Sache voranzutreiben.

Im Jahr 1909 widersetzten sich spanische Frauen dem unpopulären Krieg in Marokko, indem sie sich vor den Eisenbahnzügen, welche die Soldaten transportierten, auf die Gleise legten. Und 1914 hinderten eine Million spanischer Arbeiter die Regierung daran, an der Seite der Alliierten am Krieg teilzunehmen. 1958 setzten die Studenten von Salamanca und Barcelona der Diktatur einen stillen Widerstand entgegen.

Wien war im Jahr 1950 eine vom Krieg verwüstete Stadt. Man hatte sie in vier Zonen aufgeteilt, deren wichtigste unter russischer Besatzung stand. Die Sowjets dachten, das kleine, besiegte und gedemütigte Land werde ihnen wie eine reife Frucht in die Hände fallen. Sie ließen einen Generalstreik ausrufen, um so einen Vorwand für die vollständige Besetzung zu bekommen. Die ihren Arbeitsplätzen zustrebenden Arbeiter fanden die Floridsdorfer Brücke mit Barrikaden versperrt, hinter denen russische Panzer aufgefahren waren. Eine Weile standen sich die stählerne und die menschliche Mauer schweigend gegenüber. Dann rückte die menschliche Mauer langsam vor, die Barrikaden wurden auf die Seite geschafft, und die Panzer zogen sich zurück.

Das einsame und stille Opfer der Kriegsdienstverweigerer in allen Ländern Europas und Amerikas wird das Problem des Krieges nicht lösen, denn die Armeen sind nicht die Ursache der Kriege, sondern nur deren Werkzeug. Die Ursache ist der Mißbrauch. Und dieser wird von der Ablehnung des Wehrdienstes nicht berührt. Aber sie werden wenigstens erreichen, daß ein Grundrecht des Menschen respektiert wird, das Recht, nicht zu töten, das von den heutigen Demokratien noch mehr mit Füßen getreten worden ist als von den Monarchien der Vergangenheit.

Der Schweizer Pierre Ceresole war einer von ihnen. Er verweigerte nicht nur den Waffendienst, sondern auch die Bezahlung der Wehrsteuer. Er verzichtete auf seine Erbschaft und wanderte durch die Welt. Denen, die ihn beherbergten, bot er seine Dienste an. Nach dem Ersten Weltkrieg unternahm er den Versuch, die Kriegsdienstverweigerung vom Negativen zum Positiven zu wenden, indem er als Gegenstück zum obligatorischen Wehrdienst den freiwilligen Internationalen Zivildienst ins Leben rief, der in Not geratenen Menschen Hilfe leisten sollte, besonders denen, die durch den Krieg gelitten hatten. Diese Armee des Friedens ist sehr klein, gemessen an der Schlacht, die zu schlagen sie sich vorgenommen hat!

Noch kleiner ist der arbeitende Orden der Arche. Er hat aber die Besonderheit, daß er zugleich eine Schule des inneren Lebens ist. Hier wird die Gewaltlosigkeit auf alle Lebensbereiche angewandt: auf Religion, Erziehung, Medizin, Gesellschaft, Rechtsprechung, Wirtschaft, Kunst, Ernährung.

In den fünfziger Jahren hat im US-Staat Alabama der Kampf der Neger gegen die Rassentrennung mit einem eindeutigen Sieg geendet. Er war mit religiöser Begeisterung geführt worden unter der Leitung von Pastor Martin Luther King [1968 ermordet; Anm. d. Ü.].

Unter den weißen Amerikanern gibt es eine Gruppe von Katholiken, die von Dorothy Day [1980 gestorben; Anm. d. Ü.] und Ammon Hennacy angeführt wird und die Zeitung *The Catholic Worker* herausgibt. Diese Leute erregen viel Aufsehen wegen ihres Muts, ihrer Hilfsbereitschaft und ihres gesunden Menschenverstands, der ihnen mitunter als Torheit ausgelegt wird. Jedes Jahr gedenken sie des Verbrechens von Hiroshima mit einem öffentlichen Sühnefasten. Sie verweigern den Militärdienst und die Entrichtung der Wehrsteuer, sie gehen auf Versuchsgelände, auf denen Atombomben gezündet werden, sie lassen sich ins Gefängnis werfen und ihre Häuser von Nachbarn in Brand stecken, sie leben in freiwilliger Armut, sie gründen Obdachlosenheime und Landkommunen und leisten sich noch manch andere Extravaganzen dieser Art.

Schließlich erschien 1952 in Sizilien noch dieser seltsame Bandit Danilo Dolci. Von allen sizilianischen Banditen brachte er die spießbürgerliche Ruhe der wohlhabenden Kreise am meisten in Gefahr. Er ist ein Mann von großer Güte und erstaunlicher Einfachheit, noch jung [1959, bei Erscheinen der französischen Originalausgabe, war Dolci, Jahrgang 1924, fünfunddreißig; Anm. d. Ü.] und doch schon weise, geduldig und beharrlich. Dolci ist, wage ich zu sagen, aus demselben Holz wie Gandhi. Er lebt mit den Armen und hält sich stets zu ihrer Verfügung. Zu seinen Mitteln gehören auch Fasten und Appelle an die Öffentlichkeit. Seine Arbeit für das Wohl der anderen stellt ihn in unmittelbare Nachbarschaft von Abbé Pierre und Albert Schweitzer, die man ebenfalls, wie mir scheint, in die Geschichte der revolutionären Gewaltlosigkeit einreihen kann, sowohl wegen ihres Einflusses auf die allgemeine Gewissensbildung als auch wegen des „liebenden Zorns", der für die Macht der Wahrheit so charakteristisch ist.

Der Algerienkrieg war voll Grausamkeit und Brutalität, obwohl man ihn offiziell als Befriedungsaktion bezeichnete – Lüge und Gewalt sind Geschwister. Die in Algerien vielerorts durchgeführten Folterungen führten in Frankreich zu wiederholten Protestaktionen, die von verschiedenen Seiten unterstützt wurden. Katholiken und Protestanten, Aktivisten dieser und jener Partei wurden plötzlich – oft zu ihrem eigenen Erstaunen – gewahr, daß sie Schulter an Schulter standen. Es gab Rücktritte von Generälen und Akademikern; Mitglieder der Académie Française und Philosophen gingen auf die Straße, andere traten in den Hungerstreik. Und das alles geschah spontan und gleichzeitig, aber ohne wechselseitige Absprachen.

Die Mitglieder der Arche ließen ihre Feldarbeit liegen und drangen mit ihren Freunden in das Gelände des nahe gelegenen Kernreaktors von Marcoule ein, um gegen die Herstellung der Plutoniumbombe zu protestieren. Sie durchbrachen den Sperrgürtel der Polizei und weigerten sich dann, den Ort zu verlassen; so blieben sie dort, bis sie einzeln an Armen und Beinen herausgeschleppt wurden. Bald darauf unternahmen sie ein öffentliches Fasten in nächster Nähe des Reaktorgeländes, während eine andere Gruppe in Genf vor dem Völkerbundpalast das gleiche tat.

In England marschierten zweimal, jeweils zu Ostern, Menschenkolonnen von über drei Kilometer Länge von London zum Reaktorgelände von Aldermaston. Andere Engländer unternahmen einen gewaltlosen Angriff auf die Abschußrampen von Swaffham und wurden dabei ziemlich mißhandelt. Vierzig von ihnen kamen ins Gefängnis.

In diesem Zusammenhang muß man auch jene achtzehn deutschen Wissenschaftler erwähnen, die sich weigerten, an der Herstellung der Atombombe mitzuwirken, und von ihren Posten zurücktraten.

Übrigens sind die Kriegsdienstverweigerer in Deutschland und Japan heute zahlreicher als in irgendeinem anderen Land.

Zu bewundern ist auch der Mut jener zwei Kapitäne mit ihren Familien, die ihre Schiffe in die gefährliche Sperrzone im Pazifischen Ozean gelenkt hatten, in der Nuklearversuche stattfinden sollten. Die Besatzungen beider Schiffe, der „Golden Rule" und der „Phoenix", waren bereit, sich den radioaktiven Strahlen auszusetzen und deren schädliche Folgen zu tragen, um damit die Aufmerksamkeit der Welt auf den Greuel der Atomzertrümmerung zu lenken.

Wie steht es um die Zukunft der Gewaltlosigkeit im Westen? Man könnte ebensogut fragen: Hat der Westen eine Zukunft?

Die frohe Botschaft, die immer neue Botschaft sagt, daß es einen anderen Weg gibt. Aber man sollte sich nicht verschätzen: Der Weg des Friedens ist keinesfalls ein bequemer Weg. Er ist nicht sanft, der Weg, der die Sanftmütigen zu Besitzern des Landes machen wird.

87. Von den ersten Schritten

Kommen wir nun zu den praktischen Konsequenzen, denn die Zeit drängt. Wie kann man die beiden Militärblöcke daran hindern, neue Bomben hervorzubringen und sie sich dann über unsere Köpfe hinweg einander entgegenzuschleudern?

Wer so fragt, ist erfreulich weitblickend und sträflich selbstvergessen. Er denkt daran, wie man die Angelegenheiten der Welt schnell in Ordnung bringen könnte, und vergißt dabei sich selbst.

Die Zeit drängt in der Tat. Ein Weiser sagte: „So laßt uns denn lernen, uns nicht zu beeilen." Man soll nicht versuchen, den dreihundertdreiunddreißigsten Schritt vor dem ersten zu tun, weil angeblich die Zeit drängt – das wäre verlorene Zeit.

Ich frage Sie: Können Sie, so freigebig Sie auch sein mögen, etwas geben, was Sie selber gar nicht haben? Bevor Sie den Frieden in die Welt bringen, müssen Sie ihn zuerst in Ihr Haus bringen. Und Sie können ihn erst in Ihr Haus bringen, wenn Sie ihn zuvor in Ihr Herz gebracht haben.

Sie können nicht Gerechtigkeit ohne Gewalt und Zwang in die Welt bringen, wenn Sie Ihr Tun und das der anderen Gesetzen und Spielregeln unterwerfen. Die Gerechtigkeit ist nur dann gewaltlos und frei, wenn das Tun aus dem Inneren kommt und seine Ordnung die Ordnung widerspiegelt, die im Inneren herrscht.

Man spricht von der Gewaltlosigkeit oft wie von einer Technik oder einer Taktik. Aber sie ist weder das eine noch das andere, es sei denn in einem sehr weiten, übertragenen Sinn. Sie ist auch kein Verfahren, keine Methode, kein Rezept, kein System.

„Sie ist eine Handlungsweise, die sich aus einer Seinsweise ableitet" (Aldo Captini, *La Rivoluzione aperta*).

Die Gerechtigkeit, das haben wir erkannt, gründet auf Einsicht und Gleichheit. Sagen wir es genauer: auf der äußeren Gleichheit und der inneren Einheit.

Aber haben Sie diese innere Einheit?

Wissen Sie überhaupt, was damit gemeint ist?

Vor allem aber: Wissen Sie, ob Sie diese innere Einheit *nicht* haben?

Wenn ein Leser sich ärgert, daß ich ihm Fragen stelle, ohne ihn zu kennen, bedeutet das, daß ich an den Richtigen geraten bin und daß diese Worte sehr wohl ihm gelten; sie sollen ihn nicht schmähen, sondern ihn warnen. Der Mensch aber, der diese innere Einheit hat, weiß, daß er von diesen Fragen nicht berührt wird. Und er weiß auch, wie selten diese Einheit ist und wie schwer man sie erreicht. Auf den Wegen der Eigenliebe kommt man nicht zu ihr.

Zunächst müssen Sie sich auf die Gewaltlosigkeit vorbereiten. Jeder weiß, daß ein Krieg jahrelang vorbereitet werden muß. Auf diese Vorbereitung wird schon von Kindheit an in Schule und Familie hingearbeitet.

Sollte der Friede für einen geringeren Preis zu haben sein? Unsere Arbeit ist zweifach: Wir müssen einerseits die neue Denk- und Handlungsweise erlernen und uns andererseits lösen von der alten, die uns von Kindesbeinen an eingetrichtert worden ist und uns von unserer Umgebung immer wieder vorexerziert wird. Die Vorbereitung auf die Gewaltlosigkeit erfordert weder eine kostspielige Ausrüstung noch ein Manövergelände. Notwendig ist indessen, die Gewaltlosigkeit hingebungsvoll einzuüben und dabei Mühsal und Rückschläge nicht zu scheuen; die Einübung muß in dreifacher Weise erfolgen: innerlich, privat, öffentlich.

88. Von der innerlichen Vorbereitung

Schon vom Begriff her entzieht sie sich öffentlicher Darlegung. Nicht daß es sich um ein Komplott, um magische Riten, um geheime Formeln eines Geheimbundes handelte, der eifersüchtig auf seine Exklusivität pocht. Im Gegenteil: Nichts ist von Natur aus klarer. Es geht um die Entwicklung der Selbsterkenntnis und der Selbstbeherrschung zum Zweck der Selbsthingabe, um geistige Konzentration, um die Zügelung der Gemütsbewegungen und der Sinne sowie um eine entsprechende körperliche Einübung und eine darauf abgestimmte Lebensregel.

Diese innerliche Vorbereitung steht jedem offen, aber sie läßt sich nicht schriftlich vermitteln, genausowenig wie die Fechtkunst oder die Musik aus einem Buch gelernt werden können. Die Weitergabe des Wissens erfolgt von Mund zu Ohr und verlangt Beispiele, kundige Anleitung und Vorsicht.

Wir können darüber nicht mehr sagen, müssen aber diesen Punkt um so mehr betonen, als viele Personen gerade ihn übersehen oder vergessen. Das ist der Grund für die Fehlschläge, die sie trotz ihrer Hingabe und ihres guten Willens erleiden. Sie gehen am Wesentlichen vorbei.

89. Von der privaten Vorbereitung

„Die Gewaltlosigkeit ist die zarteste Eigenschaft der Seele, aber sie entwickelt sich durch die Praxis" (Gandhi).

Wenn Gewaltlosigkeit die Kunst ist, Konflikte zu entschärfen, dann wird es nie an Gelegenheiten fehlen, sich in dieser Kunst zu üben. Man kann gleich heute abend damit anfangen – oder besser noch morgen früh, denn die Nacht bringt Rat.

An Konflikten herrscht in der Tat kein Mangel. Es gibt niemanden, der nicht einen mit sich herumtrüge, brennend oder mehr im Untergrund schwelend, mit den Eltern, den Kindern, dem Ehemann oder der Ehefrau, mit Untergebenen oder Vorgesetzten, mit dem Hausmeister, einem Nachbarn oder mit dem ersten besten, der ihm auf die Zehen tritt oder ihm die Brieftasche entreißen will.

Fangen Sie an mit einfachen Fällen, deren Lösung Ihnen leicht vorkommt. Sie wird vielleicht weniger leicht sein, als Sie denken. Andererseits kann sich Ihnen eine Lösung anbieten, wo Sie vorher noch keine sahen. Üben Sie sich zunächst mit Personen, die Sie lieben und schätzen und von denen Sie geliebt und geschätzt werden. Wenn Sie dahin kommen wollen, Ihre Feinde zu lieben, dann fangen Sie am besten damit an, daß Sie gegen ihre Freunde ankämpfen.

Lassen Sie Diskussionen und Ermahnungen beiseite und verlegen Sie sich aufs Fasten, bis der andere einsehen muß, daß diese Tat oder jene Geste seiner nicht würdig ist, daß dieser Übergriff oder jene Nachlässigkeit ihm nicht erlaubt ist. Seien Sie, wenn es geht, geduldig und gelassen, vor allem aber mutig und unbeugsam, ohne Umwege und Verschleierungen. Und suchen Sie sich jemanden, der Sie berät und unterstützt.

90. Vom Einsatz in der Öffentlichkeit

Die innerliche und die private Vorbereitung befähigen Sie zur öffentlichen Gewaltlosigkeit. Aber gewaltloses Handeln in der Öffentlichkeit ist seinerseits wieder Vorbereitung auf die nächste gewaltlose öffentliche Aktion. Jeder Einsatz muß vorbereitet sein. Der Einsatz darf aber auch nicht hinausgeschoben werden, bis man sich im Besitz der Vollkommenheit fühlt; sonst würde man nie aufhören zu warten, zumal auch die Ereignisse nicht auf unsere Vollkommenheit warten. Übrigens vermitteln alle drei Arten der Vorbereitung jeweils eigene, ganz besondere Erfahrungsgrundlagen. Deshalb ist es das beste, auf allen drei Ebenen zugleich zu beginnen und nicht nacheinander. Es genügt dabei, wenn man seine Ziele den eigenen Kräften und Einsichten anpaßt.

Ein Anfänger soll sich nicht allein in eine öffentliche Aktion stürzen, es sei denn, er habe eine ganz besondere Berufung dazu. Er soll versuchen, sich in eine gut geführte Gruppe einzuordnen. Zwischen den Meistern der Gewaltlosigkeit und den Soldaten oder Dienern der Gewaltlosigkeit besteht ein Unterschied. Die Erstgenannten sind fähig, aus ihrem Inneren einen Plan zu entwickeln und andere Menschen zu führen und anzuleiten. Gandhi hat seine Mitstreiter zu Tausenden auf der Straße zusammengesucht, und sie haben sich in seiner Gefolgschaft geübt und geformt.

In Frankreich haben sich verschiedene Bewegungen der Gewaltlosigkeit gebildet, die Schweigekundgebungen veranstaltet haben. Wir haben selber eine Bewegung des gewaltlosen zivilen Widerstandes ins Leben gerufen und Ausbildungslager eingerichtet. Außerdem sind in den wichtigsten Städten Freundeskreise der Arche entstanden.

91. Von den zwei Zentren in Europa

In Europa sind in den fünfziger Jahren zwei Zentren entstanden, welche die Gewaltlosigkeit im Sinne Gandhis verbreiten und ausüben: das von Danilo Dolci in Sizilien und die Arche in Frankreich.

Der sanfte Bandit ist unser Freund. Wir haben in Partinico gemeinsam gefastet, und zwei seiner Söhne haben sich einen Sommer lang in der Arche aufgehalten. Unsere Ansichten unterscheiden sich fast auf allen Gebieten. Nicht anders ist es mit unseren Charakteren und unseren Lebensgewohnheiten. Das alles konnte aber eine tiefe Übereinstimmung nicht verhindern. Zu vielen Problemen, die uns entscheidend und lebenswichtig erscheinen, hat Dolci überhaupt keine Ansicht. Er bemüht sich, ein örtlich begrenztes Problem, das er von Grund auf kennt, zu lösen, und er wird, so lange er lebt, nicht locker lassen, bis er sein Ziel erreicht hat. Die geistige und religiöse Seite seines Wesens ist sehr ungenügend entwickelt, was sich auch in seiner Umgebung widerspiegelt. (Ich drücke hier keinen Tadel aus, sondern ein Bedauern.) Dolci hat den aktiven Streik erfunden, und er hat – ich glaube, erstmalig in Europa – ganze Dörfer zum Hungerstreik bewegt. Alle, die zu ihm gehen, um zu dienen und zu geben, können viel lernen und gewinnen.

92. Von der Arche, Bruderschaft der Anhänger Gandhis im Westen

Der Arche könnte man den umgekehrten Vorwurf machen, daß sie sich zu sehr auf die geistige Vorbereitung und auf eine umfassende Unterrichtung verlegt hat, statt mit gewaltlosen Aktionen an die Öffentlichkeit zu treten.

Unsere Aktionen waren stets nur Bezeugungen und Zeichen, niemals Unternehmungen, die zu einem erfolgreichen Abschluß gebracht worden wären.

Das liegt daran, daß man, um etwas zu tun, erst „sein" muß. Darum haben wir uns bemüht. Die geistige Vorbereitung wird bei uns nicht als Mittel zum Zweck betrachtet, sondern als etwas, das wichtiger ist als jede äußere Wirkung, als jeder äußere Erfolg. Den Menschen offen vor Gott und vor sich selbst hinzustellen – das ist es, was wir anstreben. Wenn man den Baum des Lebens einmal wiedergefunden hat, dann fallen die richtigen Taten wie reife, köstliche Früchte von allein.

Das wirksamste Tun, das eindruckvollste Zeugnis für Gewaltlosigkeit und Wahrheit ist es, zu „leben".

Das ist mehr wert, als auf die Straße zu gehen, Flugblätter zu verteilen, die Passanten anzusprechen, von Tür zu Tür zu gehen, Märsche und Demonstrationen zu organisieren, Rüstungsfabriken zu besetzen, öffentlich zu fasten, sich der Polizei entgegenzustellen, Schläge und Gefängnis zu erdulden – alles Dinge, die durchaus zu ihrer Zeit getan werden müssen und die wir auch gern jederzeit zu tun bereit sind.

Noch wesentlicher indessen ist ein ganzheitliches, folgerichtiges Leben, wo alles aufeinander abgestimmt ist: von Gebet und Meditation bis zur Arbeit für das tägliche Brot, von der Unterweisung in der Lehre bis zur Bearbeitung des Mistes, vom Küchendienst bis zum Gesang und zum Tanz um das Feuer.

Dadurch soll gezeigt werden, daß ein Leben ohne Gewalt und Mißbrauch – ohne versteckte und offene Gewalt, ohne legalen und illegalen Mißbrauch – möglich ist, ja daß ein solches Leben nicht schwieriger ist als eines, das nach Gewinn trachtet, nicht freudloser als eines, das den Genuß sucht, nicht unnatürlicher als ein sogenanntes normales Leben.

Es muß die gewaltlose Antwort gesucht und gefunden werden auf die Fragen, die sich dem heutigen Menschen stellen und die sich den Menschen zu allen Zeiten gestellt haben; die Antwort muß klar formuliert und dann in die Tat umgesetzt werden.

Gibt es eine Wirtschaft ohne Gewalt, frei von Druck und Mißbrauch?

Eine gewaltlose Erziehung der Kinder und eine Unterweisung in der Gewaltlosigkeit für Kleine und Große?

Eine gewaltlose Autorität, die nicht auf Zwang beruht und über keine Privilegien verfügt?

Eine gewaltlose Justiz, die keine Strafen verhängt oder straft, ohne zu vergewaltigen?

Eine Landwirtschaft und eine Viehzucht ohne Gewalt?

Eine gewaltlose Medizin?

Eine gewaltlose Psychiatrie?

Eine gewaltlose Ernährung?

Und vor allem: Ist unser religiöses Leben frei von Gewalt?

Frei von Gewalt in Worten und Gedanken, frei von offener und versteckter Gewalt?

93. Von den Elementen einer gewaltlosen Wirtschaft

Nach allem, was wir über den Geschäftsgeist und den Spielgeist gesagt haben, wird man sich nicht wundern, wenn man erfährt:

daß wir uns bemühen, unseren Lebensunterhalt durch die Arbeit unserer Hände unmittelbar von der Erde zu beziehen, auf der wir leben, und den Gebrauch von Maschinen und Geld möglichst zu vermeiden;

daß wir uns bemühen, das von Gott und der Natur geknüpfte Band zwischen dem, was der Mund verlangt, und dem, was unsere beiden Hände erzeugen können, nicht zu zerreißen;

daß wir unsere Wünsche und Bedürfnisse aufs äußerste beschränken, um uns von übermäßiger und überflüssiger Arbeit frei zu halten;

daß wir zwar Überschüsse, die wir nicht für uns selber brauchen, verkaufen, niemals aber etwas nur kaufen, um es weiterzuverkaufen und daran zu verdienen;

daß wir unsere Einkünfte, sofern wir welche haben, in eine gemeinsame Kasse legen, um sie zum Wohl der Gemeinschaft zu verwenden oder gemeinnützigen Zwecken zuzuführen, daß unsere Gemeinschaften aber arm bleiben und keine Vorräte über den Jahresbedarf hinaus ansammeln;

daß wir die goldene Regel beachten, niemanden in Lohnarbeit zu nehmen und selber keine Lohnarbeit anzunehmen;

daß wir keinen Menschen ausbeuten, selbst nicht, wenn einer es wünscht, und daß wir keinem die Möglichkeit bieten, uns auszubeuten, weil wir uns dem Dienen hingeben und uns deshalb nicht von anderen dienstbar machen lassen dürfen;

daß wir weder Tiere noch Pflanzen, noch die Erde mißbrauchen, sondern hegen und pflegen, leben und vergehen lassen und Leben schaffen, weil man die Natur so zu behandeln hat, wie man die Menschen behandelt;

daß wir uns bei der Ausübung unserer Handwerke weniger um die Quantität als um die Qualität bemühen, weniger um das Erzeugnis als um den, der es erzeugt;

daß wir Arbeit und Beruf nicht als etwas von der arbeitenden Person Getrenntes betrachten, sondern als etwas, das mit deren geistigem Leben zusammenhängt, weil für uns das Werk der Hände eine heilige Handlung, eine Handlung des Lebens ist und deshalb interessant, vielfältig, harmonisch, stärkend, lehrreich und erbaulich sein soll;

daß wir uns alle an den niedrigsten Arbeiten beteiligen, die Verantwortlichen voran, damit die Arbeiten niemanden erniedrigen und erdrücken können;

daß jeder Handwerker sein Handwerk von Anfang bis Ende kennt und ausübt, daß er sein Erzeugnis von der Bearbeitung des Rohstoffs bis zur letzten Verzierung selber herstellt. Niemand soll eine bruchstückhafte Aufgabe haben, damit er kein bruchstückhafter Mensch werde. Denn durch das Schaffen von Dingen schafft der Mensch an sich selbst. Niemand wird bei uns in ein einziges Handwerk eingesperrt, sondern jeder kann im Lauf der Zeit mehrere erlernen und ausüben. Dazu kommen die jahreszeitlich bedingten Feld- und Gartenarbeiten, die mehr noch als andere Arbeiten die Gesundheit und die Heiligkeit fördern. Jeder Handwerker soll den Rhythmus und den Sinn seiner Arbeit suchen und finden und so die seit dem Zerfall des Zunftwesens verlorengegangenen Geheimnisse wiedererfahren.

94. Elemente einer gewaltlosen Autorität

Nach allem, was wir über die verschiedenen Formen der Macht und über die Helfershelfer des Fürsten dieser Welt gesagt haben, wird man nicht überrascht sein, wenn man erfährt, daß wir uns in der Form patriarchalischer Stämme organisiert haben, auch wenn unsere Verwandtschaft nicht auf Blutsbanden beruht, sondern auf freien Entscheidungen und Gelübden. Dazu kommt, daß auch die Autorität bei uns nicht erblich ist, sondern auf persönlicher Entscheidung fußt. Jedes Oberhaupt wählt zu seinen Lebzeiten seinen Nachfolger und bereitet ihn auf seine Aufgabe vor.

Der Rat der Gesellen und Gesellinnen, der um den Patriarchen versammelt ist, entscheidet über alles, was die Gemeinschaft betrifft, nach dem Gesetz der Einstimmigkeit, auch über die Aufnahme eines neuen Gesellen, einer neuen Gesellin. Sollte sich die Einstimmigkeit nicht einstellen – was bis zum heutigen Tag noch nicht vorgekommen ist –, dann würde man in die Stille gehen und so lange fasten, bis das Ziel der Einstimmigkeit erreicht wäre.

Der Patriarch ißt, wohnt und kleidet sich wie die anderen. Man schuldet ihm keine persönlichen Dienste. Er leistet sein Tagewerk auf den Feldern und in den Werkstätten. Er hat eine besondere Verantwortung für die Seelen. Er kann nur anordnen, was sich aus der Lehre und der Regel des Ordens ergibt oder einer Notwendigkeit des Augenblicks entspringt. Er segnet das Brot und beginnt das gemeinsame Gebet. Er wacht über die Einhaltung der Disziplin und gewährt Lockerungen, wo es angebracht ist. Er beschäftigt sich mit dem Ausmisten.

Aber in der direkten, zivilen, revolutionären Aktion hat der Patriarch unumschränkte Befehlsgewalt. Dann ist er Ordensgeneral.

Im übrigen werden alle mit Verantwortung und Autorität verbundenen Positionen immer wieder von anderen Personen besetzt. Jeder beteiligt sich eine Zeitlang an der Leitung der Geschäfte und tritt dann wieder in die Reihen der übrigen Ordensmitglieder zurück. Aristoteles sagt in der *Politeia*: „Freiheit ist der Wechsel von Befehlsgewalt und Gehorsam." Für uns sind beides zwei verschiedene Formen des Dienstes; sie werden nach dem Grundsatz der Mitverantwortlichkeit abwechselnd ausgeübt.

95. Von den Elementen einer gewaltlosen Justiz

Kein freier Mensch hat das Recht, einen anderen freien Menschen zu bestrafen. Ein freier Mensch ist derjenige, der das Gesetz kennt, seine Verfehlungen selber erkennt und sich selber bestraft.

Wer Zeuge einer Verfehlung seines Bruders wird, soll ihn nicht anzeigen, sondern sich unter vier Augen mit ihm besprechen und fragen, welche Buße er auf sich zu nehmen gewillt ist. Wenn der Schuldige sich ihm verschließt, soll der Zeuge die Buße selber übernehmen. Die ganze Rechtsprechung der Arche beruht auf dieser Praxis. Sie ist das Kernstück der Regel. Jeden Abend nach dem Gebet versammelt sich die Arche-Gemeinschaft zur Gewissenserforschung. Jeder berichtet über seine Verfehlungen gegenüber der Regel und bietet Wiedergutmachung an. Man darf dabei eine kritische Bemerkung machen über die allgemeine Disziplin während des verflossenen Tages, aber ohne irgendeine bestimmte Person zu nennen. Das Abendgebet wird abgeschlossen mit dem Friedenskuß. Damit ist jeder eventuelle Unfriede beendet. Anderenfalls würde die ganze Gemeinschaft wachen, beten, fasten und warten bis zur Aussöhnung.

96. Elemente religiöser Aussöhnung

Die Arche ist kein religiöser Orden. Sie hat keinerlei Absicht, eine neue Religion zu begründen. Ihre Anstrengungen richten sich auf die Versöhnung der Menschen, auf die Läuterung der Lebensweise, auf eine Hinwendung zum geistigen Leben und auf eine Einführung in die Wege der Weisheit.

Die Arche beabsichtigt auch nicht, irgendeine der bestehenden Kirchen anzugreifen, zu kritisieren, zu reformieren oder zu ersetzen. Sie behauptet nicht, irgendeine Offenbarung über die Letzten Dinge empfangen zu haben, und vertritt keine neue Kultrichtung. Sie kann mit der Kirche schon deshalb nicht in Konflikt geraten, weil sie nicht auf derselben Ebene wirkt wie jene. Ihre Ebene liegt unter jener der Kirche. Die Arche mischt sich nicht ein in Fragen des Dogmas, der Liturgie und der Sakramente.

Wer ein heiliges Leben führen will, muß sich zuerst um Ehrlichkeit bemühen. Menschen verschiedener Religionen können sich über die Grundsätze eines solchen Lebens verständigen und in tiefer geistiger Freundschaft ein gemeinsames Leben führen. Voraussetzung dazu ist, daß sie Gott als den Einen und Einzigen anerkennen, der von sich sagt: „Ich bin, der ich bin“, der in allem ist, was ist, der in der Einheit aller ist, die sich vereinen. Voraussetzung dazu ist ferner, daß alle Beteiligten den gemeinsamen Ursprung aller religiösen Überlieferungen für tragfähig genug halten, ihr Leben darauf aufzubauen, und daß sie auf Streitgespräche und jegliches Werturteil über das Anderssein des anderen verzichten.

Unsere Regel regt jeden Menschen dazu an, sich zu seiner eigenen Religion zu bekehren, das heißt: vom veräußerlichten zum verinnerlichten Seelenzustand überzugehen. Die Arche duldet alle Religionen, nicht aber Intoleranz und Religionslosigkeit.

Wir diskutieren auch nicht mit den Glaubenslosen und predigen ihnen nicht. Wenn sie zu uns kommen, verweisen wir sie auf die Betrachtung ihrer eigenen Seele. Dort ist das Bild Gottes; das Himmelreich ist in ihrem

Herzen. Sie sollen die Wirklichkeit sehen und berühren. Wozu predigen und diskutieren?

97. Elemente politischer Aussöhnung

Das soziale Problem ist in der patriarchalischen Ordnung und somit auch für die Arche gründlich und endgültig gelöst. Seit den Tagen Seths, Henochs und Melchisedeks hat sich in dieser Beziehung nichts verändert. Wir haben nicht an Aktivitäten teilzunehmen, die zu blutigen Revolutionen führen. Ebensowenig werden wir an Werken mitwirken, die auf irgendeine Weise zu Kriegen führen können. Es ist uns streng untersagt, politische Richtungen zu vertreten, öffentliche Ämter zu bekleiden und Machtpositionen einzunehmen. Das heißt aber keineswegs, daß wir die anderen Menschen verachten oder daß uns ihr Elend, ihre Unfreiheit, ihre Zwietracht gleichgültig lassen. Unsere Zurückgezogenheit hat den Sinn, uns den Abstand zu geben, der nötig ist, um die Ereignisse im richtigen Licht zu sehen und um nach Abhilfe suchen zu können.

Ziel des Ordens ist es, im Inneren der Nationen Inseln eines heilen Lebens zu schaffen, denn trotz unserer Unvollkommenheit können wir in vielen Dingen schon hier und jetzt den paradiesischen Garten und das Himmelreich in uns selber finden; davon will die Arche ein lebendiges Zeugnis ablegen. Die Inseln werden sich teilen und immer mehr Menschen von den verrückten Philosophien unserer Zeit ablenken und zu sich ziehen. Statt die einen gegen die anderen aufzuhetzen, Nation gegen Nation, Klasse gegen Klasse, Partei gegen Partei, Religion gegen Religion, ohne zu wissen, was bei diesen Zusammenstößen herauskommt, werden sie ihren Frieden den Erregungen der eitlen Welt entgegenstellen.

98. Von den Beziehungen der Arche zur Welt

Die Mitglieder der Arche sind nicht außerhalb der Welt. Sie sind und leben in der Welt. Aber sie sind nicht von dieser Welt. Sie sind in der Welt, aber gegen die Welt. Wenn sie nicht in der Welt wären, könnten sie nicht gegen sie sein. [Definition der „Welt" im neutestamentlichen Sinn als der von Gott losgelösten Menschenwelt; Anm. d. Ü.].

Den Gesellen wird von Zeit zu Zeit eine Aufgabe übertragen, die sie mit der Welt in Berührung bringt. Die Gastfreundschaft, der umfangreiche Briefwechsel, Beratung, Beistand, Nachbarschaftshilfe und die Aktionen in der Öffentlichkeit sind alles gleichermaßen Verbindungen zur Welt. Außerdem gibt es einige Gesellen, die ihren Dienst außerhalb der Gemeinschaft verrichten, entweder allein oder in Gruppen; diese nennen wir „Bußbrüder". In den Städten schließlich haben sich Gruppen von Freunden der Arche gebildet, die sich mit der geistigen Lehre und ihren Konsequenzen auseinandersetzen und, wenn sie wollen, an Aktionen teilnehmen. Manche dieser Freunde halten sich zeitweise in der Gemeinschaft auf und beteiligen sich an der Arbeit, an Versammlungen, Aktionen und an den Festen.

99. Von den vier Festen

Im arbeitenden Orden der Arche ist das Fest wichtiger als die Arbeit, denn das Fest ist Arbeit Gottes.

Das Fest ist das Gegenteil von Zerstreuung, Vergnügung oder Spiel. Es ist die Feier der Gewissenserforschung, der Selbsteinkehr, der Rückkehr zu Gott, die Freude, sich zu vereinen und sich miteinander zu verbinden, die Stunde der Vorsätze, der Versprechen und der Gelübde.

Die Arche feiert vor allem vier große Feste, die auf die vier „Ecken" des Jahres verteilt sind: Weihnachten, Ostern, Sankt Johannis und das Noah-Fest des heiligen Weinstocks, das mit der Herbst-Tagundnachtgleiche zusammenfällt.

Dann werden große Feuer auf der Höhe entzündet, dann schlagen die Trommeln, und Gesänge erklingen mit wilder Hingabe die ganze Nacht hindurch.

100. Von den sieben Gelübden der Gesellen

Es folgt nun der Text, mit dem die Gesellen und Gesellinnen der Arche jeden Abend beim gemeinsamen Gebet unter freiem Sternenhimmel, um das Feuer geschart, ihre Gelübde erneuern.

„Ewiger, starker, gerechter und guter Gott, laß uns nie vergessen, daß wir gelobt haben, dir in siebenfacher Weise zu dienen:

I *Arbeit* Uns dem Dienst an unseren Brüdern hinzugeben, beginnend mit der Arbeit unserer Hände, damit wir zumindest niemandem zur Last werden, damit wir für uns und die anderen Menschen einen Ausweg finden aus dem Elend, dem Mißbrauch, der Knechtschaft und der Verwirrung unserer Zeit.

An uns selbst zu arbeiten und uns täglich zu üben in Selbstbeherrschung, Selbsterkenntnis und Selbsthingabe.

II *Gehorsam* Der Regel und der Ordnung der Arche zu gehorchen, ebenso unseren Oberen, die durch Befehl und Rat dienen, und uns gegenseitig an den Gehorsam zu erinnern.

III *Verantwortung* Die Verantwortung für unser Tun auf uns zu nehmen, unsere Verfehlungen wiedergutzumachen, uns für sie eine Buße aufzuerlegen unter der Aufsicht unserer Brüder, wenn die Verfehlung bekannt ist, im verborgenen, wenn nur wir allein davon wissen. Die Mitverantwortung für die Gerechtigkeit im Orden auf uns zu nehmen und Buße zu tun für unseren Bruder, wenn dieser es ablehnt, seinen Fehler zu bekennen und zu sühnen.

IV *Läuterung* Uns zu läutern von eitlen Bindungen, von Zerstreutheit und Überheblichkeit, von Vorurteilen, von Groll und Zorn, von Begehrlichkeit, Gleichgültigkeit und Falschheit, von Abneigung und Haß, von Selbstgefälligkeit, Trägheit und Feigheit durch Fasten und Buße, Gewissenserforschung und Gebet.

V *Armut* Einfach, mäßig und rein zu leben und die Armut zu lieben, um auf diese Weise immer weiter auf dem Weg der Entsagung und der Barmherzigkeit voranzuschreiten.

VI *Wahrhaftigkeit* Mutig die Wahrheit zu sagen, wenn nicht Klugheit, Barmherzigkeit oder Achtung vor anderen uns zu schweigen gebieten; Betrug, Intrige, Verleumdung und Künstlichkeit aus unserem Leben zu verbannen.

VII *Gewaltlosigkeit* Keinem Menschen und, soweit möglich, keinem Lebewesen zu unserer Bereicherung oder Bequemlichkeit Schaden zuzufügen; Konflikte zu lösen, Maßlosigkeiten entgegenzutreten, Unrecht zu bekämpfen durch die Gewaltlosigkeit, welche die Kraft der Wahrheit ist, um zu überzeugen, nicht um zu besiegen, um zu versöhnen, nicht um zu herrschen, um den Frieden zu erringen.

Laß uns, Herr, unser Kreuz bis zum Ende tragen, dich erkennen, dir dienen, dich lieben,
um zu sein.
Amen."

Wir geben keinen Kommentar mehr zu diesen sieben Gelübden, die im Grunde nur eines sind, nämlich das Gelübde, sich zu verschenken, endlich die Hände zu öffnen, die immer so schnell bereit sind, zu nehmen und zu schlagen, endlich zum Lobpreis und zur Anrufung Gottes den Mund zu öffnen, der so leicht bereit ist, zu schmähen und von der Frucht zu essen. Dieses ganze Buch ist Kommentar genug. Es ist zu umfangreich und doch ungenügend. Mögen unser Leben und unser Tod diesen Kommentar vervollständigen.

Ostern 1959